炎の伝承 II

The Transmission of the Lamp

OSHO
【講話録】

市民出版社

Originally English title: THE TRANSMISSION OF THE LAMP
These are chapters 24-46 of the original book and the full book has 46 chapters.

Japanese translation rights arranged with OSHO International Foundation
through Owls Agency Inc.

炎の伝承 Ⅱ

◉目次

CONTENTS

第24章

魂は男でも女でもない

Souls are not Male or Female

愛するOSHO、私は古いマスターたちと弟子たちの話を聞くのが好きです。意識の小さなオアシスの本質を感じるのは、とても素晴らしいことです。それは宗教が何世紀にもわたって、教義と虚偽の埃で蓋をしてきたものです。でも、ここに坐って、喜び、沈黙、涙、笑いを感じている私たちを見ると、これまでどんなマスターも呼び起こさなかった何かが、今もなお存在しているのを感じます。おそらくそれは、あなたの周りにいる人々の愛情ある優しさや、生き生きとした感じなのでしょうか？　それは、はるか昔から隊商宿《キャラバンサライ》に本来備わっていた女性エネルギーが、ようやく浮かび上がってきたということなのでしょうか？

OSHO、これはスピリチュアリティへの、あなたの最も偉大な寄与のひとつではありませんか？

スピリチュアリティの領域は、男性優位なままだった。男性優位なだけでなく、男性優越主義のままだった。すべてのスピリチュアルな伝統が女性に反対したのには理由があった。女性に反対したのは、彼らが生に反対したからだ。生を壊すための最も基本的なことは、男性と女性とを分けることだ。彼らはどんな喜びにも、どんな愛にも、どんな生き生きとした状態にも反対した。その簡単な方法は女性を非難すること、そしてできる限り男性から女性を引き離すことであり、特に修道院ではそうだった。

女性は二流の人間であり、男性と同じレベルではなかった。

当然、それは多くの物事を妨げた。すべての遊び心、ユーモアのセンス、歓喜を排除した。そして男性に対して、さらに女性に対しても、非常に殺伐とした生の構造を生み出した。男女はひとつの全体の一部であり、彼らを分離すれば、彼らは共に絶えず何かを取り逃すことになる。その隙間は満たされず、その隙間は人々を深刻に、病的に深刻にさせる。そして倒錯に導き、心理的にアンバランスにさせる。それは自然な調和を歪め、生理的なバランスを歪める。それは何世紀もの間、人間が苦しんできた実に大きな災難だ。

そう、女性は男性と同じレベルにあり、霊的に不平等という問題は存在しないこと、それが人間の未来に対する私の最も大きな寄与だ。

ここでは、笑い、涙、そして喜びを見ることができる。これは仏陀のコミューンでは見られないものだった。それはマハーヴィーラのコミューンではあり得なかった。そこには女性のための独自のコミューンがあったが、彼女たちはあらゆる点で屈辱を受けていた。ジャイナ教では第一日目の男子の出家僧にさえ、七十年目の女性の出家僧が敬意を払わなければならない。彼女は七十年間も出家僧であるのに、出家僧になったばかりの男性に平伏しなければならない。なぜなら相手が男性だからだ。

そして男性たちは光明を得るために努力していたが、女性たちは直接光明を得るために努力していたわけではなかった。彼女たちはまず、男性的性質に達するために努力する必要があった。なぜなら男性的性質を飛び越えては進めないからだ。初めに男性でなければならない。そうしてはじめて光明を得られる。

だから彼らは僧と尼僧のようには見えたが、彼らのゴールは全く違っていた。男性には既に、はるかに高い霊的な地位があった。女性は次の生で達成するために、この生で試みていた。女性はひとつ生が遅れていた。これは、すべてでたらめだ。スピリチュアリティに関する限り、男性や女性という問題は存在しない。それは身体や生物学上の問題ではないからだ。それはマインドや心理の問題でさえない。

それは存在の問題だ。存在に性的な違いはない。魂は男でも女でもない。同じ技法が男性を彼の内的自己に導き、同じ技法が女性を彼女の内的自己に導く。そこには全く問題はない……なぜなら事の要点は目撃にあるからだ。あなたが何を目撃するかは問題ではない——あなたが目撃するものが女性の身体か男性の身体か、女性のマインドか男性のマインドかは全く問題外だ。強調されるべきことは目撃だ。そして目撃に性の区別はない。

マハーヴィーラやゴータマ・ブッダのような偉大な人々でさえ、どういうわけか男性支配的な世界の一部のままだった。彼らはそれに反対できなかった。これは男女が共に同じ体験に働きかける最初の時だ。そして当然、正反対のエネルギーが一緒に働いている時、そこにはより多くの遊び心が、より多くのユーモアのセンスが、より多くの笑いが、より多くの愛が、より多くの友情がある。私たちを人間的にする、すべての質がある。

古い聖者たちは、ほとんど非人間的で、干からびていた。生気があることは、彼らのスピリチュアリティに反することだった。生気があることは、私にとってスピリチュアリティのまさに基盤だ。もし霊性のある人に生気がないなら、誰に生気があるだろう？　もし究極の真理を探求する人に祝うことができないなら、他の誰にも祝う権利はない。だがすべての伝統は、祝祭《セレブレーション》ではなく禁欲《セリバシィ》を主張していた。そして禁欲を通して人々に大きな心理的障害をつくり出したため、スピリチュアルな成長への疑問が生じることはなかった。

まず彼らは、精神的に健康でなければならない——彼らは精神的に病気だった。

私は私の人々に自然であってほしい。生物的にも、生理的にも、心理的にも——あらゆるレベルで健康であってほしい。そのときはじめて、これらの健康的な段階において、健全なスピリチュアリティへと向かえる。彼らのスピリチュアリティは、何ものにも反対しない。彼らのスピリチュアリティは、下位にあるすべてのものを吸収する。そのため、はるかに豊かだ。

私にとって、生のあらゆる次元であなたをより貧しくさせるスピリチュアルな伝統が私に反対するのは、ゆっくりとした自殺だ。それはスピリチュアルではない。すべての古いスピリチュアリティは、ゆっくりとした自殺だ。それはスピリチュアルではない。すべての古いスピリチュアリティは、偶然ではない。私がしようとしているのは、まさに土台から、それらを根こそぎにすることだからだ。もし私が成功したら、数多くのスピリチュアルな過去が誤りであったのがわかる。

だから私の実験は非常に重要で、非常に明確で、非常に決定的なものだ。そして私の感触では、あなたは嫉妬の可能性がある時にだけ、嫉妬を乗り越えられる、セックスの可能性がある時にだけ、セックスを乗り越えられる、そこに可能性があれば、あなたは何でも乗り越えられる。

古い伝統は、人々を分離させることで人々を騙そうとした。その可能性そのものがなかったので、僧と尼僧は次第に、自分たちは嫉妬を超えた、セックスを超えたと信じ始めた。現実は、まさに正反対だった。彼らは超えていなかった。ありとあらゆる宗教的儀式によって抑圧してきたのだ。女性は男性を必要とすることを、ひたすら抑圧してきた。男性は女性を必要とすることを、ひたすら抑圧してきた。彼ら自身、抑圧していることに気づかなくなってしまうほど深く。

中国の物語だ。ある女性が何年もの間、ある導師に仕えていた。彼は町外れの小屋で暮らしていた。この女性は非常に裕福で、彼のために最も美味しい食事を持って行った。必要なものは何であれ与えた。彼は物乞いに行く必要はなかった。女性は自ら彼の小屋へ物を持って行った。そして彼は非常に偉大な聖者になった。

女性は年老いていた。死ぬほんの一日か二日前、病は重く、彼女はその時が来たと感じた。彼女は街の娼婦を、非常に美しい女性を呼んで話した。
「代金はいくらでも払うから、ちょっと簡単なことをして欲しいのです。真夜中に、私が生涯崇拝してきた僧のところへ行ってください。彼は自分がセックスを超えたと思っています。私もそれを信じています。でもそれを確認する機会がありませんでした」
「真夜中に行くのです——彼はその時、瞑想しています——あなたは扉を叩いて中に入り、服を脱いで裸になってください。そして彼が言ったりしたりすることをすべて覚えて、戻って来てください。お代はいくらでも払います」

娼婦は「かまいませんよ」と言った。彼女は出かけ、扉を叩いた。僧は扉を開けた。彼女はすぐに自分のゆるやかな上衣を脱ぎ——彼女は一枚のローブしか着ていなかった——裸で僧の前に立った。僧は「何をしている！」と叫び、震えていた。そして女性が口を開く前に、外へ逃げた。彼女は老女のところに戻って言った。「たいしたことは起こりませんでした。彼は扉を開け、私はローブを脱ぎました。彼は震え始め、叫びました、『何をしている？ なぜここに来た？』。そして森の方へ逃げました」

その女性は言った。「私はあの馬鹿者に仕えて、年月を浪費してしまった。お代は差し上げます。それからもうひとつ、やってほしいことがあるのです。望むものは何でもあげましょう。行って、その小屋に火をつけてください！」

これらの僧や尼僧たちは、彼らの宗教によって別々に暮らすことを強いられる。もし彼らの経典を覗き込んだら、あなたは爆笑するかもしれない。ジャイナ教の僧は、どこに坐るときもまず「以前ここに女性が坐っていたか？」と尋ねる。少なくとも九分間は過ぎていなければならない。彼らはどうやって九分間、間を持たせるのだろう！　それから、その場所を柔らかい毛で作られた小さな箒《ほうき》で払う。そうすれば小さな虫や蟻は殺されない。そして自分の竹の敷物を広げ、その上に坐る。

私はその人々に「なぜ九分間なのですか？」と尋ねた。

彼らは言った。「女性が坐った後は、その場所に九分間、彼女の波動が続いている。僧はそれにかき乱されてしまいます」

私は言った。「何という僧なのだ。普通の男性はかき乱されませんよ。僧はかき乱されるのですか？　それは彼らが絶え間なくセックスを考えていて、それ以外は何も考えていないということですね」

普通の男性は、少なくとも九分間に一度は女性のことを考えることがわかっている。たぶん何千年もの間、人々は何らかの方法でそれを――九分間は危険だと計算したのだろう。だが、危険なのは波動ではない。男性のマインドが危険なのだ。あらゆる男性は一日中、九分ごとに少なくとも一回は女性のことを考える。女性は少し精神的だ。彼女たちは十八分に一回だけ男性のことを考える。二倍精神的だ。

男性と女性を分離させる基本的な理由は、たった一撃で多くの事柄を壊すことにあった。さもなければ多くの打撃が必要になるだろう。それでも根源から壊すことはできない。宗教的な人々の深刻さは、スピリチュアリティとは何の関係もない。それは彼らの生き方に、彼らのハートから切り離された生き方に関係している。


ちょうど今ドイツで、私たちはドイツ政府に裁判で勝訴した。ドイツ政府は、私が宗教的な人物ではないことを証明しようとしていた。なぜなら私が記者会見で、自分は深刻な人間ではないと言ったからだ。彼らの論拠は、宗教的な人間は必ず深刻であるということだ。それらは相伴うものであり、分けることはできない。もし自分は深刻でないと言うなら、その人はどうして宗教的であり得るだろう？

過去を見れば、政府の弁護士が言っていたことは正しかった。宗教的な人々はみな深刻だった。だが裁判官は、私の本を読んでいるようだ。なぜなら記者会見の際に、どんな状況でＯＳＨＯが『自分は深刻な人間ではない』と言ったのか我々にはわからない、と彼は述べたからだ。

「あなた方は、彼の講話の本から証明すべきだ。たとえ彼が『自分は深刻でない』と言ったとしても、それは問題ではない。なぜなら彼が教えていることは宗教だからだ。彼は、人間はマインドではない、人間は超越的な霊的存在であると教えている」

彼は私の本から「超越的な霊的存在」という言葉を引用して主張した。

彼は言った。「それは彼が、そして彼の人々が、充分宗教的であるということだ。彼が記者会見で語ったことは重要ではない」。彼は私たちに有利な裁決を下したが、政府の弁護士は、深刻ではない人間は宗教的ではあり得ないことを証明しようとしていた。

もし私が裁判官の立場だったら、どんな引用も持ち込まなかっただろう。深刻な状態と宗教的であることは、実際に相容れないというまさにその論点で、私は戦っただろう。なぜなら深刻さは病気、魂の病気だからだ。そして魂が病気なら、宗教的ではあり得ない。宗教的な人は喜び、ユーモア、笑い、愛に満ちていなければならない。

確かに、私たちがしようとしていることは、最も重要な貢献のひとつだ。それはすべての伝統とすべての宗教から、全世界から反対されるだろう。なぜなら、一万年間彼らは間違っていたことを証明しているからだ。それは彼らのエゴを傷つける。彼らは私たちを破壊したいと思っている。もはや何の不安も問題も苦悩もなく、存在の深い手放しの中にくつろいでいるのだから、スピリチュアリティは笑いや、ユーモアのセンスや、遊び心に満ちているべきだ、という事実を受け入れるよりも……。

なぜ彼は深刻でなければならないのだろう？

だがこれは、すべての過去に反対することになるだろう。私がすべての過去に反対しようとしているのは、この点についてだけではない。多くの点で、私はすべての過去に反対しようとしている。過去が男性優位だったので女性への配慮が全くなく、男性のみが規則を作ってきたという単純な理由からだ。女性は全く考慮されてこなかった。だがその悲劇は、男性が女性を一切考慮しないことで、自分自身を半分に断ち切り——外側の女性を否定する瞬間、自分の内側の女性も否定した——精神的な存在ではなく、精神分裂病患者を生み出したことにある。彼には礼拝ではなく、心理的治療が必要だ。

愛するOSHO、マスターの最も偉大な表現のひとつは、与えるという技《アート》にあります。実際、彼自身の存在そのものが、絶え間なく与える状態です。

私には、弟子である技の一部、あるいはおそらくそのすべては、受け取るアートを学ぶことのように思われます……エゴの餌としてではなく、より本質的なもののための糧として、マスターからの心遣いを受け取るアートを……自分が与えられていないと思う時、それは自分に受け取ることができないからだと理解するためのアートを。それは道を外れて進んでいるときに、導きを受ける能力ということです。謙虚さという好ましい感覚を持ちつつ、自尊心をすっかり失うこともなく……。必ずしも自分が望むものではなく、必要とするものを受け取ることができるように。

OSHO、マスターと弟子の関係性の中で、弟子の側の受け取るアートについて、どうか話していただけませんか?

マスターと弟子のすべての現象は、マスターの側から言えば、存在から受け取るものは何であれ注ぎ続ける技《アート》であるというのは真実だ。マスターは源泉ではない。ただの媒体、中空の竹にすぎない。そしてもし中空の竹が笛に変わっても、それでも中空の竹が音楽を演奏しているのではない。音楽はどこか別のところからやって来る。

マスターとは中空の竹、竹笛だ。彼は弟子に神の音楽を差し出している。

弟子の技《アート》とは吸収すること、受け取ることだが、要求することではない。そこには微妙な境界がある。弟子は、その微妙な境界を理解しなければならない。

つい先日、アミヨが質問を書いた。「ＯＳＨＯ、あなたが私を見ると、途方もない喜びを感じます。でもあなたが私を見ない時は、とても悲しく感じます」。彼女は正直にそう言う。だが理解が必要だ。もしそれに私が拘束されたら——私は全員を見なければならない。でなければ誰かが悲しくなるだろう——その時あなたは、私を囚人にしている。あなたは私の自由さえ取上げている。

私があなた方を見ると、あなた方は喜ぶ。あなた方は多数で私は一人だ。時たま私は、あなたを見逃すかもしれない。あなたは私を見逃さないですむ。

スーフィーでは、すべての弟子はマスターに目を向けなければならないと言う——それは不可欠なことだ。しかし、マスターはあらゆる弟子に目を向けることはできない。それもまた、最初の言葉と同じくらい必然的なことだ。弟子たちは何千人もいるかもしれない。実際そうだ。あなたは私があなたを見る時にだけ、喜ぶべきではない。あなたが私を見る時に喜びなさい。それはあなたの独立を、あなたの自由を保ち、私を自由にする。さもないと、あなたは私を強制する。

そして私は、特に誰かを見ているわけではない。ちょうど私の手がいつであれ何のためであれ、表現する必要がある時には自発的に動くのと同じように、私の目は動く。私は動かし手ではない、私は自分の手や目では何もしていない。

弟子は、受け取ることを学ぶ必要がある。

みんなは私を利用できる。誰がそれに値するかという問題はない——あなたに価値があろうとなかろうと、問題ではない。あなたは受け取るために、開いて、そして無防備でいることだ。そして私があなたを見る時はいつでも、喜びなさい。だが時々、私があなたを見逃しても悲しんではいけない。そのようなことで私を困らせてはいけない。


例えばカヴィーシャは、私が彼女を見るには特別な努力を要するような場所に坐っている。当然、私は彼女を見ることはない。彼女はそれを理解しなければならない——そして彼女は理解している。私のちょうど前に坐っている人は、当然他の誰よりも多く私に見られることになる——彼がよりそれに値するという意味ではない。それは単に、彼の場所が私の前にあるだけのことだ。

マスターの臨在は、微妙な波動で溢れ出す。それらの波動を吸収するために、開いたままでいることだ。どんな要求もすべきではない。すべての要求は醜いからだ。ただ見て、理解しなさい。私はあなたから何も要求しない。

何世紀もの間、マスターたちは弟子たちに、ありとあらゆる弟子に千とひとつのことを要求してきた。私はあなたに何も要求しない。私はあなたに、全く自由に受け取ってほしい。そしてどうか、私を自由にさせてほしい。そんな質問をしたり、そんなことを思ったりしてはいけない。それはあなたが私に要求しているという意味だからだ。すると私は、もし私が今日アミヨを見ないなら、彼女は悲しむだろうと感じるかもしれない。私は見なければならない。それは努力になるから、全体の美しさは壊される。

私はどんな努力もしたくない。このミステリー・スクールでは、あらゆることが自発的に起こって欲しい。そして、それは美しく起こっている。

まさに私たちの古いマインドは些細なことに大騒ぎし続けているから、取るに足らないことと重要なことを区別するのさえ、あなたにはとても難しいようだ。今ここではたった四、五人しか最前列に坐れない。何人かはとても悩み、悲しむ。でもこの小さな場所では、みんなが最前列にいることを彼らは理解していない。

アメリカのコミューンでは、五千人の人たちと一緒に、あなたは後方のどこかにいただろう。私はあなたの顔を見ることさえできなかっただろう。あなたは私の顔を見ることもできなかった。そして祝祭の時に、二万人の人たちがいた時、三列目か四列目の向こうに誰がいるかを見ることは、ほとんど不可能だった。それは無理だった。すべての人たちを最初の三列に座らせることなどできない。

ここでは、あなた方はみんな最前列にいる。実際コミューンでは、一番目の列はここの最後の列と同じくらい、私から遠く離れている。だからここで最後の列にいる人はみな、ほとんど最前列にいることになる。そして私はあなた方みんなを、あなた方の顔を見ることができる。あなた方は私を見ることができる。だが、最前列にいられない、最前列にいるチャンスをまだ与えられていないことに、心を乱されている人たちがいるという問題が、私の耳に入ることさえある。

あなたは些細なことに興味を持つ。もう少し油断なく在りなさい、重要なことに興味を持ちなさい。必要なことは、あなたが開いていることと受容性だけだ。

時々私はあなたを見るかもしれない。時々私はあなたを見ないかもしれない。それは故意ではない。それはまさに、私があなたに話しているのと同じくらい自然に起こる。私に関してはあらゆることが自然に起こるので、あなたが私に何かを要求する瞬間、私はあなたが私を理解しなかったと感じる。

愛するＯＳＨＯ、私がくつろいだセッションから目覚めて目を開ける時、しばらくの間、初めてこの世界にやって来たように感じます……新しく誕生した子供が世界に目を開くように。あらゆることが全く新しく見えます。天井の蝿でさえ、私はそれが全体の一部であるように驚きの目で見ます。
これがあなたが、常にあらゆるものとあらゆる人の中に見るものなのでしょうか？

その通りだ。

愛するＯＳＨＯ、私たちの質問は、恩寵の法則によってあなたの中のあらゆるものが空へ引き寄せられ、私たちから離れるようとする間に、あなたを私たちのもとに引き留める引力として機能しているように見えます。
質問がなくなりかけるたびに、あなたが離れて気球の端に浮かんでいるのを見て、私はパニックに襲われます。そして大声を上げたくなります。
「ＯＳＨＯ！　どうか待ってください！　他の質問を見つけました！」

心配しなくていい。あなたが「ＯＳＨＯ、待ってください！」と言う時、いつも私は待っている！

第25章

ブラボー、アメリカ!

Bravo, America!

愛するOSHO、マハーヴィーラはジャイナ教の二十四番目のティルタンカーラでした。ジャイナ教は一番最初のティルタンカーラによって始まったのでしょうか？　それともマハーヴィーラによって始まったのでしょうか？　そして「ジャイナ」という言葉の意味は何ですか？

「ジャイナ」という言葉には、とても美しい意味がある。ちょうど「ブッダ」という言葉のように。ブッダとは目覚めた者という意味だ。ジャイナはジンナという語から来ている。ジンナとは征服した者という意味だ。

存在の究極の頂点を征服する動きは、最初のティルタンカーラであるリシャブデヴァが始めた。おそらく彼は、人間の全歴史上で最古の神秘家だ。そしてジャイナ教は最も古い宗教だ。信者の数がとても少ないため世界ではあまりよく知られていないが、それでもジャイナ教の貢献は計り知れない。

最初のティルタンカーラであり、最初のジャイナ教のマスターであるリシャブデヴァは、現存する最古の本、ヒンドゥー教の経典、リグ・ヴェーダの中で大いなる敬意をもって言及されている。リグ・ヴェーダの歴史は、学者たちによれば少なくとも五千年だと考えられている。しかしこれはキリスト教の学者たちの考えであり、彼らはあらゆるものを六千年以内に固定しようとしている――なぜなら彼らによれば、世界はわずか六千年前に始まったからだ。そう、彼らには偏見がある。それより古いものは何もあり得ない――彼らには、それ以前の世界は存在しない。これは全く馬鹿げている。

この地球でさえ、科学的見解によれば四十億年前に誕生した。この太陽系はもっと古い。そしてこれは最古の太陽系ではない。さらに古い太陽系が他に何百万と存在する。六千年前にすべての存在が創造されたというキリスト教の考えは、非常に遅れている。間違っていると言うことさえできない。それはただもう馬鹿馬鹿しいだけだ。

それは科学に反している。常識にさえ反している。なぜならインドでは、地下に埋もれた七千年前の都市が見つかったからだ。そして地下に埋もれた七千年前の都市は、何らかの災難が起こったその以前から存在していたに違いない。その都市はそれ以前に存在していたはずだ。災難が七千年前に起こったので、その都市はそれより長く存在していたに違いない。

これらの都市を見てみると——それらは発掘されているため——その都市が原始的ではなかったことが、それらの都市ははるかに進んでいたことがわかる。道路はどんな現代的な都市の道路とも同じくらい広々としていた。それは意味深い。バラナシには車が進めず、歩く事しかできない道がある。それは、バラナシのこれらの道が本当に原始的だということだ。車両がなかった時、人々は単に歩いていた。その小さな通りに決して日が射さないのは、両側に巨大な建物があるからだ。そこは常に日陰だ。バラナシにあるような涼しさはどこにも見つからないだろう。最も暑い夏でさえ、あなたは通りを歩ける。そこが涼しいのは、日光が決して届かないからだ。

ヒンドゥー教徒たちは、バラナシが彼らの最古の街だと考えている。彼らはそこが世界で最古だと主張する。私が話しているその二つの都市はモヘンジョ・ダロとハラッパだ。今それらは両方ともパキスタンにある。私は両方の都市に行ったことがある。

全く信じられないことだが、それらの都市には寝室専用の浴室があった。

あなたはなぜこの事実が非常に重要なのかに驚くだろうが、ほんのこの前の世紀に——ちょうど百年前に——アメリカ人たちが寝室専用の浴室を設置する時、政府が介入せざるを得なかったほどの民衆からの大きな反発があった。「それは醜い、キリスト教的でない」と主張する訴訟が法廷にあった。なぜなら清潔さは信心さに次ぐものだからだ。何か見苦しい行為のための浴室やトイレを、これらの人々は家の中に取り付けているというわけだ。それは通常は家の外にあった。その名前は屋外便所だった。

七千年前、これらの人々の思考ははるかに高度だった。彼らは美しいスイミング・プールを持っていた……。そして最も奇跡的なことは、ハラッパとモヘンジョ・ダロでお湯と冷水の給水システムを持っていたことだ。それは高度に発達した文明だった。彼らは充分に大きな乗物を持っていたに違いない。でなければ、そのような広々とした道を作る必要はなかった。彼らには大きな窓があった。それは珍しいものだった。そして大きな扉、庭があった。当時においては珍しいものだった。

ヒンドゥー教学者によると、リグ・ヴェーダは九万年前のものだ。それを証明した男は、ロクマーニャ・ティラク——今世紀で最も知的なヒンドゥー教学者のひとりだ。彼は、誰も反対できないほどの根拠で証明した。彼は論理的にではなく、天文学的な根拠で証明したからだ。

リグ・ヴェーダの中には、星の世界での特定の出来事の、その時以来起こっていない特定の出会いの説明がある。その記述は全く疑う余地がなく、記述した人々がそれを見た場合にだけ可能なものだった。実のところ天文学は今、ロクマーニャ・ティラクに同意している——それは九万年前に起こったこと、リグ・ヴェーダの記載が完全に正しいこと——天文学的な物事は、そのように記述されなければならないということに。

だから天文学は非常に発達していて、人々は星の集まりを見ることができた。彼らはさらに私たちが発見したばかりの星と惑星を記述していた。五十年前にはそれが発見されなかったので、当時の人々はただ単に笑っていた。「どこにこれらの惑星があるのだ?」。冥王星と海王星は五十年前には発見されていなかったので、人々は笑っていた。「これは単に架空のものだ!」

だが今、星々はより優れた機器で発見されている。より多くの星が、より多くの惑星が発見されている。それらはすべて、リグ・ヴェーダの中で伝えられている星図に合致している。

リグ・ヴェーダは大いなる敬意をもって、リシャブデヴァの名前に言及している。私が「大いなる敬意」という言葉を強調しているのは、リシャブデヴァがヒンドゥー教徒ではなかったからだ。彼はヒンドゥー教徒として生まれたが、ヒンドゥー教の哲学、ヒンドゥー教の教義に反対し始めていた。そして彼は新しい宗教を創始していた。彼はジャイナ教の源泉だった。

九万年間で、ヒンドゥー教とジャイナ教は非常に遠く離れて行った。二十四番目のティルタンカーラ、マハーヴィーラ——最後のティルタンカーラは、どんなヒンドゥー教の経典にも言及されないほど、遠く離れて行った……ただ彼を無視するためにだ。彼に言及する価値はないと考えられていた。

しかしリシャブデヴァについては、彼らは大変な敬意をもって言及してきた。それは非常に心理的な何かを示している。人はどんな同時代の者に対しても、敬意を示さないものだ——特にあなたの既得権、あなたの力の根を切断している者、リグ・ヴェーダを書いたバラモン教徒に反対する者に対しては。もし彼らがリシャブデヴァを非難していたなら、それは全く当然なことだっただろう。だが、彼らは畏敬の念に満ちていた。

私にとって、それはただひとつのことを証明している。それは、リシャブデヴァはリグ・ヴェーダの書かれる少し前——五世紀か六世紀前に生きていたに違いない、ということだ。その頃までには彼は既によく知られていて、崇拝されていた。だからリグ・ヴェーダでさえ、敬意をもって彼を記述するのだ。

人々は死者を非難することはないが、同時代の者への尊敬には、非常に知的で無垢なマインドが必要だ。彼は最初のジンナだ。ジンナとは征服者という意味であり、そしてマハーヴィーラは二十四番目のジンナだ。ジンナたちに従う人はジャイナ教徒と呼ばれる。彼らは単なる追従者たちだ。

「ジンナ」という言葉は、「ブッダ」という言葉と同等のものだ。それらは交換できる。なぜなら仏教徒の経典の多くの箇所で、ブッダはジンナと呼ばれているからだ。そして多くのジャイナ教の経典の中で、マハーヴィーラはブッダと呼ばれている。これらの言葉は誰かに独占権があるわけではない。それらは異なる面を通して様々な方法で記述できる状態を、単純に示している。

私がアメリカにいた時、駐米スリランカ大使は、世界中にある私たちのダンスホールを『ゾルバ・ザ・ブッダ』と呼ぶことを止めなければならない、という内容の手紙を私宛に書いてきた。それが仏教徒の宗教的感情を傷付けるという理由でだ。

私は彼に返事した。「誰かに『ブッダ』の独占権があるわけではないという事実に、あなたは気づいていないようだ。それは単に『目覚めた』という意味を持つ。さて、もしゾルバが目覚めるようになるなら——誰も彼を妨げることはできない。彼には目覚める権利がある。目覚めていない人は誰でもゾルバだ。彼はそれほど偉大なゾルバではないかもしれないが、彼自身のやり方で、ささやかに、目覚めていない生を生きている。彼は眠っている。だから名前を変えるという問題はない。私のすべての努力はゾルバ - 眠れる人とブッダ - 目覚めた人との間に、橋を創ることにある。そしてこの言葉は、単なる『意識の目覚め』という意味だ」

だが、ある人は国の大使であるかもしれないが、それは彼が理解しているという意味ではない。彼は決して返事をしなかった。誰にも独占権がないことは、全くはっきりしているからだ。そして誰もがブッダにならなければならない。それはあなたの宗教的感情を傷付けるべきではない。ゾルバでさえブッダになっていることで、あなたは本当に幸せを感じるべきだ。あなたは喜ぶべきだ！　だが、たとえ大使や大統領や総理大臣でも、眠れるマインドは同じだ。

ちょうど今朝、私はアミヨについて話したが、彼女は要点を理解できなかった。それどころか、彼女は人が眠りの中で振舞うのと全く同じように振舞った。私が彼女を見る時は彼女はとても幸せに、非常な至福を感じるが、私が彼女を見ない時は、彼女はたぶん私が怒っていると、たぶん自分はうまくやっていないのだと考えて、彼女は悲しく感じる……それが彼女の質問だった。

私はそれに答えた。そして私が講話の後に、戻って彼女を見た時、彼女は目を閉じた。それは眠れるマインドが振舞うやり方だ。一方それは、私が彼女を見ざるを得ないことを求め、彼女が喜ぶことを求めている。そして私が彼女を見た時、彼女は目を閉じてしまうほど、とても怒って傷付いていた。彼女は私を見なかった。それはただ、彼女だけの問題ではない。それはあらゆる人の問題だ。私たちは眠りから動作している。自分の行為が、なぜ自分がそうしているのかがわからない。

ジンナとは、自分の眠りを征服した人だ。ジャイナ教が仏教と同じくらい有名にはならなかったのは、それが決して世界の宗教にならなかったからだ。それはインドの非常に小さな宗派に留まった。そこには根本的な理由があった。第一に、その僧たちはジャイナ教徒以外のどんな人の食べ物も受け入れられなかったという単純な理由で、インドの外には出られなかった。

今、あなたが別の国に行く前に、人々があなたを、ここに来ているという理由で、ジャイナ教徒に改宗させることは予想できない。彼らは他のどんな人の食べ物も受け入れられなかった。ヒンドゥー教徒や仏教徒からのものでさえも——誰のもだめだ、ただジャイナ教徒からだけ受け入れた。だから彼らは小さなサークルの中で動く。彼らはそこから外へ出られない。

二番目に、彼らの最も正統派の僧は、裸で生活する。彼らは寒い国に行くことはできない。暖かい場所に留まらなければならない。彼らは非 - 菜食主義の食べ物を食べられない。世界全体は非 - 菜食主義だ——ジャイナ教徒は完全な菜食主義者だ。

これらの制約のため、彼らは国から出られなかった。このため不運なことに、彼らには偉大な哲学が、人間の理解に貢献するものが沢山あるのに、目立たないままだった。決して世界に知られることがなかった。

今日でさえ、彼らの経典は翻訳されてはいない。誰が気にかけるだろう？——彼らはごく小さな少数派だ。数はそうした面を示す。しかし、真理は数とは何の関係もない。彼らは非常に少数だったため、インドでなければ不可能だった多くのことをやっていた。

例えば、彼らの共同体からは一人の乞食も見つからないだろう。彼らはみんな裕福だ。彼らは裕福でなければならなかった。でなければ生き残ることは難しかった。彼らは自分たちを滅ぼしたかった人々に囲まれていた。彼らが自分たちの手に剣を取ることができなかったのは、彼らが非暴力を信じていたからだ。生き残るための唯一の方法は、可能な限り多くのお金を持つことだった。それが彼らの唯一の力だった。

そして彼らは本当に裕福に、王でさえ彼らからお金を借りなければならないほど裕福になった。誰も乞食ではなかった。誰も無教育ではなかった。そしてとても小さな少数派であったため、ありとあらゆる哲学から攻撃されたため、彼らは自分自身を守る必要があった。彼らは知性を磨いた。彼らは他の誰よりも、よりよい議論を引き起こした。他の人たちにとって議論することは贅沢なことだったが、ジャイナ教徒にとっては死活問題だったからだ。彼らは議論に勝たねばならなかった。そうでなければ滅びていた。だから彼らは全世界が利用できるような論理体系、偉大な哲学を発達させた。

しかし、世界はただ数だけを気にかける。そして彼らは人を改宗させない宗教だ。カトリックのように多数になるのは不可能だ。彼らが人を改宗させないのは、彼らによれば改宗させるための努力そのものが醜いからだ――私はその考えを受け入れる。

あなたは自分の哲学を説明できる。あなたは自分の哲学を利用できるようにすることができる。そしてもし誰かがあなたに加わりたいのなら、それは別の話だ。しかし人を改宗させる努力をすることは、手段を選ばず、ただあなたの信仰集団をより強力にするために、彼をあなたの信仰集団に連れて来ることは政治的だ。それは宗教ではない。

あなたに話したことがあるかもしれないが、私はインド中央部に住んでいた。そこには小さな土着の部族民の土地、バスターがある。私は人間が一万年か一万二千年前はどのようであったのかをただ見るために、しばしばそこへ行ったものだった。彼らはそれほど遅れていたからだ。彼らは裸で暮らす。彼らは生肉を食べる。

私はどのように人間は存在したのか、そしてどのように人間は進化したのかを研究したものだった。私はそこに滞在していた……当時、バスターは国だった。そしてバスターの王は私の友人だった。彼は非常に勇気のある男だった。彼は私をとても愛していたので、ただ私のために彼は殺された。

政府は彼が国王だったため恐れるようになった。彼はあまりにも多く私の影響を受けていた。彼は、私がバスターの山やジャングルにある自分の宿泊所を使えるようにしていた。そして彼らは、もしそれが王が望んだことなら……と考えた。なぜなら、王は神として崇拝されていたからだ。過去にあらゆる国が王を神として崇拝した昔のまさにそのやり方でだ。彼らは今でも過去に生きている。彼らは現代人ではない。そしてもし王が私について何かを言ったなら、彼らはどんな質問もなしにそれを受け入れただろう。

インド中部の知事は、私に非常に反対していた。彼はバラモンだった。彼は、私のバスターへの到着を防げることを望んでいた。彼は王に伝えたが、王は拒否してこう言った。

「彼は私の友人だ。私は彼の話が気に入っている——私は誰の支配下にもない」

いくつかの口実を見つけて警察が出動し、王は殺された……三十六発の弾丸で。彼が生き残るチャンスはなかった。彼の名前はバンジュデオだった。彼のおかげで、私は彼の国で完全な自由を楽しんだ。私は彼の宿泊所のひとつに泊まっていた。そして私は部族の中央で焚火を見た——部族は円形に彼らの美しい小屋を作っていた。そこで私はそこへ行った——それは夜の九時か十時だったに違いない——キリスト教伝道師は彼らに、本当の宗教は、唯一本当の宗教はキリスト教であると教えていた。

そこで私は、群集とちょうどそこに坐った。伝道師は、他に外部からの誰かがいることに気づいていなかった。彼は水でいっぱいのバケツを持っていた。そして焚火があった。涼しい夜だった。彼はふたつの像を自分のバッグから取り出した。ひとつはラーマ、ヒンドゥー教の神で、ひとつはイエス・キリストの像だった。

そして彼は言った。「あなた方にはこれらの像が見える。ひとつはラーマ、あなた方が崇拝するヒンドゥー教の神だ。そしてひとつはイエス・キリスト、彼は我々の神だ。そこであなた方に見せるためにこれらの像にテストをしてみよう」。彼はその両方の像を、バケツの水の中に入れた。ラーマは溺れた、そしてイエスは浮かんだままだった。

そこで彼は言った。「わかったか！　こいつは自分自身を救うことさえできない。どうやって彼はあなた方を救えるのか？　そしてイエス・キリストを見るがいい。彼は生きている間に、水の上を歩いたものだった。彼の像でさえ浮かんでいる！　彼はあなた方を救うことができるのだ」

多くのかわいそうな原住民たちはうなずいた。「それは本当だ。わかった。疑問の余地はない」

私は独り言を言った。「これまで想像したこともなかった――これらの原住民たちはこのやり方で、キリスト教に改宗されているのか」

私は立ち上がり、その近くへ行き、そしてバケツから両方を、ラーマとイエスを取り出した。それらを手に取った時、私は直ぐにわかった。ラーマの像は鋼鉄で作られ、イエスの像と正確に同じ方法で描かれていたこと、そしてイエスの像は非常に柔らかい木で、非常に軽い木で作られていたのだ。そこで私は原住民に尋ねた。

「あなた方の経典の中で、水のテストについて聞いた事はあるかい？」

彼らは「ない」と言った。

「火のテストについては聞いた事があるかい？」

彼らは「ある」と言った……なぜならヒンドゥー教の経典では、火のテストはよく知られた事実だからだ。水のテストは誰も聞いた事はない。

私は言った。「では、今わかるよ……」

私はその両方を焚火の中に投げ入れた。イエスはすぐさま燃え始めた！　伝道師は逃げようとした。私は言った。「この男をつかまえろ。彼を行かせてはいけない！　彼にすべての場面を見させるのだ。今、ラーマは火の中でさえ大丈夫だ。イエスはいなくなった」

原住民たちはとても喜んだ。そして彼らは言った。「これが本当のテストだ。そしてこの男は我々を騙していた。水のテストなど、聞いた事もない。だが我々は考えたことがなかった――我々は哀れな者たちだ。我々は考えない――我々は彼に同意した。もしあなたがここにいなかったら、彼は我々みんなをキリスト教徒にしただろう。これが彼のやり方だ。彼はこの森の中で、多くの種族をキリスト教に改宗させてきた。これは彼の策略にすぎない」

私は言った。「どう思う？　彼をもまた、火のテストにかけるべきだろうか？」

彼らは言った。「それは素晴らしい。だが彼は火に巻き込まれるから、それは危ない。彼は自分自身を救えないさ」

彼は、この人たちは……と大変恐れおののいていた。そしてもし私が彼らに言ったなら、彼らは確実に彼を火の中に入れただろう！

そして彼は言った。「私は二度とこのようなことは決してしない」

「しかし、」と私は言った。「これは全く醜い。あなたが実行していることは宗教ではない。あなたは哀れな人々を、無垢な人々を騙しているのだ――あなたはそれを改宗と呼んでいる」

威厳のある哲学は、どれも改宗を信じない。ジャイナ教はそれを信じない。それはただ、あなたがその宝のすべてを利用できるようにする。そして興味があるなら、あなたはキャラバンに加わることができるが、誰もあなたが改宗されることを望まない。

そこでほんの時たま誰かが……なぜなら誰が、経典を調べて勉強し、何が正しくて何が間違いかを見出すためにそれほど多くの労力を費やすだろう？　だが、世界の言語に翻訳されていない偉大な宝を持つ他の同じような少数民族が、世界に存在するかもしれないことは注目すべきだ。これらのすべての宝をすべての人が利用できるように世界の言語に翻訳することは、国連のような組織の責務であるべきだ。

ジャイナ教は菜食主義を、意識の変容の基本条件にした最初の宗教だ。そして彼らは正しい。ただ食べるために殺すことは、あなたの意識を重く鈍感にする。そしてあなたには、非常に敏感な意識が必要だ——非常に明るく、非常に愛情のある、非常に慈悲深い意識が——。非菜食主義者にとって、慈悲深くあることは難しい。そして慈悲深くあることと愛することなしでは、自分自身の進歩を妨げるだろう。

その小さなグループ——ジャイナ教徒の中には、多くの人々を助けることができる多くのダイヤモンドがある。それらは入手可能だが、もはや生きていない言語で入手可能だ。それらはプラクリット語で書かれている。

その言葉もまた理解する価値がある。サンスクリット語は最も古い言語であると考えられている。サンスクリット語が世界最古の言語であることは、学者の間で一致している。ただジャイナ教徒だけは、それに同意しない。彼らの言語はプラクリット語だ。そして私は、彼らは正しいと感じている。「プラクリット」という言葉がまさに意味するのは「自然」だ。そして「サンスクリット」という言葉がまさに意味するのは「洗練」だ。

プラクリット語は、大衆が使っていた原語であると思われる。そしてサンスクリット語は学者たちが使っていた言語であり、プラクリット語の洗練された形であると思われる。それらのまさに名前が何かを示している。プラクリットは未熟という意味で、サンスクリットは教養あるという意味だ。確かにプラクリット語は最初のものに違いなく、サンスクリット語はその後にのみ可能だ。そして同じ言葉が存在する。つまりそれは、プラクリット語ではより単純で、大衆がそれを使うということだ。サンスクリット語ではその同じ言葉は洗練された形を取り、教養のある人々だけが使うことができた。

私はそれが、英語に関してインドで起こったのを見てきた。単純な言葉がある。例えば「*station* 駅」

だ……だがインドのあらゆる村では、貧しい無教育な人々にとって「station」は難しい。彼らは「teshan」を使う。それはより単純だ。「station」は彼らには少し複雑なように見える。「teshan」は単純に、複雑ではないように見える。

英語がインドでどのように大衆へと移り、異なる形になったのかをあなたは見ることができる。「report」――インドのあらゆる村では単純に「rapat」を使う。「report」ではない。それはあまりに洗練されている。「rapat」はとても単純だ。

正確に同じ方法で、プラクリット語とサンスクリット語の言葉にそういうものがある。すべてのジャイナ教の経典はプラクリット語だ。それがとても美しい言語なのは、それが単純で、磨かれていないあらゆるものの匂いを持っているからだ。それはまさに鉱山からのダイヤモンドで、カットされず磨かれていないが、それ自身の美しさ、野性的な何かがある。

このすべての文献を――それは莫大だ――国際的な言語にすることは国連の義務だ。人々は完全に衝撃を受けるだろう。

例えば、今世紀にアルバート・アインシュタインは相対性理論について語った――そしてマハーヴィーラは二十五世紀前に、相対性理論について語った。もちろん彼の概念は哲学的だ。彼は科学者ではない。しかしその意味は同じだ。アルバート・アインシュタインは科学的な証拠を持つ。マハーヴィーラは哲学的な論拠を持つ。だが両者とも、存在において絶対的なものは何もない、あらゆるものは相対的である、と言おうとしているのだ。

アリストテレスはあらゆるものを白と黒に、これかあれかに分けた。彼の論理は二者択一だ。マハーヴィーラは、あらゆるものを七つの部類に分けた。

それはよりややこしくより複雑であるが、途方もない洞察、知性を示している。アリストテレスは小さな人間に見える。そして世界は、あなたが全く気づいていない巨人たちがいたことを知る必要がある。私の深い望みのひとつは……ミステリー・スクールが機能している間に、私たちがだんだんと、世界中から偉大な神秘的な経典を持ってくることだ。それらが誰に属するかというどんな考慮もなしにだ。そして最新の解説で、それらを発表することだ。そうすれば神秘主義はただの言葉に留まらず、膨大な文献になる。そして誰でも神秘家たちが世界に与えてきたものを理解するために、その生涯を捧げることができる。

誰もそれに着目しておらず、その意義は極めて大きい。それはただの文献ではなく、あなたの存在の変容のための秘密があるからだ。

愛するOSHO、数日前あなたは、意識的な人は鳥の飛んだ足跡を辿ることができる、と言いました。光明を得た人が残す足跡についてはどうなのでしょうか？　彼らは光明を得た人の輝きと香りを長く保つのでしょうか？　それは放射線のようなものでしょうか？　もし光明を得た人の足跡を踏むと、影響を受けるのでしょうか？

もしその答えがイエスなら、アメリカはかつてオアシスとなった中部オレゴンの砂漠を、危険な汚染のリスクが高い地域にしたことに充分誠実であるべきです。彼らは道標を立てなければなりません。「警告！　非常に目覚めた意識がある危険な地域。立ち入り禁止！」

グルジェフの最後の言葉は「ブラボー、アメリカ！」だったと言われています。私はこれに「でもアメリカよ、残念だね、君は取り逃がしたのだ」が付け加えられると想像します。

そして現実は、北アメリカはあなたを取り逃がしたということです。そして今、またしてもあなたを取り逃がすのは南アメリカのようです。

ＯＳＨＯ、人間の愚かさが宇宙意識の実現を妨げることはあり得るのでしょうか？

人間の愚かさに意識の進化を妨げる力はない。それは無力だ。それはただ世界の大多数の人々がその中で育ってきた、それに条件付けられている、というだけで強力に見えるのだ。人々は彼らのまさに子供時代から、成長するのを妨げられてきた。しかしそれは、意識の進化を妨げることはできない。いったん進化のための動きが勢いを増したら、それは世界を変えるかもしれない。そしてそろそろ勢いをつけるべき時だ。もはや怠惰なままでいられる可能性はない。未来はますます短くなっている。愚かさが地球全体を壊すか、それとも意識の進化が存在に新しい人間をもたらすことができるかだ。その選択はとてもはっきりしているので、人間がどれほど眠っていようと、彼は生における新しい段階の代わりに、自殺を選ぼうとしているとは思わない。

ちょうど今私が入って来た時、アミヨはまた試みた。私が彼女を見た時彼女は目を閉じたが、途中で目を開けた。それは良い兆候だ、大きな兆候だ。彼女自身、自分が何をしていたかを感じたに違いない。

人間の眠りは破られようとしている。その日々はきわめて少ない。あなたはもう少し眠ることを自分に許すことができる。そして覚えておきなさい。夜明け前、夜は確かに非常に暗くなるが、それを怖れる必要はない。非常に暗くなっている夜は、単に朝がやって来ることを告げているのだ。私たちはそのとても近くにいる。

そして光明を得た人が生き、動き、坐るところはどこでも、彼は何世紀もの間残る特定の波動を残すというのは本当だ。充分に感じやすい人たちは、その影響を受けることができる。

そしてあなたの考えは良い。アメリカは私たちがオアシスに変えてきた砂漠が危険であることに、気づくべきだ。彼らは私を危険であると考え、アメリカから出るように強制した。彼らはコミュニティを危険だと考え、それを破壊した。しかしそこには、彼らが壊せない特定の見えないものがある。逆に、その見えないものは彼らを破壊するだろう……見えないものが彼らを殺すのではなく、見えないものが彼らを変容させるだろう。その場所――彼らはそれに気づくべきだ。

で、どれだけ長く彼らは阻めることだろう？　それは私の問題ではないからだ。どうやって彼らは、アメリカ人が光明を得ることを阻めるだろう？　私はアメリカに行くことはできないかもしれないが、アメリカが私のところに来ることはできる。そしてアメリカ全体が私のところに来る必要はない。私たちはほんの少しの知性的な人々だけに、炎を持ち帰ってほしい。


アメリカは私と私の人々に不作法に振舞ったが、私はそれでもグルジェフの声明「ブラボー、アメリカ！」を主張する。なぜならアメリカ政府は、アメリカそのものではないからだ。それらは選ばれたわずかな愚か者たちだ。アメリカ全体は、それとは完全に違った趣がある。それは他のどんな国よりも無垢だ。なぜなら他のどんな国よりも若いからだ。それは誰かが光明を得るための基礎として、必要とされる無垢だ。

古い国には、彼らもまた長い条件付けを持っているほど長い過去がある。アメリカには条件付けはない。たった三百年だ。それは何も作らない。あるのは簡単に剥がされ得る薄い層だ。おそらく、だからアメリカ政府は私をとても恐れるようになったのだ。彼らは本当に被害妄想の中で生きている。

ここで彼らは私を入れまいと、懸命に試みてきた。彼らはこの小さな国を恐喝し、脅してきた。それで私たちは他の場所を探しているが、私たちがどこを探そうと、どこかの国に目を向けると、すぐさまアメリカの圧力が私たちより先に手を伸ばす。なぜなら私たちの電話がすべて盗聴されているからだ。あなたは驚くだろう、私たちの電話はすべてアメリカ大使館を通過し、あらゆることは最初にアメリカ大使に届くことに――。彼らは私たちが探している所、行っている所、私たちの人々が働いている所を知っている。そして直ちに、私たちの人々がそこに到着する前に、その国の政府への圧力はそこに到達する。

ちょうど二日前、アイルランドでは物事は単純だった。コミューンの永住権を彼が得るという条件で、私たちが資産を購入するつもりだったその男……。それは大きく美しい城で、完全に改装されている。彼は多くを要求し過ぎていた。私たちは言った、「私たちは支払いますが、可能な限りのすべての施設を政府に作らせることは、あなたの責任ですよ」。彼は政府が施設を作ることを請け負った。彼は公爵で、大きな影響力があった。

だがちょうど今日、アメリカ政府がアイルランド政府に圧力をかけているという情報が届いた。まだ誰もそこに到着していなかったのに圧力があったのは、電話が探知され盗聴されていたからだった。それで公爵は驚き、私たちに知らせてきた。「突然政府が拒否してきた！　恐ろしい」。彼は、問題はなかったこと、政府は受け入れるつもりだったことを絶対的に確信していた。ただ所定の手順として、永住権は六十日以内に与えられることになる。だが今、彼は恐れている。その圧力はあまりにも大きい。

アメリカが国々にかけているその種の圧力は、自由がどこにもないことを示している。古い種類の政治上の奴属状態は消え去った。新しい種類の経済的奴属状態が、取って代わっている。

彼らはその国を脅す。「まず、もし彼とその人々をあなたの国に入国させたいのなら、すべての借金を清算することだ」。そしてアメリカはあらゆる国に、数十億ドルを与えてきた。アメリカは、彼らにそれを返済する能力がない、決して返済できないことを完全によく知っている。

「第二に、もし我々に返済できないなら、我々は利息を上げるつもりだ。三番目に、それでも彼が国に滞在するのを許すと主張するなら、この先貸付はない」――既に承諾してきた融資、今年に数十億ドル、来年に数十億ドル――「それはすぐにキャンセルされるだろう」

さてこれは、貧しい国にとってはたまらない。そしてすべての国々は貧しい。彼らは借金を返済することはできない。そんなに多くの利息を支払えない。そして彼らは、自分たちが始めたすべての事業をやりくりすることはできない。道路、病院、大学、橋、鉄道はみんな不充分だ。もしその貸付が止められたら、経済全体は簡単に崩壊するだろう。

ここで、ひとりの大臣が言った――なぜなら彼らは同じ事をここでやったからだ――「少なくともひとつのことが明らかになった。それは我々が、『自分たちは独立している』と錯覚していたということだ。我々はそうではない――誰もそうではない」

だがこれは、ただアメリカ政府だけのことだ。それをアメリカと同等にしてはいけない。アメリカの人々は最も無垢で新鮮で若く、新しい人間を生みだすことができる。

私と私の人々に何が起ころうとも、私はゲオルギィ・グルジェフに反対することはない。


愛するＯＳＨＯ、私はこれまで、自分をオープンにして傷つきやすくさせていると、人々がしばしば私を傷つけたり、私にある危害を与えるために、こうしたマインドの状態を利用する傾向があるという感覚がありました。

近頃は同じような状況の時、自分が以前よりも同一視していないのに気づきました。私はより距離を置いて注意深くいることができ、自分自身を後退させませんでした。傷つきやすく、開いたままでいるのに、痛みを感じたり、以前と同じような劣等感を持ちませんでした。実際、私は以前にもましてより受容的で女性的であると感じました。そして自分は正しい道にいたことを知りました。

誤って風車を突き抜けて飛び、ゆがんだ羽と驚きの表情でそこから現われた小さな鳥のように、私は自分自身を見ました。どうかコメントをいただけますか？


あなたは正しい道にいる。あなたが過去にしていたことは、気づきのなさからだった。あなたはほんの少しの気づきを試み、物事は変化した。気づきは、存在する最も偉大な錬金術だ。ただ、ますます気づくようになり続けなさい。するとあなたは、自分の生があらゆる可能な次元において好転しているのがわかるだろう。それは大きな充足をもたらすだろう。

そして、そうだ、あなたは自分がそれほど喜ぶことができ、とても多くの恵みがあることに驚くだろう。なぜあなたは、それを見逃し続けていたのだろう？

光明を得る時、人はそれが信じられない。「それは私に起こったのか？」

それを信じるには少し時間がかかる。なぜならその現象はとても大きく、私たちの眠りはとても長く、私たちの愚かさはとても深かったからだ。そして突然すべては溶け去り、そこには一日二十四時間あなたに従う純粋な光と、微かなダンスと香り以外の何もない。あなたには今この香り、この光、この歓喜が永遠でありそうな感覚がある。それは永遠だ。

第26章

社会のがらくたを
完全に断ち切りなさい

Cut the Social Crap Completely

愛するOSHO、昨日私は、知的であると言われました。私はまるで、自分が何か恐ろしいものとして呼ばれたように感じました。まるでそれが、危険なものでさえあるように……。知性の恐ろしさに、いくつかの光を投じてもらえますか？

アヴィルバヴァ、「知的である」と言われることに恐ろしさを感じるのは、あなたが本当に知的であることを証明している。知性の第一かつ最も重要な部分は、無垢だ。だからあなたは恐ろしく感じた。なぜなら世界では、無垢と知性とが分割されてきたからだ。それも分割されただけでなく、お互い全く正反対に置かれてきた。

もし知性が無垢のままなら、それは可能な限りの最も美しいものだが、無垢に反しているなら、ただ狡猾以外の何ものでもない。それは知性ではない。

無垢が消える瞬間、知性の魂はなくなる。それは死体だ。ただ「知力」と呼んだほうがいい。それはあなたを偉大な知識人にさせるが、あなたの生を変えはしないし、存在の神秘はあなたに対して開かないだろう。それはただ、知的な子供だけに開く。そして本当に知的な人は、彼の最後の呼吸まで子供らしさを保つ。彼はそれを決して失わない。子供が鳥を見たり、花を見たり、空を見て感じる驚きを。

知性もまた同じように、子供のようでなければならない。

イエスがこう言う時、彼は正しい。「あなたが再び生れない限り、あなたは神の王国を見ないだろう」彼が「神」と呼ぶものを私は「存在」と呼ぶ。しかしその声明は真実だ。「再び生まれる」とは、再び子供になるという意味だ。

だが大人が再び子供になる時、普通の子供と再誕生には違いがある。普通の子供が無垢なのは、彼が無知だからだ。そして再誕生の無垢は、生において最も偉大な価値がある。なぜならそれは無知ではないからだ。それは純粋な知性だ。

だから知性を恐れてはいけない。それが無垢に反対するのであれば、知性を恐れなさい。

そして私はアヴィルバヴァを知っている。彼女は無垢だ。だから彼女は知的と呼ばれて恐ろしく感じたのに違いない。彼女は、自分が狡猾で策略的で利口であると言われたと感じたに違いない。そして彼女の感じは正しい。

だが、もしもそれがあなたの無垢と調和しているなら、知性に反対してはいけない。無垢は単独では無知になる。知性は単独では狡猾になる。これらが両方一緒なら、無知でも狡猾でもなく、単に受容的で、開いた状態で、生の最も小さなことに驚くことのできるハートになる。

そして驚きの感覚を知っている人が、私にとって唯一の宗教的な人だ。存在とは単なる物質ではない、そうはあり得ないということを、彼はその驚きを通して知る。それは論理的な結論ではなく、信仰でもなく本物の体験だ。それほど美しく、とても神秘的な、とても深遠な体験は、彼の途方もない知性を示している。

だが存在は狡猾ではない。それは非常に単純で無垢だ。

もしあなたがこの二つの質を共に保つことができるなら、他に何も必要ない。この二つは、あなたを自己実現の究極のゴールに導くだろう。

愛するOSHO、人間は、ただ自分自身であることでは充分でない、と感じているように私には思えます。なぜほとんどの人たちは、ただ単に人間として在るよりも、むしろ権力や名声などを得たいというような衝動があるのでしょうか？

それは複雑な質問だ。そこには二つの側面がある。そして両方を理解することだ。まず、あなたの両親、教師、周囲の人々、社会は、あるがままのあなたを受け入れたことがない。誰もがあなたを改善しようと、あなたをより良くしようとしてきた。誰もが、あらゆる人間にありがちな欠点や誤り、失敗や弱さ、脆さを指摘してきた。誰もあなたの美しさを強調しなかった。誰もあなたの知性を強調しなかった。誰もあなたの偉大さを強調しなかった。

ただ生きていることが、大いなる贈り物だ。だがこれまで誰も、あなたに生存することに感謝するようにとは言わなかった。それどころか、あらゆる人が不機嫌で不満を言っていた。当然、もし最初からあなたの生を取り巻くあらゆるものが、あなたに対してそうあるべきではないと指摘し続けるなら、従うべき理想、そうしなければならない理想を与え続けるなら、あなたの在る状態(*isness*)は決して称賛されない。称賛されるものはあなたの未来だ――もしあなたが立派で力強く、金持ちで知識があり、どうにかして有名人になれたら、ただの誰でもない者でなくなれば、称賛されるのだ。

あなたへの一定の条件付けは、あなたの中に「私はあるがままでは充分ではない。何かが欠けている。私はここではなく、どこか別のところにいるべきだ。ここは私がいるはずの場所ではない。どこかより高く、より力強くより支配的で、もっと尊敬され、もっとよく知られるところにいるべきだ」という考えを作り出してきた。

これは半分の物語で、それは醜く、こうあってはならない。もし人々が、どのように母親になり、どのように父親になり、どのように教師になるべきかについて、もう少しばかり知性的であれば、これは簡単に取り除くことができる。

あなたは子供を台無しにすべきではない。彼の自尊心、彼の自己信頼、それが成長するのを助けなければならない。それどころか、あなたが成長の妨げになっている。これは醜い部分だ。しかしそれは単純な部分だ。それは取り除くことができる。なぜならあなたが何であるかについて、あなたに責任はなく、これは自然があなたを作ってきた方法だと理解することは、とても単純で論理的だからだ。今や済んだことを必要以上に嘆くことは、全く馬鹿げている。

だが、二番目の部分は途方もなく重要だ。たとえこれらの条件付けがすべて取り除かれても——あなたがプログラムを解かれ、これらすべての考えがマインドから取り去られても——あなたはまだ自分は充分ではないと感じるだろう。だがそれは全く違った体験だ。言葉は同じだが体験は異なる。

あなたが充分でないのは、あなたはそれ以上で在り得るからだ。それはもはや有名になったり、立派になったり力強くなったり、金持ちになるという問題ではないだろう。それは全くあなたの関心事ではない。あなたの関心事は、あなたの存在はただの種にすぎないということだ。誕生時に、あなたは木として生まれるのではない。あなたは単なる種として生まれる。あなたは自分が開花に至る地点へと、成長しなければならない。するとその開花はあなたの満足、充足になるだろう。

この開花は権力とは何の関係もなく、お金とは何の関係もなく、政治とは何の関係もない。それは絶対的にあなたに関係がある。それは個としての進歩だ。そしてこのためには、他の条件付けは障害となる。それは邪魔だ。それは成長への自然な切望の誤用だ。

あらゆる子供は成長するために、成熟した人間になるために生まれる。愛の人、慈悲の人、沈黙の人に――。彼は自分自身を祝うようにならねばならない。それは競争という問題ではない。比較の問題でさえない。

だが成長しようとする衝動、より以上になろうとする衝動、拡大しようとする衝動が、社会によって、既得権によって利用されるため、最初の醜い条件があなたの気を散らす。彼らはそれを変える。彼らは、この衝動はより多くのお金を得るためのものだ、この衝動はあらゆる道で――教育や政治において――頂点に立つことだとあなたが考えるように、あなたのマインドを満たす。どこにいようと、あなたは頂点に立たなければならない。それ以下だと、自分がうまくやっていないと感じるだろう。あなたは深い劣等感を感じるだろう。

このすべての条件付けが劣等感を生み出すのは、それがあなたに優秀な者になることを、他人よりももっと優秀になることを望むからだ。それは競争や比較を教える。あなたに暴力を、戦いを教える。それは、手段はどうでもいい、肝要なのはその結末だ――成功がゴールだと教える。そしてこれが簡単に実現するのは、あなたが既に成長したいという衝動をもって、どこか別のところにいたいという衝動をもって生まれているからだ。

種は花になるために、遠くへ旅をしなければならない。それは巡礼だ。衝動は美しい。それは自然そのものによって与えられている。だが、社会は今まで非常に狡猾だった。あなたの自然な本能をある社会的な有用性に変え、逸脱させ、わきへそらす。

この二つが、あなたがどこにいようと、何かが欠けているという感覚をあなたに与えている側面だ。あなたは何かを得なければならない。何かを達成しなければならない。達成者に、出世を目指す人にならなければならない。

今、何があなたの自然な衝動なのか、そして何が社会の条件付けなのかをはっきりさせるために、あなたの知性が必要になる。社会の条件付けを断ち切りなさい――それはすべて屑だ――そうすれば自然は純粋で、汚染されないままだ。そして自然はいつも個性的だ。

あなたは成長し、開花するだろう。そしてあなたはバラの花になるかもしれない。他の誰かは成長してマリーゴールドになるかもしれない。そしてあなたがバラの花だから、あなたが優秀なのではない。彼がマリーゴールドだから、劣っているのではない。あなた方は両方とも開花する。それが要点だ。そしてその開花は深い満足を与える。すべての欲求不満、すべての緊張は消える。深い安らぎが、理解を超えた安らぎがあなたに行き渡る。だが、まず社会の屑を完全に断ち切らなければならない。でなければ、それはあなたの気を散らし続けるだろう。

あなたは豊かでなければならないが、裕福であるべきではない。豊かさとは別のものだ。乞食が豊かであることはできる。そして皇帝が貧しいことはあり得る。豊かさとは存在の質だ。

偉大なるアレキサンダーがディオゲネスに会った。彼は裸の乞食で、ただランプだけを持っていた……それが唯一の所有物だった。彼は昼間でもランプを灯していた。明らかに奇妙な振舞いだった。アレキサンダーでさえ、彼に尋ねなければならなかった。

「なぜあなたは、昼間にランプを灯したままにしているのだ?」

彼はランプを持ち上げ、アレキサンダーの顔を見て言った。

「私は日夜、本物の人間を探しているのだが、見つからないのだ」

裸の乞食が世界を征服した者にそんなことを言うことで、アレキサンダーはショックを受けた。だが彼は、ディオゲネスの裸がとても美しいのがわかった。彼の目はとても静かだった。彼の顔はとても平和に満ちていた。その言葉には大変な威厳があった。アレキサンダーが侮辱を感じても仕返しができないほど、彼の現存はとても冷静で穏やかでさわやかだった。その男の現存はそれほどだったので、アレキサンダー自身が、彼の側では乞食に見えたほどだった。彼は自分の日記に書いた。

「初めて私は、豊かさとはお金を持つこと以外の何かであるのを感じた。私は豊かな人間を見た」

豊かさとは、あなたの真正さや誠実さ、あなたの真実、愛、創造性、あなたの感じやすさや瞑想性のことだ。これがあなたの本当の財産だ。

社会はあなたの頭を世俗的なことに移した。そしてあなたは自分の頭が移されたことを完全に忘れている。

私はそれが実際に起こったのを覚えている……インドである男がバイクを運転していた。非常に寒かったので、胸が非常に冷たく感じていたし、風がまともに彼に当たっていたため、彼はコートを前後逆に着た。道路の反対側から、将軍もまたバイクに乗ってやって来た――将軍たちは単純だ。彼は自分の目が信じられなかった。というのも彼は「この男の頭は後ろ向きになっている！」と思ったからだ。

彼はとても恐ろしくなり、その男の近くに来たとき、そのかわいそうな男にバイクでぶつかり、その男はほとんど意識不明になって地面に倒れた。将軍は綿密に見て、言った。「何てことだ、彼はどうなったのだ？　街はここから遠く離れている。病院は遠い。だが何とかしなければいけない」

インドの将軍たちは最も屈強な人々だ。そのかわいそうな男は意識不明だった。そこで彼は、その男の頭を無理やりそのコートに正しく合うように動かした。ちょうどその時、パトカーが到着して警官たちが尋ねた。「どうしたのだ？」

彼は言った。「いい時に来てくれた。この男を見てくれ。彼はバイクから落ちたのだ」

彼らは尋ねた。「彼は生きているのか、死んでいるのか？」

将軍は言った。「彼の頭が間違った位置にあった時、彼は生きていたのだが、俺が彼の頭を正しい位置に変えたら、呼吸が止まったんだ」

これらの警官たちは言った。「あなたはただ頭だけに関心がありすぎたんだ。間違っているのは頭ではなく、コートなのがわからなかったんだね」

将軍は言った。「我々は貧しくて単純な者たちだ。俺はボタンが背中にあるコートを着ている者をこれまで一度も見たことがなかった。俺は何かの事故が起こったのだと思った。彼は気を失っていたが、俺は彼の頭の方向を変えた——それには手を焼いたが、俺が何かをしたい時は、俺は呼吸をしていた。俺はそれをした。それがコートに合うまで正確に正しく、彼の頭を回したんだ。その時彼の呼吸が止まった。変なやつだ！」


あなたの頭、あなたのマインドは、あなたはどうあるべきかという多くの人々の考えによって、多くの方法で変えられてきた。そこにはどんな悪い意図もなかった。あなた方の両親たちはあなた方を愛した、教師たちはあなた方を愛した、社会は、あなた方にひとかどの人物になってほしかった。彼らの意図は良かったが、理解力は乏しかった。彼らは、あなたがマリーゴールドの茂みをバラの花にすることができないことを、あるいはその逆もできないことを忘れていた。

あなたにできることは、バラがより大きく、もっと色鮮やかに、もっと香り高く成長するのを助けることだ。あなたは色と香りを変えるために、必要なすべての化学物質を与えることができる——必要な肥料、適切な土、適切な時の適切な水やり——。だが、バラの茂みに蓮を生産させることはできない。

もしあなたがバラに「あなたは蓮の花にならなければならない」という考えを与え始めたら——そし

てもちろん、蓮の花は美しくて大きいが――あなたは間違った条件付けを与えているのだ。その条件付けは、この茂みは決して蓮の花を咲かせることはできない、ということにしか役立たない。さらにそのエネルギー全体は間違った経路に向けられるから、バラさえも咲かせないだろう。なぜなら、どこからバラを咲かすためのエネルギーを得るというのだろう？　そして蓮もバラも存在しない時、当然このかわいそうな木は虚しくもどかしく不毛で、価値がないと絶え間なく感じるだろう。

これが人間に起こっていることだ。すべての善き意図をもって、人々はあなたのマインドを転倒させている。より良い社会では、より理解がある人々と共にあり、誰もあなたを変えないだろう。誰もがあなたを、自分自身であるように助けるだろう。自分自身であることが、世界で最も豊かなことだ。自分自身であることは、満たされたと感じるために必要なものすべてを、あなたの生を有意義で意味深いものにできるものすべてを、あなたに与えるだろう。ただ自分自身であり、本性に従って成長することは、あなたの未来に充足感をもたらすだろう。

だから衝動は悪くはないが、それは間違った対象に向けて動かされてきた。誰にも操られないように、気づいていなければならない。彼らの意図がどれほど善いものであってもだ。とても多くの善意ある人々から、お節介焼きたちから、これであるべきだ、あれであるべきだと絶えずあなたに忠告する人たちから、自分自身を守らねばならない。彼らに耳を傾けて、彼らに感謝しなさい。彼らはどんな危害も加えるつもりはないが、危害は起こるものだ。

あなたはただ、自分自身のハートに耳を傾ける――それがあなたの唯一の教師だ。
生の真の旅においては、あなた自身の直感があなたの唯一の教師だ。
あなたは「直感 *intuition*」という言葉を調べたことがあるだろうか？　それは「授業 *tuition*」と同じだ。

授業は教師によって、外側から与えられる。直感はあなた自身の本性によって、内側から与えられる。あなたには自分の内側にあなたの案内人《ガイド》がいる。ほんの少しの勇気があれば、あなたは自分には価値がないとは決して感じないだろう。あなたは大統領にはなれないかもしれない。首相にはなれないかもしれない。ヘンリー・フォードにはなれないかもしれない。だがそんな必要はない。あなたは素晴らしい歌手になるかもしれない。あなたは素晴らしい画家になるかもしれない。そして、あなたがすることは問題ではない……。あなたは偉大な靴職人になるかもしれない。

アブラハム・リンカーンがアメリカ大統領になった時……彼の父は靴職人だった。そして上院議員たちはみんな、少しきまりの悪さを感じていた。靴職人の息子が最も金持ちの人々を、高い階級の人々を統率しなければならない。自分たちが優れているのは、より多くの金があるからだ、自分たちは長年にわたって有名な一家に属しているからだと、彼らは信じていた。上院議員たちはみんな多少きまりが悪く、怒り、いらいらしていた。リンカーンが大統領になったことを、誰も喜んでいなかった。

リンカーンが彼の最初の、初めての演説を上院議員たちに述べる前に、尊大でブルジョワ的なひとりの男が立ち上がった。そして彼は言った。

「リンカーン殿。始める前に、あなたが靴職人の息子であることを思い出して頂きたいものだ」

すると、すべての上院議員たちが笑った。彼らはリンカーンに恥をかかせたかった。彼らは彼を打ち負かすことはできなかったが、彼に恥をかかせることはできた。だが、リンカーンのような人に恥をかかせることは難しい。彼はその男に言った。

「死んだ父を思い出させてくれたことに、途方もなく感謝いたします。私は常にあなたの忠告を覚えているでしょう。父が靴職人であったようには、自分が決してそのような偉大な大統領ではあり得ないことを私は知っています」

そこには、針が落ちても聞こえそうな沈黙があった。リンカーンがそんなふうに受け止めるとは……。そして彼はその男に言った。

「私が知る限り、私の父はあなたの一家のためにも靴を造っていたものでした。もしあなたの靴がきつかったり、何らかの問題があったりしたら――私は偉大な靴職人ではないですが、子供の頃から父にその技術を学んできました。私はそれを修理できます。上院議員の誰に対しても同じです。もし私の父が靴を造ってきて、その靴が何らかの修理を、何らかの改良を必要とするなら、私に申し付けてくださいーーひとつ確かなことは、私はうまくはできません。彼の手際は素晴らしいものでした」

そして偉大な父を思い出して、彼の目から涙が流れた。

あなたは三流の大統領であるかもしれない。あなたは一流の靴職人であるかもしれない。それは問題ではない。充足とは、自分がしていることを楽しんでいる、自分のすべてのエネルギーをそれに注ぎ込んでいる、ということだ。あなたが他の誰かであることを望まないこと、あなたがそう在りたいと望んだものであることだ。このドラマで演じるために、あなたに与えられた役割は正しい役割であるとあなたは自然に同意し、その役割を大統領や皇帝とさえ交換する用意はないということだ。

これが本当の豊かさだ。これが本当の力だ。

もし誰もが自分自身であるために成長するなら、あなたは全世界が力強い人々で満ちているのが、途方もない強さ、知性、理解、そして家に帰ってきたことの充足、喜びに満ちているのがわかるだろう。

愛するOSHO、この前の朝、しばらくあなたを見ている間、私は誰もいないのに気がつきました。私は虚空を、中空の竹を見ました。あなたは何年も虚空の美しさを話していたのに、なぜ私はこれが気味が悪くて恐ろしいものだと思ったのでしょうか?

それはまさにあなたの子供時代から、あなたはゴールは虚空ではなく満ちていることだと言われてきたからだ。虚空は乞食の鉢を象徴している。西洋では特に、「虚空」という言葉は決して、どんな肯定的な意味も勝ち得なかった。東洋では事情は違う。

私たちには虚空を表わす二つの言葉がある。ひとつはリクタータで、英語の「空っぽの状態 *emptiness*」という言葉に翻訳される。それは単に何かの不在を意味する。そしてもうひとつはシュニヤータで、その種の体験が西洋では起こらなかったため、西洋にはそれに対応する言葉が存在しない。

シュニヤータはひとつの面では虚空であり、別の面では満ちた状態だ。例えば、この部屋は今人々や家具、物で満たされている。私たちはそれを空っぽにできる。人々はみんな部屋を去ることができる。家具をみんな移動することができる。そしてその時誰かが見に来て、「部屋は空っぽだ」と言うことができる。彼はただ、現象の一面を見ているだけだ。

彼が言うことは、「部屋にあった物は存在していない」ということだ。だが彼は、今部屋は広さで満たされているのを忘れている。部屋には今、以前よりも広いスペースがある。以前そこは散らかっていた。その空間は家具、人々、物で分断されていた。今それはきれいだ。今それはすっきりしている。今それはそれ自身であり、それそのもので満ちている。それが東洋におけるシュニヤータの意味だ。

二番目の面――それは西洋で見落とされてきた。

そこで西洋人は虚空について否定的な面しか知らないため、虚空について特定の反感を持っている。彼らはその肯定的な面を知らない。だからそれは気味が悪く、恐ろしいものに見えるのだ。

そしてさらに、私がここに坐ってあなた方と話をしていて、突然あなたが、そこには誰もいないことに――その椅子は空っぽであることに気づく時、もっと気味が悪くなる。あなたは、まるで本当ではない何かを見ているかのように感じ始める。あるいは、もしこれが事実なら、ほんの一瞬前に、その人物が本物ではなかった時、幽霊のようだった時に、その人物を見ていたということになる。

あなたは光明を得た人物の現象を、深く調べなければならない。彼はいる、そして彼はいない――両方一緒にある。彼の身体があるため、彼はいる。彼のエゴがもはやそこにないため、彼はいない。マインドの中のすべての家具は取り除かれた。今やそれは、本当に中空の竹だ。そしてもし中空の竹がフルートとして機能しているなら、その時もまたそれは、中空の竹以外の何かにはならない。その体験は、中空の竹のフルートが音楽を奏でているので、さらにいっそう神秘的になる。


西洋のマインドは、無からは何も生じ得ないと考えるように教え込まれてきた。東洋のマインドは、あらゆるものは無から生じることを見るように教え込まれてきた。そして現代物理学は東洋の神秘家たちに同意している。

現代の西洋物理学がすべての西洋の宗教に反対し、すべての東洋の神秘家たちに同意しているのは非常に驚くべきことだ。それは同じ体験だ……。中空の竹はそれ自身の音楽をあなたに与えているのではない。誰か別の者――おそらく存在それ自体、おそらく中空の竹を吹き抜ける強い風――が音楽を創っている。だが音楽はひとつの側から入って来て、そして別の側から出て行っている。フルートは中空のままだ。

西洋は硬いものに、鋼のように硬いものに非常に興味を持つ。西洋がスターリンのような人たちを生み出すのは偶然の一致ではない。ロシア語の「スターリン」という言葉は「鋼鉄の人」という意味だ。それは彼の名前ではなかった。彼が硬い鋼のようだったのでその名が与えられた。彼の中に、『中空の状態 *hollowness* 』は存在しなかった。中空の状態は非難される。誰かを非難したい時、あなたは言う。「彼は全く虚ろ *hollow* だ」

だが東洋では、それは全く異なる。最も偉大な神秘家たち——ゴータマ・ブッダ、老子、ボーディダルマ——彼らはみな、自分自身を中空の竹と呼んだ。エゴとしての彼らは消えた。「私はいる」と言える者は誰もいない。それでも構造全体は存在する。そして内側は純粋な空間だ。その純粋な空間があなたの神聖さ、あなたの神々しさだ。その純粋な空間が、外側では純粋な空になる。空は在るように見えているだけだ——それは存在しない。もし空を探しに行っても、どこにも見つからないだろう。それはただひとつの外観にすぎない。


光明を得た人は、空のような外観を持つ。だがもしあなたが彼と調子が合うと、時々あなたは彼がいないのがわかるだろう。それはあなたを気味が悪く、恐ろしい感じにさせる。そしてそれが起こったに違いない。

あなたは私と調子を合わせた。我知らず、時たまあなたは私と合うだろう。あなたは時々、自分自身を忘れるかもしれない。すると私と合うだろう——なぜならあなたが自分のエゴを忘れる時にのみ、出会いがあり得るからだ。でなければどんな出会いもあり得ない。その出会いの中で、あなたはその椅子が空っぽであるのがわかるだろう。それは少しの間のほんの一瞥かもしれないが、本当にあなたは、これまで見てきた他のどんなものよりも、はるかにより本物の何かを見たのだ。あなたは中空の竹を覗き込み、音楽がそこから生じているという奇跡を見た。

あなたは私がミラレパに、私の椅子を使うことを禁じたのを知っている。なぜなら誰にわかる？――私はそこに坐っているかもしれないのだ！

愛するＯＳＨＯ、ウルグアイで成長しているエキゾチックな花があります。それは東洋で生まれ、全世界中にその種を広げてきた花です。

長年にわたって、その稀に見る美しさのために、多くの人がその花に惹きつけられてきました。多少の人々はその美しさを楽しみましたが、それはつかの間のことで、彼らは去っていきました。他の人たちはその愛らしさを見ました。そして、さらにより近くに引き寄せられました。他のところにはないその香りのために。その芳香は、彼らのまさしく血の一部になりました。そして彼らには、その花の周りに現れたもの以外、他に世界はありません。

その花は、それが持っているさらに大きな宝を、より大きな深みを暗示します。その宝は詮索好きで、用心深く貪欲で、攻撃的なものにとっては、容易に手に入れられないものです。その側に留まる人々は、観察眼を得るにつれて、花が表わすものに気づき始めます。

愛するＯＳＨＯ、私はこの質疑応答の繊細なゲームを、あなたが分かち合ってくださるすべてから引き出されるものを、とても楽しんでいます。

そうだ、あなたは正しい、これは質疑応答のゲームだ。そのゲームは、あなた方が私と一緒にいられるための単なる口実だ。あなた方は言葉に慣れているので、ここで自分が何をしているのかを、言葉なしでは知ることができない。あなた方は少しおかしいと感じる。だが言葉があれば、あらゆるものは適切に感じられる。

私はあなた方と一緒に静かに座ることを好んだが、問題は、もし私が静かに座れば、あなた方のマインドは、おしゃべりに次ぐおしゃべりをするようになることだ。私はその音を——とても多くの動いている車輪を聞くことさえできる。だから私は、より良いこの方法に決めたのだ。

私は言葉を使う。私の言葉を聴けば、あなたは考えるのを止める。思考がないその瞬間、多くのことが起こる。話すことはできないが、ただ理解はできる多くのこと、言語では表現できない多くのことが起こる。だが、知っている人のまさにその現存が、あなたを感動させ始め、あなたの存在を変える。

西洋は知らない。それは多くのことに関する知識がない。例えば、東洋でサットサングと呼ばれているものと匹敵するものは何もない。西洋人のマインドにとって、それは全く不合理に見える。サットサングとは単にマスターと共に坐り、何もしないという意味だ。誰も話さないし考えることもしない。どんな観察者も困惑せざるを得ない。

P・D・ウスペンスキーが、初めてゲオルギィ・グルジェフのところへ来るのを許された時——グルジェフのインナー・サークルの弟子たちのひとりが何ヶ月も試み続け、友人を連れて来たいと言っていたのだ。ついに彼は許可を与えられた。ロシアの寒い、雪が降っていた夜に、ウスペンスキーはものすごく興奮していて、彼のマインドには数多くの質問と言葉が通過していた……。彼は世界的に有名な男で、彼の時代で最も重要な数学者のひとりだった。そして執筆に関する限り、私は彼に匹敵する者は誰も見たことがない。彼は魔法のように書く。彼の本は既に多くの言語に翻訳されていた。そして誰もグルジェフを知らなかった。たった二十人の小さなグループが、彼の持つすべてだった。ウスペンスキーは、他の社会、クラブ、会合で紹介されてきたのと同じように、自分が紹介されるのだろうと考えていた……。だがそこには、全く違う何かがあった。

薄暗いロウソクの明かりの中で、グルジェフは床を見て坐っていた。そして彼の周りの二十人の人たちは、同じ姿勢で床を見て坐っていた。この二人もまた参加した。そしてウスペンスキーは――みんなを、彼らがしていることを見ていた……彼は紹介もされず、また何も為されなかった。彼を連れてきた男は、ただその姿勢で坐り、床を見つめ始めた。

ウスペンスキーは、おそらくこれがその方法だと考え、彼もまた同じ姿勢で坐り、床を見つめ始めた。だが彼が何をしようと、彼のマインドは働いていた、「私はここで何をしているのだ？　そして彼は私をゲオルギィ・グルジェフに紹介するために連れて来たのだ。真ん中に坐っているのが、奴のように見える。だが彼は私を見ることさえしない。そして彼らは床の上に何を探しているのだ？　そこには何もない――きれいな床だ。そして二十人みんなはただ坐っている！」

数分が過ぎた――そして数分間は数時間のようだった。静かな夜、小さなロウソクのちらちら光る明かり、外で雪が降る音……これらの人々は坐り続けた。半時間が過ぎた。そして彼のマインドは狂ったように考えていた。「何が起こっているのだ？　そして私はここで何をしているのだ？」

その瞬間、グルジェフは彼を見て言った、「心配するな。すぐに君はこの人たちと一緒に同じように、動揺せずにここに坐るだろう。彼らはどのようにマスターと一緒に座るかを学んできた……お互いの意識が融合し、溶解し始めるような方法で坐ることを。二十一人の人々がここに坐っているのではなく、まさに二十一の身体とひとつの魂、そして無思考がある。だがそれは、君にとっては時間を要するだろう。君を三十分間待たせて申し訳ない。それは君にとっては、まるで一日が過ぎたように思えたのに違いない。さて、この紙を持って、別の部屋へ行きなさい。一面には君が知っていることを書き、裏側には君が知らないことを書きなさい。そして君が知っているものとして書き留めるものが何であろうと、我々は決して議論しないことを覚えておきなさい。それで終わりだ。君はそれを知っている、それに干渉することは私の仕事ではない。君が知らない部分だけを、私は君に教える」

震える手で——ウスペンスキーは初めて、自分が何を知っているかについて考えるということに気づくようになった。彼は神について書いた。天国と地獄について書いた。そして魂と輪廻について書いた——だが彼は知っているのだろうか?

彼は別の部屋に入り、紙と鉛筆を持ってそこに坐った。そして彼が自分のマインドの中で、自分が知っていること、知らないことを調べた時——生涯で初めて、彼はそれを調べていたのだった。でなければ誰も何を知っているか、何を知らないかについて気に掛けることはない。そして数分後、彼は空白の紙をもって出て来た。そして言った。

「私は何も知りません。あなたは私にすべてを教えなければならないでしょう」

グルジェフは言った。「だが君は、とても多くの本を書いてきた。私は君の本を見たし、何も知らない者がそれほどうまく書けるとは思えなかった」

ウスペンスキーは言った。「本当に許してください。私はあなたの行なうやり方に精通していませんが、数分以内にあなたは、私が全くの無知であることに気づかせてくれました。そして私はそのまさに最初から始めたいのです。これらの本に関しては勘弁してください。それらは確かに眠りの中で書かれました。なぜなら今私は、自分が神について何も知らないことがわかるからです。私は神に関して読んできましたが、それは知ることではありません。ひとつだけ知りたいのですが、ここで何が起こっているのですか?」

するとグルジェフは言った。「これは中空の竹を創り出す方法だ。この人たちはみんな、空になるためにここで待っている。彼らが空になる時、それが彼らの修道場《スクール》への入口だ。ここはスクールの外側だ。スクールは内側にある。彼らが空になる時、彼らが空であることに私が満足する時、彼らは受け入れられるだろう。我々は君に何かを教えるためにここにいるのではない。我々は君が知るのを助けるためにここにいる。我々は君自身が知るようになるための状況を創る」

サットサング……ただマスターと共に在ること……。だが西洋にとってそれは難しい。そのため私はあなた方に話すのだ。これらの質疑応答は、実際はあなた方が言葉、思考を取り除くのを助けるためのゲームだ。ゆっくり、ゆっくりとあなた方は、ますますそれが難しいことがわかってくる。何を尋ねたらいいのだろう?と……。

ちょうど昨夜、マニーシャが心配していた。「もし質問が終わって、質問がないためにあなたが去り始めるなら、私は叫ぶでしょう、『OSHO、私は質問を見つけました!　待ってください!』」

いいや、私は去らない。私は質問があなたの内側に残されていない瞬間を待っている。その時、私の本当の仕事が始まるだろう。

今まさに私たちは、スクールの外側でただ坐っている。ひとたびあなたが静かに、完全に静かになれば、その時は何も尋ねる必要はない。尋ねるべきものは何もない。答えるべきものは何もない。

沈黙が質問だ。

沈黙が答えだ。

沈黙が究極の真理だ。

沈黙の中で私たちは存在と出会う――言葉、言語、そのすべてが障壁を作り出す。そして沈黙しているることが中空の竹であることだ。そして奇跡は、あなたが中空の竹である瞬間、音楽があなたのものではないあなたを通して、降りてくることだ。それはあなたを通って来る。それは全体に属している。その美しさは途方もない。そのエクスタシーは計り知れない。

こうやって集っているのは、まさにその音楽があなたの中に降りてくるための準備だ。

だがあなたは、単なる中空の竹からフルートを創ることができる。もしあなたが自分の思考とエゴと哲学、宗教、神学と政治――ありとあらゆるゴミ――に満ちていたら、その音楽はあなたのものではない。

私にとってその音楽は、究極の体験、最後の祝福、あなたの意識の最も高い開花だ。

第27章

続けよ、続けよ！

Go on, Go on!

愛するＯＳＨＯ、ホメロスの偉大な叙事詩イリアスとオデュッセイアで、ホメロスはユリシーズ（オデュッセウスのラテン名）の帰りの航行で、その船がロートバゴス族の島の近くを行く時の様子を描写しています。セイレーン（ギリシャ神話で、島の近くに住み、美しい歌声で近くを通る船人を誘い寄せて難破させたという半女半鳥の海の精）の歌は海を渡って漂い、水夫たちをうっとりとさせ、航路から離れて航海させ、官能的な歌声の方へ行かせます。

船を本来の航路に引き留めようとするユリシーズの努力は無駄でした。想像し得る最も美しい女性によって、彼らの喉へ流し込まれる蓮の万能薬を飲もうと、水夫は気が狂ったように船から急いで飛び降りました。麻酔と催眠作用のある甘露はすぐに彼らの感覚を鈍くし、彼らの目をどんよりとさせました。そして彼らは感覚的な、永遠の催眠状態に陥りました。

ユリシーズは混乱を止めようとし、彼自身かろうじてロートバゴス族の美しい女性に抵抗しました。彼はひどく振り回されましたが、困難な帰りの旅を続けるために、何とか逃げることができました。彼はそれをやり遂げましたが、彼の仲間のほとんどはだめでした。

ＯＳＨＯ、この物語の意義を探求者に話していただけますか？　サニヤスにとってセイレーンの歌は存在するのでしょうか？

この物語はほとんど事実に基づいている。それは寓話だ。真理への途上で人は、喜び、楽しみが実際には幻覚であるために、探求者を立ち止まらせる多くの場所に出くわす。人は途上で、美しい体験に絶え間なく気づいていなければならない。体験は真理ではないからだ。

真理は体験ではない。

真理はすべての体験が消えた時にある。それは純粋な在る状態 *isness* だ。瞑想において、人はまるで自分が到達した――今や更に行くべきところはない、と感じる瞬間がある。とても充足していて、それ以前にこうした体験はない。物事がこれよりも良くあり得るとは、より楽しく、より至福の体験があり得るとは信じがたい。

最も有名な本のひとつであり、西洋に現われた禅についての最初の本のひとつは、クリスマス・ハンフレーズの「禅仏教」だ。彼は本当は「続けよ - GO ON」というタイトルを付けたかった。序文の中で言及しているが、「続けよ - GO ON」では、あまり魅力的には感じられなかったので、彼はタイトルを変えた。だが「続けよ - GO ON」の方がよりふさわしかった。

ゴータマ・ブッダが常にそれを用いたことからも、その重要さは確固たるものだ。誰かがゴータマ・ブッダのところに来て、彼の瞑想体験を――それがどれほど美しいか、彼がどれほど喜びを感じているか、彼がどれほど至福に満ちているかを説明する時はいつでも、その終わりにゴータマ・ブッダは言った。「続けなさい、そこで立ち往生してはいけない。より多くのものが前方にある」

これは不変のことだった。あなたが彼に何をもってこようと、彼は言う。「進みなさい。止まってはいけない。私はあなたが、もっと何かがあることを想像できないために立ち止まりたがっているのがわかる。だが私は、より多くのものがあるのを知っている」

そして弟子がゴータマ・ブッダに近づき、彼の足に触れ、彼の側で静かに坐る日が来る。そしてブッダは尋ねる、「体験は起こったのか?」

すると彼は笑い始め、そして言う、「あなたは私を押して押して押し続けました。今や体験は全くありません。ただ純粋な『在ること*isness*』だけがあります。その美しさ、その祝福は質的に違います」

「あなたが正しくないことを、一万回以上も言うはずはありません。分量では言い表せません。それは質的に違うものです。私はただ、あなたの忍耐に感謝するために来ました――私はずっと体験を持ち運んで来ました。あなたはずっと同じ言葉『続けなさい、止まってはいけない』で、私を送り返し続けました」

ゴータマ・ブッダの「続けなさい」が理由で、クリスマス・ハンフレーズは本のタイトルとして使いたかったが、最終的には変更した。それは市場にアピールしないだろうと考えたからだ。おそらく彼は正しかった。「続けよ - GO ON」は、本のタイトルとしては非常につまらなく見える。

この寓話、ホメロスの物語は、それが理解されねばならないようには西洋で理解されなかった。それはスピリチュアルな成長の物語だ。止めるべき時が来た、という感覚になる段階が、あなたに何度も訪れるだろう。なぜならその体験はとても大きなものなので、より以上の何かが存在し得るということは、あなたの理解を超えているからだ。

だから、すべてのものがより以上を求めていたため、あなたに「もっと、もっと」と常に言い続けていたマインドは突然止まる。それは、より以上のものがあることを理解できない。そしてそこが、マスターがあなたに続けるようにと望む時点だ。「どんな体験にもふけってはいけない、どれほど美しかろうと。ロートス・イーター（ギリシャ神話で、ロートスの実を食べて浮世の憂さを忘れた人）になってはいけない。でなければ、あなたは無意識になる――至福に満ちて意識を失っている、至福に満ちて眠っている」。

だがあなたは、このために旅を始めたのではなかった。あなたは自分自身に到達し、完全に目覚めようとしていた。

その寓話は、正しい方法で理解されるなら単純なものだ。だがその寓話は、東洋からホメロスに伝わったものに違いない。だから西洋にはそのための解説がない。西洋ではそれはただの物語、美しい物語だ。それは生の究極の意味に向かって成長する人間の、実際の実存的で経験に基づいた事実だ。

だから、ただひとつのことだけを覚えておきなさい。続けなさい、どこにも行くべきところがなくなるまで、行く人がいなくなるまで、あなたがすべてを消耗し尽くすまで――その道、そのゴール、その旅人、すべてが消え去るまで――そこにはただ純粋な、在ること *isness* の沈黙がある。


愛するOSHO、私たちが眠っている時、無意識は夢として体験されます。夢のない眠りの間、なぜ無意識は、それ自身を現わすのを止めるのですか？　そこには、表現する必要がある多くの抑圧された材料があるに違いないと思われます。夢を見るということは、まるで安全弁のように若干の蒸気を放ち、無意識の圧力釜が完全に爆発しないようにと、ちょうど充分な材料が表現されるのを許すことなのでしょうか？


違う、それはそうしたものではない。東洋の心理学によれば、マインドには四つの段階がある。それは西洋の心理学による、意識的マインド、無意識のマインドのような、たった二つのものではない。意識と無意識とを分割する西洋の状況においては、あなたの質問は非常に妥当なものだ。

だが真実は、マインドには四つの段階がある、ということだ。

目覚めている状態、それは意識的マインドに相当する。夢を見ながら眠っている状態、それは無意識なマインドに対応する。三番目は、西洋がまだ見つけていない夢の無い眠りだ。そして四番目は、真に目覚めている状態だ。

一番目は、いわゆる目が覚めている状態にすぎない。そして四番目は真の目覚めだ。二番目は夢を伴う眠りだが、夢を伴う眠りは妨げられた状態だ。夜の八時間の間、六時間あなたは夢を見ている。どんな夢もないのはたった二時間だけだ。この二時間は三番目の状態に属している。それは西洋心理学ではまだ認識されていない。西洋はまだそれを見つけていない。

この二時間はひとつのまとまったものではなく、数分はここにあり、数分はそこにあるというものだ。八時間の睡眠全体の合計で、あなたは三番目の状態を二時間持つ――それは夢を伴わない眠り、本当に若返り、活性化する時だ。

だからこの状態で夢は止まる、そこに抑圧がないため夢は存在しない。抑圧は二番目の無意識の状態までしか行かないので、夢は無意識の状態の中にだけ残る。三番目は無意識よりも深い。それは無意識だが、はるかに深い。そのため夢を見ることさえ不可能だ。

そしてこの二時間は、全く妨害がないため最も貴重だ。肉体は完全に自然に機能する。あらゆるものがくつろぎ、止まる。時間は消える。あなたはまるで死んでいるかのようだ。

それもまた美しく、それはあなたに休息を与える。もしそれを逃したら、朝あなたは自分は眠っていたと感じるが、ベッドに就いた時よりもより疲れて起き上がるだろう。まるで眠ることで疲れてしまったかのように――。なぜなら夢はまるで、心配事、視覚的な心配事、視覚的な緊張のようなものだからだ。

そして三番目のちょうど下にある、それよりも深いものが真の目覚めなので、この三番目もまた重要だ。

ちょうど今朝、私はあなた方に夜明け前は非常に暗くなるということを話していた。暗闇については心配しなくていい。夜が暗くなればなるほど朝は近い。

三番目の状態は最も暗く、最も無意識だ。

もしあなたが瞑想者なら、この三番目から四番目に行くことができる。もし瞑想者でないなら、三番目から二番目に戻り、二番目から一番目に戻り、日々の生活は続く。あなたの基本的実在《リアリティ》である四番目は、ただ地下に残る。

瞑想者は一番目の段階、いわゆる起きている状態を観照し始める。それからゆっくりと、二番目の状態を観照し始める。夢がある時、彼はそれもまた観照している。今や彼は夢の一部ではない。彼は独りで立っていて、夢はスクリーン上にある。

観照することがより上達すると、さらにもっと深く進むことができる。すべてが暗闇であり、暗闇以外に何も観照するものはないが、途方もなく平和に満ちて非常に静かで、その深みが底知れないところだ。観照者はそれを観照し続ける。それはますます暗くなり続ける。ますます厚くなり続ける。

これは神秘家たちによって「魂の暗夜」と呼ばれてきた。

もし人が恐れるなら――なぜなら人はそのような暗闇をこれまで見たことがなく、それほどの耳を聞こえなくするような沈黙にかつて出会ったことがなく、そうした未知の、底知れない空間にこれまで入ったことがないからだ――人は二番目か一番目に戻ることができる。

だが、もしも人が続けるなら、ひとつのことを覚えておきなさい、夜が最も暗い時、朝は非常に近いということを……。これがマスターが助けになる瞬間だ。そうでなければ非常に困難だろう——そのような洞窟に入るのは、非常に少数の稀な勇気のある人々だけが対象になる。人はそれがどこかで終わるのか、あるいは終わらないのかを知らない。あなたはその終わりを見ることはできない。それには終わりがない。

だが、もしもマスターがそこにいるなら、彼はこう言う。

「怖れることは何もない。これは最も安らかなもののひとつ、最も滋養になり、生気を与える力のひとつだ。あなたはどんな恐れもなく進むべきだ。それがあなたの家だ」

もし、どんな恐れもなく進むことができるなら、あなたはすぐ突然に、地平線で太陽が昇るのを——そしてひとつの太陽だけではないのを見る。すべての時代の神秘家によれば、それはまるで無数の太陽が、地平線のいたる所で昇っているようなものだ。その光は、人がこの暗い層の下で、自分自身の内側にそれほど多くの光があったとは、信じられないほどのものだ。

だから夢が止まる時、それは抑圧が働いているのでもなく、ほんの少しの蒸気の放出が許されているのでもない。違う。あなたはより必要な、三番目の段階へ移動しているのだ。二番目の段階は、ただの通路にすぎない。だが私たちはゴミで一杯なので、六時間が二番目の段階の橋の上だけで浪費され、あちらこちらへ動き、向こう側には到達しない。

そして到達する時でさえ、私たちは二時間しか留まらない。それもまた、ひとまとまりとしてあるのではない——ほんの数分間はここに、数分間はそこにいる、そして再び私たちは夢の間を往復しながら、橋の上に戻る。

瞑想がより深く成長するにつれて夢が止むので、二番目の空間は消える。あなたの思考が瞑想の中で止まるにつれて、眠りの中であなたの夢は止む。

夢は思考のようなものだ。その違いは思考は言語的であり、夢は絵画的なところにある。夢は中国語、日本語、古代の言語のようなものだ。そして思考は、より現代的な言語のようなものだ。だが両方とも同じだ。ひとたびあなたが、観照することで思考を止められたら、夢見を止めることができるだろう。その時二番目の段階は消える。あなたは一番目の段階から直接三番目に入る。

そして思考と夢が止まったことで、三番目の段階もまた長く続くことはないだろう。なぜならあなたの一番目の段階は、四番目にますます近づくようになるからだ。それは無思考の気づき《アウェアネス》になっている。最終的に二番目が最初に消え、三番目が消える。それから一番目はその性格を完全に変え、四番目とひとつになる。そしてひとつの段階だけが、四番目だけが残る。

東洋では、それをトゥリヤと呼んできた。トゥリヤとは単純に「四番目」という意味だ。それは数であり、名前ではない。私たちは他の三つに名前を与えてきた。一番目はジャグルティ、「いわゆる目が覚めていること」。二番目はソパン、「夢」。三番目はスシュプティ、「夢無き眠り」。しかし四番目には東洋はどんな名前も与えてこなかった。それが無名の実在《リアリティ》なのは、それを取り除くことが決してできないからだ。

これらの三つはみな、あなたの本性の一部ではなかった。それらは押し付けられた層だった。だが四番目は、あなたが自分の誕生と共に持ってきたものだ。そしてあなたが死ぬ時、あなたは自分と一緒に四番目を持って行く。四番目はあなただ。これらの三つは、あなたを取り囲んでいる体験の三つの輪だった。四番目は中心だ。

四番目に到達することは光明を得ること、目覚めた人になることと同じだが、言い方が異なっている。

愛するOSHO、あなたはマスターは空のようだと言いました。
彼はいるように見えるが、彼はいない、と。私は自分はいると思います。それゆえ私はいます。
これが、光明を得ることと得ていないことの唯一の違いなのでしょうか?

それは最も重大な違いのひとつだ。西洋哲学には、デカルトの名前よりももっと重要な名前は少ししかない。デカルトの全哲学は「我思う、ゆえに我あり」というひとつの声明に基づいている。

だがそれは、明らかに非常に子供っぽい。なぜならあなたは、絶え間なく思ってはいないのに、それでもあなたはいるからだ。あなたは眠っている間は思っていないが、それでもあなたはいる。あなたは昏睡状態に陥っているかもしれない、あなたは思っていない、それでもあなたはいる。

「私は自分はいると思う、それゆえ私はいる」。考えることは、最も重要な部分に見える。「私はいる」ということは思考の結論だが、あなたが思わない時は、何が起こるのだね?

瞑想においては思考はない。そして何千年もの間瞑想してきた人々、彼らの体験を比べるべきだ。彼らは言う、「思考が止む時、その時私はいる」。まさにデカルトとは正反対だ――なぜなら思考は邪魔だからだ。そして思考している時には、あなたは客観的な何かに気をとられていて、あなたが対象ではない。

すべての思考が消え、そしてあなたが何もしないで静かに坐っている時、東洋では言う。

「初めてあなたは自分がいるのを知る――なぜなら、今そこにあなたの意識をそらす物はないからだ。あなたのすべての意識は中心に、ハートに落ち着く」

それは結論ではない。それは「それゆえ……」ではない。デカルトが言うことは「私の存在は論理的な結論だ。我思う、ゆえに我あり」。それは実存的な体験ではない。それは論理的な結論だ。東洋では言う。「思考がない時、あなたは自分がいるのを体験する」。そこには「それゆえ……」という問題はない。

デカルトは論破され得る。それはただの論理的な結論にすぎないからだ。彼を論破するのはとても簡単だ。そして彼は西洋哲学の父的存在になった！　彼を論破するのがとても簡単なのは、あなたが眠っている時、あなたはいるからだ——そしてあなたは思っていない。あなたがちょっと散歩に行っている時でさえ、あなたは思っていない。

もしデカルトが正しいなら、人は絶え間ないトラブルの中にあるだろう。彼は生きている自分自身を維持するため、絶え間なく「私は思っている」と思わなければならない。思うことを忘れる瞬間、彼は終わる。

「私はいる、ゆえに私は思う。私はいる、ゆえに私は夢見る。私はいる、ゆえに私は瞑想する」と言うことのほうが、むしろより賢明だっただろう。そうすればあらゆる可能性が開く。その時あなたは多くのことを、あらゆることができる。「私はいる、ゆえに私は静かだ」

私は単純に、何もせずに、自分の在ることamness の中に在ることができる。何もそれを証明する必要はない。私の存在は自明だ。それがデカルトが取り逃がしているものだ。彼は自分の自己を証明しようとしている。

それは私が何度も話してきたスーフィーの物語を思い出させるが、それらの物語には非常に多くの側面、非常に多くの含みがある。

ムラ・ナスルディンは喫茶店に坐って、相変わらずいろんなことについて自慢していた——自分ほど気前のよい者は誰もいないということを。

誰かが言った、「ムラ、我々は君のいろんな自慢を大目に見続けている。だが気前のよさに関しては、どんな証拠も見たことはない。何年もの間、我々は友人だ。君はコーヒーを飲んできた。君はこれまで勘定を支払ってさえいない。他の友人たちが払っている。我々はしばしば君を、我々の家に夕食に招待してきた。君はこれまで一度も、我々を招待したことがない。ケチン坊ですら、そのことを考えただろう。よくもまあ君は『俺はこの町で最も気前のよい男だ』とぬけぬけと言えたものだね」

彼は言った、「それなら来いよ、君たちみんな、喫茶店の全員だ――みんな俺の家に夕食に来てくれ。喫茶店を閉めろ。店長も使用人もみんな来てくれ」

およそ五十人か六十人の行列が、ムラ・ナスルディンの家に向かって行った。彼はまさに先頭にいて、強い気持ちをもって前へ進んでいた。だが家に近づくにつれて、少したじろぎ始めた。彼は躊躇した。ちょうど家の前で、彼は人々に言った。

「聞いてくれ、お願いだ。君たちはみんな結婚しているからわかるだろう……。俺にもまた妻がいる。今朝、俺は野菜を買うことを頼まれたが、俺はまだ家に帰っていない。一日中俺はあちこちで噂話をしていた。俺は友人と一緒に食事をした。それから俺は君たちと一緒に喫茶店にいたのだ。

俺は野菜のことを完全に忘れていた。彼女は怒るに違いない。君たちは俺が単純な男なのを知っている。そして今、六十人の人たちが夕食に招待されている――家の中には、偽りなく言うが、何も無い。だからちょっと待ってくれ。まず俺を中に入らせてくれ。そうすれば俺は彼女をなだめることができる。それから君たちを中に入れる。ほんの数分だ……頼む」

彼らは言った。「俺たちは妻というものを理解しているさ。中に入っていいよ。それがいい。六十人の前で侮辱されることは良くない。君は一人で行って、まず君の妻と話をつけるがいい。俺たちは待っているよ」

彼は扉を閉めて中に入り、そして妻に言った。

「喫茶店の全員がやって来た。彼らは夕食をとてもしつこくせがんだんだ。そしてわかっているだろ？　俺たちは貧乏だ。それに俺は、君が頼んでいた必要品なものさえ持ってきていない。俺には金がなかったからだ。どうすりゃいい？　だから俺は方法を考えた。君はただ行って彼らに尋ねるんだ、『なぜあなた方はここで待っているの？　あなた方はここで何をしているの？』と。そして恐れてはいけない」

「でも彼らは、あなたが彼らを夕食に招待したのだ、と言うでしょう」と妻は言った。

「それは忘れるんだ。君はただ、俺は家にはいない、と言えばいい」

「でも彼らはあなたを見ていたわ。彼らはあなたと一緒に来たのよ。そして彼らはあなたが家に入るのを見たでしょ。彼らは上がり段に坐っていて、そしてあなたは家に入って扉を閉めたじゃないの」

ムラ・ナスルディンは言った、「心配いなくていい。君はただ俺が言ったことをするのだ。君はただ俺は家にいないと言い張ってくれ。朝から俺についいては何も聞かなかった、と」

妻は言った。「もしそれしか方法がないのなら、行ってくるわ」

そして彼女もまた、同意しなければならなかった。そうしなければ、どこから六十人分の夕食を用意するというのだろう？　そして彼女は言った。「またあとで。まず行って彼らを片付けてきます」

彼女は扉を開けて、本当に強い語気で尋ねた。

「あなたたちはここで何をしているの？　あなたたちは誰なの？」

彼らは言った。「俺たちはムラ・ナスルディンの友人だ」

「あなたたちが誰であれ、あなたたちの友人は一日中家には姿を見せなかったわ。朝から彼は行方不明だったの。彼がどこにいるのか、行って見つけ出してちょうだい」

「それはあんまりだ。彼は俺たちと一緒に来たんだぜ。彼は俺たちにここで待てと言った。そして夕食に関して、ただあんたと話をつけるために中に入ったんだ」

「誰も入って来なかったわ」と彼女は言った。

しかし彼らは言った。

「俺たちは出て行かないぞ。その男はあらゆることを自慢し続けるからだ。それにこれはあんまりだ。俺たちは喫茶店を閉めなければならなかった。彼が俺たちをここに連れて来たんだ。これは侮辱的だ。家に入って彼を探すことにする」

かわいそうな女は、どうしたらいいか考えられなかった。彼らはあまりに多くて、彼女は六十人もの人々を止められなかったからだ。

ムラ・ナスルディンは二階に隠れて、そこで起こっていたことを小さな窓から見ていた。そして「この馬鹿どもは俺を探しに家に入って来る、そして彼らは俺を見つけるつもりだ」ということがわかった時、彼は窓を開けて叫んだ。「聞け！　奴は君たちと一緒に来たかもしれないが、裏口から出て行ったかもしれないぞ」。彼は自分でそう言うのだ！「君たちは恥かしいと思わないのか？　夫が朝から家に帰ってこないかわいそうな女と言い争うとは。君たちは恥を感じるべきだ！」

「それは単純な論理だ。奴は扉を通って入ったかもしれない。君たちは正しいかもしれない。だが君たちが正しいか間違っているかが誰にわかる？　仮に、奴が家に入ったという君たちの言い分が正しいとしても、裏口があるのだ。奴はまた外へ出て行ったかもしれない。奴を見つけろ」

六十人の人たちはお互いに顔を見合わせた。

「こいつはどういう男なのだ？　彼は自分で『俺は家にはいない』と言っている」

デカルトは、おそらくスーフィーの物語を知るには決して至らなかった。彼もまた同じことをしていて、同じ事を言っている。彼は、あなたは自分が家の中にいることを証明しなければならない、と言っている。そして彼は「我思う、ゆえに我あり」ということを証明しようとしている。「我あり」は二義的なものだ。「思う」が第一義だ。「思う」は証拠だ。

しかし彼は、東洋全体が考えない努力をしてきたことを知らない。そして数多くの人々が、思考が消えた状態に至ることに成功した。彼らの体験では、思考が消えた時、ただその時だけあなたは在る。それ以前は錯覚だった。あなたは自分の存在を、本当には味わっていなかった。あなたはまるで鏡に反映されたものであるかのように、自分自身を見ていた。

もしあなたが私に尋ねるなら、私はこう言う。「私は在る、なぜならそこに思考がないからだ。私は在る、ただそこに思考がない時だけ」――思考は証明ではなく障壁だ。

だが西洋哲学は思考のプロセスであり、東洋の道は思考がなくなるプロセスだ。それらは全く正反対の方向に動いている。

西洋は偉大な思想家たちを生み出してきたが、ひとりのブッダも生み出さなかった。

そして偉大な思想家たち――イマニュエル・カント、ヘーゲル、あるいはデカルトは、もし彼らの生を見るなら、あなたは彼らがまるであなたのようであるのがわかる。平安もなく静かでもなく、慈悲もなく感じやすさもなく、気づきもない。本質的なことは何も、彼らには起こらなかった。彼らは偉大な思想家たちだが、偉大な存在ではない。

東洋では、思考を取り除こうとしてきた。存在がすべての視野を、すべての空間を持てるように。ゴータマ・ブッダは偉大な思想家ではないかもしれないが、偉大な存在だ。

そして、思考などどうでもいいことだ。それは食物について考えるといったようなものだ——あなたは食物に関する偉大な思想家だが、腹を空かして座っている。ある人は美味しい食物を食べていて、食物については全く考えていない。なぜ、それについて考えなければならない？　本質的なことは食物について考えることではなく、食物を食べることだ。

これらの偉大な哲学者たちは愛について考えてきたが、彼らは愛さなかった。彼らは平和について考えてきたが、彼らは他の誰とも同じくらい怒っていて、他の誰とも同じくらい暴力的だ。彼らは沈黙について考えてきたが、彼らはそれがどんな味か知らない……。彼らはそれについて多くの考えを持っていた。

そこで、ひとつのことを思い出すことだ。何かについて考えることと、あなたが考えていたことは全く別の事だ。そして在ることが本当の事だ。

だからあなたに覚えていてほしい——デカルトを忘れなさい。あなたの存在を、何らかの論証に次ぐ二義的なものには決してしないことだ。それは自明だ。賛成か反対か、それは証明する必要がない。そして思考が、感情が、感覚がない時——内なる空のどこにも、あなたが思考と呼ぶすべてのがらくたと家具が全くない時、それは全面的に現われる。

その沈黙の中で、その静けさの中で、あなたは神の社になる、あなたは神聖になる。

初めてあなたは、自分の神々しさを知る。

愛するＯＳＨＯ、あなたは人生で、素晴らしくて刺激的で、美しい経験をしてきました。しかしあなたのしなかったひとつの経験が——すべての中で最も素晴らしいものがあります。それはあなたの存在のもとに座ること、部屋を歩くあなたを見守ること、あなたの眼差しに溶けること、あなたの恵みを受けること、あなたの言葉を聴いて生き返ること、あなたの沈黙に圧倒されることが、どのようなものかを知ることです。

愛するマスター、私たちは祝福された者たちです。

どうかわかってください。自分の一存からあなたはすべてであると知って以来、私はあなたに飽きるということがありません。

私はあなたを愛しています。

カヴィーシャ、それは確かに本当だ。あなたがどんな努力もなしに得たものを、私は逃している。理解する人は、自分は祝福されていると感じるだろう。ほとんどの人は、当然のこととしてそれを受け取る。彼らは不幸だ。

自分のどんな努力もなしに得たものは何であろうと、それをすべて忘れがちであるというのは人間性の一部だ。あなたはそれに対して、少しの感謝も感じない。これは人間のマインドの大きな惨めさのひとつだ。

しかしあなたは、この惨めさから目覚めていて、弟子だけが感じられる至福を感じている。私はこれまで弟子であったことがない。その体験は確かに私が逃しているものだ。

あなたはそれを持っているが、もしそれを当然のこととして受けとめないなら、世界には五十億人の人々(一九八六年時点での数、現在は約七十億人)がいるのに、突然あなたはマスターに近づいた――ただ偶然に、ふとしたことで出会ったことを絶え間なく思い出し続けるなら、それはもっと浸透することを覚えておきなさい。

もしあなたがそのために存在に感謝を感じるなら、それは経験をより深く、より貴重なものにさせ、途方もなく変容させるだろう。何もする必要はない。もしあなたがマスターと通い合えば、光明を得るにはそれで充分だ。ただ彼の存在に融合すること、ただ彼の沈黙の中で溶けること、ただあなたと彼との間の二元性を落とすこと、ただひとつであること*oneness*を感じること。するとその感覚は、あなたを生の新しい次元に連れてゆくだろう。それは小さなマインドを超えるのを助け、探求するあなたのために、満天の星空を開放するだろう。

愛するＯＳＨＯ、ブッダと蝿についてのあなたの話は、いつも私の興味をそそりました。あなたにはまだ、気づくこと、あるいは気づかないことの選択があるのですか？

いいや、私にはもはやどんな選択もない。私は無選択の気づき《アウェアネス》の中にある。私には、気づく必要はない。私はただ気づいている。今やそれは、まるで私の心臓の鼓動のような、あるいは私の呼吸のようなものだ。たとえ私が気づかないようにと試みても、それは不可能だ。まさにその努力が私をもっと気づかせるだろう。

気づきはひとつの特質、特徴ではない。それはあなたの存在すべてでだ。あなたが気づくようになる時、気づかないでいる選択は残されていない。

愛するＯＳＨＯ、あなたは先日、私たちが自分の子供時代に関してあなたに話してきた様々な体験が、実は身体からの隔たりを学ぶために、何世紀もの間使用されてきたテクニックであると言いました。

これらがテクニックとして開発されたのは、幼い頃の無垢でその体験を得やすい時期に、自然に起こったものだったからですか？　それとも、過去生からこれらのテクニックの記憶を保持してきたのでしょうか？

これらのテクニックは——これらだけではなく、開発されてきたすべてのテクニックは、人間の体験に基づいている。

テクニックのほとんどは、無垢な子供とその体験に基づいている。体験を可能にするには、無垢を取り戻すことだ。

人間社会の出来事への鋭い洞察をもった人々が、自分自身や他人を見て、技法《メソッド》を見つけてきたことは何世紀にも渡っている。だがすべての技法は、自然に起こった特定の体験に基づいている。しかし誰もそれらを大事にしない。それどころか、社会はそれらの体験を抑圧しようとする。なぜならそれらの体験は、確実に個人を反逆的にするだろうからだ。

例えばジェラルディン・ルーミーは、自分の幼児期から覚えていた非常に変わった技法、ワーリングで光明を得た。

通常は存在と身体は固定し、止まっているため、子供たちはみんなぐるぐる回り《ワーリング》が好きだ。だがあなたがぐるぐる回り始めてますます速く回る時、身体が旋回し続け、一定のスピードになると、あなたの意識はそれと同じペースを保つ事はできない。そこであなたの意識は竜巻の中心になる。身体は動くが意識は不動のままだ。

世界中で小さな子供たちはそれをするが、両親は彼らが倒れるだろうと恐れる。彼らは骨折するかもしれない、挫くかもしれない、病気になり、吐き気をもよおすかもしれない。彼らの両親には見当がつかないので、彼らは止めさせられる。彼らは子供に「なぜ、ぐるぐる回っているんだ？　君は何を得ているんだい」とは決して問いかけない。

ジェラルディンは、まさに幼年期からワーリングの能力があり、それを非常に楽しんだ。そして人々が彼を妨げたため、砂漠の中で人々から離れて回った。砂漠はたとえ倒れてもけがをしないから、回るには最高の場所だ。好きなスピードで回ることができる。

彼は自分が霊的な何かを体験していることに気づいていなかったが、変化が起こっているのはわかっていた。彼は違う人物になっていた。彼は簡単に苛立ったり悩んだり、恥をかいたり侮辱されたりしなかった。彼の知性はより鋭くなっていた。

そして彼は、他の子供たちのようには振舞っていなかった。彼は独立した個人になっていた。彼は子供たちのゲームには興味がなかった。彼らが遊んでいた間、彼は砂漠のどこか遠くで回っていた。それはとても喜びに満ちていて、実に平和に満ちていた。だが、これが霊的であるとか、光明を得ることに関係があるとは気づいていなかった。彼はそれを、スピリチュアルだと表現できなかった。

彼が若者になった時、多くのマスターたちが彼に興味を持ち、彼の質を見ていた。彼は稀な個人だった。彼はまさに光明を得る寸前にあった。そして彼はそれに気づいていなかった。彼は真理を求める探求者でさえなかった。たったひとつのことを、彼はしていた。それがワーリングだった。それを彼は続けた。

そしてある時彼は、何が起こるのかを見るために極限まで回ろうと決めた。美しい体験は起こっている——もし彼が出来る限り長く回り続けるなら、何が起こるだろう？　彼は日夜止まらずに、三十六時間回った。そして彼が倒れた時、三十六時間後、彼は全く違った人間だった。新しい光を放射していた。

彼は、千二百年間続く旋舞教団《ワーリング・ダービッシュ》の伝統を作った。彼らにはたったひとつのテクニックがある——他には何もない。どんな聖典もない。彼らにはルーミーの詩がある——彼は偉大な才能を持つ詩人だった。彼らにはルーミーの詩とひとつのテクニック、ワーリングがある。そしてまさにひとつのテクニックで、この千二百年の間に多くの人々が究極に到達した。それはルーミーによって見つけられた。何も探してさえいなかった彼によってだ。

世界のすべてのテクニックを——私は可能な限り、あらゆるテクニックを調べてきた。どのようにしてそれは生じたのかを見るためにだ。それらは考案されたものではないからだ。それらは、既に起こっていたある人間の体験に基づいている。その経験はもっと鋭く、もっと鮮明に、もっと方法論的に、もっと純粋に、そしてもっと明確にしなければならなかった。人がいくらかの小さな利益のために、何かの生物学的根拠や心理学的根拠でするのではなく、それを通して究極の真理を探求するために。すべての技法は、そのようにして起こってきた。

私は人間の体験に基づいていない技法を、ひとつとして見つけたことがない。自然は、あなたが通常のマインドを超えて超意識に達するためのあらゆるものを、既に提供しているようだ。だが不幸にも、私たちはそれを使っていない。私たちはそれを理解すらしていない。

しかしすべての可能性を集め、誰もがそれらを使えるように、それらを純粋に、短く、単純にしてきた人々がいた。

それは本当に偉大な仕事になる。もし私に時間があるなら、私は世界中で使われているあらゆるテクニックを、そのテクニックをもたらした人間の体験から、説明を始めたいものだ。

だがひとつ確かなことは、人間に人為的に強いることができる霊的な成長のためのテクニックは存在しない、ということだ。自然は既に提供している——あなたはそれを純化できる、それをより良くすることができる、それをもっと洗練させることができる。だが、人為的な技法を機能させる方法はない。

自然界では、人為的なものは助けにはならない。

そして自然そのものにあなたを助ける用意ができている時、人為的な技法に向かうのは全く馬鹿げている。

第28章

あなたの足が
神聖でない限り……

Unless your Feet are Holy……

愛するOSHO、それはとても不可能に見えます。西洋では非常に多くの国々があなたに対して「ノー」と言ってきました。でも、たとえいわゆる民主主義国があなたを受け入れたとしても、ロシアや他の共産主義国については、どうしたらいいのでしょうか？　そこに偉大な目覚めた存在がいない限り、世界は破滅するように見えます。

非常に多くのいわゆる民主主義国が、私に観光ビザさえ与える勇気がないのは本当だ。光栄の至りだ。歴史全体を見ても、彼らは他のどんな者にも、そうした賛辞を与えてこなかった。

彼らの宗教は二十世紀もの歴史があり、彼らの道徳も伝統も同じように古い。そして彼らは、権力もなく、ただ観光旅行のようにたった三週間だけ来ている男を怖れている。彼らの被害妄想は明らかだ。

彼らは空中に城を造ってきたようだ。私の存在でさえ、彼らの城を壊すのに充分だろう。でなければ、それは不可能だ――三週間の旅行者が、二千年間存在してきた伝統や、二千年も人々に適合させてきた道徳を壊すことはできない。彼らは敗北を受け入れ、自分たちが民主主義的でないことも示している。彼らは言論の自由、個人の尊重を重視しない。彼らには『民主主義的』と呼べるどんな価値もない。彼らは単に自分たちの臆病さを示している。

だが私は、決して悲観的ではない。ある国や別の国は、あらゆる圧力にも関わらず、あえて勇気を示そうとしている。いったんひとつの民主主義国が、私の入国を許可するなら――私はロシアや他の共産主義国については、それほど心配していない。もし私が一つの非共産主義国の意識のレベルを高めることができるなら、ロシアは私と私の人々を招待しようとするだろう、という単純な理由で——。

それは全くの競争だ。ロシアの問題ではない。より多くの核兵器を持つことだけが、彼らの問題ではない。より堅実な、統合された個人を持つことも彼らの問題だ。もしどこかの民主主義国で、私にその国の人々に働きかけることをあえてさせてもらえるなら、その人々に二千年の迷信を落とす用意があれば、それは難しいことではないとロシアに充分示せるだろう。ロシアの迷信は、二世紀もの歴史を持つものではないからだ。

もし彼らが、事実としてそれを見ることができるなら——今日彼らが民主主義国で見るものは、ただの虚構《フィクション》にすぎない。神について語り魂について語るが、そこに証拠はないのだと理解すれば……。

普通の人々とは著しく異なる人々を、私は証明として生み出すことができるので、ロシアは遅れていられない。さもなければ、すべての核兵器があってもロシアは負かされるだろう。

問題は宗教を事実にすることだ。

私は多くの点において聖書を批判し始めた。そして現在、キリスト教神学者たちは、ヨーロッパで会議を催している——それは遅いが、しないよりはましだ。それでも狡猾なことに、私の名前には言及していない。私が聖書のすべてを批判した人間であったことには、言及していない——現在、彼ら自身が聖書の神聖さをどう保つかについて、そこにある醜い事実をどう解釈するかについて議論している。少なくとも彼らは、醜い事実があるという認識には至っている。だから醜い事実を落とすか、それとも一般大衆をもう少し騙せるような方法で、それを説明するかのどちらかだ。

もしキリスト教が救われるなら、彼らには神を落とす用意さえある。もしキリスト教を救えるなら、彼らにはイエスの処女降誕という考えを落とす用意がある。もしキリスト教が救われるなら、彼らにはイエスの復活という考えを落とす用意がある。そして彼らは二千年間、神なくしては、処女降誕なくしては、復活なくしてはキリスト教はあり得ない、これらはキリスト教の明確な特徴だと主張してきた。彼らはたとえあらゆるものが落とされても、ただ単に名前を保つだけで幸せなのだろう。神や処女降誕や復活には、誰も関心がない。それは寓話のように見える方法で解釈できる……だが今日まで二千年間一貫して、これらの同じ人々と祖先たちは、それが歴史的事実であると主張してきた。

もし二千年に及ぶ伝統にそれができるなら、共産主義がただ二つの事を――唯物論的な態度とその副産物である人間に魂はないということを落とすことは、困難ではない。全く不可能ではない。だが誰かが証明しなければならない。もし数多くの人々が瞑想し、霊的にすっかり変容し、新しい人間になるなら、ロシアが最後にはならないだろう……。

私は民主主義国に試みているが、ロシアや他の共産主義国を忘れてはいない。瞑想が人間を変容できること、新しい価値や新しい気づき、新しい新鮮さを与えられることが一度わかれば、彼らは追随するだろう。私はロシアの扉を叩かない。彼らは私とあなた方を、自分たちの国土に来て彼らの内的存在を変えるために招待するだろう。

そして彼らの伝統はたった百年続いているだけで、大した伝統ではない。物質がすべてであるという考えと、存在に霊的なものは何もないという二つを落とせれば、伝統を落とすことについては問題ない。キリスト教徒やヒンドゥー教徒、あるいはイスラム教徒――彼らには、ありとあらゆる落とすべきものがある――よりも、はるかにもっと単純な状況にある。彼らは何世紀もの間、迷信の上に迷信を堆積してきた。ロシアにはたった二つの迷信があるだけだ。

かなり大規模な私の実験をさせる用意と、勇気がある国があれば充分だ。そうすれば私は、スピリチュアリティは虚構ではなく、光明を得ることは幻想ではないことを、全世界に示すことができる。

その証拠は、人間の『個で在ること』において証明されなければならない。ひとたびそれが証明されたら、ロシアは私たちを最初に招待しようとする国になるだろう。なぜならそれは競争だからだ。彼らは他のどんな国にも、遅れを取ることができない。それは核兵器かもしれないし、光明を得ることかもしれない。それは重要ではない。問題は競争にある。彼らのマインドでは何から何まで競争的だ。そして私にとって、それは大きな希望だ。心配する必要はない。

私たちは、彼らに直接近づくことはできない。彼らは全く敵対的だ。彼らのすべての哲学的立場が、私に反対しているからだ。

すべての哲学が私に反対していない国では……実際、私は哲学をより実体のあるものに、より生きたものに、ただ死んだ過去ではなく、生きている現在にすることができる。もし彼らが恐れるなら、当然ロシアはその扉を私に開くことはできない。だから私は、ロシアを別にとっておいたのだ。

ひとたびある国が私のワークを許すなら、私の人々が訪れて雰囲気全体を変容させることを——平和と沈黙と静穏、愛そして慈悲をもたらすために許すなら、ロシアはそれを無視するほど、愚かではない。彼らの条件付けは非常に薄い層だ。それは落せる。

だから、ロシアに関して心配する必要はない。

愛するOSHO、あなたはこの前の朝、講話の中でのあなたとの関係において、私たちが自分の坐る場所をいかに重要視しているのかを語られました。

私たちはこの類の事をするようです。状況や人々のグループが何であれ、私たちはそうした自分自身を偶然見つけます。判断するという衝動もまた、人々を分類したり自分自身を比較する必要性を表わしているようです。このようにして、自分たちが誰であるかという何らかの定義に至ります。何らかの自己証明《アイデンティティー》を——たとえ表面的で一時的であっても——得ようとするこの貪欲で終わりのない努力と、霊的になる探求、「私は誰か？」を知るための探索との違いについて話していただけますか？

それは人間にある非常に古いものだ。それは彼の動物時代の祖先からの遺産であるに違いない。位置は力を、自己証明を与える。前の方に坐ると、あなたにとって自分がより重要であるように見える。後ろに坐っている人は、あまり重要ではないように見える。

だがせめて私といる時は、あなたはこの動物の遺産を落とさなければならない。人間で在りなさい。場所に依存するよりむしろ、完全に視点を変えなさい。あなたがどこに坐ろうと、その場所が重要なのだ。なぜ場所そのものを重視するのだろう。なぜあなた自身が重要ではなく、場所に依存するのだろうか。多少の自尊心を持ちなさい。自尊心は最前列に坐ることとは何の関係もない。それはあなたの内的理解に関係がある。あなたのいるところがどこであれ、あなたはあなた自身であり、自分自身を受け入れるということだ。あなたが坐る場所は、ただあなたがそこに坐っているという理由だけで、より重要になる。

偉大な神秘家ナナクについての話がある。彼はシーク教という宗教を創始した。彼は広範囲に旅をした。そして彼は、より寛大な態度をとっていた。彼は、彼の世界の中にいたいという望みがある人なら誰でも許した。イスラム教徒でさえそこに入った。ヒンドゥー教徒でさえそこに入った。異なる宗教のありとあらゆる人々が、その一部になった。その男には途方もないカリスマ性があった。

彼はイスラム教徒の聖地、カーバに行った。あらゆるイスラム教徒は、人生で少なくとも一回はカーバを訪れるべきだと言われている。さもなければ、途方もなく重要な何かを取り逃がすことになる。そして貧しいイスラム教徒でさえお金を集め続ける――彼らは飢えるだろうが、それでもお金を集める。彼らは自分の家を、自分の土地を売って、カーバへの巡礼に行く。そしてカーバに行く者は、途方もない尊敬を与えられる。

その巡礼はハッジ、源泉に行くこと、と呼ばれている。マホメットが、初めて彼の宗教の基本原理を宣言したのがカーバでだった。そこへ行って戻って来た人には、ハッジという称号が与えられる。それは「神聖な」と同じ意味を持つ。

ナナクはカーバに行く必要がなかった。彼はイスラム教徒ではなかった。だが決して自分自身をヒンドゥー教徒としては考えていなかったし、宗教を何にも限定しなかった。数多くの人々がカーバに行く。そこでナナクは、カーバは、数多くの人々に会いに行くには良い場所であるだろうと考えた。

彼はカーバに行った。それは長い旅だった。彼らが到着した時には暗くなり、陽は沈んでいた。彼らは非常に疲れていたので、彼は自分の仲間、マルダナに言った……。それは素晴らしいコンビだった。弟子マルダナは偉大な音楽家で天才だった。そしてナナクは歌った――彼の教えはすべて歌だ――マルダナは彼の楽器で演奏した。二人の交わりは有名になった。マルダナはイスラム教徒だった。師はヒンドゥー教徒で、弟子はイスラム教徒だったが、二人の間にはとても素晴らしい出会いがあったので、ヒンドゥー教徒もイスラム教徒もいなかった。

ナナクはマルダナに言った。「まず今夜は休むべきだ。明日人々がいる所に移動し始めよう」

すると彼が眠ろうとしていた時、マルダナが言った。「師よ、あなたは間違いを犯しています。あなたは足をカーバ神殿の方に向けて横たわっています。そうする人はいません」

ナナクは言った。「だが君は、ナナクがカーバ神殿に毎日来ると思っているのか？　それは決してない。それは二度とないだろう。だから心配するな。ただ私がしていることに従いなさい」

かわいそうなマルダナ、彼はイスラム教徒だった。彼はこれが絶対に間違いだと知っていたが、もしマスターがそれをしていたのなら……彼もまた自分の足をカーバの方向に、まさにカーバ神殿の外側に向けて眠った。

ある人が彼らを見て、大祭司に知らせた。そして大祭司は護衛たちとともに来た。彼らはナナクとマルダナを起こし、ナナクに言った。

「我々はあなたが聖人であると聞いていた。あなたは何という類の聖人なのだ？　あなたは単純なことを理解していない。カーバ神殿は世界で最も神聖な場所であるということを――。あなたは、自分の足をカーバ神殿に向けて横になっている」

ナナクは言った。「私はマルダナに言われた――彼は私の弟子だ――そこは最も神聖な場所であると。だが困ったことに、自分の足をどこに置こうと、私はその場所が最も神聖であることを知る。あらゆる場所をとても神聖にするものは、場所ではなく私の足だ。そしてもしあなたが懐疑的なら、やってみるがいい。どこであれ、あなたの望む所に私の足を向けさせて良い」

ここまでは、これは歴史であるのがわかる。この先は隠喩だ――が、重要で意味深く、歴史が達成できないものを完結している。その祭司は、ナナクの足をあらゆる方向に向けた。すると、カーバ神殿が正確にナナクの足が向けられた所に向いたので、彼らは驚嘆した。彼らは彼の方向を、至る所に向けてみた。マルダナにはそれが信じられなかった。ナナクは笑い、そして言った。

「最善を尽くしなさい。どんな場所も残してはいけない。これは私の問題だからだ。私は自分の足をどこに置いたらいいのだ？　あらゆる場所が神聖だ。存在全体が神性なのだ」

大祭司はナナクの足に触れて言った。「どうか私を許してください。人々はここにやって来たが、あなたのような人はいませんでした。我々は、ある人の足が動くところがどこであれ、カーバ神殿がそこに動くのを見たことがありませんでした。なぜあなたはここに来たのですか？」

ナナクは言った。「神聖なのはカーバ神殿ではないということを、ただあなたに見せるためだ。あなたの足が神聖でない限り、神聖なものは何一つない。あなたは石を礼拝して、自分が神聖な何かを礼拝していると考えている」


あなたがどこに坐っていようとどこにいようと、あなたがそこにいることがその場所を重要にするべきで、その逆ではない。あなたが「どの場所が重要なのだ？」と考え始めるべきではない。私の言いたいことがわかるかね？　あなたは自分より上に場所を置いているのだ。これは自責だ。あなたは自分自身に敬意を表していない。

これは世界中で起こっている。ある人は大統領になって、自分は到達したと考える。大統領や首相になることは、ただ特定の場所に到着することにすぎない。あなたは成長していない。あなたの成長は、どこにいようとあなたは中心を作ってきた、ということでわかる。

もっと自分自身に感謝するように、自分自身を受け入れるようにしなさい。

少なくとも私と一緒にいる時は、それを無条件に学ぶことだ――他のことは問題ではない、ということを。重要なのはあなたの自己尊重だ。なぜあなたは、誰が前に坐っているのかに悩まなければならないのだろう？　私はどんな違いも見ない。私は前方に坐っている人たちと同じくらい、後方に坐っている人たちに対応できる。私の存在は部屋全体に満ちている。私は私自身を、あなた方みんなに等しく与えている。さて、私を受け入れるかどうかはあなた次第だ。もしあなたが些細なことに――どこにあなたが坐っているか、一列目にいるのか、それとも二列目か、あるいは三列目かに興味を持つなら、あなた自身を閉ざしているのはあなただ。

ちょっと自分自身を開いて、あなたが私と一緒にここにいることに歓喜しなさい。些細なことを、決して問題にしてはならない。重要な部分は、あなたが私に受容的であることだ。やってごらん。あなたが受容的であればあるほど……あなたの身体は後方に坐っているかもしれないが、あなたは前方にいることに驚くだろう。ある人の身体は前方に坐っているかもしれないが、彼は後方にいる。それはすべて、誰がより受容的であるかによる。常に問題はあなたのものであると考えなさい。それを誰か他の人に転嫁してはいけない、他の誰かのために、あなたは二列目に坐らなければならない、というふうに――。

もしあなたが、自分の坐っている場所を忘れることさえできないなら、どうやって私をあなたの内側に迎え入れようとしているのだろう?

ただ受容的で在りなさい。手を空かせなさい。

そして私は、すべての人に等しく入手可能だ。

あなたが坐っている場所は全く問題ではない。

愛するOSHO、スティーヴン・ジェイ・グールド（アメリカの古生物学者 1941-2002）の最近の論説で、彼は「確実性は科学では成し遂げるのが不可能だ」と言いました。

OSHO、現代人は成人の兆候をついに示しているのでしょうか?

スティーヴン・ジェイ・グールドは、それは確かに成熟の徴《しるし》だと言っている。そして少数の人々は成人でいるが、非常に少数だ。だがそれは良い始まりだ。より多くのものが後に続くだろう。

二十五世紀前、インドの神秘家マハーヴィーラは言った、「何も確実ではない。確実性などというものはない」と。このため——彼は変わった言語を使った——人々は当惑した。なぜなら、あらゆる文とあらゆる声明の前に、彼は「スヤト」という言葉を置くからだ。スヤトとは「おそらく」という意味だ。それは確信を避けるためだ。でなければあなたのマインドは、あまりにも物事を確実にしようと思っている。

もし彼に何かを尋ねれば、彼はただ「おそらく」と言うだろう。「おそらく」が、イエスを意味しているのでもノーを意味しているのでもないため、彼はあなたを不確実性の中に残す。「おそらく」は、正確にはポという意味だ。「ポ」という言葉は現代の、同時代の論理学者が発明したものだ。

科学的研究を調べると、それはますます「おそらく」への傾向にある……この瞬間に確実なものは、次の瞬間には確実ではなくなるからだ。なぜなら生は流転、変化だからだ。変化を除いて、あらゆるものが変化する。あなたはどんなものにも確信を持つことはできない。臆病者たちが非常に恐れるのは、物にしがみついていたからだ。彼らは確実で絶対的な、究極のものにしがみついていると思っていた。

この論理学者は言葉を発明した——イエスとノーとの間に言葉がないからだ。両方とも確実性を与える。ひとつは肯定的な確実性を与える。もうひとつは否定的な確実性を与える。彼は「ポ」という言葉を発明した。まさに「ポ」という音が、すべての確実性を取り去る。あなたは不思議に思い始める、「どういう意味ですか？　イエスですか、ノーですか？」。すると彼は「ポ」と言う——イエスでもノーでもない。あるいはイエスとノーの両方だ。
生は絶え間なく動いて、変化している。それはイエスとノーの、ポジティヴとネガティヴの、昼と夜の、生と死の間の弁証法だ。

マハーヴィーラは二十五世紀前、既に「スヤト」という言葉を使っていた。もし彼に神はいるのかどうかを尋ねたなら、彼は「おそらく」と言っただろう。だがそれは答えだろうか？　神はいるか、それともいないかのどちらかだ。それが私たちのマインドであり、私たちが教え込まれてきた方法だ。もしあなたが誰かに「あなたは部屋にいますか？」と尋ねて、彼が「おそらく」と言うなら、あなたはそれをどう理解しようとするだろう？

マハーヴィーラが「おそらく」と言うことは真実により近い。なぜならその人の身体は部屋の中にあるかもしれないが、彼はいないかもしれない、彼のマインドは数百万マイルも離れているかもしれないからだ。どうやって、彼はイエスと言えるだろう？　マインドについてはどうなのだろうか。どうやってノーと言えるだろう？　身体についてはどうなのだろう？　彼は「おそらく」と言う。彼はそれをあなたに委ねる。それは肯定形、または否定形に限定できない何かであるということを――。両方は一緒に使われるべきだ。

今世紀の初めは、科学者たちは非常に確信していた。実際、それは科学の定義のひとつだった。というのも哲学はすべてどっちつかずで、宗教は単に虚構であり、科学は確実だからだ。二足す二は常に四に等しい。だがこれは今世紀初頭のことだった。そして前世紀には、科学は確実性について、非常に狂信的だった。科学は表面的なものに過ぎず、研究は深く進んでいなかったからだ。今やそれは深く、それを理解するためには、知性を鋭敏にしなければならないほど深く進んでいる。

バートランド・ラッセルは、数学に関して最も重要な本のひとつ『数学原理 *Principia Mathematica*』を書いた。そしてあなたは、物事がどれほど複雑かを理解できる。二六五ページが、単に二足す二は本当に四であることの証明に当てられている。二六五ページもの大著、誰も読まず、ほとんど読めないものだ。それは数学者だけのものだ。

それにバートランド・ラッセルは、一人では書けなかった。数学者ではなかったからだ。彼は哲学者であり、数学に関しての哲学的な考えがある――そこで彼はひとりの数学者、ホワイトヘッドと協力して仕事をしなければならなかった。彼もまた哲学者で、哲学と数学の両方を理解できた。

両者は何年もの間、『数学原理』――誰も読まない本を書くために、一緒に仕事をした。二人の天才は何年間も浪費した。そしてあなたにはその浪費がわかる。「二足す二は四に等しい」に二六五ページもの、激しい論理的論証が必要とされたのだから。だがその本は、今世紀初頭に書かれたものだ。それはもはや、今日的な意味を帯びていない。

彼らは一生懸命考究した。あなたは二足す二が四であることを、単純に知っている。彼らはそれを証明するために、あらゆる面で大変な努力をした。だが現在、新しい数学者たちは二足す二は四ではないと言う。時々それは五であり得る、そして時々三であり得る――それは時と場合による。

彼らの推論は非常に深いが非常に明白だ。二足す二が四という数字になるのが、伝統的に絶対に確かな真実であり続けたのは、あなたがひとつのこと――これらの数字は存在せず架空のものだ、ということを忘れてしまったからだ、というのが彼らの推論だ。二つの椅子足す別の二つの椅子、それは現実だ。だが二足す二とは……？　というのも、あなたはこれまでどんな数学的な形態にも出会ってこなかったからだ……。『ミスター一』が市場へ行く？……。数学全体は架空のものだ。

新しい数学は、それを現実へもたらそうとしている。すると問題がある。現実には、二つのものは必ずしも同じではない。四つのものが全く同じであることについては、何を言うべきなのか？　例えば、二人の女性と別の二人の女性を足して、彼女たちを四にすることはできない。四人はみんな独特《ユニーク》だからだ。四人のユニークな人物たちを結合することは、一という数字が各人に与えられているのを当然だと思うことだ。それは適切ではない。

現実ではそれは時と場合による。時には、一人の男が全世界と等しいかもしれない。――ソクラテス、ゴータマ・ブッダ、アルバート・アインシュタインのような人は、一人で全人類と等しいかもしれない。あるいはおそらくはそれ以上かもしれない。残りの人間たちは何の貢献もしてこなかったし、この一人の人間は、物事に関する卓越した洞察を与えてきたからだ。あなたは彼を一として、誰かと等しいものとして数えることはできない。あなたは正しくない。あなたはその質を考えていない。

しかしそれは難しくなる。そこで彼らは、市場で普通に使用するために、二足す二は今でもまだ四だ、と言う。だが並外れた知覚力にとっては、二足す二は五や、三であり得る、何にでもあり得る――それは時と場合による。古い数学は去った。古い確実性は去った。

ユークリッド幾何学は確実だった。確実性がその美しさだった。不確実性の問題はなかった。定義ははっきりしていた。二つの地点の最短距離は直線になる。だが、それはすべて抽象的なものだ。もし実際に直線を作りたくても、あなたにはできない。

そこで現在、直線は存在しないと言う新ユークリッド幾何学が存在する。なぜなら、床のここに直線を引くことはできるが、この床は丸い地球の一部だからだ。もしその直線を、両端を引き伸ばし続けるなら、遅かれ早かれそれが円になる地点に至るだろう。もし直線を引き伸ばしたなら、最終的には円になる。それならそれは直線ではなかった。それは弧、円の一部だった。それは単に、部分はとても小さく円はとても大きい、ということに過ぎなかった。あなたは誤った確実性の考えに陥っていた。

直線は存在しない。すべてのユークリッド定義が、誤っていると証明された。抽象概念においてはそれは正しいが、現実においては失敗した。そして現代科学は、ますます現実《リアリティ》に近づこうとしている。

だから私はこう言うのだ――現代科学は多くの点で、神秘家たちに非常に近づいて来ている、知らずに神秘家たちに同意している。なぜなら神秘家たちもまた、架空のものではなく、実在《リアル》に至ろうと試みていたからだと。異なる道から、彼らは実在に至っていた。彼らが実在に至った時、彼らは沈黙するようになるか――なぜなら何を言ってもそれは間違いになるからだ――あるいは彼らは、マハーヴィーラのように「おそらくそれはそうだ、おそらくそれはそうではない」と言った。肯定的なことと否定的なことの声明を同時に言うこと、それは通常使う際には、全くの混乱を招くように思われる。

マハーヴィーラは、多くの人々に影響を及ぼすことはできなかった。その根本的な理由は、彼が時代を二十五世紀先取りしていたからだった。アインシュタインなら彼を理解しただろう。マハーヴィーラは数学者ではなかったが、彼が語っていたことは本質的に同じもの、相対性理論だった。ある人が背が高いと言うことは、あなたもその人と比較してそう言わない限り、馬鹿げている。背が高い状態、というようなものは存在しないからだ。それは比較にすぎない。ある小さな人が、彼と比較されねばならない。それなら彼は背が高い。

とても古い諺がある。ラクダは山に行くのが好きではない。ラクダがそれについてどう思うのか私は知らないが、彼らが山に行かないのは確かだ。彼らは山のない砂漠に行く。だが諺を作った人々は、良く知っていた。ラクダが山に行くのが好きでないのは、山に近づくにつれて、彼らは自分が非常に劣っていると感じるからだ。彼らは劣等感を持つ。

フロイトはつい最近それを発見した。ラクダは最初からそれを知っていた――山には行かないほうがいい、そこで自分は劣等感を持つだろう、その時それを取り除くのは非常に難しい、ということを。自分が最高で、一番背が高く、最大のものでいられる砂漠にいるほうがましだ。では、なぜ優越感を楽しまないのだ？　なぜわざわざ山に行くのか？

私たちの言うことはすべて相対的であり、相対性は変化する。私があなた方に言ったように、生は流動的だからだ。


私はムラ・ナスルディンが山に美しいバンガローを持っていた、という話をしたことがある。そして時たま彼は、仕事や他の事で疲れた時、「俺は三週間か二週間か四週間行ってくる」と言った。だが決して言行が一致しなかった。彼は三週間のつもりで行くが、四日目で戻って来る。

彼の友人たちは言った。「もし四日後に戻って来るつもりなら、なぜいらぬ嘘をつくんだい？　我々は反対しなかったし、君が四日で戻って来れないとは言っていなかった。そこは君の家だ。君は自分が望む時はいつでも行き来できる、そして望むだけ長く滞在できる。だが、なぜ君はいつも言うのだ……？　君が自分で指定した日付けに合わせているのを、これまで見たことがない」

ムラ・ナスルディンは言った。「君は現実を知らない。俺は最も醜い女を家政婦として雇ってきた。留守番をして、家の掃除をして、俺が行く時はいつでもその準備をしておくために」

彼の仲間は言った。「だがそれは、君の四週間や三週間とは何の関係もない……」

彼は言った。「ちょっと聞いてくれ。彼女に会いに行く時、俺は嫌悪感を感じるのだ。そして俺は、彼女が俺にとって美しく見え始める日に逃げようと決めてきた。『今がその時だ』と。だからそれは時と場合による。彼女が俺にとって美しく見えるのにどれだけかかるのか、俺は正確にはわからない。女を見失うことに、時には四日かかる。時にはそれは七日だ。それは当てにならない。だがひとつのことは確かで、俺が女を美しく想い始める瞬間、俺は自分に『ムラ、これがその時だ。逃げろ！　こいつは同じ女だ！』ということをはっきりさせた。

そして俺は荷物をまとめて急いで出発するのだ。もし俺がもう少し長く居たなら、決して帰らないかもしれないからだ。それにその女はとても気色が悪い！　だが三日か四日で、人は彼女に慣れるし、女の、仲間の、友人の必要性を感じるが、そこには誰もいなくて、ただその女だけだ。それは君の知覚を変えるよ」

だから同じ男が、ある日はその女は嫌だと言い、そして一週間後には彼女は最も美しい女だと言えるのだ。これが「ポ」だ。

イエスと言わないほうが、ノーと言わないほうがよりましだ。判断を保留したままに、不確かなままにしておくために——。

科学は確かに成人だ。人間はぐずぐずしている。そして人は自分もまた成人であることを望んでいる。人間が成人になる時、すべての宗教は消えるだろう。宗教は子供っぽい。すべての政治指導者たちは、道化者のように見えるだろう。それが彼らの姿だ。狡猾で偽善的で、破壊的で残忍な犯罪者——それが彼らの何たるかだ。もし人間が成人になるなら、生へのすべての光景《ヴィジョン》は変わる。科学は確かに成人に達している。だが何といっても不運なことのひとつは、人類の圧倒的多数が、科学の最新の洞察や神秘家たちの最古の洞察に気づいていないことだ。

私は自分の努力を、その生涯を、神秘家たちの視野《ヴィジョン》を科学的なアプローチに近づけることに捧げてきた。私は望んでいる。ある日、科学が本当に充分に発達するようになった時、神秘主義と科学の区別が消えることを。それらは同じ言語で話すだろう。

神秘主義は人間の内的真実を語る。科学は外側の真実を語る。だが言語は同じだ。そしてその二つの間の理解は計り知れないだろう。そこに対立はない——それはあり得ない。

第29章

まさに
熟した果実のように

Just Like Ripe Fruit

愛するOSHO、西洋文明は全世界を乗っ取っているという理論を持つ社会学者がいます。既に世界のすべての大都市での生活様式は同じです。そして発展しているところはどこでも、西洋文明のやり方に従っています。

標準化の副産物のひとつとして、共産主義と資本主義は世界政府になるほど類似したものとなり、少数派が存在できないほど強力になる、と言われています。

それは起ころうとしているのですか？　それともそれを避ける方法はあるのでしょうか？

西洋の文明と文化が、世界を乗っ取っているのは本当だ。ほとんどすべての先進国では、生活様式は西洋の基準に従っている。この点までは社会学者は正しい。しかしこのことから、ある日共産主義と資本主義は、世界政府になるほど類似したものになるだろうと結論づけることは――その点については、ただ推察しているだけだ。それはそうなろうとはしていない。

共産主義には哲学があり、一方資本主義には哲学がない。共産主義は、特に唯物主義という事実に関しては譲歩していない。西洋社会は物質主義ではあるが、イデオロギーに関しては精神主義だ。それは神を信じ、魂を信じ、永遠の生を信じる。だから哲学的観点からは、どんな合一の可能性もない。

共産主義国は、持てる者への憎しみでいっぱいだ。彼らはまだ、持たざる者の世界に属している。だから、経済的に彼らが出会えることは不可能だ。

政治的には、共産主義国は独裁的だ。彼らは無産階級の独裁を信じている。彼らには民主主義にどんな敬意もない。彼らにとっては、民主主義は人々を搾取するための、貧しい者を貧しいままにし、金持ちをより金持ちにするための狡猾な仕組みだ。それは自由という名を借りた搾取にすぎない。それには一理ある。だから政治的にはその隔たりは非常に大きく、出会いは不可能だ。

世界併合や世界政府よりも、あり得るのは世界大戦だ。人間は過去において、例外なくとても愚かであるとわかったので、世界政府を創る可能性は今だに非実現的なままだ。私のような人々だけが、それについて考える。共産主義者が世界政府について考える時、彼は共産主義的世界政府の見地から考える。ロナルド・レーガンが世界政府について考える時、彼は資本主義的世界政府の見地から考える。

共産主義のヴィジョンでは、資本主義は破壊されなければならない。ただその時だけ、人は発展できる。そして資本主義のマインドでは、共産主義は癌だ。二つの出会いは不可能だ。共産主義と資本主義の政府の出会いがひとつの世界政府を作っている、ということを示す徴候はない。ひとつの世界政府は本当に、もし可能なら、非常に強力だろう。

だが、誰に対して強力なのだろうか？　力は誰かに対してだけ意味がある。力は、それ自体には意味がない。

共産主義者たちはアメリカ——資本主義的帝国主義の先鋒よりも、強力になりたい。アメリカはロシアよりも強力になりたい。力は相対的な現象だ。だが、もし彼ら両者が出会うなら、確かに二大国は歴史上最も大きな力になるだろう。しかし誰に対して？

その社会学者は、人間のマインドの力学に気づいていない。彼が言うことは、もし私たちが他の惑星に侵略されればあり得る。その時、共産主義のロシアと資本主義のアメリカは、一体となって共に戦うだろう。私たちはそれが起こるのを見てきた。アドルフ・ヒットラーに対して、共産主義のロシアと資本主義のアメリカと帝国主義のイギリスは、みんな団結した。彼らはすべての区別を、すべての争いを忘れた。今彼らに共通の敵がいるので、彼らは友人になったのだ。

どこか、ある惑星に共通の敵が見つからない限り、社会学者が言うことは起こりそうにない。それは単なる当て推量だ。


両方の権力者は、対立に向けてますます多くの準備をしているのが現実だ。両者は、責任を相手に負わせるのにふさわしい瞬間を待っている。地球上すべての生命の危険を冒すということは、大変な責任だからだ。戦争が始まる前に、両者とも核兵器から身を守ろうとしている。そして両者は同時に、核兵器よりも危険な何かを見つけようとしている。例えば殺人光線だ。

武器は含まれない。それはちょうどX線のようなものだ。光線が出て人を通過するだけだ。すると人は死んでいる。なぜ彼は死んだのか、その原因さえ見つからない。発見する可能性はないだろう。

二大国は殺人光線を研究することに興味がある。二大国は、危険な化学兵器をますます多く研究している。野火のように広がる病気を感染させることができる。あなたの上に爆弾を落とす必要はない。確かな殺人者であり、蔓延し続ける特定の病気をただ解き放つだけだ。

私が見る限り、両者は強情で頑固だ。人類のための可能性がいくらかでもあるなら、それは資本主義からではなく、共産主義から起こりそうだ。それはアメリカからではなく、ロシアから起こりそうだ。私の推論では、アメリカは自発的に死につつある退廃的な社会だ。そこには、飢えと飢餓で死につつある貧しい人々がいる。そして生にどんな意味も持たないために死につつある、たいへん裕福な人々がいる。彼らは生きていても無駄だと思っている。「なぜ生き続けるのだ？　なぜ明日また起きるのだ？同じ円の中を動くことに何の意味がある？」

アメリカでは、超富裕層――アメリカ大陸を統治する強力な階級が、刺激を失い、存在することの意味、重要性、理由さえも失うまでになった。これらが消える時、そこには人々を囚える自殺へ向かう波がある。アメリカは自殺へ向かう波に囚われている。

アメリカにとっては、どんな希望を持つことも非常に難しい。彼らは絶望的な状態で生きているからだ。誰かが死にかけている時、他の誰もが死ぬのなら、それがどうしたというのだ? 実際なぜ彼が、気にしなければならないのだろう。彼の死後、もし世界に生命がなくてもそれは彼の問題ではない。

ロシアは異なる状況にある。まず、その国は未だに貧しい。それは豊かさの苦い果実を味わっていない。まだ小さなものを得て興奮している。自家用車を持つことさえ、ロシアではとても興奮させるものだ。なぜなら誰も自家用車を持っているわけではないからだ――非常に少数の人々だけ、非常に重要な人々だけが持つ。他の人たちはみな、公共交通機関で移動せざるを得ない。

自由に対する大変な欲求がロシアにあるのは、彼らが強制収容所で生きているからだ。言論の自由に途方もない欲求があるのは、言論の自由が全くないからだ。すべてのニュース・メディアは、政府によってコントロールされている。すべての出版物は、政府にコントロールされている。共産党に承認されない限り、本は出版できない。適切な経路を通して発表されない限り、どんなニュースも公表できない。――ヨセフ・スターリンの死のようなニュースでさえもだ。彼らはそれを三日後に公表した。三日間、彼らは秘密にしておいた。世界は彼が生きていると思っていた。共産党は、まず彼の後釜に座る人を選んでいた。その時初めて、彼が死んだことを公表しようとしていた。死でさえ公表することはできない。そこにはどんな自由もない。だから小さなことの中に大変な喜びがあり、自由への、個人であることへの大変な切望がある。

そこには自殺という問題はない。ロシアでは誰も自殺しない。ロシアに精神分析学のようなものが何もないのは、誰もカリフォルニアの人たちほど気が狂ってはいないからだ。彼らにはそんな余裕はない。彼らは貧しい。精神分析、ありとあらゆるセラピー、原初療法、そして新しいスクールが、人間を正常な状態に導く方法の新理論を提示し続けることは、贅沢品なのだ。

ロシアは、第三次世界大戦への突入を回避するかもしれない。その人々は自殺を望んでいない。そして資本主義国は心配している。彼らの心配は、待てば待つほど、より多くの国が共産主義になり続けるだろうということだ。もしロシア革命の後直ぐに戦争をしていたなら、彼らはどんな困難もなくロシアを壊滅させただろう。だが彼らは待った。そして彼らが待てば待つほど、より多くの国は共産陣営に加わった。加わったこれらの国々は中途半端だ。彼らは社会主義者になった。社会主義とはただ単に、共産主義者の穏やかな在り方だ。より礼儀正しく、より紳士的であって、あまり衝撃的ではない。だが、もはや資本主義者ではない。その信条全体は単純な境界があるだけで、共産主義と同じだ。それはそれ自体を民主的だと言う。

しかし私は、これらすべての民主主義を見てきた――あなた方は私と一緒に彼らを見てきた。どれも民主主義ではない。だからそれは、ただの美しい名称にすぎない。

そして資本主義国の怖れは、彼らの人数が減り続けることだ。ますます多くの人々が、共産主義へ転向している。だから、もし彼らが戦争をしたいのなら、早くなるほど良い。そうでなければ、もし彼らが今世紀末まで待っていたら、合衆国一国だけが世界と戦うために残るだろう。その時戦うことは無意味だ。その時、彼らの敗北は確実だ。

あなたはそれを、毎日見ることができる。ロシアはより人間らしく振舞っている。そしてアメリカはより非人間的な方法で振舞っている。

ロシアは長年、核兵器を増やすための製造停止の条約協定を結ぼうとしてきた。だが、それは不可能だった——アメリカは同意しないだろう。結局ロシアは、十ヶ月間どんな核兵器も造らなかった。自発的に、単独でどんな条約もなしに、ロシアは核兵器を生産するのを止めた。これは途方もなく勇気のある措置だ。

そして今アメリカは、一定の制限を越えて核兵器を生産しないという、ロシアやヨーロッパの国々との条約から外れることを望んでいる。

アメリカはその条約から手を引くことを望んでいる。それは、ロシアが誤魔化しているから、彼らはより多くの兵器を生産しているからだ、と言っている。するとロシアは「我々は、科学者や国連の専門家のどんな査察にも応じられる。我々は、条約で許可されている以上のものは何も生産していない」と言っている。

ヨーロッパ全体が初めてアメリカに反対して騒いでいるのは、これが単なる口実であるのがわかるからだ。それを証明することはできない。だが、アメリカは撤退したがっている。そうすれば、どんな制限もなしにより多くの兵器を生産できる。

ロナルド・レーガンと彼の政権が、とても多くの嘘をつくことがわかる。なぜなら原発事故がロシアで起こって、二人だけが死んだ時、アメリカは世界中に二千人の人たちが死んだと宣伝したからだ。そしてロシアは全く正しかった——二人だけが死んだのだ。なぜなら後になって、ロシアの外部からの専門家が、事故の時に二人だけが死んだことを確認したからだ。

数人が後になって、数日後に死んだ。全部で二十人未満が死んだが、事故に関する限りでは二人だけが死んだ。二人が二千人になれるだろうか？　証明できない何かに、それほど多くの嘘がつけるとは信じられない。

その時以来、アメリカは沈黙してきた、その二千人に関しては何も言っていない。もし彼らに何か証拠でもあるなら、彼らははっきりと証明できたが、彼ら自身の専門家は二人だけが死んだことを、そこにいて確かめている。そして二人と二千人の間には大きな違いがある。千倍の違いだ。

だが、なぜこれが起こっているのだろう？　これが起こっているのは、もし戦争がなければアメリカは負けるだろうという恐れを、アメリカが内側の深いところで感じているという単純な理由からだ。もし戦争があれば、少なくともアメリカは負けないだろう――生命全体が破壊されるだろう。戦争なくして敗者であるか、それとも人類全体を破壊するかという選択肢があれば、アメリカには人類全体を破壊する用意がある。

これらは退廃的な社会の、自滅的なところまできた社会の徴《しるし》だ。それは、それ自体に生きる理由がなく、いったいなぜ他の人は生きる理由を持たなければならないのか？と感じる社会だ。

共産主義国は貧しく、自由がなく民主的ではない。だがこれらのことから、より多く生を愛するようになった。彼らは自殺しようとはしない。精神的に病気ではない。

もしアメリカの人々が、自分たちが狂った人々の手の内にあることがわかれば、もし自分たちの政府を変えられたら、狂った人々からそれを引き継ぎ、それをアメリカにいるとても多くの、より知性的な人々に与えることができれば……。しかし問題は、知性的な人々は汚い政治に参加する気にならないことだ。凡庸な人々が政治に入り、知性的な人々は遠く離れたままでいて、凡庸な人々が世界全体の運命を決定しなければならないのは、奇妙な現象だ。

そろそろアメリカの人々は、凡庸な人々からすべての権力を引き継ぐべき時だ。これらの権力は、本当にそれに価する人たちに与えられるべきだ。そしてそれに価するに充分な人たちがいる。すべての国民は、まさに目覚めなければならない、これらの政治家たちがしていることを考えなければならない、そして非政治的な人々の政府を作ることだ。

もはや政治家たちは必要ではない。職業的《プロフェッショナル》な政治家たちは、もはや必要ではないということを問題点にさせなさい。医師がいる、教授がいる、外科医がいる、科学者がいる、芸術家がいる、詩人がいる、画家がいる――数多くの才能豊かな人たちがいる。ひとたび国民が「私たちは政治家に投票するつもりはない。それはこの政党か、あの政党かという問題ではない。それは、政治家対政治とは何の関係もない価値ある人々という問題だ」と決定するなら……。

もしアメリカが、政治家の手から非政治家へと権力を移すなら、社会学者が言うこと――世界政府、計り知れない豊かさは、可能になる。力の問題は生じない、ただ計り知れない豊かさだけが生じる。

私はあなた方に、私たちが三日間で浪費する戦争の準備に使うとても多くの金額は、全人類の一年間の食料、衣服、避難所――あらゆる普通の生活に必要なものにとって充分だ、と話した。たった三日間で……これらの計算は五年前(一九八六年当時より)のものだ。今ではたった一日であるかもしれない。地球全体にそれがあれば、一年間何不自由なく生きられるほどの多くのものを、毎日浪費している。

もし、ただひとつだけの政府があれば、戦争をする必要はない。誰と戦うつもりなのかね? その時すべてのエネルギーは、創造的な目的のために放出される。誰も貧困である必要はない。誰も医療のない状態でいる必要はない。誰も無教育である必要はない。私たちは、この地球を生きている楽園にすることができる。だが、すべてはアメリカ政府次第だ。狂犬は追い出すべきだ。彼らはもう権力を握るべきではない。彼らが世界で唯一の危険な人物だ。

そしてアメリカの人々は有能だ。知性的な人々は、まさにメッセージを広めなければならない。「非政治的な政府を持とう。私たちはこの政党やあの政党などの、どんな職業《プロフェッショナル》的な政治家も選ばないだろう。すべての政治家たちには『犯罪者』という烙印を押さなければならない。私たちは彼らを選ばない。非政治的な人々――何かの才能のある、何かの天才である人々だけを選ぶ」

すべてがアメリカ次第であるのは、アメリカが第三次大戦をしようと急いでいるからだ。ロシアは急いでいない。ロシアは、遅かれ早かれすべての貧しい国は、共産主義になろうとしているのを知っているからだ。共産主義が外側から押し付けられなければならない、という問題ではない。共産主義は押し付けられるものではない。人々は自ら共産主義になろうとしている。世界はどんな戦争もなしに、彼らのものになるだろう。ではなぜ戦う？　ちょっと待てばいい。ロシアの戦略のすべては延長すること、時間を与えることにある。アメリカがそれを恐れているのは、アメリカにとっては方法がないからだ。時間が過ぎるにつれて、アメリカは味方を失い続ける。

だから、危険なのはワシントンのホワイト・ハウスだ。それは今日の地球上で最も危険な場所だ。それを白い家《ホワイト・ハウス》にしたのが誰の考えであったのか、私は知らない。それはいつも私にムラ・ナスルディンを思い出させる……。

家に帰ろうとしていた美しい女性の他は、道には誰もいなかった。ナスルディンは彼女の後をついて行った。彼は年老いていて、もう少しで九十歳だった。彼はその女性をつかまえるために、あらゆる可能な方法を試みていた。ついにその女性は振り返り、そして言った。

「恥を知りなさい！　ちょっとあなたの髪の毛を見てごらんなさい。みんな真っ白じゃない。なのにあなたは若い女の尻を追いかけているのね！」

ナスルディンは言った、「俺を信じてくれ。俺の髪の毛は白いが、俺の心は違う――それはまだ黒い、これまでと同じくらい黒い。実際、俺には何が起こっているのかわからないんだ。それはますます黒くなり続けている。俺が年老いていくにつれて、それはより黒くなっている！　最初俺は、別のことも考えたものだ。今俺は、ただ女のことだけを考えている。だから俺の髪の毛を見ないでくれ。ただ俺の心を見てくれ！」

このホワイト・ハウスは、世界で最も黒い心を持っているようだ。

アメリカの人々にとって、破滅が起こるのを防ぐための時間はまだある。もしアメリカの人々に何もできないなら、これらの政治家たちはこの地上すべての命を、墓地へ引きずっていこうとしているのだ。

愛するOSHO、あなたの存命中に、あなたの存在が人類に認められる、あるいは受け容れられさえする何らかの可能性があると思いますか？

あなたは、あなたが自分の身体を離れた後、あなたに起こることについては気にしない、と言ってきました。しかしOSHOである現象を捕えるという、不可能なことと奮闘するであろうかわいそうな歴史家たちのために、将来の歴史的背景において、あなたの現存とあなたの教えの影響力に関して、何かを言っていただけますでしょうか？

また、あなたはどのように記憶されたいのでしょうか？

私は単純に許されたいし、忘れられたい。私を憶えておく必要はない。必要なことは、あなた自身を憶えておくことだ！　人々はゴータマ・ブッダ、イエス・キリスト、孔子、クリシュナを憶えている。それは役に立たない。だから私が望むことは、完全に私を忘れて欲しい、そして私を許しもして欲しいということだ。なぜなら、私を忘れることは難しいだろうからだ。だから、私があなた方に迷惑をかけたため、私を許すようにと願うのだ。

あなた自身を憶えていなさい。

そして歴史家や、ありとあらゆる神経症の人々については、心配しなくていい。彼らは彼らのことをするだろう。それは全く私たちの知ったことではない。

愛するＯＳＨＯ、呼吸を見守ることが私の瞑想です。私には、それが奇跡的であるのがわかります。それは落とされる必要のある技法《メソッド》なのですか？　もしそうなら、それは勝手に落ちるのでしょうか？　ヴィパッサナ瞑想について、もう少し話していただけますか？

カヴィーシャ、ヴィパッサナ瞑想についてこれ以上言うことはない。「ヴィパッサナ」という言葉は見守るという意味だ。特に呼吸を、それが出てゆく時、それが入って来る時を見守ることだ。あなたはそれを、その出たり入ったりの動きを、ただ見守り続ける。

その技法は落とさなくてもいい。なぜなら時期が来れば、自然に消えるからだ。あなたの油断なき状態が完璧である時、その技法は消える。私があなた方に与えてきた技法はすべて、あなたがそれを落とす必要のないものだ。ただ、それを完璧に使いなさい。それが完璧である瞬間、それは勝手に落ちるだろう――まさに樹から熟した果実が落ちるように。そして技法が勝手に落ちる時、それには美しさがある。その時あなたの油断なき状態は、引っ掻き傷を残さない。

あなたは正しい道にいる。技法が自然に消えるまで、ただ続けなさい。するとあなたは、単なる丘の上の観照者として残る。

愛するOSHO、私はあなたが、観照することは体験ではないと言ったように理解しています。それは常に、精神的なものであれ身体的なものであれ、すべての体験から一歩下がって観るということです。けれども私は講話の中で、観照が起こる時はいつでも、私の身体と心理空間に影響を及ぼす特定の内的な環境が作られることに気がつきます。

それはまるで、異なる時間に私が自分自身を体験する他の方法から、全く明瞭で認識できる一定の存在の形態に、私が踏み入るようなものです。

反対に、昼間私は逆のプロセスをしてみることができます。私はその身体的および精神的な兆候で、その環境を想起します。するとそれは、観照する空間をもたらします。

もしこれが見当違いであるなら、私を正しい道に向けていただけますか?

いや、それは見当違いではない——それは完璧に正しい。観照することは確かに特有の環境、空間を作る、そしてすぐに観照する人は作られる明確な特徴を認識し始める。そしてそのプロセスは逆にすることができる。あなたはその環境の明確な特質——平和、空間、沈黙——を作ることができる。すると突然観照することが存在するだろう。

それらはひとつの現象の両極だ。もしあなたがひとつを手に入れるなら、もうひとつは既にあなたの手の中にある。あなたは両側からそれを捕まえることができる。そして時たまそれを変えて、環境から観照することを捕えることは完全によい。普通に観照することと、その環境を作ることは両方とも完全に正しい。

しかしそれが本物の現象であるかどうかは、それが逆のプロセスで作られるかどうかによって決定される。あなたは環境を作り、観照することが起こる、というプロセスで——。それがあなたは正しい道にいることの証拠、証明だ。

愛するＯＳＨＯ、私は夜に目覚まし時計をセットし、朝が来たらそれが自分を起こすだろうと信頼しています。私は時々マスターを、いますぐにでも狂ったようにベルを鳴らして、私をスピリチュアルな眠りから目覚めさせるかもしれない目覚まし時計とみなしています。

ＯＳＨＯ、私はただ単に、あなたがベルを鳴らすのを待っているのでしょうか？

ミラレパ、私はベルを鳴らしていたが、あなたはこちらからあちらへと、寝返りを打ち続けている。

そしてあなたは、自分自身の上に毛布を引っ張り続けている。あなたは何を望んでいるのだろう。目覚まし時計があなたの上に跳び乗って、毛布を取らなければならないのだろうか？　そのうえ、あなたの顔に冷たい水を浴びせなければならないとでも？　他の何を私はしてきたというのだろう。だが眠りは、スピリチュアルな眠りとは、あなたが目覚まし時計をさえ解釈し始めるほどのものだ。

通常の眠りでもまた、あなたはそれをする。目覚ましが鳴り出す時、あなたは自分が寺院にいて鐘が鳴っているという夢を見ている。それはあなたのマインドのトリックだ。それはあなたを欺いている。それは目覚まし時計であって、寺院ではない。鐘が鳴っているのではない。

スピリチュアルな眠りは、はるかに深くてより込み入っている。まず聞くことが難しい、そしてたとえあなたがそれを聞いても、何か別のものとして解釈するあらゆる可能性がある。

それを解釈することを止めなさい。あなたが目覚めている間に止めなさい——時々あなたはここで私と一緒にいる時、本当に目覚めている——目覚めの四番目の段階に触れる瞬間がある。これらの瞬間に、自分は忘れない、と決意しなさい。この決意を、起きている瞬間に何度も何度も強めることだ。そうすると、ある日あなたは目覚めるだろう。

目覚めることは、すべての人の生得権だ。それは私たちに本来備わっている性質だ。だが、あらゆることはあなたの決断力にかかっている。

朝の四時に自分を起こすために目覚まし時計をセットし、それから眠りの中で、ただそれを止めて、眠りに戻る人々を私は見てきた。朝、彼らは憶えていない。彼らは時計を見る。「どうなったんだ？俺は目覚ましをセットしたのに——」

そこで、私は言わねばならなかった。

「君の目覚ましは私を起こした。そして君を見てみた。君は目覚ましを止めていたのだ」

目覚まし時計を放り投げ捨てている人々を、私は見てきた――とても怒ってだ。なぜなら四時には、人は本当に申し分ない眠りの中にあるからだ。だからこの目覚まし時計は敵のように見える。人々は自分の目覚まし時計を壊してきた。私は、それが目の前で起こるのを見てきた。そこで私は言った。「これはすごい!」。そして彼らは眠りに戻った。そして朝、彼らは問いかけた。

「どうなったんだ? 誰が俺の目覚まし時計を放り投げ捨たのだ?」

そしてスピリチュアルな眠りは、確かにはるかに深い。だからあなたの決意は、普通に目が醒めているときに生じたものであってはならない。自分が本当に目覚めたと感じている時に、目を覚ますことを決意しなければならない。その時その決意は深くなり、あなたのスピリチュアルな眠りと同じくらい深くなる。

そして誰もが目覚める。あらゆる夜はその朝を持つ。あらゆる人はその人の光明を持っている。

それはまさに、あなたがいつそれを望むかという問題だ。

あなたは本当に、それを望んでいるのだろうか?

それなら、目覚まし時計がなくても起こり得る。その時、それは今すぐに起こり得る。

それはスリランカで起こった……ある偉大な神秘家が、人生最後の瞬間にあった。そこで彼は追従者たちを集めた。彼には何年もの間、彼の話を聞いてきた数多くの追従者たちがいた。そして仏教神秘家たちのすべての教えはヴィパッサナ――油断なくあること、観照することだ。

身体を離れる前に、彼は言った。

「さて、わしは去ってゆく。わしは明日もここにいて、見守るように、観照するように、目覚めるようにとお前たちに言うことはないだろう。だから、もし誰かに準備ができているのなら、その者は立ち上がるがいい、わしは彼を一緒に連れて行くことができる」

誰もがお互いを見て、おそらく誰かは準備ができているかもしれないと思っていた。ひとりの男が手を上げたが、彼は立ち上がらなかった。これらの数多くの人のうち、ひとりの男が手を上げた。神秘家は言った。「それでさえも、わしに大きな満足を与えるものじゃ」

その男は言った。「誤解しないでください。私はただ、手を上げているだけです。私はお尋ねしたいのです。私は今すぐ準備をすることはできません。やるべきことがとても多くあるからです。私の娘は適齢期になっています。私の息子は大学を卒業します。私の妻は病気で、何らかの助けを見つけなければなりません。私はただ、あなたにお尋ねするために手を上げました、あなたと再び会うことはできないので、どうすべきかを私に言ってもらうために」

するとその神秘家は言った。「わしは生涯それを話してきたのだ! お前はどこにいたのだ?」

彼は言った。「私は毎日来ていましたが、どうしたらいいですか?――一晩中、ありとあらゆる心配事があります。ただあなたのいるところでだけ安らぎを見いだし、そして眠ります。だから私は、あなたが話してきたことを聞いていませんでした。私は毎朝、ここに来ることを心待ちにしています。ここは、安らぎを見出して眠りに落ちる唯一の場所だからです。そして明日、あなたはここにいないので、私はただ何をしなければならないのかを、尋ねたいのです」

しかしひとりの男も立ち上がらず、マスターとともに行く準備ができていなかった。

そしてマスターは笑った。彼は言った。

「わしはただ冗談を言っていたのだ！　わしは誰をも一緒に連れて行くことはできない。だがわしはお前たちがわしの話を聞いてきたかどうかを、確かめていたのだ。この男は正しい。彼の言うことは、ただ自分自身に関してだけ正しくない。彼の言うことはあらゆる人に関して正しい。だからわしは再びヴィパッサナを説明しよう」

彼は言った。「今度は、どうか眠らないでほしい。これが最後の時だから、起きたままでいなさい。わしは明日はここにいないだろう。どんな類の気休めも試みてはいけない――『彼はただ冗談を言っているだけだ。彼はここにいるだろう。彼は我々から去ることはできない』というようなことを――。わしは確かに去って行く」

そして彼がヴィパッサナについて話していた間、彼はあたりをすべて見回した。特に手を上げた男を。彼はぐっすり眠っていた！　それは深く関連付けられるようになっていた。マスターがヴィパッサナについて話すことは、睡眠の始まりだった。マスターがヴィパッサナについて話し始めた瞬間、その男はとても安らいだ気持ちになった……。

その神秘家は言った。「無駄だ――お前にとって機が熟さない限り、お前はわしを聞かないだろう。おそらくいくらかの生においては……」

マスターは必要だ、ということは必須ではない。もしあなたが起きているなら、どんなものでも目覚ましとして機能できる。あなたの象徴化は正しい。マスターは目覚ましだが、マスターの目覚ましでさえ、あなたの協力なしでは機能できない。あなたは彼とともに在り、手が空いていて、準備ができていなければならない。それは単にマインドの充分目覚めた状態での、全面的な決意という問題だ。

第30章

この椅子は空だ

This Chair is Empty

愛するＯＳＨＯ、人類は初期の時代から、生の巨大な神秘に直面した時、神託の言葉を伺ってきました。それは歴史においてよく知られていることです——例えばデルフォイの神託のように。人々は人間の運命を知るために、星のアドバイスを求めました。魔女あるいは賢女たちはお茶の葉や、あるいは亀の甲でさえも、運命を読み解いたものでした。近頃ではしばしば、易経やアイスター・クロウリーのタロット・カードなどが使われます。

私たちはあなたのタロット・カードを、日常生活の中で、頭からハートへと移るのに役立つ瞑想として使います。でもそのすべての指針となる言葉は、今現在を指しているように見えます。

宇宙のこの瞬間での、あなたという存在の事実そのものが、私たちの運命をより単純にするのを助け、たったふたつの選択肢——消えるか、消えないかを示しています。

ＯＳＨＯ、この問題について、どうかコメントをいただけないでしょうか？

生と時間との間には、大変な誤解があった。時間は三つの時制——過去、現在、未来から成ると考えられている。それは誤りだ。時間は、過去と未来だけで成っている。

生は現在から成る。

だから、生きたい人たちにとっては、この瞬間に生きるより他に方法はない。ただ現在だけが実存的だ。過去は単に記憶の集積であり、未来はあなたの想像、あなたの夢以外の何ものでもない。

現実《リアリティ》は今－ここだ。

生について、生きることについて、愛についてただ考えたいだけの人たち、彼らにとって過去と未来は完全に美しい。それらは無限の広がりを与えるからだ。彼らは自分の過去を飾り立てることができる。それを自分たちの好きなように、美しくすることができる――たとえ彼らがそれを決して生きずに、それが存在していた時にそこにいなかったとしてもだ。これらはただの影、投影にすぎない。彼らは絶え間なく走っていた。そして走っている間、彼らは少しばかりのものに出会ってきた。彼らは自分たちが生きてきたと思っている。過去においては、ただ死だけが現実《リアリティ》であり、生ではない。未来においてもただ死だけが現実であり、生ではない。

過去において、生きることを取り逃してきた人たちは、無意識にその隙間《ギャップ》の代用として、未来について夢を見始める。彼らの未来は過去からの投映にすぎない。過去に取り逃がしたものが何であれ、彼らは未来にそれを望む。そのふたつの非-実存の間に、生という小さな現存の瞬間がある。

生きたい人たちは、それについて考えるべきではない。愛したい人たちは、それについて考えるべきではない。在りたい人たちは、それについて思索すべきではない。他に選択肢はない。その現在の瞬間の生気《ジュース》を飲みなさい。それを完全に搾り出しなさい。それは再び戻ってくることはないからだ。いったん去れば、それは永遠に去る。

しかし、人間とほとんど同じくらい長く続いてきた誤解のせいで――そしてすべての文化がそれに加わってきたため――彼らは現在を時間の一部にしてきた。だが現在は、時間とは何の関係もない。もしあなたがこの瞬間に、ただここにいるなら、時間は存在しない。そこには計り知れない沈黙、静けさ、不動がある。何も通り過ぎない。あらゆるものは急停止する。

現在は、生という水の中に深く飛び込むための、あるいは生という空へ高く飛ぶための機会を、あなたに与える。だがその両側は危険だ――過去と未来は、人間の言語の中で最も危険な言葉だ。過去と未来の間で、現在に生きることはほとんど綱渡りのロープの上を歩くようなものだ。その両側は危険だ。しかし、いったん現在の生気《ジュース》を味わったら、あなたは危険なことなど気にしない。ひとたびあなたが生に同調するなら、何も問題はない。

そして私にとっては、生とはまさにそういうものだ。

それを「神」と呼んでもいいが、宗教がそれを汚してきたため、それは良い名前ではない。あなたはそれを「存在」と呼べる。そのほうが美しい。だが、それを何と呼ぶかはどうでもいいことだ。あなたの手にはただひとつの瞬間――現実の瞬間だけがある、ということをはっきり理解することだ。そして何度も何度も、あなたはその現実の瞬間を得るだろう。それを生きるか、それともそれを生きないままにしておくかのどちらかだ。

ほとんどの人々は全く生きることなく、揺りかごから墓場まで自分自身をただ単に引きずっている。

私は次のようなスーフィーの言い伝えを聞いたことがある。

ある男が死ぬ時、突然了解した、「何てことだ、私は生きていたのだ」

だが、死と対峙することでのみ、このことに気づいた。七十年間生きてきたが、生そのものは彼を豊かにしてこなかったということに――。

それは生の落ち度ではない。それは私たちの誤解だ。

『油断なく在ること』という私の主張は、生について考えなくても、あなたに生を与えるだろう。現在においてのみ、油断なく在ることができるからだ。あなたには、現在しか目撃できない。

全面的に生きなさい、そして強烈に生きなさい。そうすればそれぞれの瞬間は黄金になり、あなたの全人生は貴重《ゴールデン》な瞬間の連続になる。そのような人は決して死なない。なぜなら彼にはミダース・タッチがあるからだ。彼が触るものは何でも黄金になる（ギリシャ神話『ミダース』より）。

彼が死に触れる時、死もまた黄金になる。彼はそれを生と同じように楽しむ――あるいはおそらくそれ以上に――なぜなら、死は生よりも凝縮されているからだ。生は七十年、八十年にわたっている。死は一瞬にして起こる。それはとても凝縮されている。もし自分の生を正しく生きたなら、あなたは死の神秘の中へ入ることができる。そして死の神秘とは、ただの覆いにすぎないということだ。内側があなたの不死性、あなたの永遠の生だ。

愛するＯＳＨＯ、祝祭のダルシャンで、私はあなたの足下に坐り、あなたに頭を下げました。すると突然、あなたがいないのがわかりました――そこにはただ、空っぽの椅子だけがありました。そして何千人もの人々はみんな空の椅子に頭を下げて、空の椅子と共に沈黙して坐り、空の椅子と共に歌い、祝っていました。こういうことをするための方便として、あなたを必要とする私たちの可笑しな状態を見て、もう少しで笑い出すところでした。でもその時、見つめる美しくて愛情のこもったあなたの目、私たちに語るあなたの声、私たちが服を着せるあなたの身体、あなたの運転する車などを、私たちに見せようとする存在の心配りを見るありがたさを感じます。私たちをしてこのように全面的に誰かを愛させる、まさにこの愛が私たちを開き、変容させます。

ブッダム・シャラナム・ガッチャーミ――あなたは私が感謝で頭を下げることのできる、私にとって全世界の足です。

ガヤン、あなたは非‐存在としての私を実際に体験した。時たま弟子は、私の中に「私」がいないのを見ることができるほど近くに来る。それはずいぶん前に死んだ。この身体は空だ。この椅子は空だ。だが、あなたが私の真実に侵入できるのは稀にしかなく、親密な時だけだろう。私はただ単に無だ――もちろん身体で覆われてはいるがね。

通常、あなたは身体を見るだろう。内なる無を見るためには、あなたは深い洞察を必要とする。そして人は、どんな条件でそれが起こり得るのかを知ることは、決してない。

あなたはその瞬間に深く入り、喜びながら私の周りで踊っていた。大いなる愛をもってあなたは私の前に坐り、頭を下げ、かつてなかったほど偉大なマントラ、ブッダム・シャラナム・ガッチャーミ、「私は目覚めた者に帰依します」を繰り返していた。そして数千人の人々が、あなたの周りに環境を作っていた。それは普通の状況ではなかった。並外れた仕掛けだ。そこであなたが目を開けた時、突然僅かの間、私はいなかった。

あなたの理解は正しい。私が身体を持ち運んでいるのは、まさにあなた方の愛のためだ。それがどれほど困難であっても、それがあなたの可能性を実現するのに役立つなら、それだけの価値がある。そうでなければ、私の身体の仕事はずいぶん前に終わっている。それは存在すべきではない。

私はそれにしがみつくために、あらゆる努力をしている。あなた方のほとんどは、まだ私を見る準備ができていないからだ。あなた方は身体だけを見る。あなた方みんなが私を見ることができる日、その時は身体をずっと持ち運ぶ必要はないだろう。身体を持ち運ぶことは私にとってまさに重荷であり、全く面倒なことだ。だが私は、あなた方が充分に私の無に気づくまで待つだろう。

覚えておきなさい、私の無に気づく瞬間、あなたは自分の中にも無を体験しているのだ。ふたつの無だけが、お互いを認識できる。

ガヤン、あなたは椅子が空なのを見た。その体験は、あなたが自分自身の内側を見るのを忘れるほど強かった。もしあなたが自分自身の内側を見ていたなら、そこに同じ無があるのがわかっただろう。

私たちはエゴではない。私たちは宇宙の無から成っている。そして、無は否定的な言葉ではない。それは単にあらゆるものの不在、まさに純粋な存在という意味だ。もちろん純粋な存在は、形を持てない。だから、もし純粋な存在を見るということが起これば、あなたは身体が消えているのを、椅子が空なのを見るだろう。

もしそれが再び起こるなら、同時にあなた自身の内側を見るがいい。するとあなたは、自分の身体もまた無いのがわかるだろう。あなたはいないのがわかるだろう。人はいないということを知ることが、人は永遠であることを知る扉だ。これはスピリチュアルな体験の、究極の逆説《パラドックス》だ。

シェイクスピアは「在るべきか、在らざるべきか」という問題で悩んだ。なぜなら彼は、在るための方法は不在であるということに全く気づいていないからだ。そこに選択という問題はない。それはひとつを選ばなければならない、ということではない。もし在ることを選べば、あなたはいないことを選ばざるを得ないだろう。もしあなたに消える準備、蒸発する用意があれば、初めて自分の真正さを見つけるだろう。それは確かに逆説だ。論理では説明できないが、体験はそれを全くはっきりさせることができる。

あなたは可笑しく感じた。あなたは笑った、なぜなら何千人もの人々が空の椅子に頭を下げ、ブッダム・シャラナム・ガッチャーミを唱えていて、そこには誰もいなかったからだ。

あなたの笑いは、ガヤン、まだ半分だった。もしあなたがあなた自身を見ていたなら、あなたの笑いは完全であっただろう。その時あなたは、私が存在しないのを見ただけではなく、あなたも存在しないのを見ただろう。あなたはこれらの何千人もの人々が、消えているのを見ただろう。ブッダム・シャラナム・ガッチャーミの朗唱で鳴り響いている寺院を、見ただろう。

それが次に起こる時、それを不完全にしておいてはいけない。もしそれが完全なら、その時あなたは、あなたの生を通して、あらゆる行為において影のようにあなたに従う明晰な理解に至るからだ。それはあなたの全存在を変えるだろう。それはあなたに新しい芳香を、新しいオーラを与えるだろう――それが与えられるのは、あなたにだけではない、あなたは他の人たちにもそれを見るだろう。たとえ他の人たちが気づいていなくてもだ。だが、あなたはそれに気づくだろう。

だから日本の目覚めた魂「布袋」は、笑うブッダと呼ばれてきたのだ。何に対して彼は笑っているのだろう？　彼のすべての教えは、笑うことだった。人々は、これが自分たちだと思い込んでいるものではなく、彼らが決して夢想だにしないものである、というこの可笑しさを見ること……それは宇宙的なジョークだ。しかし、人は笑うブッダになれるという地点に至るためには、理解が必要だ。

そして私は世界を、深刻な人たちではなく、笑うブッダたちで満たしたい。私たちは彼らにうんざりしている。

私たちは、地球全体を笑いで満たすことが必要だ。それも普通の笑いではなく宇宙的な笑いで――それは、存在が私たちに仕掛けた美しいジョークである、という理解から起こる笑いで――。

愛するＯＳＨＯ、この前の夜、あなたは魂の暗夜――スシュプティからトゥリヤへと動く時に人が通過する状態について話されました。

それを論理的に見ると、覚醒の究極の状態へ向かって動くにつれて人は――まさに成就の前に――しばらくの間、暗闇に圧倒されることが興味深く思われます。私は、人はますます気づきを増してきて、深い瞑想状態を進むにつれて暗闇を追い払ってきた、と考えてきました。もはや夢が存在しないほど深く、観照者がスシュプティを目撃さえできるほどの瞑想の中で――。

それはおそらく、死が近づいてくる時に起こるものに類似しているのでしょうか？　あなたは、死の間際に生がどのように突然それ自身の存在を主張するかについて、語られました。その終息に直面して身体の生命力が復活することについて話されました。魂の暗夜とは、それが完全な啓蒙の光――光明によって全滅させられる前に生き残ろうとする、無意識にある痕跡の最後の努力なのでしょうか？

そうだ、それは暗闇の中で生きてきたあなたの、無数の生の最後の努力だ。暗闇はとても長く、あなたに付き添ってきた。まさにあなたが、暗闇にとても長く付き添ってきたように。それは最後の努力だ。だからスシュプティの中で、暗闇は一撃でことを成し遂げられる力を生み出す。

そこであなたは、夢でさえ入れないスシュプティの中へ深く入る。だがこれは、あなたの生の中の闇の力、あなたの生の無意識の力が、自らの死の近づいているのがはっきりとわかる時にだけ起こる。そして当然、それらは死にたくない。それらは長い間あなたを支配してきた。そして突然、あなたはそれらの手から滑り出ている。それらは最後の努力をするだろう。

それを論理的に考えてはいけない。論理と生には類似するものがない。論理的に考えると、あなたは生から離れて行く。全く考えてはいけない。あらゆる思考は、ある意味で論理的だからだ。これがその起こり方であるという、その事実をただ見なさい。

普通の生において、科学において、論理を持ち込まずに私たちが物事を受け容れているのは、奇妙なことだ。水が百度で蒸発しても、誰もなぜとは尋ねない――なぜ正確に百度なのか？　なぜ九十九度ではないのか？　それがゆっくり、ゆっくりと蒸発し始めるなら論理的だろう。九十度でほんの少量蒸発する……九十一度でもう少し蒸発する……九十二度でもう少し、そして百度で完全に蒸発する――。それは論理的に見える。しかし水は論理を知らない。なぜ百度で蒸発するのかは、誰にも尋ねることはできない。私たちは単に、存在の事実をあるがままに受け容れる。

私が最も愛してきた今世紀の一人、D・H・ローレンスは、小さな子供と庭を散歩していた。その子は質問していた。あらゆる子供が、ただ好奇心から必ず尋ねるように。そして最後に彼は言った。「おじさん、どうして樹は緑なの？」。おそらく誰も、なぜ樹は緑なのかこれまで尋ねなかった。一瞬、ローレンスはそこに立って、なぜ樹は緑なのかを考えた。その時突然、そこになぜという問題がないことに気づき始めた。樹はどんな論理にも従わない。存在は論理的ではない。だから彼は子供に言った。「樹は、緑だから緑なのだ」

子供は言った、「そうだったんだ。僕はたくさんの人たちに質問をしてきたんだ。誰も答えられない――そしてあなたは答えてくれた。それは完全に正しいみたいだ。樹は緑だから緑なんだね」

子供も論理を理解していないし、樹も論理を理解していない。

だから内的な真実や、あなた自身を発見する内的な科学に関して、論理的に考えてはいけない。事実に基づいて、現実的でありなさい。これがそれの起こり方だ。光の爆発の前に、すべての無意識の力は最後の努力をする――それにはチャンスが与えられなければならない。あなたはそれを、始めから使い続けてきたのだ。

あなたを別な領域に行かせないようにするための力には、あらゆる権利、あらゆる法的権利がある。そしてあなたは奴隷だった。一度あなたが夜の暗闇から外へ動き出すなら、あなたは主人だ。そこには無意識の力の大きな既得権がある。そこで当然、無意識の力は集合してスシュプティを、夢なき眠りを作る。

神秘家たちがそれを、魂の暗夜と呼ぶのは正しい。それは普通の暗夜ではない。それは魂の暗夜だ、起ころうとしていることは、魂の黄金の夜明けだからだ。

だが、事実に基づくことを常に覚えておきなさい。

論理はそれの代用ではない。

愛するＯＳＨＯ、子供時代の無垢と青年期の理想主義は、各個人が生の真の価値と考えるものを探求する能力を自らの内側に見つける前に、常に粉砕する必要があるのでしょうか？

それは絶対的に必要だ。なぜなら、子供時代は条件付けられてきたからだ――故意にではなく、意図的にではないが、ただ無意識の力によって――あなた方の両親を通して、隣人たちを通して、教師を通して、あらゆる人たちを通して。

あなたの無垢は、とても多くの条件付けの層で覆われてきたので、簡単にそれを見つけることができない。そしてあなたの青春期は、理想、理想郷《ユートピア》の考え、人類全体を変える革命の大きな計画を持つ。あなたはそれらを自分のものだと考える。あなたは間違っている。それらはただ、生物学的なものにすぎない。

人間の生物学が、人に非常にロマンチックな青春期を与えるのは、彼が子供を作ろうとする時期だからで、汚れていなければそれは本来非常にありふれた事であり、ロマンチシズムで覆われていない限り、それは非常に困難になるものだ。

動物が愛を交わしているのを、見たことがあるだろうか？　誰もが動物の交尾を見てきたに違いない。だが、ひとつのことを見守ったことがあるだろうか？　交尾をしている間、パートナー双方は悲しそうに見える——幸せそうではなく、まるでやりたくないことをするように強いられているようだ。その強制は、彼ら自身の内側から生物学的に生じている。だから彼らは、それに関して何もすることができない。しかし、ある意味で良い立場にいる。なぜなら彼らには交尾をする季節が、一年に二ヶ月間、三ヶ月間だけあり、九ヶ月間は本当に自由だからだ。

人間にとっての困難さは、非常に大きい。そのひとつに、彼は一年中愛を交わすことができる。そして愛を交わすたびに、彼は何かが間違っていると感じる。もし愛を交わしている自分自身の写真を見るなら、自分がそのような馬鹿なことができるとは信じられないだろう。もし彼が体操に興味があるのなら、ジムに行けばいい。それなのに彼は、ここで何をしているのだ？　自分の目を閉じたままでいる女性はより利口だ。男性がしている体操を見ることはない。そして男性もまた急いでいる。彼はそれをなるべく速くやって終わらせたい。そこには、特定の生物学的な奴隷制度があるようだ。彼はそれを避けられない。そして美しく見えるものは何もそこにはないようだ。

特に人間に対して、生物学はロマンチックな理想主義を与えている。それは彼の目を覆う――女性はほとんど女神になる。そして女性の目には、男性はほとんど神になる。彼らの恋愛は実に詩的なものに、とても素晴らしいロマンスになる。まるで誰も、これまで彼らが愛しているように愛した事がないかのようにだ。歴史上初めて、何か素敵なことが起こっている。

この幻想は必要だ。そうでなければ、人間は子供を産むことを止めるかもしれない。動物は生殖し続けるだろう。なぜなら彼らには知性がないからだ。だが人間には知性がある。彼は子供を産むことを止めるかもしれない。あるいは、何か別の方法を見つけるかもしれない。例えば、試験管ベイビーがある科学者の実験室で作られたりする。それはより臨床的に、より洗練されているように、より動物的でなく、より野蛮でないように見える。

だが、このロマンチックな熱のため、彼は何とか続けることができる。毎日彼の熱は下がる。愛を交わした後は恥ずかしくなり、彼は毛布を被って横たわり、考える。「俺は何と馬鹿なんだろう。俺はまたそれをやってしまった。これは全く馬鹿げていると何千回も考えたのに」

そして女性は反対側で泣いている、彼女の目には涙がある。なぜならすべての詩情がベッドの上のこで、醜い実習《エクササイズ》で終わったからだ。しかし二十四時間後、彼は再び準備ができている。彼は自分がやってきたこれらの無数の馬鹿げた行為を忘れるだろう。二十四時間後、彼は再びロマンチックな気分になっている。

それは単純な生物学だ。生物学は、再び性エネルギーを作るのに時間がかかるからだ。そして人が年を取り始めるにつれて、それにはより長い時間がかかる。その結果、彼は毎日愛を交わすことができない。週に二回、次に週に一回、月に一回、そして彼は、今や死が近づいているのを知る。彼のすべての幻想が消える頃に、死は彼を運び去る準備ができている。

これらの幻想的な時間の中には、別の次元もまた存在する。あらゆる若者はロマンチックになり、非常に理想的になる。彼らはこの地球が何千年間も若者で満たされてきたのを知らない。そしてあらゆる若者が理想主義を、偉大な革命を、偉大な理想郷を考えてきたことを知らない。だがそれらは単に彼の生物学的ロマンスの副産物にすぎない。それは化学的なもの、ホルモン的なものだ。

そしてもしホルモンが男性から、または女性から取り除かれるなら、彼らの人格に完全な変化を来たすことが完全に証明されている。あるいはもしホルモンが加えられるなら、注入されるなら、その時彼はさらにロマンチックになり、ほとんど狂気になる。彼は世界を変える準備ができている、全世界を救う準備ができている、救済者に、救世主《メシア》になる準備ができている。

私自身の感じでは、すべての救済者、救世主、預言者は変種《フリーク》だった。単なる偶然によって、彼らは他の人々より多くのホルモンを得たのだ。だから彼らのロマンチックな観念形態《イデオロギー》は、彼らが自分たちの生を犠牲にする用意さえあったほど大きかった。だが彼らは自分たちの観念形態を犠牲にはしない。観念形態は生それ自体よりも大きく、より重要になった。

しかし現実は、若い世代が次々と来ては去る、それでも世界は同じままだ、ということだ。彼らの理想主義のすべてとロマンチックな哲学、理想郷のすべては、ただ単により多くの人口を作り続けている。それがすべてだ。人類にとってより多くの困難を作っている——それが彼らがもたらす唯一の革命だ。

真の革命はロマンチックではなく、非常に現実的だ。それは彼が全人類に押しつけたい夢ではない。自分の夢を全人類に押しつけるあなたは、何様なのだ？　誰でも自分の夢を持つ自由がある。そしてもし、誰もが自分の夢を他人に押しつけ始めたら、大混乱が起こるだろう。

そしてキリスト教徒たちが、彼らの夢想をあらゆる人たちに押しつけようと望んだため、イスラム教徒たちが同じことをしようとしたため、ユダヤ教徒たちが同じことをしようとしたため、ヒンドゥー教徒たちが同じことをしようとしたため、仏教徒たちが同じことをしようとしたため、共産主義者たちが同じことをしようとしたため、大混乱が起こっている。

とても多くの夢想者たちと、この貧しい人間性がある……彼らはみんな、自分たちの夢に従って世界を形作りたいと望む。最終的な結果として、彼らは戦い、殺し、戦争と暴力を引き起こす。理想郷は訪れず、ただ戦争だけが起こる。意識の進化はなく、ただ醜い紛争だけがあり、それはずっと過去全体を塗りつぶしている。

私は私の人々に、まず瞑想してほしい、まず気づきをもってほしい——なぜならそれが、生物学の奴隷状態から脱することのできる唯一の抜け道だからだ。ひとたびあなたが気づくなら、あなたは夢見ることはない。その時、全く新しい現実が訪れる。それがあなたが見始めるヴィジョンだ。

それが過去において、神託と呼ばれてきたものだ。女性には未来を見通す能力が、より多くあることがわかってきた。男性たちは、より夢見る傾向がある。だから世界中に巫女がいた。そして女性はトランス状態に入る——それは瞑想の状態だ。その状態の中で女性は物事を言い始め、ヴィジョンを説明し始める。

キリスト教は多くの罪を犯してきた。彼らの最大の罪のひとつは、彼らがこれらすべての女性予言者たちを全滅させたことだ——彼女たちを魔女と呼び、生きたまま焼いた。彼女たちは、法王や枢機卿や司教よりも賢明だったからだ。そして彼女たちは容認されなかった。彼女たちは大変な競争相手だった。これらの枢機卿、司教、法王はみな単なる知識人であって、賢明な人々ではなかった。

「魔女」という言葉は、賢女という意味だ。この中には途方もなく意義深い何かがある。再び神託があるだろう。ひとたびこの腐敗した宗教が人類への影響力を失うなら、彼らが破滅させてきたもの——保存する価値があったものは、すべて戻って来るだろう。

あなたが瞑想している時、それにどんな名前でも付けることができる——それをトランスと呼んでもいい、ラティハンと呼んでもいい……それは単にどんな思考もどんな夢想も、脳のスクリーン上で動いていない沈黙の状態だ。その明晰さの中で、あなたは起ころうとしているものを見始める。それはほとんど、あなたは樹の下に立っていて、誰かは樹の上に坐っていて、そして道がちょうどそこにあるようなものだ。あなたは道の上に誰かを見ることはできない。道は空いている。だが樹の天辺にいる人は、牛車が左側から来ているのを見ることができる。彼は右側から去っていく牛車を見ることができる。樹の下に立っている人にとって、これらの牛車は存在しない。彼の見える限りでは、道は空いている。

ひとつの牛車は過去で、ひとつは未来にある。だがどの牛車も、彼の目においては現在ではない。しかし樹の天辺に坐っている人にとって、両方の牛車は現在にある。通り過ぎた牛車、やって来る牛車、それらは異なる時制にはない。彼にとっては道全体が現在だ。それは単に、彼の視野が高い所からのものの、ということに過ぎない。

神託とは、普通の人々には届かない高い所から、物と世界を見ているあなたの意識のことだ。だから彼らは、普通の人々に関する限り、起ころうとしているものを見ることができる。彼らにとって、それらは既に起こっている。彼らは起こった事柄についても話すことができる。だが普通の人にとって、そこには全く痕跡はない。

そして私があなた方に言ったように、超意識、集合的超意識、宇宙的超意識という異なる高さの意識がある。それは時と場合によるが、神託者のトランス状態は、ただ超意識の状態であるかもしれない。それでもそれは意識――ほんの小さな裂け目の中で生きる普通の人間よりもはるかに大きく、よりはるかに現実であるだろう。

だが、トランス状態は集合的超意識の状態であり得る。その時その範囲は広大だろう。もしトランス状態が宇宙的超意識に人を導いているなら、あらゆるものが彼にとっては現在だ――過去も未来も存在しない。

それはミステリー・スクールの、神託を生み出すための基本的な実践のひとつになるだろう。その潜在能力は存在する――女性の中により多く、男性の中にはより少なく。だがそれは、再び現実のものにできる。中世の時代に法王の命令で、キリスト教会が数多くの女性たちを焼死させたことは、その潜在能力を破壊しなかった。私たちはそれを取り戻すだろう。私たちはこれらのトランス状態に達するための技法を紹介するだろう。

私はギリシャにいた時に、デルフォイに行きたかった。そこは最も偉大な神託の場所だったからだ。まさに神託の天才が、デルフォイから選ばれた。それは最も重要な、ミステリー・スクールのひとつだった。だがギリシャ政府は、私に一泊することさえ許さなかった。

全く何の理由もなく、彼らは私を逮捕した。そして彼らはインド行きの船に乗ることを、私に強制したかった。私は拒絶した。そして後になって私は、彼らの態度が変わったのがわかった。彼らはより礼儀正しく、より友好的になって、水や必要なものを何でも持ってくるようになっていた。後になってから私は、アテネにいる私たちの友人たちが、警察署長に二万五千ドルの賄賂を与えたことを知った。でなければ、彼らは私をインド行きの船に強制的に乗せることができただろう。

そこで私は彼らに言った。「私のジェット機はアテネにある。もしあなたが許可するなら、それはここに——クレタに来ることができる。あるいは私は飛行機でアテネに行くことができる」

唯一ここでだけ、私はなぜ彼らの態度が突然変わったのかを知るに至った——お金は奇跡だ。私がアテネに到着したのは真夜中だった。私の友人たちは、私がホテルに泊まることを望んだ。警察はそれを許可しようとしなかった。私は空港を出られなかった。私は直ちに自分のジェット機で出発しなければならなかった。デルフォイには行けなかったが、いつか私はデルフォイに行くつもりだ。

私たちの人々は告訴し、法廷で闘っている。なぜなら私を逮捕することは絶対に違法だったからだ。私の観光ビザはまだ十五日以上有効だった——それは四週間分あった。私は二週間だけそこにいた。そして彼らは、何の理由も説明することなく私を追放すべきではない——なぜなら理由はなかったからだ。私は家から出ることさえなかった。ちょうど私がここの家に住んでいて、決して家から出ないように、私はその家から出なかった。

だが、ギリシャの大司教は継続的に記者会見をして、大統領と首相へ「もしこの男を直ちに追い出さないなら、我々は家もろとも、彼を焼き殺すつもりだ」という電報を送ったり、電話をしていた。これが宗教的な人々だ。これが民主的な政府だ。

警察が来た時、私は眠っていた。アナンドは「ちょっと坐ってください。彼を起こしてきますから」と言ってみたが、彼らは聞こうとしなかった。

ジョンが私を起こしに来た。洗面所で準備をしていた時、突然私はまるで爆弾が爆発したような音を聞いた。私は起こっていたことが信じられなかった。これらの警官たちは、窓ガラスや扉などに石を投げ始めた――彼らは破壊していた……彼らはダイナマイトを持って、「家を爆破するぞ」と脅迫していた。彼らは、私が服を着て顔を洗い、下に降りて来るための五分間を待てなかった。彼らはそんなにも急いでいた……五分以上だと、キリスト教は破壊されるだろう、道徳は消えるだろう、女性は処女のままではない――たった五分間で。そして私は自分の洗面所にいる！

それから私は、彼らの拘置所でほとんど七時間も不必要に坐っていた。彼らは五分間も待てなかった。そして私は七時間も、不必要に坐らねばならなかった。これらが民主的政府を動かしている人々だ。

私はその男に言った。「私は誰がソクラテスを毒殺した人々であるかを見るために、ここに来た。そして私は失望していない――私は彼らを見た」

ひとつだけ、私は見ることができなかった。それがデルフォイだ。

そこは廃墟になっているが、かつてそれは世界で最も偉大な寺院のひとつで、賢女たちによって完全に統治されていた。そして非凡な才能のある人だけがトランス状態に入って、過去と未来に関することを語っていた。彼女たちが言ったことは、何であれ実現していた。

それは予測ではない。それは単なる彼女たちのヴィジョンだ。それは予言ではない。それは占星術ではない。それは単に彼女たちの意識の高さであり、彼女たちははるかに大きな地平線を、見ることができるのだ。

その科学は蘇らせなければならないが、それは唯一キリスト教会の墓の上でのみ、蘇らせることができる。

愛するＯＳＨＯ、布袋が自分の葬式の時に、ポケットに花火を入れていたのを思い出します。あなたの最大のジョークは、光明を得た人の名簿だったのですか？　それともあなたは、悪魔のようなそれ以上の切り札を持っているのでしょうか？

私は今のところ、あなたに言うつもりはない。

ミラレパ、あなたはそれを待たなければならない！

第31章

私は頑固な楽天主義者だ

I am an Adamant Optimist

愛するOSHO、『家族崩壊』という言葉は、悲惨な子供時代の本質を思い浮かべるのに用いられます。大学生だった頃まで、私には二人の父親と三人の母親がいました。そして私の祖父母も含めるなら——彼らもまた、長らく親としての役目を果たしました——一般的に親は二人ですが、私の場合、全部で七人となります。初めのうち私は、なぜ自分が比較的自由で、精神的に安定していたのかよくわかりませんでした。一方では、もっと「恵まれていた」私の友人たち——きちんとしていて安定した家庭生活を送っていた人たちの非常に多くは、成人期まで彼らにつきまとった、家族の絆の絶え間ない要求に、果てしなく悩まされているようでした。家族崩壊は、実際には形を変えた祝福だったのではないでしょうか？

従来の家族は、すでに時代遅れだ。それはその目的にかなってきたが、そこに未来はない。心理学的に見て、子供が二人の親だけに限定されるのは非常に危険だ。もし子供が女の子なら、彼女は父親を愛し始め、愛したい男性の内的イメージを作る。もちろん彼女は、母親が父親を愛するようには父親を愛せないことを知っているので、彼女は母親に嫉妬する。

そんな醜い状況が、子供に作り出される。まさにその始まりから、彼女の人生での最初の女性は、嫉妬の対象となる。そして彼女は、人生の最初の男性を決して得られない。

だが彼女のマインドは一生父親のイメージを持ち運び、彼女の結婚すべてを混乱させるだろう。無意識のうちに、あらゆる夫の中に父親を探すからだ。その必要条件を満たせる男性はいないし、彼女の父親になるために結婚する男性はいない。

男性の場合は自分の母親を探している。もし子供が男の子なら、彼は母親に恋する。彼は一生その最初の女性のイメージを持ち運ぶが、満たされない。

彼は多くの女性に恋し、いくつかの類似点を見つけるだろう。だが類似するものはひとつだ——おそらく、ちょっとへアスタイルが母親に似ているかもしれない。あるいはその女性の歩き方、目、鼻が似ているかもしれない。だがその鼻は、その女性のすべてではない。そしてへアスタイルは少しも助けにはならない。だから、彼の母親への思慕を満たせる女性はいない。そして母親になるために彼と結婚する女性はいない。


今や私たちは、子供にとって全人生が惨めなままであるような複雑な状況を生み出した。そして彼らは他人に責任を転嫁する。男性は女性が彼を裏切ったと思うだろう。彼女はまさに彼の母親のように見えていたが、結婚後、全く違った人になるからだ。彼女は彼を騙した。

同じ事が、反対側からの状況にも言える。あらゆる女性は、男性が彼女を騙してきた、欺いてきたと考える。結婚前は優しく、あらゆる面で善い人であるふりをしていたが、結婚後、彼が被っていた仮面は消える、そして彼女は、ただ男性優位主義者を見つける。

両親は絶え間なく争い、お互いに小言をいい、お互いを支配しようとしている。そして子供たちは学んでいる。なぜならどうしようもない、これが彼らの最初の学校だからだ。それは算数や地理や歴史の問題ではない。それは人生の問題だ。彼らは人生のＡＢＣを学んでいる。彼らが見ているのは、母親が絶え間なく父親を悩ませている姿であり、父親が絶え間なく支配し、征服し、隷属させようとしている姿だ。

彼らも見ることができる……子供たちは非常に鋭敏だ。彼らは世界の中で非常に新しく、その目は澄んでいて、その知覚はまだ、経験の埃で覆われていないからだ。彼らにはその偽善がすべてわかる。もし両親が喧嘩している間に隣人がやって来たら、直ぐに喧嘩を止めてお互いに笑い始め、美しいことを話し、隣人を迎え入れ、自分たちは決して喧嘩などしないような印象を与えるからだ。

子供もまた、偽善を学んでいる。あなたが何であれ、社会があなたに期待するものとして社会にいなければならない——あなたが何であるかではなく、社会があなたに望むものとしてだ。

まさに幼児期から、私たちはそれぞれの子供の中に分裂した人格、精神分裂症、二重人格を作っている。子供たちはそのやり方を学んでいる。女の子は、母親の父親への振る舞いから、妻はどうあるべきかを学んでいる。男の子は父親の振る舞いから、夫はどうあるべきかを学んでいる。世代から世代へと、同じ愚かさが何度も繰り返されるのはこのためだ。全世界は惨めさの中で生きている、偽善の中で生きている。その根本原因は、子供が二人の人物、母親と父親にだけ触れるという従来の家族にある。

将来、それは変わらなければならない。精神的な病気のほぼ九十パーセントは、家族から生まれているからだ。私たちは、より大きな家族を作らなければならない。私はそれをコミューンと呼ぶ。多くの人々が一緒に暮らしているところだ。

アメリカの私たちのコミューンでは、五千人の人々が一緒に暮らし、一緒に働いていた。たったひとつのキッチンで、五千人の人々が一緒に食事をしていた。彼らの子供たちは、とても多くの人たちと知り合いになっていた。父親の年代の人は、みんな叔父さんだった。母親の年代の人は、みんな叔母さんだった。彼らはあらゆる人から学んでいた。

彼らには、多くの体験をする可能性があった。女性や男性の固定したイメージを持つことは、少しもなかった。なぜなら、彼らを愛してくれたとても多くの女性たちや男性たちと触れ合っていたからだ。彼らは自分たちの両親とは暮らしていなかった。彼らには彼ら自身の生活空間があった。両親はそこへ行って、彼らに会うことができた。彼らは両親のところに来て、両親と一緒に一日か二日暮らすことができた。彼らは他のカップルに、子供のいないカップルに招待された。彼らはコミューンの中全体を移動していた。

コミューン全体が彼らの家族だった。

心理学的に、それは少年のマインドに女性の漠然としたイメージだけを作り、そして少女のマインドに、男性の漠然としたイメージだけを作った。

これは途方もなく重要なものだ。イメージが漠然としていて、多くの異なる女性たちの印象が成り立っているので、あなたにふさわしい女性が簡単に見つかるかもしれない、という可能性がある。あなたには固定観念がなく、ただ漠然とした概念だけがあるので、どんな女性でもそれを満たせるし、どんな男性でもそれを満たせる。

そして両親と暮らしてきていないので、妻はどう振る舞うべきか、夫はどう振る舞うべきかを知らない。あなたは純真無垢に、愛情を込めて始めるだろう。あなたは男性を愛する――だからあなたは彼と結婚した。あなたは女性を愛する、そしてあなたは、女性がどのように振る舞うべきかという特定のパターンを持たない。

ヒンドゥー教のいわゆる聖者、トゥルシダスは、インドで最も重要なヒンドゥー教聖者の一人だ。他のどんな本も、彼の本ほど多くは読まれていない。彼の本は、ヒンドゥー教徒たちのバイブルだ。彼は自分の本の中で書いている。

「もしあなたが彼女を叩かないなら――身体的に、肉体的に叩かないなら、彼女への支配力を失うだろう。彼女を叩くことで、あなたは男として充分であることを証明する」

あなたの男らしさは、女性を叩くことによって証明される。だが、もしあなたが女性を叩くなら、女性もまた、あなたを苦しめるためのあらゆる方法を見つけようとする。あなたが彼女と愛を交わしたい時はいつでも、彼女は頭痛がすると言うだろう。あなた方二人の間に、コミュニケーションはない。どうやってあり得るだろうか。あなたは彼女を奴隷にした。自由を破壊してしまった人物を許せる奴隷はいない。女性は、自由を奪い取った男性を許せない。だがヒンドゥー教徒たちは、彼らの聖者のアドバイスに従ってきた。それは新しいものではない。五千年前のマヌの法典、ヒンドゥー教徒の道徳規範は同じ事を言っている。

男女の関係性について、精神分析学者が出版した本がある。そのタイトルは意味深い。『親密な敵』という。それが男性と女性が今まで生きてきたあり方だ、『親密な敵』として――。そして子供たちは学んでいる。彼らはそれを繰り返すだろう。他の方法を知らないのだ。

家族は、コミューンへと変わらなければならない。五千人の人々、一万人の人々が一緒に暮らすほうが、五千の家族が別々に暮らすよりも経済的だ。

私たちのコミューンでは、たった十五人の人々がキッチンを受け持っていた――五千人の人々のために。そうでなければ、二千五百人の女性たちがキッチンの中で押しつぶされ、殺されていただろう。そして覚えておきなさい、すべての女性たちが良い料理人だというわけではないことを！　女性が良い料理人になるということは、真実ではない。実際、偉大な料理人はみんな男性だ。すべての高級ホテルでは偉大な料理人は男性であり、女性ではないのがわかるだろう。
すべての家庭が、料理の偉大な天才を持つ余裕があるというわけではない。しかしコミューンでは、十五人の本当に独創的で創造的な料理人たちを——男女両方とも、持つ余裕がある。私たちは実験して、それがとても素晴らしく機能することがわかった。

子供たちが学園《キャンパス》で一緒に住んでいるので、いろいろな事が起こる。両親は重荷を感じない。両親は、一定の自由を持つ。それは子供たちに壊されてしまうものだ。あなたは子供が寝付くまで待たなければならない。その頃までにはあなたも眠気を感じている。そして子供たちは非常に奇妙な人たちだ。もしあなたが彼らを寝付かせたいなら、彼らは眠らないだろう。彼らは、何かがありそうなことを確信するようになる。だから無理やり眠らされるのだと。

それに彼らには論理が理解できない。自分が起きていたい時に、無理やり眠らされるという論理を、そして朝になってまだ眠っていたい時に、ベッドから引きずり出され、無理やり起こされる。彼らはその論理が理解できない。それはとても不合理に見える。

だが、両親は自由を感じる。彼らの子供たちが、他の子供たちと一緒に暮らすからだ。私たちは新しい現象を発見した。私たちは、そこには揉め事があるかもしれないと考えていた——子供たちはお互いに喧嘩するかもしれないと。だが私たちが見つけたものは、まさに反対だった。年上の子供たちは、より小さな子供たちの世話をした。そこに争いはなかった。そして誰も私物を持たなかった。すべての玩具やあらゆるものは、学園に属していた——だから嫉妬はなかった。

子供たちは、両親ではない別のカップルと一緒にいるという、途方もない素晴らしさを楽しんだ。そして当然、叔父さんは父親よりも優しい人たちだ。実際、旧約聖書の中でユダヤ教の神は言っている。

「私はお前たちの叔父ではないことを、わかってほしい。私は優しい者ではない、私は怒れる者である、嫉妬深く、執念深い者である――」。彼の「私はあなたの叔父ではない、あなたの父だ」という言い方は、叔父には優しい性質がある、ということを明らかにしている。

彼の周りの数多くの叔父さんたち、叔母さんたちで、子供はほとんど愛に囲まれていると感じる。どこに行こうと、彼は尊重される。人々は彼の両親ではないため、彼らは自分のどんな野心も子供に押し付けないからだ。子供は彼らのものではない。でなければ、あらゆる親は自分の野心を、彼が自分の人生で満たせなかったものを、自分の子供を通して満たそうとするものだ。

子供は彼らのものではない。でなければ、もしある人が医者になりたくてもなれなかったとしたら、自分の息子を医者にさせたいと思う。男の子が医者になりたいかどうかは、全く問題ではない。だから肉屋になっていた方がよかった医者がいる。そして医者になっていた方がよかった肉屋がいる。すべてが逆さまだ。

子供の潜在能力が何なのかについて、誰も心配しない。誰もが自分自身の野心のことを考える――自分の息子が、国の大統領や首相になることを夢見る。その子が、もしかすると音楽家ユーディ・メニューイン（アメリカの神童バイオリニスト）、あるいは芸術家ミケランジェロ、あるいは数学者アルバート・アインシュタインであるかもしれない、と心配することなく。誰も子供について気にしない。彼は全く考慮されない。

コミューンでは、子供たちが何になるべきかを決めようとするのは、両親ではない。子供たちは両親から産まれるが、両親には属さない。彼らはコミューンに属する。そしてコミューンが、精神分析を通して、催眠を通して、他の技法を通して、その子の潜在能力は何なのかを決定する。そして子供は、彼がそうなるためにここに来た『そのもの』になるように、あらゆる可能な方法で助けられるべきだ。その時、彼はとても幸せだろう。

生においては、至福に満ちた状態はたったひとつしかない。それは、あなたが自分の内側に運んできたもの——潜在的可能性になり、それを充分開花させることだ。バラの茂みはバラの花になるべきであり、それがその喜びだ。

ある偉大な外科医が引退したので、彼の友人たちによって招待された。彼はその国で最も偉大な外科医だった。人々はその機会を祝い、彼のために送別会を開いていた。だが彼は、非常に悲しそうに見えた。すると一人の友人が彼のところに来て尋ねた。「どうして君はそんなに悲しいのだね?」

彼は言った。「私が悲しいのは、外科医には決してなりたくなかったからだ。私は音楽家になりたかった。たとえ私がギターを手にした乞食として、路上で死んでしまったとしても、国で最も偉大な外科医であるよりも幸せだっただろう。なぜなら、全く私の望みではなかったからだ。それは私の運命ではなかった」

世界にはとても多くの不幸がある——その根本的な原因は、人々が自分の運命に向かって進むことを許されないところにある。誰もが他のものに転じられてしまう。

家族はもはや必要ではない。それは途方もない祝福だ。子供たちにとってだけでなく、両親にとってもだ。子供のせいで、両親はお互いに愛していなくても、一緒に居続けなければならないからだ。

男性が自分の妻を愛さない時や、妻が自分の夫を愛さない時、それでもお互いに愛しているふりをし続けるなら、それは売春、永続の売春以外の何ものでもない。その理由は、まさに子供たちのためだ。

さもなければ、壊れた家族の中で、子供たちはどうなる？

コミューンでは問題はない。あなたが女性を愛している限り、彼女といることができる。愛が消えたとわかる瞬間……。生においては何も永続的ではない、何も永続できない。何かを永続させることは、あなたの手中にはない。ただ死んだ物だけが永続できる。生き生きとすればするほど、物事は束の間だ。

石は永続するかもしれない。

花は永続できない。

愛は石ではない。それは花であり、そして稀な質がある。

今日それはある。明日はわからない――それはあるかもしれないし、ないかもしれない。それをコントロールすることは、あなたの手の内にはない。それは起こること《ハプニング》だ。あなたには何もできない。もしそれがなくても、あなたはそれを作れない。それはあるかないかのどちらかだ。あなたは全く無力だ。もし、子供たちがコミューンで世話をされるなら、両親はたやすく動ける。そこに重荷はない。そして子供たちは寂しくならない。なぜなら彼らは自分たちの父親を、自分たちの母親を見つけられるからだ――問題はない。母親は子供たちのところへ行くことができる。父親は子供たちのところへ行くことができる……そして子供たちは、愛は変化する現象だ、ということに最初から気づくだろう。

愛を永続的にすることは、人間の最大の誤りだった。

愛は結婚にならない。結婚は法律だ。愛は、何らかの法の下に置くことはできない。それは野性的だ。ちょうど、来ては去り行くそよ風のようなものだ。それが去ってしまうかもしれないのを恐れて、あなたはすべての窓とすべての扉を閉める――だがその時、そこにそよ風はない。ただよどんだ空気がある。結婚とは、よどんだ空気以外の何ものでもない。感じられたそよ風――結婚へとあなたを導いたものは、もはや存在しない。だが子供たちのせいで、あなたはできるだけ長く、偽る必要がある——我慢し、見せかけねばならない。それはあらゆる類の、異常な行為を引き起こす。

もし夫が妻をもはや愛していないなら、彼は別の女性と、職場の秘書とつきあい始めるだろう。もし妻が夫を愛していないなら、当然彼女は誰かを、お抱え運転手を見つけるだろう。彼ら——秘書、お抱え運転手は、おあつらえ向きの人たちだ。他にどうする？　どこへ行く？

これが不必要なややこしさを、醜い喧嘩を引き起こす。家庭全体が緊張する。その感情は、もはや穏やかでも、静かでも平安でもない。そして自分の女性に満足しないため、売春婦を作った。それは、男性がしてきた最も醜いもののひとつだ。女性の身体を、ただお金で売るように強制することだ。そしてよく覚えておきなさい。あなたはお金で身体を得ることはできるが、お金で愛を得ることはできない。

愛は売り物ではない。

今までは、女性の売春婦だけがいた。なぜなら何千年もの間、男性支配社会だったからだ。だが今、女性解放運動がある。この解放運動は、より多くの馬鹿げたことを引き起こしている。それは単に、男性を模倣しているだけだからだ。それは女性の意識を向上させようとはしていない。単に男性を模倣しようとし、男性への憎しみを作り出している。そして、憎しみが憎しみを引き起こしている。

現在、ロンドンやニュー・ヨークやサン・フランシスコのような大都市では、男娼を見つけることができる。当然、女性には同等の権利がある。もし娼婦がいるのなら、男娼もまた利用可能であるべきだ。

女性解放運動は、男性へのとても多くの憎しみを作ろうとしていて、その運動の少数の指導者たちは女性の同性愛を奨励している。彼女たちは、女性は女性だけを愛するべきだと主張し、男性を全く完全に切り捨てている。

そしてこれが起こっている。同性愛《ホモセクシュアリティ》が起こっている。男性たちは女性たちに、女性に悩まされることに、女性から小言をうるさく言われることにうんざりしている。代わりになるものを探し始めている。彼らは、男性を愛する方がいいということがわかった。それは少なくとも惨めではない。同性愛者がゲイと呼ばれるのは、偶然ではない。彼らは放蕩者《ゲイ》だ。だがこれは、社会全体を精神病院に変えている。これらの性の倒錯は、大擾乱を起こそうとしている。同性愛は既に、究極の病気エイズをもたらした。その治療法はないように見える。

女性同性愛もまた……それは新しいものであるため、少し時間がかかるかもしれないが、それは何かを引き起こすだろう。彼女たちは何かを引き起こすに違いない。そうでなければ女性解放運動は「私たちには、男性たちが持っている何かが足りない。彼らにはエイズがあるが、私たちには何もない」と感じるだろう。

女性解放運動は、女性たちを醜くしている。男性たちが喫煙するから、彼女たちは喫煙する。男性たちが卑猥な言葉を使うから、彼女たちは卑猥な言葉を使う。彼女たちは、男性たちが着るのと同じ服を着る。だが誰かがこの女性たちに、それは解放ではないと言わなければならない。「あなた方は単に、二流の男性になっているだけだ。それは非常に品位を落としている。それは屈辱的だ」と。これは、すべて家族が原因で起こっている。家族をより大きな現象に変えない限り、これらの事は消えないだろう。もし誰も、愛が消えた男性や女性と一緒に暮らすことを強要されないなら、売春そのものが消えるだろう。

争ったり、親密な敵である必要はない。もしあなたが親密な友人でいられないなら、親密な敵である必要はない。さよならと言って、再び他人になるほうがいい。

人生はとても短い。それは不必要な愚かさで、浪費されるべきではない。生きなさい、愛しなさい。全面的に、かつ強烈に愛しなさい。だが決して、自由に反対してはいけない。自由が究極の価値のままであるべきだ。

家族はその自由を壊してきた。

私のヴィジョンでは、家族に未来はない。未来はコミューンのためにある。そしてコミューンは、洗練された、より大きな家族だ。それはとても大きいので、小さな家族が作っていたもの——あらゆる種類の倒錯はもはや作られない。子供たちはコミューンによって、経験豊富な人たちに世話されるべきだ。そもそも、ただあなたに妻がいるからといって、あなたに父親になる権利、あるいは母親になる権利がある、という訳ではない。

コミューンはトレーニングをするべきだ。父親や母親になりたい人は、誰でもトレーニングを受けなければならない。あなた方は結婚したままでいられるし、一緒のままでいていいが、それはあなた方二人の間のことであって、三人目（子供）の人生を邪魔してはいけない。

もし彼を育てるための、彼が喜びに満ちた人間であることを助けるための、正しいトレーニングを受けないのなら、あなたに子供を産む権利はない。心理学者たちが発見し、医者たちがそれについて考え、婦人科医たちがそれを熟考しなければならないだろう。これらの人々から許可を得ない限り、子供を産むことはできない。

人間は難なく、子供を産むことができる。それはあなたが父親や母親になるという意味ではない。それは技術、芸術だ。生物が成長するのを助けるには、何らかの専門的知識が必要だ。

そして社会、コミューンは、何人の子供たちが必要かを決める。そうすれば、子供たちは充分な栄養を得られ、充分な教育を受けられる。そうすれば人口過剰が物事を邪魔することなく、誰も失業せず、誰も無教育ではなく、誰も貧しくない。

現在は、人間の子供と妊娠に関して多くのことが知られているので、その科学的な知識を使わないのは、ただ単に馬鹿げている。私たちはそれを動物に使っているが、人間には使っていない。人間においては、私たちはまだ偶発的な方法で子供を産むことを続けている。

インドの偉大な詩人の一人、ラビンドラナート・タゴールは、十三番目の子供だった。その時代に産児制限がなかったのはよかった。でなければ、世界にラビンドラナート・タゴールはいなかっただろう。そして私たちが、どれほど多くの天才たちを逃し続けているかわかったものではない。人間に関する限り、私たちはいまだ非常に迷信深く振る舞っている、という単純な理由のために。

一回の性交で、男性は数百万の精子を放出する。その瞬間、政治が始まる――卵子に到達するための大変なレースが、競争が始まる。私たちにとってその距離は非常に短く見えるが、精子にとっては、その大きさに比例すると、その距離はほとんど二マイルある。そして彼の人生はたった二時間だ。二時間もの間、数百万の精子は卵子に到達するために走っている。たった一つだけ成功する。そしてあなたは、善良な人々が道を譲ることを当然のことと受けとめる。ロナルド・レーガンは最初に達するだろう。善良な人々は、最初から善良だ――彼らは他の人たちに道を譲るだろう。

現在、あなたの精子を病院に寄付することが可能だ。彼らはどれだけの精子が天才になり、どれだけの精子がただの凡庸な人間――ヒンドゥー教徒、キリスト教徒、イスラム教徒、ユダヤ教徒、その類の人々になるかを、知ることができる。最初から彼らを捨てることができる。最高のものを選ぶことができる。あなたは彼らを見つけることができる。その群衆の中に浮んでいる、ソクラテス、ピタゴラス、ヘラクレイトス、モーセ、イエスのような人々がいる。なぜ凡庸な人々にこだわるのだ？　そして科学的な事実が完全に知られ、確立されている時に、なぜ偶然のままにしておくのだろうか。なぜならこの群衆が――それは小さな群衆ではない――動き始める時、前方にいる者が、最初に到着するかもしれないからだ。単にアドルフ・ヒットラーであるかもしれない、ムッソリーニであるかもしれない、ヨセフ・スターリンであるかもしれない、という理由だけでだ。なぜこれらの人々を作り出すのだ？

そしてあなた方は、歴史は繰り返す、と言い続けている！　あなた方が、同じことを繰り返す原因なのだ。あなた方が偶発的であり続けるからだ。歴史が再び繰り返されないように、それを完全に変えることができる。人はただ、知性を少し使わなければならない。

地球を数十億の人々で満たすよりはむしろ、最上のもの、最高のものを選びなさい。現在、五十億人以上の人々がいる。ただ十億人の人々であるほうがいい。だが私たちは、超人を生み出すことができる。私たちの思考の古いパターンを、変えさえすればいい。

また私たちは、人間のために科学を使うべきだ。科学は子供たちのために使われるべきだ。家族は非常にゆったりとして、くつろいだもので、そしてより大きくするべきだ。

そうすれば私たちは、地上に楽園を作ることができる。

愛するOSHO、アインシュタインは、歴史における彼の位置づけを質問されると、語りました。
「相対論が正しいと証明されるなら、ドイツ人は私をドイツ人と呼ぶだろう、スイス人は私をスイス市民と呼ぶだろう、そしてフランス人は私を偉大な科学者と呼ぶだろう。相対論が間違っていると証明されるなら、フランス人は私をスイス人と呼び、スイス人は私をドイツ人と呼び、そしてドイツ人は私をユダヤ人と呼ぶだろう」

OSHO、あなたの場合には、『あなたにはとても多くのインド人の追従者たちがいて、場所が足りないため、インドを去らねばならなかった』と、インド人が言うだろうと想像します。アメリカ人は、『あなたのメッセージを広めるのを助けるために、あなたに去ることを勧めた』と言うでしょう。ギリシャ人は、『空港での白バイの先導を提供したほど、あなたに感動させられた』と言うでしょう。そしてイギリス人は、『あなたに政府の宿泊設備さえも提供した』と言うでしょう。そして残りの国の人々はみんな、『あなたには滞在してほしかったが、不正に他国より優位に立つことを望まなかった』と言うでしょう。

愛するOSHO、どう思われますか?

アルバート・アインシュタインの相対性理論は、単純な問題だった。それは正しいか、それとも間違いかのどちらかだ。そのため彼が言ったことは妥当だ。私の仕事《ワーク》はもっと複雑で、ほとんど不可能だ。それは、正しいか間違っているかという何かの理論の問題ではないからだ。私は、人間が変容を経験する場合にのみ、正しいと言える。それは一縷《いちる》の望みだ。だが、私は頑固な楽天主義者だ。
その仕事の不可能なことを知りながらも、革命が起こることを完全に信じて働き続ける。

そして、もし私の革命が起これば、インドやインド人はなく、ドイツやドイツ人はなく、アメリカやアメリカ人はないだろう。

この小さな惑星地球は、単にひとつだ。

すべての分割は誤りだ。

もし私が失敗するなら、これらの分割は残ることができる。

もし私が、世界の知的な若者を納得させることに成功するなら、その時、地図上のすべての政治的境界線は消えるに違いない。それは絶対に無用なものだ。それは人類の福祉に反している。

それはたったひとつの統一体だ。私たちの惑星地球が、無数の惑星を持つ何百万もの太陽系があるこの広大な宇宙で、唯一の惑星であることを誇るべきだ。私たちの惑星は、ただ生命や意識を進化させてきただけでなく、ゴータマ・ブッダ、老子、ティロパのような、そして他に多くの人々の中に、意識の究極の開花を産み出してきた唯一の惑星だ。

私たちは、この惑星地球を誇るべきだ。

すべての旗は燃やす必要がある、すべての境界は壊す必要がある、そしてたったひとつの人類が、宣言されなければならない。

だからもし私が成功すれば、デヴァラジ、インド人として、ドイツ人として、アメリカ人として、私について何かを言う人はいない。そうだ、もし私が失敗するなら——それはよりあり得ることだ——その時彼らはみんな、私を非難するだろう。彼らはみんな、すでに私を非難している。

おそらく一個人が、とても多くの国から——ほとんど全世界から、いっせいに非難されたことはなかった。私の戦いは、どんな特定の迷信、宗教、国家に対するものでもないからだ。私の戦いは国家の概念そのものに、宗教の境界の概念そのものに対するものだ。

一つだけ科学が存在するのであれば、一つの宗教が存在し得る。一つの科学が、人間の内的世界を調査するのに充分であるなら、その一つの宗教はそれにどんな形容詞も——キリスト教、ヒンドゥー教、タオイズムとか何とかも、持つ必要はない。

まさに科学が単に科学であるように、宗教は単に宗教だ。

実際、私にとっては、二つの次元を持つ一つの科学だけがある。一つの次元は外界に取り組み、別の次元は内界に取り組んでいる。私たちは「宗教」という言葉を取り除くことさえできる。

これは——仮説の最小限が使われねばならないということは——科学の原則だ。では、なぜ二つの言葉を使うのだろうか。ただ一つの言葉で充分だ。そして「科学」は美しい言葉だ。それは「知ること」を意味する。

他者を知ることは一つの局面だ。自分自身を知ることは、もう一つの局面だ。しかし「知ること」は両方にわたっている。

愛するＯＳＨＯ、最近カトマンズにいた時、日本人の実業家が私と一緒にエレベーターに乗って、どこの国から来たのか？と、ざっくばらんに尋ねてきました。考えることなく、私は言いました、「あぁ、私はサニヤシンです」

その人が、私の返答をどう思ったのか知りませんが、その瞬間に、そのような差し障りのない状況を通して、何かが私から離れ去ったようだと、後になってわかりました。国籍の感覚や、どこかに根を持つことの感覚、必要なときには戻るべき母親さえ——オーストラリアが過去に関して、私のために役割を果たしたすべてのものは、その瞬間にその場で簡単に死にました。

今、私は本当に実存的なジプシーになった感じがします。そして私はそれを愛しています！

私はすべての人に、実存的なジプシーになってもらいたい。あなたに根は必要ない——あなたは樹ではない。あなたは人間だ。あなたがサニヤシンになる瞬間、他のあらゆることは自動的にあなたから離れ去る。サニヤシンであることは単に、あなたの過去を放棄し、すべての政治的な思想を放棄し、すべての宗教的神学を放棄し、死んだ過去に属するあらゆるものを放棄する、という意味だ。

それはただ完全に純粋になること、プログラムされていないこと、条件付けされていないことを意味する。そうすればあなたは、現在と未来をはっきり見ることができる。そして自分自身の洞察において、成長し始めることができる。あなたにとって正しく感じるものは、何であれ正しい、あなたにとって間違っていると感じるものは、何であれ間違いだ。

そのような立場を取る瞬間、あなたは初めて個人になる。初めてあなたは自分自身を尊敬し、自分自身を受け容れた。初めてあなたは、そのままのあなたを作った存在に感謝する。

あなたには、もはやどんな理想もない。あなたはイエスのようになってはいけない、ブッダのようになってはいけない。あなたはあなた自身でなければならない、そしてあなたの存在が、どんな理想もなく自由に成長するようにすることだ。あらゆる理想は、奴隷状態へと導くからだ。

そしてひとたび過去から解放されて、自由に動くことができるなら、あなたにはほとんど翼があり、空全体はあなたのものになる。

あなたが根を落とす瞬間、あなたは翼を育てる。

そしてあなたのための満天の星空を持つことは、とても素晴らしい——罪の意識もなく、恐れもなく、あなたを支配したり、奴隷にする神もなく、あなたを滅ぼす悪魔もなく——まさに初めてあなたは、水晶のように澄み切った、独りあることの中にいる。

私はあなたに、単にあなた自身であることを教えている。

第32章

水がワインになるのは本当の奇跡ではない

Water into Wine is not the Real Miracle

愛するOSHO、イエスとモハメッドの教えから、どうして二つの宗教が、世界にとても多くの死と醜悪さをもたらすものに発展できたのかが、いまだにわかりません。彼らの不寛容と暴力は、それが彼らの全能の神のイメージによって覆われていたり、神とイエスや、神の預言を信じる者だけが天国に入ることを許されているため、さらに陰鬱に見えます。

モハメッドとイエス自身が、これらの醜悪さの種を植えたのですか？　それとも、イスラム教徒とキリスト教徒の気づきのなさから起こったことなのですか？　彼らの光明は、老子やボーディダルマ、あるいはブッダのそれとは違う質なのでしょうか？

イエスとモハメッドについて言えば、光明はなかった。彼らの後に起こったことは何であれ、彼らだけに一切の責任がある。彼らが狂信の種を蒔いてきたのだ。

イエスの「私は神の一人息子だ」というまさにその宣言が、狂信的で何の証拠もない。まず、神は仮説に過ぎず、仮説が息子や娘を持つなど聞いたことがない。そしてイエスは「神の一人息子」ということを強調しているので、他の誰も神のもう一人の息子だとは主張できない。というのも私は、その当時、産児制限の技術が知られていたとは思わないからだ。一方で彼らは、神は全能だと言うが、彼の性的能力は一人の息子だけで終わった！

イエスの主張は、彼より以前に過ぎ去ったすべての預言者たちの中で、単に彼自身を独特にするためのものだ。彼らは単に預言者、神の使者だった。彼はより親密に関わった。それに血は、常にどんなメッセージよりも濃いものだ。

また、彼が教えていた三年の間ずっと、自分はユダヤ人たちが待ち望んでいた救世主であると主張した。ユダヤ人たちには彼を受け入れる用意ができていなかったが、彼は主張し続けた。彼に従った唯一の人々は、無教養で無学な貧しい人々だった。その数は多くなかった。彼らは、おそらく彼は神の息子であり、おそらく彼は救世主であると思い、彼が約束を果たすことを期待して彼に従った。「貧しき者は幸いである。彼らは神の王国を受け継ぐだろう」「ラクダは針の穴を通るかもしれないが、富める者は天国の門を通ることはできない」という約束を。

彼は、何も理解していなかったこれらの貧しい人々を慰めていた。そしてユダヤは学識のある学者たち、ラビたちでいっぱいだった。誰も彼に感銘を受けなかった。

彼の主張と教えは矛盾している。彼は「柔和な者は幸いである」と教えるが、彼は柔和な者ではない。彼は「自分自身を愛するように、あなたの敵を愛しなさい」と教えるが、彼はかわいそうなイチジクの樹を呪う！　季節外れで、そこに果実がないという理由でだ。そして彼は怒る、「私と私に従う者たちは、腹を空かしてここに来た。なのにお前は果実を用意していない——お前からの歓迎はないのか」

さて、果実の季節でない時に樹を呪うとは——かわいそうな樹は、どうすればいいのだ？　これが「あなたの敵を愛しなさい」と教えている男だ。そして彼は、どんな罪も犯していないかわいそうなイチジクの樹を許すことさえできない。

彼自身が、無学で無教養だった。だが彼は、自分は神の一人息子である、自分はユダヤ人たちが待ち望んでいた救世主である、というこの狂気を抱いていた。彼はこれらの考えを、次世代のキリスト教徒たちに与えてきた。

彼の奇跡はすべてインチキだ。奇跡は起こらない。存在は誰に対しても、その法則を決して変えない。神の一人息子に対してさえもだ。私は、彼の奇跡はすべてインチキであると、絶対的な確信をもって言う。もし人が、これらの奇跡を行なっていたら、ユダヤ人のすべての社会は、その人を救世主として受け容れただろうからだ。

今日でさえ、もしある男が水上を歩けるなら、水をワインに変えられるなら、一、二斤のパンから何千人もの人々に食べ物を与えられるなら、死者を生き返らせるなら、その彼が十字架に架けられると思うだろうか？　彼は栄冠を与えられるだろう！　彼の奇跡は、彼が言うことを証明するだろう。だがイエスの時代のユダヤ人の本は一冊として、彼の名前に言及さえしていない。彼はニュースにさえならなかった。死者を生き返らせる人がニュースにならないなら、何がニュースなのだ？　磔にされ、そして復活する人――あなたはすべての新聞の見出しに、彼を載せないようにできるだろうか？　だが彼の名前さえ言及されない。その理由は明白だ。彼は、どんな奇跡も決して起こさなかった。これらの奇跡はみな、彼の主張――神の一人息子である、救世主である、ということを実体化するために、弟子たちによって追加されたものだ。

彼らは、すべてインチキであるそれらを利用して、二千年間、キリスト教を特別な宗教に、独特なものに、どんな他の宗教よりも、はるかに勝っているものにしようとしてきた。ブッダは決して、水上を歩かなかった。モーセは決して、どんな死者も再び生き返らせたりしなかった。クリシュナは復活しなかった。いったん死ねば、永遠に死ぬ。

処女の母親からの誕生を証明しようとすることさえ、イエスを特別な人に、独特な人にするための単なる策略だ。彼は性欲の所産ではない、というわけだ。それは性行為に反対の、反生命の態度だ。誰もがセックスから生まれる。それは、あなたは罪から生まれるという意味だ。どうやって神の息子が罪から産まれることができようか？　だから、彼は処女の母親から生まれる。二千年間これらが主柱だった。そこには宗教に関するものは何もなかった。たとえあなたが水上を歩けるとしても、だから何なのだ？　あなたは単に愚かに見えるだろう。そしてもし、水をワインに変えられるなら、あなたは罪を犯しているため刑務所に入っているだろう。処女の母親から生まれることは、ただ単にあなたを、偉大な神ではなく、庶子にするだろう。

そしてイエスの時代に、とても多くの人々が死んだ。もし彼に人々を生き返らせる能力があったなら、彼はとてもけちなようだ。全く寛大さがないように見える。彼はたった一人だけを生き返らせる――その人は、彼の個人的な友人だ。その陰謀は明白だ。ラザロは彼の個人的な友人だ。それが起こったとしても、すべての奇跡はでっち上げた現象だ。

彼は死んでいなかった。ラザロの二人の妹は、イエスに従う者たちだった。彼女たちはラザロを洞穴に入れ、イエスを待った。イエスは四日後に来た。四日のうちに、その身体の状態は悪化し始めた。それは悪臭を放っていた。イエスはただ、大声で呼んだ。「ラザロ、出てきなさい！」。するとラザロは、完全に準備ができていたように、ただ待っていたように見えた。そして彼は洞穴から出てきた。

もしある男に死者を生き返らせる能力があったなら、彼はそれを示すべきだった……多くの人々が死んでいったに違いない。彼は、彼らを生き返らせることができたはずだ。なぜ友人なのだ？　そして何の意味があるのだ？　というのもラザロは、死から甦った後でさえ、変わっていなかったからだ。私たちは、再び彼について聞くことはない。彼が変容したとか、彼の人生が今や新しい人生になったことなど……。何も起こらなかった。彼は同じ醜い嫉妬心や、愚かさ、冷淡さを持つ同じ男だった。彼は彼自身の光にはならなかった。

イエスの復活さえも、完全なインチキだ。私は彼の墓を見てきた。それはインドのカシミールにある。彼は老年になるまで、百十二歳までカシミールで生きた。ユダヤ人の家族は――そしてユダヤ人はインドでは非常に珍しい――まだ二つの墓の世話をしてきている。そして非常に奇妙な一致がある。モーセはカシミールで死んだ。そしてイエスもカシミールで死んだ。この一致は、カシミール人が基本的にユダヤ人だからだ。彼らは、モーセがイスラエルを見つけている間に、道に迷ったユダヤ人の部族のひとつだ。

それは四十年を要した。四十年後には、彼と共に始めた人たちのほとんど全員が死んでいたか、瀕死の状態にあり、年老いてもいた。新しい世代が勢力を得てきた。そしてモーセは、中東の砂漠中をさまようことに疲れていた。どうにかして彼は人々に「ここがイスラエル、神の約束の地だ」と信じさせた。そこには何も美しいものはない。そしてユダヤ人はモーセを許していない。なぜなら彼は、すべての石油の土地を迂回したからだ。彼らは決して彼を許さないだろう。でなければ、今日ユダヤ人は世界で最も裕福な人々であっただろう。すべての石油が彼らの手の中にあっただろう。この偉大な預言者、モーセは地下に流れている石油を見ることができなかったし、未来を見ることができなかった。彼らは不毛の国イスラエルに辿り着いた。私の感じでは、新しい世代がモーセに非常に失望していたため、単なる言い訳として、彼は彼らを落ち着かせるためにイスラエルに残し、そして「私は、砂漠で道に迷ったひとつの部族を捜しに行くつもりだ」と言ったのだと思われる。その部族の進路を辿って、彼はカシミールに着いた。彼らはカシミールに住み着いていた。

カシミールは、確かに神の土地のように見える。そこは地上の楽園だ。インドへの最初のイスラム教の侵略者、バーブルがカシミールに到着した時、彼は自分の目が信じられなかった。彼は人生を砂漠で送り、その夜カシミールの緑豊かな美しさを見て……何も考えずに彼は言った。

「楽園があるなら、それはここだ。そしてここだけだ」

今日でさえあなたには、カシミール人がヒンドゥー人よりも、ユダヤ人のように見えるのがわかる。最初の首相ジャワハルラール・ネルーは元々カシミール人だった。彼はインディラ・ガンジーと同じ家系の出だ。ちょっとその顔を見てごらん、その鼻を見てごらん。彼らはみんなカシミール人だ。

モーセはその部族のところに到着した。そして彼は、彼らがイスラエル（神の約束の地）を見つけたと思い込んでいたことがわかったが、今や遅すぎた。彼は非常に年老いていたに違いない。間違いを認めるには遅すぎた。そして預言者たちは、自分が間違いを犯したのを認めるものではない。彼らは絶対に誤りのない人物だ。それでも彼はそのグループと一緒に定住し、そしてカシミールで死んだ。

イエスもまたカシミールに到着した。彼は磔にされたが、ユダヤ人の磔の方法では、普通の健康な人間が十字架の上で死ぬには、少なくとも四十八時間かかる。なぜなら死は、ゆっくりと手足から出血することでやって来るからだ。イエスはわずか三十三歳で、完全に健康で若かった。

それがポンティウス・ピラトとの共謀だったのは、ポンティウス・ピラトがユダヤ人ではなく、彼はローマ人で、ユダヤがローマ帝国の支配下にあったからだ。彼はイエスにどんな過ちがあるのか、わからなかった。彼はどんな罪も犯していなかった。そして、たとえ彼がロバに乗って行き、人々に「私は神の一人息子だ」と言ったとしても、それを信じたいなら、そうしたらいい。それを信じたくないなら、信じる必要はない。だが、彼は犯罪者のタイプではなかった。

せいぜい彼は少し風変わりで、気のふれた者だと思えばよかったのだ。あるいは、彼はただの道化にすぎないと思えばいい。彼は道化師のように見えていたに違いない。ひとりも教育を受けてなく、ひとりも宗教とは何かがわからない十二人の愚か者たちを従えて、ロバに乗った道化師のように——それは冗談だったのだ！　人々はそれを笑い、楽しむことができた。深刻に取るべきものは何もない。

ポンティウス・ピラトは、イエスを磔にするのを望まなかった。だから彼は、イエスは金曜日にできるだけ遅く十字架に架けられるよう、手はずを整えた。なぜなら彼は、自分が全く無実な男を磔にしていると感じたからだ。だからそれは遅れに遅らされ、ついに彼が十字架に架けられ、たった六時間だけそのままにされた。歴史全体で、これまでユダヤ人の十字架で、六時間で死んだ者は誰もいなかった。

それから安息日が来て、ユダヤ人たちはあらゆる行為を止めた。これは策略だった。彼らは、イエスの身体を降ろさなければならなかった。おそらく彼はふらふらしていただろう——血は出ていたが、死んではいなかった。そして彼は洞穴に入れられた。それから、イエスの信奉者たちに彼をできるだけ素早くユダヤから連れ出させることは、ポンティウス・ピラトにとって非常に簡単なことだった。ローマの兵士たちが洞穴を警護していたからだ。

傷は治り、彼は長生きした。だがインドでは、彼は非常に静かに生きた。彼は、「私は神の一人息子だ。私は最後の救世主であり、あなたが待っていたその人だ」と言うことは、磔以外の何ももたらさない、ということを身をもって学んだ。

奇跡は起こらなかった。

十字架の上でさえ、彼が神に怒ったのは、まるで神が彼を裏切ったように彼には見えたからだ。それはすべて、彼の思い過しだった。神は存在しない、裏切りという問題はない。だが彼のマインドの中では、とても狂信的に確信していたので、少しの時間見守った後、空に向かって「主よ、あなたは私を見捨てたのですか?」と叫んだ。奇跡が起こらなかったからだ。彼は、天使がやって来て、白い雲に坐っててハープを奏でることを期待していたように見える。何も起こらなかった。

インドで彼は、彼と一緒に旅をしてきたグループと共に、沈黙したままだった。トマスは彼と一緒に旅をした。あなたはインドのキリスト教が、世界で最も古いキリスト教であることを知って驚くだろう。ヴァチカンは三百年後に生じる。彼はトマスを南インドに送り、「私たちがユダヤで話していたことについて話してはならない」と言い渡した。だが、インドではそれは問題ではない。

それは一度起こった。私はある構内に、大学の構内に住んでいた。それは休暇の時で、構内はヒンドゥー教の世界会議のために使われていた。そこには、自分たちは神だ、と考えていた人たちが、少なくとも九人いた。ヒンドゥー教徒たちは、それについて気にしない。彼らは言った。「かまわない。害はない」

ある人は、自分は神だと信じている。彼らは彼を磔にするよりもむしろ、彼を礼拝する。それはより酷い拷問だ、覚えておきなさい、なぜなら今や彼は、神のように振る舞わなければならないからだ。そして彼はただの人間であるため、自分の人間性、自分のありのままの状態、自分の生理など――あらゆるものを抑圧しなければならない。だがヒンドゥー教徒は、彼に対して少しの危害も加えない。彼自身がそれをすることになる。

まさにある構内で、九人の人たちが自分自身を神だと宣言している……そして誰が真実であるか、ということに関しては全く問題ない。なぜならヒンドゥー教徒は、三千三百万の神々を信じているからだ。では、それがどうしたというのかね? それは一人の神の独占ではない。ヒンドゥー教の神々だけが民主的だ。他の神々はみな独裁的で、ただ一人の神だ。彼らは他の者を寛大に扱うことができない。

三千三百万――それは昔のインドの人口だった。彼らは正確に同じ数の神々を作った。だからあなたは自分の特別な神を持てる。それは独特で私的なもので、他の誰ともそれを共有する必要がない。彼らは自分の神を選ぶことができる。そしてインドには、とても多くの宗教がある。

イエスは以前にもインドにいたことがあるので、磔の後に再び戻ったことになる。インドでは、誰もこれらの事を気にしないことを知っていた。あなたが救世主だと言うなら、彼らはこう言うかもしれない、「完全によろしい――そのままでいなさい！」。誰も気分を悪くしないだろう。実際、彼ら自身が自分は救世主だと考えているのだ。では何が問題なのだ？「あなたは神だ、我々は神だ。完全に良い。握手だ！　たった一人よりは、二人であるほうが常にましだ！」

トマスはヒンドゥー教の生き方に完全に適合した。彼は服を変えた。彼は、ヒンドゥー教を象徴するヒンドゥー糸さえ着ていた。彼は自分の額に、ヒンドゥー教の特定の宗派を象徴する赤い印を付けていた。彼は頭を剃り、ヒンドゥー教の僧侶だけが使う木のサンダルを履いていた。自分にできることは何であれ、ヒンドゥー教のマスターたちから学ぼうとした。そして彼は、キリストをヒンドゥー語に翻訳して教えることを、南インドで試みた。彼は成功した。

トマスが暮らした地域であるケララは、九十パーセントがキリスト教徒だ。しかし彼は決して、自分が預言者であると主張したりしなかった。インドではこれらの事は問題にならない。あらゆる通りに、預言者たちがいる。あらゆるバザールに神たちがいる。誰もそれに注目しない。それは彼らの個人的な問題だ。もし誰かが自分は神だと思うなら、それは彼の個人的な問題だ。

だから復活は絶対に嘘だ。だが、二千年間これらは中心的な柱だった。キリスト教のこれらの中心的な柱の中に、スピリチュアルと言えるものは何もない。

そして今、キリスト教神学者たちが、これらの事柄は落とすべきだと決めるために、ヨーロッパで会議を催している。なぜならそれが宗教を子供っぽく見せてしまうからだ。そこには意識のとても高い飛翔や、人間へのより深い洞察を持つ宗教があるからだ。

キリスト教の狂信に責任があるのは、イエスだ。彼は信奉者たちに「まもなくあなた方は、楽園で私と一緒になるだろう」と言ったからだ。私は「まもなく」という言葉は好きだが、それを二千年にまで延ばすことはできない。たぶん数日ならいいが、二千年はだめだ。「そして審判の日に、私は私に従う人々を選ぶだろう。これらの人々は私の羊だ。そして彼らは楽園に入るだろう。そして私に従わない人々は、果てしない闇と地獄の火の中に、永遠に落ちるだろう。そこからの救いはない」――全く馬鹿げている。

あなたには、その馬鹿らしさがわかる。キリスト教では、ただひとつの生しかない。七十年だ。それの三分の一は眠ることに費やされ、三分の一は教育に費やされる。残りのほとんどは、パンとバターを得ることに費やされる。ほとんど残されていない時間は何であれ、小言を言うこと、喧嘩、テレビを観ること、一日二回髭を剃ることに費やされる。罪を犯すための多くの時間はない。どんな罪を、あなたは犯すのだろうか？　それには時間が必要だ。

バートランド・ラッセルは正しい。彼は言う。

「最も厳しい裁判官が、私の犯してきた罪に判断を下すというなら、意図しただけで犯さなかったものを含んでも、私を四年半以上牢獄に送ることはできない」

それなのにキリスト教は、罪に対する罰として、永遠にあなたを地獄に送る。そこではどんな弁明もあり得ない。それはどんな宗教も、これまで生み出してこなかった最も馬鹿げた考えだ。

その考えを、信奉者たちの中に作り出しているのがイエスだ。この二千年間、キリスト教徒たちは人々をキリスト教に改宗しようとしてきた。それが地獄を避けるための唯一の方法であり、審判の日にイエスに選ばれる唯一の方法だからだ。イエスがあなたを選ばないなら、あなたの運は尽きる。あなたは永遠の暗闇に、地獄の火の中に落ちる。ありとあらゆる拷問が地獄で、キリスト教の聖者たちに発明された。これは永遠に続くだろう。逃げ道はなく出口はない。あなたは地獄に入るしかない。そこから出ることは決してない。

これは全く非論理的だが、イエスがそれを言ったために、キリスト教徒は昔から様々な方法で、人々にキリスト教徒になるように強制してきた。彼らの意向は非常に良い。彼らはあなたを救いたいのだ。たとえあなたが救われたくなくても……。

大学教授だったある日、私は芝生に坐っていた。そしてキリスト教の宣教師が私のところに来て、話し始めた。これは、私が見つけたキリスト教宣教師たちの特徴だ。彼らはあなたの話を聞かない、彼らは話し続ける、そして彼らは聖書を開いて、文章を読み続ける。

私は言った。「だが、まずあなたは聞くべきだ。私は救われたくはない。それは、あなたが人の時間を浪費する前に、その人に尋ねるべき基本的な問題だ。私はどんな人にも救われたくはない。もし私が自分自身を救えないなら、私は救われたくない。そして私は羊になりたくない。私は人間だ。羊のところに行って話したらいい」

初め、彼らは剣で――十字軍、宗教戦争で、人々にキリスト教徒に変わることを迫った。数多くの人々は救われることに気が進まなかったため、キリスト教によって殺され、火あぶりにされた。奇妙な類の救済者たちだ！　奇妙な種類の憐れみだ！　あなたが救われたくないなら、火あぶりにされるだろう。

状況は変わった。現在彼らは片手に剣を、片手に聖書を持って来ることはない。彼らは今や片手にパンとバターを、片手に聖書を持ってやって来る。貧しい人を救うために、孤児たちを救うために。すべての努力は……そして私は、彼らの意向は悪くない、ともう一度言う。ただ彼らが大馬鹿者であるというだけのことだ。宗教とは変容のプロセスだ。あなたを救えるのがイエス・キリストだと信じるか、モハメッドだと信じるか、クリシュナだと信じるか、という問題ではない。それは単なる慰めだ。そうすればあなたはその慰めのもとで、自分の望む方法で、自分の生を続けられる。

本物の探求者は、自分の醜さを美しさに、自分の暴力を非暴力に、自分の残酷さを慈悲に、自分の憎しみを愛に変える技法を見つけようとする。

本当の奇跡は、水をワインに変えることではない。本当の奇跡は、憎しみを愛に変えることだ。あなたの無意識を意識に変えることだ。それが本当の奇跡だ。それは自分自身でしなければならない。他の誰もそれをすることはできない。覚者《ブッダ》たちは方法を示せるだけだ。あなたに代わってそれをすることはできない。あなたに代わってすることのできないものがある。

実存主義者の小説のひとつに、未来についてのすばらしい考えがある。ある金持ちの男が、彼の使用人に言った、「ちょっと私の妻のところへ行って、愛を交わしてくれないか」

そこに坐っていた人々、彼らにはそれが信じられなかった。彼らは言った、「あなたは何を言っているのだ？　あなたの使用人を、あなたの妻と愛を交わすために行かせるのか？」

彼は言った。「私には金銭的な余裕がある。貧しい人たちは、自分でそれをしなければならない。私は、自分の代わりにそれをしてもらうほど裕福なのだ」

その使用人もまた少しショックを受け、まだそこに立っていた。するとその金持ちの男は叫んだ。

「何を立っているのだ？　お前は私の妻と愛を交わすことにはならない。お前は単に私の代理人だ。

だから、私の代わりにそれをするのだ。それを自発的にやり始めてはならない」

主人がそう言ったのであれば、かわいそうな使用人は行かざるを得なかった。


だがあなたの代わりに、他の誰かが愛を交わせるだろうか？　もし愛が、他の誰かによって交わされないなら――楽園やスピリチュアルな変容や光明は、あなたにその余裕があるからといって、あなたの代わりに他の誰かによって実現され得るものではない。

イスラム教に関しても同様だ。それはさらに悪い。イスラム教は、何も成長しない砂漠のアラビアで誕生し、人々は近隣諸国を侵略することだけで生きてきたからだ。彼らは最も残酷な人々だった。そしてイスラム教には同じ考えがある。それは唯一の神・アラーがいる、唯一の預言者・モハメッドがいる、唯一の聖典・コーランがある、というものだ。これが三つの基本的な事柄だ。

もし、モハメッドの人生を調べるなら、ゴータマ・ブッダの探求は見つからないだろう。マハーヴィーラの探求は見つからないだろう。イエスとモハメッドは、内なる存在の科学者ではない。モハメッドは気づいてさえいなかった。


その物語はこういうものだ。

彼は丘の上で、自分の羊の世話をしていた――彼はただの貧しい人だ――ある声が、彼に言った。

「私は神である。私が言うことは何であれ、それを憶え、そして暗唱せよ」

そこに誰もいなかったため、モハメッドは非常にショックを受け、家の方へ走った。彼は熱があり、震えていた。彼の妻は何枚もの毛布を彼にかけたが、それでも彼は震えていた。彼女は言った。

「どうしたの？　家を出た時は全く体調が良かったわよ。何が起こったの？」

彼は言った、「何か、非常に奇妙なことが起こった。神が私に話しかけて『お前は私の最後の使者《メッセンジャー》だ』と言った。彼は私にメッセージを送り続け、私はそれを受け取らなければならないだろう。だが私は書き方を知らない。私はそれを書くように、誰かに命じなければならない。だが私が神の声を聞いたとは誰も信じないだろう。だから私はとても怖いのだ」

人々は通常、彼が非常にショックを受けたので、彼に熱があったのだと考える。

私の理解は全く正反対だ。彼は熱に浮かされていた。彼は、華氏百四度か百五度（摂氏四十度か四十・五度）以上の熱があったに違いない。それは人々が幻覚を起こし始める時だ。物事を聞いたり見たり、彼らのベッドが空を飛んだり……ありとあらゆる事が、熱が華氏百五度に達する後に起こる。その時あなたのマインドは、現実と夢見を区別できない。だから彼は、神の声を聞いて熱っぽくなったわけではない。なぜなら、これはいままで起こらなかったからだ。

世界には、数多くの神秘家たちがいた。人が生の究極の真理に至る時、以前には知らなかった途方もない美しさ、幸福を感じる。

発熱はモハメッドの場合だけだ。真理は熱をもたらさない。真理は病気ではない。彼は高熱に苦しんでいた。そして彼は熱にうなされて、神が自分に話していたことを聞いた、というのが私の説明だ。その証拠に、コーランは世界で最もくだらない本だ。それは平凡なマインドからだけ、そして発熱の時にのみ、生まれるものだ。

コーランの中には、向上させるものは何もない。それは非常に困難だ。私は何度も試してみた。なぜなら私は世界のすべての経典について話してきたので、イスラム教徒たちは私にコーランについて話すことを望んだからだ。そして幾度となく、とても多くの場所で、イスラム教徒たちは私に美しいコーランの本を何冊も贈り、私がいつそれについて話すつもりなのかを尋ねた。

話すことのできる何かを見つけるために、私は何度も読もうとした。だがそれはガラクタでいっぱいで、人間性への何らかの洞察を詳しく述べられるわずかな箇所さえ、どうしても見つけられなかった。その本は、熱狂的なマインドから生まれた、非常に平凡なものである紛れもない証拠だ。

モハメッドは九人の女と結婚した。さて、これは単に醜い。男性と女性は世界で同じ数だけいて、もし一人の男が九人の女と結婚するなら、他の八人の男たちはどうするつもりなのか？　彼らは同性愛者になるか、強姦者になるだろう、あるいは、別の部族から女を強奪し始めるだろう。それがイスラム教徒が、千四百年間ずっとやってきたことだ。

もちろん、モハメッドに九人の妻がいるときには、彼は自分の弟子たちに特別な計らいをする。彼らは四人の妻を持てる。だが彼には、どんな制限もなかった。

まさに今世紀に、彼の弟子の一人、インドのハイデラバードのニザムには五百人の妻がいた。これはとても愚かで醜い。女は家畜のように扱われる。

そしてハイデラバードのニザムは老人だったが、少女と結婚し続けた。おそらく彼は、世界で最も金持ちの男だった。なぜなら彼の州には、ダイヤモンドの最大の鉱山があるからだ。すべての大きなダイヤモンドは──コーイヌール（インド産ダイヤモンド）やその他も──ハイデラバードから産出されている。彼自身が、年に一回日光に当てて空気に触れさせなければならないほど、多くのダイヤモンドを持っていた。数えることが不可能だったため、それらは数えられなかった。彼はそれほど沢山持っていた。

彼の大邸宅には、ダイヤモンドで一杯の地下室があった。それらは取り出され、彼の寺院のすべてのテラスに広げられる。私はそのテラスを見たことがある。その大邸宅はインドで最大の宮殿のひとつだ。

彼には持てる限りのお金と権力があった。彼は年老いていたが、どんな女でも買うことができた。彼はどんな男にも充分なお金を与えて、彼の娘を買うことができた。私は彼が五百人の妻たちの名前さえ憶えていたとは思えないし、すべての妻たちが彼に会ったとは思えない。おそらく初めの頃の妻たちは、彼に会ったかもしれない。

彼はとにかく醜く、一見の価値もなかった。そして信じられないほど迷信深かった。夜には、彼は一晩中自分の片足を、塩でいっぱいのバケツの中に入れていた。彼が非常に幽霊を怖がったのが、その理由だった。そしてイスラム教徒は、片足が塩の中にあるなら幽霊はあなたに近づかない、と信じている。

私がそこへ行った時、彼は亡くなっていたが、私は息子に尋ねた、「君は彼の墓の中にバケツを入れたのかね？　なぜなら大邸宅には幽霊は多くいないが、墓地の中では幽霊ばかりで、その他には誰もいないからだ。そして暗夜にその老人は……」

その息子は言った。「ごもっともです！　私たちは塩のバケツを全く忘れていました」

私は「遅すぎることはない」と言った。イスラム教徒は謙遜さを示すために、大理石の墓のようなものは作らない。上葬の墓だ。そこで私は言った。

「彼の片足を塩のバケツに入れるように、墓堀り人と打ち合わせをしなさい」

彼は言った。「そうします。幽霊は非常に危険なので、私自身、バケツを側に置いて眠っています。確かに墓地には幽霊がいるだけで、他には誰もいません」

イスラム教徒は、あなたを救える宗教は他にないという理由で人々に押し寄せ、イスラム教徒になることを武力で強制してきた。そしてコーランが注釈のない唯一の本であるのは、どんな注釈も必要なく、それが神の最後の言葉であるからだ。注釈者は、彼個人の考えを入れるかもしれない。あなたは直接それを読まなければならない。そして実際、どんな注釈も不可能だ。注釈するものが何もないからだ。

それは全く宗教的な本ではない。あらゆる種類のものがその中にある。あなたは何人の妻と結婚すべきか……宗教とは何の関係もないものだ。そこには宗教と関係のあるものは少しもない。そしてそれは、聖なる本ということだ！

この両方の宗教、キリスト教とイスラム教は、ユダヤ教の副産物だ。もし、すべての残酷な行為に対する責任がこの二つの宗教にあるなら、最終的な責任はユダヤ教にある。ユダヤ教は両方の宗教の父であり、ユダヤ人たちは、自分たちは神に選ばれた者たちだ、という考えを抱き始めたからだ。その単純な考えから、狂信者たちの――ユダヤ教徒、キリスト教徒、イスラム教徒――の全体の流れが生まれてきた。ひとたびあなた方が、自分たちは神に選ばれた者たちである、神は他の誰にも与えない特別な何かを自分たちに与えた、と考え始めたら、あなたは自分を「聖人」に仕立て上げ、脅威が始まる。

宗教的な人とは、最も控え目な人だ。彼は預言者ではなく、救世主ではなく救済者ではない。せいぜい彼は、ただ月を指す指にすぎない。

その指に多くの注意を払ってはいけない。月を見なさい、そして指を忘れなさい。その指の目的は、ただ月を指すことだからだ。

真に宗教的な人は、単に道を、彼が旅してきた道を示す――細部については、それに従うべきではないという条件付きでだ。私があなたに与えているのは、ただ漠然とした考えだ。なぜならあなたの道は、必ずしも同じではあり得ないからだ。あなたは異なる人だ。あなたにはあなた自身の独自性がある。私の体験は、あなたの探求を力づけるかもしれない。その道についての私の説明は、あなたが自分の道を見つけるのを助けるかもしれない。
だが、宗教的な人は決して、誰をも改宗させようとはしない。
改宗とは醜い言葉だ。それはその中に、スピリチュアルな奴隷状態を隠している。

モハメッドは、絶えず剣を身に付けていた。彼の生涯はただ戦うこと、殺すことだった。そしてあなたは不思議に思うだろう――彼は自分の剣に「私のメッセージは平和だ」と書いていた。モハメッドの宗教の名前である「イスラム」という言葉は、平和を意味している。奇妙な世界だ――その宗教は平和を意味している。その剣にも「私のメッセージは平和だ」と書かれている。だがイスラム教徒たちは、すべての町で容赦なく殺し、焼き、大虐殺をしてきた。それでも私は、彼らは人々を救うつもりだった、と言う。

私はあなたに気づいてほしい。誰かを救うことに、あまり関心を持ってはいけない。それはその人の人生への干渉だ。あなたは自分の体験を説明すればいい、自分の体験を分かち合えばいい。そしてもし、他の人がその中に役立つ何かを見つけるなら、もし他の人のハートがその中の何かで脈動し始めるなら、それは彼個人の事柄だ。それは改宗ではない。それは単に、人間のコミュニケーションだ。

これらの二つの宗教は、世界で最も醜い。彼らは次々と醜いことをし続けている。それが宗教の名の下に行なわれる時、人々は単純にそれを受け容れる。何であれ、それがどれほど馬鹿げていてもだ。それは良い評判を与えられなければならないので、それはそうする。

例えば、ユダヤ人たちは割礼を行ない続ける。イスラム教徒もそれをするが、より遅い時期にであって、子供が非常に幼い時ではない。より遅い時期ではそれはもっと痛い。だがこの馬鹿馬鹿しさは何なのだ？

それは何であれ、いったんそれがあなたは特定の共同体に属している、あなたには確かな自己証明《アイデンティティ》がある、という考えを与えるなら、宗教的な味わいを装うことが可能だという事実の象徴だ。

私は聞いたことがある。以前、ある司教がラビの向かい側に住んでいて、両者はあらゆることにおいて競争相手だった。司教は彼の古いフォードを売り、そして新しいシボレーを購入した。司教がシボレーに水をかけていた時に、ちょうどラビが出てきた。ラビは「何をしているのだ?」と言った。

司祭は言った。「私は購入したシボレーに洗礼を施している。今私は、それをキリスト教徒にしているのだ」

さてこれは、ラビにとってはあんまりだった。次の日、彼はキャデラックを何とか購入した。そして司祭が出てきた時、ラビは園芸鋏をもって出てきて、排気管を切り始めた。司祭は「何をしているのだ?」と言った。

彼は言った。「割礼だ。私はこのキャデラックを、ユダヤ教徒にしているのだ」

人類はこれらの人々の手中にあった。そして今でも、彼らの支配力は強い。

そのような馬鹿馬鹿しい信仰が、人間の意識から完全に消えて初めて、新しい人間は出現できる。人間は精神霊的に進化できる。どんな信仰も必要ない。ヒンドゥー教徒である必要も、イスラム教徒やキリスト教徒である必要もない。実際、すべての信仰は障壁だ。ひとたび物事を信じたら、あなたはそれを探求することを止める。あなたがそれを信じたら、探求する必要はない。もしあなたが信じて、それでも探求するのなら、その時あなたの信仰は完全ではない、それは全面的ではない。その中に疑いがある。その時あなたの信仰は、単なる仮定に基づいたものでしかない。

すべての宗教は、人々に信仰を与えることで、彼らの探求や追求を阻止してきた。そしてどんな種類の信仰も危険だ。

私自身のアプローチは――何の信仰もなく始めなさい、明晰なマインドをもって始めなさい、知性をもって始めなさい、というものだ。あなたが出会うものには、何であれ心を開きなさい、ただしどんな先入観もなしにだ。ただその時にだけ、真理が見つかる可能性がある。そして救いとなるものが真理だ。キリストが誰かを救うのでもなく、モハメッドが誰かを救うのでもなく、クリシュナが誰かを救うのでもない。解放であるものが真理だ。

あなたをすべてのゴミから、腐った過去から自由にさせるものが真理だ。それはあなたに新しい誕生を与える。


ある時、私はアラハバードのガンジスのそばに、独りで坐っていた。非常に寂しい所だった。そして私は河に飛び込む男を見た。私は彼が水浴びをしているに違いないと思った。だがその時、彼は叫び始めた。「助けてくれ！　俺を救ってくれ！」。彼は溺れていたのだった。

私は誰かを救う性質《たち》ではないが、これは全く別問題だと思った。だから私は彼の後に飛び込んで、彼を引き上げた。それは大変だった。彼は非常に大きくて太っていた。が、どうにかして私は彼を連れ出した。すると彼は私に対して非常に怒り始め、「なぜ俺を助けたのだ？」と言った。

私は言った。「これは何ということだ！　あなたは叫んでいた、『救ってくれ！　助けてくれ！』と。私は誰かを救うような者ではないが、ここには他に誰もいなかった。そして私は、これは全く違う状況だと思った。だが、なぜあなたは怒っているのだ？」

「俺は本当に自殺するつもりだったのだ」

「それなら」と私は言った。「なぜ『救ってくれ、助けてくれ』と叫び始めたのだ？　あなたは自殺するべきだった。私はあなたの邪魔をしなかっただろう。私はただ、静かに坐っていただけだ。私はあなたを妨げていなかった」

「どうしたらいい？　俺は自殺したかったし、全く覚悟をして飛び込んだ。でも冷たい水が触れた時、俺はそれをすべて忘れた。そして溺れ始めて浮かび上がってきた時、どうなったのかわからないが、叫び始めたんだ。『助けてくれ、救ってくれ！』と」

「心配しなくていい。ここに来なさい」

「どういう意味だ？」

「ちょっと私の近くに来ればいい」

彼は来た。私は彼を水の中に押し戻した。彼はいったん沈んで、また叫び始めた。

「救ってくれ、助けてくれ！　何てことをするんだ？」

「今私は、心配するつもりはない。私は最初、間違っていた。その時の事はどうか許してくれ。今私はただここに坐って、あなたが自殺するのを見るつもりだ」

彼は言った。「これは違う」。そして沈んだり浮かんだりしていたため、何かを言うのは難しかった。

「冗談じゃない！　ちょっと俺を助けてくれ。俺は自殺したくない！」

他の誰かが飛び込んで彼を救った。私は言った。

「あなたは間違ったことをしている。なぜなら、そいつは自殺したいからだ」

するとその人は言った。「違う、俺はその考えを捨てた。それはとても難しい。俺は何かより簡単な方法を見つける。この水に沈んだり浮かび上がったりするのは、俺にとっては辛すぎる」

私は言った。「私には自殺する方法について良い考えがあるので、あなたを手伝うことができる」

「あんたは変な男だな。最初にあんたは俺を河の中に押した。俺は誰かがそんなことをするとは、これまで思っていなかった」

「ただ単にやっただけだ……自分が何か間違った事をしたとわかった時、私はそれを正さなければならなかった。私はあなたを元の状態に戻した。だが私は、いくつかのより良い方法を提案できる。ちょうどこの近くに、鉄道が走っている。ただそこに横たわるのだ。そこは合流地点、大きな合流地点だ。いつ何時でも列車が走っている」

「着想はいいが、たった今、俺は腹が減っている」

「それはあなたの問題だ。家に帰って食事をすればいい。そしてもし列車が遅れるかもしれないと思うなら、食べ物を弁当箱に入れて持ってきなさい。弁当箱を側に置いて、線路の上に横たわりなさい。もし列車が遅れるなら、あなたは食べることができる。私はあなたに望み通りの提案を与えられる。だが私は、あなたのためには何もしない」


誰にでも、自分自身の光に従って自分の生を生きる権利がある。

私たちはその光を、より輝かせることはできる。だが、ある人の頭を切り離すことでは、彼を宗教的になるように助けることにはならない。あるいはパンを与えたり奉仕したり、仕事や教育を与えること、病院を開くことでは、宗教的であるように人々を助けることにはならない。あなたはただ単に、数のゲームをしているだけだ。それは政治的なゲーム、数という政治のゲームだ。

イスラム教とキリスト教は、両方とも単に害を及ぼすものであることが証明されてきた。

私はつい先日、中世の時代に彼らは法王の命令で、彼女たちが魔女であるという理由で、数多くの女性たちを殺したことを、あなた方に話していた。では何が判断基準だったのか？　どうやって女性が魔女であるとわかったのだろうか？　その判断基準は、誰もがどんな女性に関しても、彼女が魔女であると報告できたことだった。そしてその女性が、自分は魔女であると自白しない限り、彼女は非常に苦しめられた。その自白は、彼女が悪魔と交渉を、性的交渉をしてきたことを意味していた。そして彼女がそれを受け容れたなら、彼女は焼かれた。彼らは彼女に自白を強要し、彼女を苦しめてから彼女を罰した。

法王によって特設された法廷があった。どんな女性も男性も、もし彼らが離婚したければ、その法廷へ報告することができた。中世には、たったひとつの方法があった。女性は、男性が性的不能であると言わねばならなかった。または男性自身が、自分は性的不能であると告白しなければならなかった。

そのような裁判事件が法廷であった時はいつでも、大変な数の群衆たちが、その場面を見るために集まった。すべてののぞき見好きな者たちだ。一つの空席もない。すべての裁判官たち、司教たちや枢機卿たちがその席に入る。それは彼らにとっては、大変な娯楽だった。その男は、裸で立っていなければならなかった。そして群衆の前で彼は、性的能力があるのか、不能なのかを証明しなければならなかった。もし彼が自分には性的能力があると言い、彼の女性がそうではないと言うなら、その時彼は法廷の前で自分のペニスが勃起するのを見せなければならなかった。これは何という種類の宗教だろう？　そして彼らは、何という仕事をしているのだ？

まず、群衆が注目していてあなたが恐れている時、それは本当に難しい。それは非常にデリケートなものだ。性的能力のある男性でさえ、深い沈黙の中で彼に注目しているとても多くの、のぞき見好きな者たちと一緒では、勃起できないかもしれない。

そしてもし彼が勃起したら、彼は二番目の段階を、射精可能なことを、法廷の前で見せなければならない。だがそれでは充分ではなかった。三番目の段階は最後のものだった。彼は法廷の前で、彼の妻と性交しなければならなかった。さて、これは宗教の名における何という類の醜悪さだろうか？

そこでテーブルがそこに置かれ、裸の女性がその上に横になり、男性は自分に性的能力があることを証明するために、ありとあらゆる体操をしていた。そしてたいていは、性的能力のある人たちでさえ失敗した——群衆のせいで、とても多くの人々の注目のせいで、そして「もし失敗したら、全世界は自分が性的不能であることを知るだろう」という大変な恐れのせいでだ。これが宗教によって為されたのだ。

イスラム教徒たちは、前にも言ったが、多くの女性と結婚する。もし同性愛に関係している誰かを見つけたら、彼らはその人たちの手を切断する。彼らが同性愛の関係を強いられるのは、彼らには手に入れられるどんな女性もいないからだ。その刑罰は彼らの手を切断することだ！　彼らは殺されたのも同然だ。今や、どんな仕事もできないだろうからだ。どうやって彼らは、自分たちの食糧を稼ごうとするのだろう？　彼らはとどめを刺された。

そして彼らの手が切断されたことで、彼らはどこへ行っても非難され、石を投げられ、最終的には人々に殺される。これは宗教の、信仰の名において為される。だが私は、そのような事と宗教の間にどんな関連もあるとは思わない。

あるイスラム教徒、カリフ・オマールは、アレキサンドリアで、その当時世界で最も大きな図書館を燃やした。そこにはすべての貴重な資料、すべての発達した文学、詩、そしてアトランティス大陸の歴史があった。アトランティス大陸は、その後大西洋に沈んだ。それがとてつもなく貴重だったのは、アトランティスが、現在の私たちとほとんど同じレベルの文明に達していたからだ。何千年も前にだ。彼らは、アトランティスから多くの本を集めてきた。アレキサンドリアの図書館はとても大きかった。それは想像できないほどのものだ。オマールがそれを焼いた時、その火は図書館全体を焼き尽くすまで、六ヶ月間続いた。

オマールがそれをした方法は、理解する価値がある。彼は片手に燃えている松明を、そしてもう一方の手にコーランを持って図書館に入り、図書館長のところへ行った。彼は図書館長に言った。

「あなたに尋ねたい質問が二つだけある。ひとつ、あなたの図書館にはコーラン以上のものが何かあるのか？　もしあるのなら、それは存在する必要はない。なぜなら真実なるものは、すべてコーランの中にあるからだ。それを除いて真実はない」

「二番目の質問。もしあなたが、それはコーランと同じ内容だけを含んでいると言うなら、その時もまた、この図書館は存在する必要がない。要するに、コーランにはそのすべてがある。なぜこの大きな図書館とこの設備を、維持しなければならないのだ？　それは不必要なものだ。だから両方の理由で、私は図書館を燃やすつもりだ。あなたがイエスと言おうがノーと言おうが、何の違いも生じないだろう」

そして彼は図書館を燃やした。

その図書館を見た人たちは、例えばピタゴラスは、そこにはおそらく二度と存在し得ないほどの、豊かな財宝があったことを憶えていた。アトランティスのすべての文明――その成長のすべて、その科学のすべて、技術、文学そして芸術的な財宝――あらゆるものが、アレキサンドリアに集められた。

当初、それはただの神話であると考えられていた。しかし現在、科学者たちは大西洋の海底に、広大な大陸があることを発見した。偉大な文明の廃墟が、何万マイルもの海底にあることを――。

だが、これがイスラム教徒たちの態度だった。彼らはアレキサンドリアの図書館を破壊した。彼らがインドで非常に美しい彫刻を破壊したのは、イスラム教は偶像を信じていないからだ。道理にかなわないことだが、彼らは石を礼拝するためにカーバに行く。その石が石であろうが、彫像であろうが、それがどれほど重要だというのだ？　彼らは石礼拝者たちだ。

インドには、ブッダ、マハーヴィーラ、その他の神秘家たちの、無数の美しい彫像があった。彼らはそれらをすべて破壊した。誰かの頭が欠けている、誰かの手が欠けている。彼らは何千もの寺院を、数百年の間に建てられた寺院を台無しにした。

カジュラホには――私は長い間、カジュラホの寺院を研究してきた――百の寺院があった。七十の寺院は完全に破壊されている。三十の寺院は、恐怖心から、ヒンドゥー教徒たちが泥で覆った。それらは谷間にあったので保存された。現在それらは修復され、泥は取り除かれた。

その三十の寺院を――ただひとつの寺院でさえ見れば、あなたは彼らが何を破壊したのかを理解できる。七十の寺院だ……！　ひとつの寺院は、数百年に渡る数多くの彫刻家たちの作品のように見える。そこにはとても多くの、美しい彫像がある。寺院全体で彫られていないところは、一インチもない。そして寺院は大きい。それらはすべて、寺院のすべての壁を覆う数多くの彫像を持つ。そしてそれぞれの彫像が芸術作品だ。そのようなものは、世界のどこにも存在していない。

さて、偶像を礼拝しないことを信じることと、他の誰かの偶像を壊すことは別の事だ。偶像を礼拝するかしないかは、彼の自由だ。あなたは彼に、それは役に立たないことを説明すればいい。だが彼の偶像を壊すことは、非人間的だ。それは人間の権利を、生得権を破壊している。

キリスト教とイスラム教は、両方とも人間の進化にとって災難だった。他の宗教は人間の進化に害を為してきたが、それらは美しい何かもまた提供してきた。これらの二つの宗教は、ただ醜悪さだけを提供してきた。それらの貢献には何の美しさもない。

第33章

私には明け渡しではなく、あなたの知性が必要だ

I Need your Intelligence, not your Surrender

愛するOSHO、私の第一の敵が何であるかを調べていると、私が子供の頃、父親がベルトや、時々は鞭ですらよく私を叩いた時、私は泣こうともせず、自分が痛がっているのを父には何としても見せようとしなかったのを思い出しました。父が私を放すやいなや、私は歌い、『降伏するよりも、むしろ死んでやろう』と何度も何度も考えました。

何年ものこの日常的な自己催眠は、消極的な抵抗という微妙な態度を作ったに違いありません。あなたと共に在ることで、私はこの抵抗を見る機会をあまり持たなくなってきましたが、それはあなたが利用できるように在ることと、あなたのワークを行なうことが、今の私にとって唯一の関心事だからです。でも不安があります。この明け渡さないという子供っぽい決意は、どれほど深く浸透しているのでしょうか？　そしてどうすれば、私はそれを表面化させられるのでしょう？

明け渡さないという態度は、あらゆる人の中にある。それは自然なものだ。それは単に、自然はあなたにあなた自身であって欲しい、他の誰かの考えるあなたであって欲しくない、という意味だ。だから、あなたが明け渡すことに対して、絶え間なく戦わねばならないような状況が子供時代に現われる時、その考えは非常に深くなる。それは自然な考えだ。そこには何も間違いはない。これは非常にはっきりと理解しなければならない。そこには何も間違いはないということを。それは正しい方法で使われ得る。それは間違った方法で使われ得る。だがその考え自体は、非常に自然だ。

人々はあなた自身の生まれつきの天性を使って、あなたを利用できる。人々は同じ生まれつきの天性を使って、あなたが正しい方向に成長するように、助けることもできる。

そこで、あなたがするべき最初のことは、自分自身の内側に抑圧してきた何か間違ったものがある、という考えを落とさなければならない、ということだ。そこには何も間違いはない。あなたが明け渡さなかったり、抵抗したり、自分の主体性《アイデンティティ》を安全に保ち、そして充分に守ったのは完全に良いことだ。

社会に関する限り、この点まではすべてが全く正しい。問題は唯一、再びあなたに明け渡すことを要求する間違った種類の教師によって生じる。

正しいマスターは、決してあなたに明け渡すことを求めない。彼のまさに現存で充分だ。

彼にはどんな明け渡しも、求める必要がない。まさに彼の現前では、あなたは完全に受け容れられていると感じる。だから彼を拒絶するという問題や、彼とあなたの間に壁を作るという問題は生じない。そこには消極的な抵抗はない。

問題は、あなたがたまたま間違った種類の教師と一緒にいる場合にだけ生じる。それはマスターでない人、現存を持たない人、まだ自分自身を理解していない人、他の誰かの言葉を単純に繰り返している人、経典を引用している人、引用符の間にいるような類の人間だ。彼は明け渡しを要求するだろう。

明け渡しを要求する人には、抵抗しなさい。なぜなら、自分自身を他の誰かに押し付けるという努力そのものが、人間の尊厳に反しているからだ。

私はあなたに、明け渡してほしくない。私はあなたに自分自身であってほしい。純粋に、そして率直に、まさにあなたの自然な実存であってほしい。それで充分だ。それは私とあなたの間に橋を架けるだろう。

私はあなたを、スピリチュアルな奴隷にするためにここにいるのではない。

すべてのスピリチュアルな奴隷状態からあなたを自由にするために、私はここにいる。

明け渡しを要求している人々は、スピリチュアリティの名において、奴隷状態を要求している。そして地球上の数多くの人々は、まさにスピリチュアルな奴隷状態で生きている。キリスト教徒、ヒンドゥー教徒、ユダヤ教徒、仏教徒という異なった名前の奴隷状態でだ。何という名前かは問題ではないが、彼らは自分たちの自由を放棄している。彼らは自分たちの気づくことを放棄している。彼らは、何が正しくて何が間違いかを選ぶ能力を、放棄している。

本当のマスターは、何が正しくて何が間違いかを、ただ単にあなたに教える。それを受け容れるか否かは、全くあなたの知性に委ねられる。それはあなたの明け渡しに、ではない。

私にはあなたの明け渡しではなく、あなたの知性が必要だ。私にはあなたの奴隷状態ではなく、あなたの意識が必要だ。

だから少しも問題はない。その考えがどれだけ深く進んでいても、それをそのままにしておきなさい。それは、誰もが他人を何らかの方法で支配し、所有しようとしている社会の中では、完全に良い保護になる。大きな活力を持つことは――たとえ何が起ころうとも、あなたが自分自身のままであろうとすることは――良いことだ。

愛するOSHO、カヴィーシャとの催眠セッションの二週間後、私はくつろぐことへの自分の抵抗を、今見ることができます。この原因を探す中で、自分にとってくつろぐこととは、怠けることと役立たずであるという意味だと、気がつきました。

私の家族は、いわゆる手を抜くよりむしろ病気になったほうが良いと思い、忙しくて慌しいことが成功を意味すると考えていました。私は彼らの教訓を、充分すぎるほど学びました。そして今、もう一度、私はあなたに言葉を再定義してもらいたいのです。くつろぐこととは本当は何なのか、どうか説明していただけますか？

くつろぐことは、何か大きなことではない。それは単純なことだ。それはまさに目覚めている眠りだ。あなたには、毎日数時間の眠りが必要だ。眠りの現象を理解しようとしてごらん。

母親の子宮の中の子供は一日二十四時間、九ヶ月間連続して眠っている。彼が誕生した後、ゆっくり、ゆっくりと眠りの時間は短縮される。二十二時間彼は眠る、二十時間彼は眠る、十八時間眠る、十六時間彼は眠る……。

彼が成長するにつれて、それは七、八時間の固定した通常の日課になる。これは彼が年老いたと感じ始めるまで続く。これは各個人で違うだろう、ある人は七十歳で死ぬだろうし、ある人は八十歳で死ぬだろうからだ。そして一部の人はとても頑強だ。彼らは九十歳や百歳で死ぬだろう。そして百歳を超えている人々がいる。

そこで人が年老いたと、疲れたと感じ始めるにつれて、彼の眠りはさらに短縮される。彼は三～四時間眠っている。それからゆっくりと二、三時間になる。

なぜこれが起こるのか？　母親の子宮の中では子供は二十四時間眠っていて、老人は夜に二時間か三時間だけ眠っている、ということがなぜ起こるのか？

その理由は、眠りの中での身体は、あなたの干渉なしで完全に機能しているということだ。母親の子宮の中での九ヶ月間は、身体にとって重労働だ。残りのすべての人生でも、それほど働かないだろう。なぜならこれらの九ヶ月で、身体は人類がまさにその始まりから辿ってきた進化のすべての段階を、通り過ぎなければならないからだ。

現在科学者たちは、生命は海で誕生し、子供は初めのうちはちょうど魚のようだと言う。九ヶ月間で、ほとんど二、三百万年間の進歩を成し遂げる。身体は干渉されるのを阻むほど、その働きに没頭する。もし子供が目覚めていたら、身体は干渉されるだろう。

老人が年を取るにつれて、身体はもはやどんな新しい組織も、どんな新しい神経も作らない。古い神経細胞は死につつある。新しいものに取り替えられはしない。身体の内側の働きが減るのは、その人が死のうとしているからだ。今や死の準備が、眠りを遮断している。生の準備には、一日二十四時間の睡眠が必要だった。今、死の準備には睡眠がほとんど必要ない。

くつろぐことは、あなたの干渉なしで身体を働かせるための、意図的な努力だ。あなたは単に不在になる。あなたは身体を、まるでそれが死体であるかのように扱う。それは必要だ。人間の生活がますます緊張し、ますます慌しくなり、ますます速くなるにつれて、通常の眠りでは充分ではない。くつろぐことは、あなたを眠りのより深い領域に導く。

催眠は眠りを意味する。その言葉は単純に眠りという意味だが、違う種類の眠りだ。生物学的にではなく心理的に、意識的に生み出される眠りだ。生物学的には、眠りはある程度進めるだけだが、心理的には、眠りは非常に深くまで達することができる。それはすべてあなた次第だ。

社会は確かにあなたに活動のための、野心のための、速度のための、効率のための準備をさせる。それはあなたにくつろぐための、何もしないための、休むための準備はさせない。社会はありとあらゆる休息を怠惰として非難する。猛烈に活動しない人々を非難する。社会全体がひどく活動的で、どこかへ到達しようとしているからだ。誰もそれがどこかは知らないが、誰もがそれに関わっている。「もっと速く行け！」と。

私は聞いたことがある。ある男と彼の妻が猛スピードで運転していた。妻はその男に何度も、「ちょっと地図を見なさいよ」と言っていた。するとその男は言った。「静かにしてろ、黙れ！　俺が運転手だ。どこへ行くかはどうでもいい。肝心なのは、スピードを出してることだ。肝心なことはスピードだ」

自分たちはどこへ行くのか、そしてなぜ行くのか、世界の誰も知らない。

ジョージ・バーナード・ショウに関する非常に有名な逸話がある。彼はロンドンからある別の場所へ旅をしていた。そこへ改札係がやって来た。彼はすべてのポケットの中やバッグの中を見たり、スーツケースを開いたりした。そこで改札係は言った、「私はあなたを知っています。誰もがあなたを知っています。あなたはジョージ・バーナード・ショウさんですね。あなたは世界的に有名な方です。切符はあるはずです。あなたは、どこに入れたのか忘れてしまったのに違いありません。ご心配いりません。かまいませんよ」

ジョージ・バーナード・ショウはその男に言った。「あなたは私の問題をわかっていない。私はただあなたに見せるために切符を捜しているのではない。自分がどこへ行っているのかを知りたいのだ。そのいまいましい切符、もしそれが出てこなければ、私は迷子になる。あなたは私があなたのために切符を捜していると思っているのか？　私がどこへ行くのか言ってくれないか」

切符係は言った。「それは無茶です。私はあなたを助けようとしただけでした。心配しないでください。たぶん後で駅に到着する頃までには、思い出せるでしょう。あなたがどこに行くのかを、どうやって、私があなたに言えるでしょうか？」

だが、誰もが同じ境遇にある。「あなたはどこへ行くのですか？」と確認するスピリチュアルな改札係たちが、周りにいないのは良いことだ。でなければあなたはどんな答えもなく、ただ単に立ち尽くすだろう。あなたは向かっていた。それについては間違いない。生涯あなたはどこかへ向かっていた。だが実のところ、自分がどこへ行くのか、あなたは知らない。

あなたは墓地に到着する。それは確かなことだ。だがそれは、あなたが行こうとしていた場所ではなかった。そこは誰も行きたくない場所だ。だが最後には到着する。それは、すべての列車が行き着く終着駅だ。切符を持っていなければ、終着駅を待てばいい。そこで彼らは言う。

「降りてください。今、列車はもうどこにも行きません」

私の村に、美しい墓地がちょうど川のそばにあった。そこはとても静かな場所で、誰かが埋葬されない限り誰もそこには来なかった。誰もそこに行きたがらなかった。私はそこが瞑想のための、くつろぐための、休むための素晴らしい場所であるのを知った。美しい大理石の墓、大きな影を作るたくさんの大木。そこは美しい場所だった。

私が突然いなくなって、どこにも見つからなかった時……私の父はそれを知って非常に怒った。ある人が父に言った。

「あんたはどうしても見つけられないだろう。それはあんたがある場所を決して見ないからで、そこが墓地だからだ。私は彼を見た。川に行くことが私の仕事だからだ」。彼は漁師だった。

彼は言った。「何度も墓地に行く彼を見た。彼はそこでいなくなる」

私の父は言った。「おかしいな。なぜあいつは墓地へ行かねばならないのだ？　あいつを帰らせよう」

誰も、墓地で私を探そうとさえしなかった。誰も行きたがらなかった。

夕方私が家に帰った時、誰もが怒っていた。彼らは私を家の外で止め、そして言った。

「まず風呂に入りなさい。それで、毎日お前は墓地に行っているのかい?」

私は言った。「人は最後には、そこに行かなきゃならないよ。なぜ、そんなに怒っているの? あなた方はみんな、そこへ行くことになる。僕はただ、最後には人が休まなければならない場所に行ってるだけだ。僕はそこで休むことをすでに学んでいる。ある日、僕は大理石の下で休むだろう。今、僕は大理石の上で休む。そこは途方もなく美しくて静かなところなんだ」

彼らは言った。「このおかしな説明はどうでもいい。まず、風呂に入りなさい」

私は言った。「風呂に入ることはできる。僕は毎日風呂に入っている。それは面倒なことではない。それは僕が墓地に行くのを妨げはしないだろう。あなた方の寺院は、絶えず混雑しているからだ。それは市場だ。それは市場の中にある。あらゆる場所は人々でいっぱいだ。どこへ行っても人がいる。墓地は大勢の人々はいるが、みんながくつろいでいる唯一の場所だ。再び目を覚ますことはないし、彼らはくつろぎの中にいるんだ」

その夜、私の母が言った。「でも、あんたはきっと怖がっているに違いないわ」

私は言った。「なぜ怖がらなければならないの? この人たちは死んでるんだよ。人は生きている人を怖がるべきだ。彼らは何かをできるからね。これらのかわいそうな人々は死んでいる。彼らは何もできない。自分の墓から出ることさえできない。そしてあなたは彼らを怖がる。彼らは単にくつろいで、永遠にくつろいでいるのに……」

社会全体は仕事に駆り立てられている。それは仕事中毒の社会だ。それはあなたに、くつろぎを学んでほしくない。だからまさに子供時代から、あなたのマインドにくつろぎに敵対する考えを押し付ける。私はあなたに、一日中くつろぐようにとは言っていない。あなたの仕事をしなさい。だが、あなた自身のための時間を見つけ出しなさい。それはただ、くつろぎの中にだけ見つけられる。もし二十四時間のうちに一時間か二時間くつろぐことができれば、それが自分自身へのより深い洞察を与えることにあなたは驚くだろう。

それは、あなたの外面的な振る舞いを変えるだろう。あなたはより穏やかに、より静かになる。それはあなたの仕事の質を変える。より芸術的で、より優美になるだろう。あなたは間違いを犯すだろうが、以前よりも少ないだろう。今あなたはより落ち着いていて、より中心が定まっているからだ。

くつろぐことには奇跡的な力がある。

それは怠惰ではない。

怠惰な人間は、外側からは、まるで彼が何も働いていないかのように見えるかもしれないが、彼のマインドは可能な限り速く動いている。そしてくつろいだ人間は――彼の身体がくつろいでいる、彼のマインドがくつろいでいる、彼のハートがくつろいでいる。

三つのすべての層――身体、マインド、ハート――を二時間ただくつろがせることで、彼はほとんど不在になる。この二時間で身体、ハート、知性は回復し、彼の働きすべての回復が見られるだろう。

彼は敗者ではない。彼はもはや慌ててはいないが、あちらこちらへ不必要に走ることはない。彼は行きたい地点へ直ちに行く。そしてするべきことをする。不必要なつまらないことをしない。彼は言うべきことだけを言う。彼の言葉は簡潔になる。彼の動きは優美になる。彼の生は詩になる。

くつろぎは、あなたをそのような美しい高みへ変容できる。それはとても単純なテクニックだ。そこには何も大変なものはない。古い習慣のせいで、ほんの数日間はそれを難しいと思うだろう。古い習慣を打ち破るのには、数日かかる。

だから、くつろぐために催眠テクニックを使い続けなさい。それは必ずあなたのものになるだろう。それはあなたの目に新しい光を、あなたの実存に新しい新鮮さをもたらすだろう。それは、瞑想とは何かを理解するのを助けるだろう。それは瞑想の寺院の扉への、まさに第一歩だ。ただ、ますます深くくつろぐことで、それは瞑想になる。

瞑想とは、最も深いくつろぎの名前だ。

愛するOSHO、化学製品が身体だけでなく、マインドにも強力な影響があることにいつも驚きます。例えば、私が使用している新しい経口避妊薬（ピル）は、古い薬の二倍のエストロゲンを含んでいます。それを服用するや直ちに、私の身体と人格を混沌に陥れました。それはただ吐き気のような肉体的症状だけでなく、だるさとエネルギー低下の感じ、不安定な緊張状態、そして完全にスイッチが切れている状態でもあります。

少量の化学製品とホルモンのせいで、非常に無気力を覚えることに、とてもいらいらします。それでも私は、これらのミーティングであなたと共に坐ると、すべての症状が消えることに気がついて驚きました。それらはその前とその後にはありますが、あなたの現存の中にいる間はありません。

あなたの何が、化学作用にさえも影響を及ぼすのでしょうか？　そして人々がそのような状況の中でより独立できるよう助けるために、私たちと科学がこのことから学べる何かがあるのでしょうか？

私たちの身体とマインドのすべての構造は、物質でできている。そしてあなたが自分の身体とマインドの構造を超越して、観照者にならない限り――両方を超えない限り、それらはあなたの振る舞い、思考、感性、感情に深く影響を及ぼすだろう。ホルモン、化学製品などは身体の成分だが、意識の構成要素ではない。

だから、あなたが私と共にここに坐る時、あなたは身体についてのすべてを、ホルモンについてのすべてを忘れる。そして努力なしで、ある種の超越が起こる。あなたは沈黙の質に、油断なき状態に達する。だから、それらの影響はもはやない。あなたは遠くにいて、それらの影響の境界線を越えているからだ。

一人の西洋人の真理の探求者が、今世紀の初めに、中東、インド、チベット、日本、中国に移動していた。彼は、出くわした多くの奇妙な体験と人々について報告した。

彼が記述した人たちの一人に、非常によく知られたヒンドゥー教の神秘家、ブラフマー・ヨーギがいる。彼は一九二十年代に世界中で有名になった。彼の唯一の特色は、どんな種類の毒でも飲むことができ、毒が彼に影響を及ぼさなかったことだった。彼はあらゆる大学、あらゆる科学的な実験室で、専門家たちに見せるために世界中を動き回った。そして彼らはみな困惑した。なぜなら即座に命を奪う毒で……その男は二十回、三十回以上飲んでいたのに、影響さえ受けなかったからだ。彼は気を失うことさえなかった。

しかしコルカタで、彼はちょっとした事故で死んだ。

コルカタ大学で彼はその能力を公開し、毒を飲んだが、誰も彼の秘密を知らなかった。彼の秘密は単純だった。その秘密は、彼が揺るぎなく三十分間自分の観照を保っていられたことだった。これらの三十分間に彼は毒を飲み、ショーを終わらせ、自分のホテルに大急ぎで戻り、そしてすべてを吐き出した。ヨーギたちは、吐き出す方法を知っている。それは彼らの訓練の一部だからだ。できるだけ多くの水を飲んで、それから吐く。私は、生きている魚の入った二、三杯のバケツの水を飲んでいる人々を、見たことがある。それから彼らは水を吐き出す。すると魚は生きて出てくる。

彼の専門技術のすべては、三十分間観照したままでいられたことだが、三十分以上は不可能だった。事故が起こったのは、道路上に問題があり交通が妨げられ、彼が時間内にホテルに到着できなかったからだった。

彼は車の中で死んだ。それは三十分後に、彼の身体とマインドが再び同化したからだった。

ポール・ブラントンは、こうした奇妙な人々を見つけ出すために、アジア各地を回った男だ。その中にスピリチュアルなものはなくても、当然のことながら誰もが感銘を受けた。彼が時間を無駄にし、つまらないことのために使っていたその策略は、スピリチュアルなテクニックの一部だった。

もし彼が自分の時間を浪費しなかったなら、もし彼が観照する練習を続けたなら、四十八分で充分だ。四十八分連続的に、コーヒー休憩もなく観照できる人は、身体とマインドの融合体を超えている。今彼は生きているが、自分の身体の内側にではなく、身体のほとんど上方で生きている。

だから、ここであなたに起こっているのは、あなたが自分の身体を忘れる、あなたが自分のホルモンやピル、その他いろいろのことを忘れる、ということだ。あなたはとても静かに、とても平和に、非常に私と同調するようになる。もしあなたが、その後も同じやり方のままでいられるなら、その影響は表われないだろう。もしその後、そのままでいられるなら、影響は表われないだろう。

だが古い習慣のせいで、私たちはすぐさま後戻りし、身体と同一化する。するとその時身体が感じるものは何でも、私たちは自分が感じていると考える。今私たちは、区別を失ってしまう。

実際、あなたは身体がそれを感じていることを知っている。あなたが喉の渇きを感じる時に、毎回「私は思う、私は見守る、身体は喉が渇いているのを」と言うのは、少しわずらわしいだろう。あなたの家族や人々はあなたに対して怒り、「このくだらないことを止めなさい。ただ自分は喉が渇いていると単純に言いなさい」と言うだろう。

だが、あなたの内なる自己にとって、あなたは常に観照者だ、あなたは決して感じない、と覚えていることには価値がある。身体は感じて、あなたは観照する、あなたは鏡のようにある。身体は感じ、鏡は映すがその反映は鏡を変えはしない。それは鏡の上にどんな印も残さない。鏡は純粋なままだ。

その後あなたは、非常に身体の具合が悪くなることがあり得るが、それでも穏やかで静かなままでいられる。あなたは病気があり、痛みがあるのを知っているが、あなたは単なる観照者でいる。

観照することの技《アート》を学びなさい。

するとあなたは、存在するすべての宗教を学ぶことになる。

愛するOSHO、目覚めることとは、禅の話の中でしばしば描写されているような、一回の稲妻型の体験というよりも、ひとつのプロセスのように見えます。

客《ゲスト》が玄関先にやって来る異なる方法について、もう少し話していただけますか？

それは両方の方法で起こる。それはあなたが、どんな種類の技法を使っているかに左右される。非常に除々に、少しずつ、光明に至る段階的な技法がある。そして何年もの間、何も起こらず、それから突然ある朝、稲妻のように、あなたが目覚める突発的な技法がある。

これら二つが理由で——そこにはただ二つの可能性しかない——禅には二つの流派がある。あなたはただ、突発的な流派だけを知っている。段階的な流派には物語がないという単純な理由から、私はあなたに突発的な流派の物語を話し続けている。光明は起こるが、物語を生み出すものは何もない。除々に光明が起こる人でさえ、そのプロセスが完全であることを、彼のマスターがそう言わない限り、確かには知らない。

それはこのようなものだ。仮に二つのバケツを用意する。ひとつには沸騰したお湯が入っている。もうひとつには普通の冷たい水が入っていて、そこに火があって、ゆっくりと温かくなっている。そしてあなたは、蛙を沸騰したお湯の中に入れる。彼は単純に跳び出るだろう。もし同じ蛙を除々に熱している水に、ある時点で沸騰しようとしている水に入れたら、蛙はそこに落ち着くかもしれない。それは居心地のよいぬるま湯で良好であり、彼には違いがわからないほど、除々に温かくなっている。

そしてその瞬間が来る。水は沸騰している。沸騰しているが、かわいそうな蛙は跳べない。ぬるま湯から沸点まで、その変化はゆっくりしているので、かわいそうな蛙にはその差がわからない。

同じ状況が……段階的に光明を得る技法がある。ヴィパッサナは、除々に光明を得る技法だ。ゆっくりゆっくりと、変化は起こり続けるだろう。あなたは少しずつ良く感じるだろう。だが公案は突発的な流派の技法だ。突発的な流派の技法は美しい物語を生み出す。

例えば、偉大な導師のひとり臨済に「隻手の音声」（片手の拍手の音）という有名な公案が与えられた。彼はそれに瞑想した。彼は何かを見つけ、そして導師のところに行った。するとその導師はただ、彼の顔を見て「いや、違う！　出て行け！　瞑想しろ。時間を無駄にするな」と言った。導師は、彼が持ってきた結論を聞こうとさえしなかった。

そこで臨済は再び行って、瞑想するために自分の竹林の中で坐った。再び彼は拒絶された。そういうことが続いた。

ある日、彼はこう言って主張した。

「あなたは私に耳を傾けなければなりません。私はそれを聞きました！　あなたは私を見るだけで、部屋に入ることさえ許しません。あなたは『いや違う、行って瞑想しろ。時間を無駄にするな』と言います。でもそれはあんまりです。何ヶ月もの間、私は瞑想してきました。私はそれを言わなければなりません」

導師は言った。「よしわかった。お前が見つけたものを言うがいい」

彼は言った。「自分の竹林の中に坐っていて、竹林を吹き抜けるそよ風が、美しい音をたてているのを聞きました。それがその音です」。そして彼は期待していなかった……。

導師は、臨済が竹林、瞑想、隻手の音声に関するすべてを忘れるほど、彼の顔を激しく平手打ちした。そして導師は言った。「お前は隻手の音声を聞いたか？」

彼は言った。「これが隻手の音声ですか？　あなたは私を平手打ちしました。もしこれがその音だったなら、なぜあなたは何ヶ月間も、不要に私を苦しめていたのですか？」

導師は言った。「これがその音ではない。これは、わしの時間とお前の時間を無駄にしているお前の主張への報酬だ。今、出て行って瞑想しろ。それを見つけ出せ」

これはあまりにも侮辱的だった。臨済は非常に教養があり、皇族と縁故関係にあった。大変な決意をもって彼は戻り、自分の林の中に坐った。そして彼は言った。

「私はそれを聞くまで、ここから動くつもりはない」

幾日か経った。導師は尋ねた。

「臨済はどこだ？ わしは彼を見ていない。彼は報告しに来ない」

彼らはみな言った。「彼は、自分の竹林でただ坐っています」

導師はそこへ行き、彼を揺さぶった。すると彼は目を閉じて言った。

「邪魔しないでください」

そして彼が静かな顔で「邪魔しないでください」と言ったその言い方は、まるでブッダの像のようだった！

すると導師は言った。「目を開けて聞きなさい。わしはお前の導師だ」

彼は言った。「それについては、みな忘れてください」

「わしがお前に与えた公案はどうなったのだ？」

「どんな公案ですか？ 私は何も憶えていません。でもあなたが誰であろうと、どうか私の邪魔をしないでください」

導師は彼を目覚めさせ、無理やり目を開けさせなければならなかった。

彼は、まるで見知らぬ人を見ているかのように、これまで知らなかった誰かを見ているかのように、導師を見た。そして彼は導師に尋ねた。「あなたは誰ですか？」

導師は言った。「今、お前はそれを聞いた。わしと一緒に来るがいい」

だが彼は言った。「あなたは誰ですか？ 私をどこへ連れて行くのですか？ 私はとても喜びを感じていました。手はありませんでしたし、何の音もありませんでした。沈黙だけがありました」

「その沈黙が、いわゆる隻手の音声というものだ。お前はそれを聞いた。そしてお前はわしさえ忘れてしまうほど、深くそれを聞いたのだ」

彼は臨済を僧院に連れて帰り、すべての僧侶たちに「彼はそれを聞いた」と言って紹介した。

ある人がそれを聞く時、彼は報告しに来ない。というのも、報告すべき何があるのだろう？ そこには何の音もない。人は隻手の音声を聞くことにこだわり続ける。そしてある瞬間が来る――人は疲れてしまい、隻手の音声のことをすっかり忘れる。すると、ただ沈黙だけが行き渡る。報告したいという欲望や考えさえ生じない。

そして導師は言った。「臨済はわしの後継者になる。彼は、わしさえ忘れたわしの最初の弟子だからだ。彼の沈黙の中で彼は公案を忘れた。彼は導師を忘れた。彼は自分自身の名前を忘れた。彼はただ、沈黙になった」

突発的な流派は、物語を作る。まさにその方法論が、突発的な転換の機会を与えるようなものだからだ。だが両方の技法とも全く正しく、同等に貴重なものだ。ある人に対して、彼の能力、潜在性に従って一方を与えることは、マスターにかかっている。

例えば現代の世界では、段階的な技法はより役立つように見える。突発的な技法は、現代人には危険であり得る。突発的な技法を通して実現できる人は、いないかもしれない。彼らのほとんどは、気が狂うだろう。彼らは既に狂気の危機に瀕しているので、彼らを突然変えるよりは、むしろ除々に変えるほうがいい。彼らはそれを吸収できないかもしれない。

だが、あなたが徐々に光明を得るか、突然光明を得るかは問題ではない。重要なのは、あなたが目覚めるということだ。

世界中で目覚めた人々のほとんどは、段階的な技法に従ってきた。非常に少数の人々だけが——日本では特に——突発的な技法を使ってきた。それは日本人の性格に適している。日本人には、他国の人たちとは少し違う性格がある。微妙な違いだ。

すべての世界——すべての文化、白人や黒人は、イエスと言いたいなら、頭を縦に振る。日本人だけはそうしない。イエスと言いたければ、彼らは自分の頭を左右に動かす。

初めて日本人が私のところに来始めた時、私はとても困惑した。私は何かを尋ねる、すると彼らはイエスと言っているが、彼らのイエスは全世界がそれをする方法、頭を上下に振ることではない。それは彼らのノーだ。頭を左右に動かすことが彼らのイエスだ。

だから私は初め、非常に困惑した。よく通訳をしていた彼女が私に言った。

「困惑しないでください。彼らがこのようにうなずく時、彼らはイエスと言っているのです。そして彼らが他のやり方をする時、彼らはノーと言っているのです」

私は「何てことだ！」と言った。なぜなら私は彼らに「あなたはサニヤスを取りたくないのか？」と尋ねたからだ。そして彼らはうなずく。それで私は「では来なさい」と言った——そして彼らはノーと言っている！　日本人の性格は、非常に異なる方法で数世紀にわたって発達してきた。

それから禅が伝えられ、日本人の性格に合わせてそれ自体を形成した。突発的な技法は非常にふさわしいものだった。段階的な流派があるが、それは決して有名にはならなかった。突発的な流派は非常に有名になった。だが、突発的な流派を現代のマインドに説明することは非常に難しい。それは非論理的だからだ。

時々、グルジェフはそれを使った。だがそれは、非論理的で危険だ。彼はロシアのティフリスで、小さなグループと共にワークを行なっていた。そこには、ちょうど側に小さな水路があった。彼は家の中に坐っていた。そして水路は空だった。水はなかった。それは灌漑目的のために時たま開けられた。人々はこちら側からあちら側へ渡っていて、彼はある実習課題《エクササイズ》「ストップ」を教えていた。だから彼が「ストップ！」と言う時はいつでも、誰もが動作を停止しなければならなかった。もし一方の足が上がっていたなら、その時、下に降ろしてはいけなかった。そのままでなければならなかった。彼は片足で立たなければならなかった。そしてしていたことが何であれ、その位置が、その姿勢がどうであれ、何も変えてはいけなかった。

数人の人々が水路を渡っている時「ストップ！」と言われ、そして突然水が流れてきた。それは水を流す時間だった。水が流れて来たので、一人はまわりを見渡し、「グルジェフは家の中にいる。彼は水のことは何も知らないんだ」と思った。彼は水が首のところにくるまで待った。それから彼は飛び出した。「これは馬鹿げている。これは全くの自殺だ」。別の者は、水が鼻に触れ始めるまで、もう少し長く待った。それから彼は飛び出した。

だが三番目の者は残った。水は彼の頭を越えていたが、彼はそのまま残った。グルジェフは家から駆け出してその男を引き上げ、水を吐き出させた。彼は気を失っていた。そして彼が気づいた時、彼は完全に変容していた。

これは突然の光明だった。

だが途方もない質、信頼が必要だった。

彼もまた知っていた。「マスターは家の中で、彼は何も知らない……」。だが自分の生命を守るよりもむしろ、彼は自分がすることになっていた実習課題に従うことを選んだ。水は彼の頭を越えていて、グルジェフはそれに気づいていた。彼は水が流れて来る時間を知っていた。それはうまく管理されていた。

他の二人は全く取り逃した。だが彼らはより分別があった。この男は全く不合理だった。しかし彼は永遠に変わった。古いマインドは去った。水が彼の頭を越えた瞬間、あらゆるものが水とともに運び去られた。彼は新しい人間になった。

突発的な技法は、他の人々によっても使われてきたが、非常に稀にだった。スーフィーたちはそれを使ったが、非常に稀にだった。最も使われてきたのは日本であり、これらの物語はすべて、途方もなく素晴らしい。だが、もしそれがあなたに為されたら、あなたはおじけづくだろう。あなたはそれを消化できないだろう。

あなたのマインドは何世紀もの間、非常に異なった方法で——合理性、妥当性の方へ発達してきた。だから段階的に光明を得る方法は、ほとんどの人々のためのものだ。それがある人に適さなければ、その時にだけ、突発的な技法を使うことだ。そうでなければ、突発的な技法は危険だ。

第34章

真実に屈辱を与えることはできない

Truth Cannot be Humiliated

愛するOSHO、この前の夜、現在米国でピークに達している西洋社会の退廃と、自殺的傾向についてあなたが話された時、西洋の生活様式が他の文化に浸透し、短期間にそれを損なうことがなぜ可能なのかを、疑問に思いました。

すべての大陸の原住民族が強制的に、でもほとんどは強制ではなく、何千年も続いてきた文明と文化を捨てて、あまりにも簡単に西洋の生活様式を模倣し始める——しばしば全く馬鹿げた方法で——それは私を、再三驚かせます。

約十五年前（一九八六年より）、有名な写真家が、スーダンの奥地に住むヌバと呼ばれる二つの部族を描写した、二冊の素晴らしい写真集を作りました。これらの肉体的かつ霊的に非常に美しい人々は、数千年にわたって——驚くべき技能と芸術のほかにも——お互いに対する愛情と、尊敬に満ちた社会構造を作りました。大きな暴力事件とは無縁でした。これらの人々が、お互いにどのように接するかの典型的な例として、ひとつの事件がこれらの本の一冊に報告されていました。

彼らにとって粘土の鉢は、私たちにとっての最も優れた中国の磁器と同じくらい貴重なものでした。その鉢は、その焼けつくように暑い気候の中で、飲料水を運ぶのに用いられました。労働者の一人が誤って鉢を落とし、それは壊れました。誰もその哀れな者に、怒って飛びかかったりしませんでした。むしろ彼らは、その不運な者を慰めて働き続けました。私にとっては、これは高度に発達した洗練された振る舞いで、我々の過当競争社会に欠けているものです。

数年後、これらの人々は、初めて西洋の生活様式と接触しました。二年以内に、すべての社会構造は崩壊し衰退しました。彼らは今、トランジスタ・ラジオ、破れたTシャツ、そして軍帽を、彼らの古い価値よりも高く評価します。写真だけが、永遠に失われてしまったものを示しています。

ＯＳＨＯ、何が人々をそれほど簡単に西洋文明へと駆り立て、彼らの比類なき遺産をこんなにも破壊させるのでしょうか？

それは西洋社会の問題ではない。基本的に貧しい人々は、常に豊かさに引き寄せられる。彼らは豊かになることを望む。富への道を見つけられるなら、彼らはどんな文化も、どんな文明も落とすことができる。

まず最初に、彼らの昔からの文化と文明が私たちに非常に美しく見えるのは、私たちが彼らのすべての文化の細かい所——ほんの側面、断片しか知らないからだ。もし、文化全般とそれに含まれた意味合いを知れば、なぜこれらの人々が自分たちの遺産をそれほど簡単に、抵抗なく捨てたのかを知るのは難しくないだろう。

例えばインドでも、同じことが何百年もの間に起こっている。先住民はキリスト教徒になっている。彼らは傍の者の目には、美しい文化と高度に発達した感受性を持っている。私が中央インドのバスターで頻繁に訪れたひとつの文化の中に、そうしたものがとても多くある。そこは山全体が先住民たちであふれていて、彼らの文化には少なくとも一万年の歴史があるに違いない。そこには警察署はない、警官はいない、裁判所はない、法律はない。それでも盗みは起こらない、殺人は起こらない。

そしてもし、時おり殺人が起こるなら、その時非常に珍しいことが起こる——それは外部の者には思いもよらない。殺人者は警察へ自首するために、首都まで数百マイルも行き、仲間の男を殺害したことを告白し、罰せられる必要があると言う。罰せられない限り、彼は心の平安を見つけられないだろう。

これらのことは美しく見え、彼らは好ましい人々だが、腹を空かしているし飢えている。彼らは服を持っていない。裸で暮らしている。彼らは科学が人間に使えるようにした設備を、何も持っていない。快適さも娯楽もない。彼らの人生は、内側から退屈している。どんな教育もない……。

そして私たちにとって美しく見える文化は、彼らにとっては全く当たり前のものだ。彼らはその美しさを見ていない。その中で生まれ、その中で育てられてきた。突然、それに出くわしたのではない。ゆっくりとそれに慣れていったのだ。

物事は私たちにとっては良く見える。そこに泥棒はひとりもいない。だが真実は、そこには何も盗むべきものはない、ということだ。人々はとても貧しい。同じ事実を、二つの視点から見ることができる。人々は家に錠をかける必要がないほど道徳的であり、人々は錠を使わないとも言えるだろう。だが現実は、家の中に錠をかける必要があるものは何もない、ということだ。次に錠自体が、彼らにとっては非常に技術が必要なものだ。彼らは錠を作れない。彼らははるかに遅れている。

ゴータマ・ブッダは生涯において、盗むべきでないと人々に教えていた。マハーヴィーラは盗むべきでないと教えていた。マハトマ・ガンジーの継承者の一人、ヴィノバ・バーヴェは会合で、このことについて話したことがある。私はその時、ほんの学生だった。彼は、その時代の人々はどんな錠も使われなかったほど教育され、道徳的で文化的だったと言った。

私は大学を卒業したばかりだった。私はメモを書いて彼に宛てた。

「あなたは偽りのない真実を言うべきです。彼らの家に錠をしなければならないようなものが、何かあったのでしょうか？　彼らには錠を作る能力があったのですか？　そしてさらに、あなたはゴータマ・ブッダとマハーヴィーラ――その時代の偉大な教師たちが、なぜ人々に盗むべきでないと毎日話していたのか、よく考え直さなければならないでしょう」

「あなたはどうやって、両方の事実をうまくまとめるのですか？　誰も盗んでいなくても、盗むべきでないと絶えず人々に説教していたブッダとマハーヴィーラは、気が狂っていたことになります。それに、人々は家に錠をしなかったというあなたの話はただ単に、大多数の人々には錠をすべきものが何もなかった、という意味になります。錠をすべき何かを持っていた人たちには、武器警備員がいました。彼らにも、錠の必要はなかったのです」

だから、あなたが外側から見る時と内側にいる時では、事情が異なる。ひとつの側面だけで見ると、全体は見えていない。裸でいるのは、彼らが無垢だからではない。それは単純に、彼らに衣服を生産する能力が無いということだ。衣服は二番目の基本的生活必需品だ。最初の必需品は食べ物だ。もし食べ物がなければ、あなたは服でどうするつもりなのだ？　死体のために美しいドレスを作るのか？　彼らには充分な食べ物がない。一日一食だ。もしそれを何とか食べれるなら、非常に幸運だ。病院はない。学校はない。もし誰かが病気になっても、彼が回復するのを助ける方法は彼らにはない。

西洋文明がこれらの原住民族に及んだ時、原住民たちを感動させたのは西洋の文化でもなく、聖書でもなかった。それは単に生存の問題だった。彼らに感銘を与えたのは、食事、服、教育、薬、病院、医者、教師を与える西洋人の能力だった。彼らは、人々が小さなことのために何百マイルも歩かなくてもいいように、最初の道路を造った。原住民たちは公共交通機関を利用できた。西洋人は鉄道を敷設した。

そして原住民たちの生活をさらに細かく調べるなら、あなたは驚くだろう。彼らは私たちが殺害するやり方では殺害しないが、彼らが残酷ではないということではない。彼らははるかに残酷だ。

原住民の部族では、もし誰かが部族に合わないやり方で振る舞うなら、彼は部族から排除される。完全に排除される。誰も彼と話さないだろう。彼は部族の井戸から、水を汲み上げることはできない。彼は自力で水を取って来るために、何マイルも行かねばならないかもしれない。彼は完全に独りぽっちになり、孤立する。彼はどんな面倒なことになっても、どんな助けも求められない。もし彼の小屋が火事になっても、誰も部族から彼が火を消すのを助けには来ないだろう。ひとたび彼らが誰かを排除したなら、彼らにとって彼は存在しない。

これは心理的な殺人だ。電気椅子に坐って一秒以内に別の世界に転送されるよりも、はるかに危険だ。そのほうが最も単純で、最も思いやりのある方法だ。

だがこの人間は、絶え間なく面倒な目に遭うだろう。どんな仕事も彼は見つけられない。他のどんな部族も、彼を受け容れないだろう。彼の罪は何だったのだ？　小さな罪だ。例えば、彼は別の部族の少女と恋愛した。そしてこれは許されない。彼は自分の部族の中で結婚すべきだ。彼の両親が結婚を決めるべきであって、彼ではない。

さて、彼の罪は彼が愛したことだった。そして彼にされることは、他の部族によってその少女に対しても為されるだろう。それにその山と森の中では、独りでは生きられない。誰もがすべてにおいて他のみんなに依存するように、生は織りなされている。

原住民の部族では、自由のようなものは何もなく、言論の自由の概念はない。年長者たちがすべてを決める。若年者は、問題を提起することさえできない。それは無礼なことで、彼はそのために罰せられるだろう。そしてあなたは、その罰を知っている。

つい先日、アナンドがニュースを持ってきた。パンジャーブ州の知事が中央政府からの圧力を受け、シーク教の聖なる寺院、アムリトサルの黄金寺院を、ほんの数週間前に占拠した。軍隊がそれを占拠したのは二度目だった。すぐに寺院の高僧は知事を追放した。彼もまたシーク教徒だからだ。その時、彼は進退窮まっていた。もし中央政府の命令に従わなければ、権力の座から追われるだろう。もし政府の命令に従うなら、自分の宗教に反することになり、彼らは彼を罰するだろう。だから彼は、二つの中から選ばなければならなかった。彼は、おそらく宗教的な人々は、より慈悲深いだろうと考えた。だが、パンジャーブ全体から知事への、轟々たる反対の声が上がった。それは、彼はすぐに辞任すべきだ、あるいは彼は黄金寺院に行って高僧の足に触れ、罪を認めて、与えられる罰は何であれ受け容れるべきだというものだった。

辞任が難しかったのは、もし知事を辞任したら、彼はすぐに殺されるからだ。シーク教徒が彼を殺すだろう。彼の地域の人々は、彼らの聖地を侵害したという理由で彼を殺すだろう。そして彼は彼らの仲間だった。

だから彼は僧侶の足に触れるために行き、僧侶は言った。

「私はあなたを許すが、あなたは罪を償わなければならない。七日間デリーにいなさい」

彼らはデリーに、大きなシーク教の寺院を持っている。

「人々が靴を脱ぐ門の外に坐りなさい」。そこで彼は、七日間そうしていた。そしてニュー・デリーの寺院の外で、人々の靴を磨いた。そして誰もが見ている、群衆は注目している、人々は笑っている、人々は彼を馬鹿にして、冗談を言っている。

この種の罰は、非常に古い伝統のひとつを思い出させる。そうでなければ、彼が許しを請うただけで充分だった。彼は許されるべきだった。だが違う。彼は恥をかかなければならない。だが何という屈辱だろう？　人々に恥をかかせる太古の方法、部族マインドの内部の仕打ちは本当に醜かった。そして挙句の果てに、彼らは貧しかった。

だから病院や学校を開設すること、これらの人々に服や食べ物を与えることは、西洋文明、とりわけキリスト教にとっては非常に簡単だった。そして当然、これらの人々がそうした方法で助けられた時、彼らは自分たちを助けている者たちを模倣し始めた。だからその結果として、トランジスタ・ラジオや軍帽が入って来た時、彼らは軍人のような服を着始めた。彼らは愚かに見えた。裸の彼らはより美しかった。彼らの身体は、より均整がとれていた。

彼らの生活は困難だった。西洋文明は彼らの生活を非常に容易にし、軍隊が廃棄した古着、トランジスタ・ラジオのような小さな玩具を供給した。ある人がニュー・デリーで話している――何千マイルも離れて――彼が話すことを聞けるというのは、彼らにとって驚異的なことだった。これは奇跡だった。彼らは科学技術について全く無知だったし、起こっていたことを全く理解できなかったからだ。


キリスト教は確かに奇跡をもたらしていた。今やテレビが届いた。人々は、自分たちの目が信じられない。何千マイルも離れた人々を見ていることが、信じられない。テレビやラジオ、車、小さな機械的な物を通して、彼らはこれらのかわいそうな人々に、イエスが水上を歩いたこと、水をワインに変えたこと、死者を生き返らせたことを証明した。

これらすべての奇跡を見て――彼らにとってこれらは奇跡だった。ただイエスの信奉者に過ぎない人々がそんなすごい奇跡を行なえるのなら、イエスがそれらを行なっていたに違いないということを、彼らは否定できなかった。

その過程を理解するのは実に簡単だ。どんなより古い文明でも、もし西洋文明が近づけば、二年以内に崩壊するだろう。より古い文明は、基本的に飢えている。服、住居、仕事、教育がないということだ。

その時確かに、宣教師は彼らの模範になる。彼らは宣教師のようにならなければならない。たとえ中古品を、使い古されて捨てられたものを得たとしても、これらの靴や帽子や衣服に彼らは完全に満足している。彼らのために作られたのではないため、それらは彼らに合っていない。ある物は長すぎ、ある物は短すぎる。だがそれでも、彼らはそれを楽しむ。裸でいて寒いよりかはましだ。初めて人工の世界の何かを味わい、彼らは感謝する。その感謝を示すために、キリスト教徒になる。インドではすべての原住民たちが、徐々にキリスト教に改宗している。勢力は磁石のように作用する。

大英帝国が世界を席巻していた時、英国の宣教師は権力機構の一部だった。そこで何世紀も屈辱を受けてきた人は、誰でも模倣者になった。西洋人になることはできなかったが、少なくとも模倣することができた。

外側から見てみると、それは醜い。彼らは今、自転車を持っている。彼らは遠く、そして広く移動できる。今や彼らはタバコを吸い、映画を見に行く。彼らの構造全体は崩壊した。今や年長者たちは、彼らを支配できない。彼らは自分たちの力のすべてを失った。彼らはより自由に感じている。彼らは別の部族の少女と恋愛ができ、両者は町に逃げることができる。彼らは教育を受ける。仕事を見つけられる。裸だったので、彼らは町に来れなかった。それに彼らが来たところで、物乞いをする以外にやることは何もなかった。彼らにはどんな仕事をする能力も、どんな技能もなかった。彼らは決して教えられなかった。

だから変化の構造は、非常に単純だ。だがもし私たちが、人道的な視野で物事全体を見るなら、これらの人々を搾取する西洋文明は醜い。彼らに病院を与えることはできた。彼らに学校を与えることはできた。彼らに技能を、職業訓練を与えることはできた。すべての貢献への報酬として、彼らをキリスト教に改宗させる必要はなかった。それが西洋の醜いところだ。

そうでなければ、為されてきたことは何であれ完全に良い。しかし彼らは、これらの人々を助けるために、これらのすべての事をしていたわけではなかった。彼らはこれらのすべての事を、これらの人々を改宗するために、彼らの数をより大きくするためにしていたのだ。現在インドでは、キリスト教は三番目に大きな宗教だ。

彼らはナガランド（インド東部の州）で、「私たちは独立した国を持ちたい」と要求している。そしてキリスト教が外部から彼らを支援している。彼らの指導者たちはロンドンに隠れ場所を与えられていた。彼らは武器を供給されている。彼らの指導者たちがロンドンで保護されるのは、それが今はキリスト教徒の問題だからだ。彼らはもはや原住民ではない。キリスト教全体が彼らを後押しするだろう。


貧しい者を助けることは悪くはないが、貧しい者を搾取すること、そして彼らを助けるという名目で、あなたの宗教に彼らを改宗することは確かに悪だ。彼らは宗教については何も理解していないが、あなたが彼らをそれほどまでに助けているので、彼らは、あなたが言うことは何であれ正しいに違いない、と感じざるを得ない。これは非常に狡猾なからくりだ。

インドで私は、キリスト教に改宗したカーストの最高位のバラモンを、一人でも見つけようと試みてきた。私は一人も見つけられなかった。私は長い間、何度もインドを旅行したのだ。

たった一人の高いカーストのヒンドゥー教徒も、キリスト教に改宗しなかった。というのも彼に何を与えればいいのだろう？　彼に服は必要ない、教育は必要ない。彼は充分持っている。彼はあなたを教育できる。もし誰かが何かを学ぼうとするなら、ヒンドゥー教徒には長い学びの伝統がある。彼はあなたを教えることができる。あなたは彼に何を与えればいいのだろう？　当然高いカーストの人々は、誰一人改宗しなかった。低いカーストの、まさに最下層の人たちだけだ。

それはキリスト教の功績ではない。

それは失墜だ。


愛するOSHO、私はあなたがどれほど無敵であるかを、随所で証明するあなたのやり方が好きです。アメリカ人はあなたを収監し、苦しめ、あなたのコミューンを破壊し、あなたへの待遇によってあなたは屈辱を受けるだろうと、明らかに思い込んでいます。でもその代わりに、その無敵さは終始輝き、そして屈辱を受けたままでいるのは彼らです。これは彼らの、あなたへの絶え間ない怒りのすべてから見て、非常に明らかです。

あなたは手に負えない敵です！　あなたは、野心のなさだけが自由に星々を抱き締められる、という純然たる真理です。


自分を別の者よりも高いものとして考えている人にのみ、屈辱を与えることができる。聖人ぶった、そのような人を引きずり降ろすことはできる。

控え目な人に屈辱を与えることはできない。

全くやりようがない。

アメリカはあらゆることをしてきたし、それを続けている。それは単純に、全くの愚かさを示している。彼らが自分たちの牢獄で私に屈辱を与えられないのなら、どうやってアメリカの外で私に屈辱を与えられるだろう？　私が、屈辱を与えるという彼らの努力のすべてを彼ら自身に跳ね返すのは、他に方法がないからだ。私は全くそれを受け入れない。

私はあなた方に何度も、ゴータマ・ブッダの物語を話してきた。

彼は村のそばを通り過ぎていた。彼の敵たちが集まってきた。彼らはブッダに恥をかかせたかった。彼らは醜悪な言葉を、四文字言葉（猥褻な言葉）を彼に対して叫んでいた。彼は沈黙したままだった。彼が何も言わなかったため、彼らは少しきまりが悪そうだった。

そして、ついに彼は言った。

「もしそれで済んだのなら、先へ行っていいだろうか？　日が暮れる前に、別の村に着かなければならないからだ。もしまだ済んでいないなら、知らせておこう。私は数日後に、また同じ道を歩いて来る。その時私には、あなた達のための時間が充分にあるだろう。その時あなた達は、望むだけ好きなように振る舞えるし、これまで言いたかったことをいくらでも言える」

群衆の中のひとりが言った。

「俺たちは、ただ何かを言っているんじゃない。お前を侮辱しているんだよ」

ゴータマ・ブッダは言った。

「あなたは私を侮辱できるが、もし私がそれを受け入れないなら、あなたの思いのままにはなっていないということだ。あなたは私に屈辱を与えようとはできるが、私は全くそれらを受け入れない。あなた達は十年前、私が人のわなに掛かっていた時に来るべきだった。その時は、誰かが私を侮辱すれば、自分は侮辱されたと感じただろう。その時は、私はすべての人の奴隷だった。現在私は自由な人間だ。私が選ぶ。正しいものは何であれ、私は受け取る。正しくないものは何であれ、私はそれを返す」

「最近訪れた村では、人々は私に贈るためにお菓子や花を持って来てくれた。私は言った。『私たちは一日に一度だけ食べる。そして私たちは食事をすませた。だからお願いだ、私たちは物を蓄えない、私たちはそれらを保存できないのだ。申し訳ない。あなたはそれらを引き取る必要がある』と。あなた方に尋ねるが、自分たちが持ってきたこれらのお菓子や花や果物を、彼らはどうすることができただろう？」

群衆の中から誰かが言った。「彼らは、村でそれを分け与えることができた」

ブッダは言った。「あなたは頭がいい。同じようにしなさい。あなたがもたらすものは何であれ、十年間、私はそのようなものを受け入れていない。すぐに家に帰って、誰であれあなたが望む相手に、これらのものを分け与えなさい」

あなたがエゴとして生きていない時は、屈辱は不可能だ。屈辱を受けるのはエゴだ。

そしてアメリカは、その屈辱を取り戻さねばならなかった。だから彼らはまだ怒っているし、あらゆる面で私に害を与えようと、精一杯がんばっているのだ。彼らは単純な教訓を得ていない。

私は逮捕状なしで鎖に繋がれていた。彼らはあらゆる不法なことをしていた。彼らは銃を突きつけ、理由を示すことさえなく、手錠をかけ、私の足に鎖を付けて、別の鎖は私の腰に付けて私を逮捕した。それらが厳密に準備されていたのは、彼らが私のすべての病歴を知っていたからだ。

私たちは私の病歴を――私の背中が悪いことを、政府に伝えていた。その鎖が外されることはなかった。というのも、私が牢獄を変わるごとに、鎖で繋がれたからだ。十二日間で五つの牢獄だ。だがそれは、痛む箇所にちょうど当たっていた。それは絶対に偶然ではなかった。なぜならたった一回でさえも、それは別の箇所になかったからだ。別の箇所でもよかったはずだ。私は彼らに「ちょっとそれを緩めたままにしてくれ」と言った。

彼らは「だめだ。我々は命令されたようにする」と言った。

そして彼らは、私が手錠をかけられていても、人々に手を振るだろうと心配していた。だから彼らは、私が手も動かせないように、私の手錠を腰の鎖に結び付けた。

そして車で……彼らが私を連れて行った方法は——私はこれまで、車がそのように運転されるのを見たことがない。突然彼らはスピードを上げ、そして突然止まる。ただ私の背中を痛めるために。

最初にデヴァラジが私と一緒にいた時、彼は「こんな運転はないだろう。全くこんなことをする必要はない」と言ったが、彼らは耳を傾けなかった。これは十二日間続いた。指示があらゆるところにあったようだ。どのように車を運転すべきかという指示だ。何の理由もなく、突然車は時速百マイルにスピードを上げる。そして突然止まる。それから再びスピードを出し、そして止まる。ただできるだけ多くの衝撃を私に与え、彼らが付けた太い鎖で痛めた背中を打つためにだ。

だが、それは私に屈辱を与えない。それは単に、彼らの愚かさを示していた。彼らは私が微笑むのを邪魔できなかった。あらゆるところで、人々が私に挨拶するために道路の脇に立っていた。私が彼らに手を振れなかったのは、大したことではない。私は彼らに微笑んだ。


法廷に治安判事が来る時、彼らは「起立」と言って、治安判事が来ていることを宣言する。それでみんな起立する。治安判事が椅子に坐る時、その時誰もが坐ることができる。私が法廷に入って行った時、人々は自発的に立っていた。何の宣言もなかった。人は囚人のためには宣言しない。

それは治安判事とすべての警察当局、すべての法廷の人々にとって、明白な屈辱だった。すべての人々が……サニヤシンでなかった人々さえ、これまで私を見たことがなかった人々さえ、ちょうどその時テレビで私を見、アメリカ政府の蛮行を見たことを除いては、決して私について聞いたことはなかった人々が起立したのだ。

彼らはあらゆる方法で試みた。彼らは私が屈辱を受けているだろうと考えていた。だが、報道記者が私に尋ねた時はいつでも、私は言った。「私は最高の気分だ。自分に関する限り、申し分なく素晴らしい。彼らは私の身体を苦しめることはできるが、私に触れることはできない」

そして私が彼らのすべてを曝け出したため……彼らは、私が世界のニュース報道機関に言ってきたすべての事実に対して、返答する能力さえない。彼らがたったひとつの論点に対しても返答できなかったのは、私がただあるがままに話をしてきたからだ。彼らは屈辱を受けたと感じている。そして彼らは私に嫌がらせをしようとしている、が、彼らはまたしても誤っている。

彼らは私のために世界旅行を手配した。私は彼らの助けなしには、世界中を旅してこなかったかもしれない！　私は私の人々を、彼ら自身の国で見れなかったかもしれない。そして私は政治的帝国主義が終わってしまったことを、曝け出せなかったかもしれない。だがそれは、経済的帝国主義に取って代わられている。それははるかに危険だ。現在、彼らは他の国々に、自分たちが受けたのと同じように屈辱を与えようと準備している。

私は十五日間アイルランドにいた。ビザを与えた人は、あまりにも多くのビールを飲んでいたに違いない。まさにアイルランド人の生き方だ。だから彼はそれが誰のビザなのか、誰のパスポートなのかを調べなかった。彼は単純にそれにスタンプを押した。私たちは、ただ一晩だけの滞在を求めていた。彼は七日間の証印でスタンプを押した。おそらくそれは、彼の最も手近にあったのだ。私たちは「それはいい」と言った。

私たちはホテルへ移動した。そして私たちの飛行機が、アイルランドに着陸したというアメリカの情報が彼らに伝わった時、すぐに警察が空港に来て、私たちがすでに入国していたことを知った。

そこで翌朝警官が来て、七日間のビザをすべてキャンセルした。だが私たちは言った。

「あなた方はそれをキャンセルできる。私たちは七日間もいるつもりはない。私たちは一晩だけここにいる。あなた方がそれをキャンセルするとは、私たちはどんな罪を犯したのだ?」

彼らは「犯罪ではない」と言った。彼らは恐れていたのだ。なぜなら最初の男が、私たちに七日間を与えるという過ちを犯していたからだ。「あなたはここで何も言わずに過し、何も言わずに去ればいい」これが警察だ。ビザを持つことなしで、彼らはその国で何も言わずに過し、何も言わずに去ることを私たちに許していた。ただ彼らの過ちを隠すために。

私たちは、十五日間そこで暮らした。そして十五日後、私たちが出発した時、関係大臣が議会で言った。私は決してアイルランドにはいなかった、それはただのうわさ話だった、と。彼は十五日間、私のグループがそこにいたことを完全によく知っていたのだ。

そして私たちが移動した日、報道記者やカメラマンたちがそこにいた。彼らはホテルの前で私の写真を撮った。おそらく彼らは、私は決してここにはいなかった、と議会で宣言する前に、これらすべての写真とすべての記事を、報道機関から取り上げていたのだろう。だから今、アメリカはあらゆる国の品位を落としている。

ギリシャでは、十五日間以内に、彼らは私を逮捕した。そしてパスポートとビザは、大統領の息子によって私に返された。彼は大臣だ。彼は四週間のビザを彼自身で発行した。そして彼自身がそれをキャンセルした。

彼らは、一晩ホテルに泊まることさえ私に許さなかった。しかし空港にすべての報道機関がいた――すべてのテレビ局と新聞と雑誌とラジオが――少なくとも四十人の警察高官たちがいた。私は彼らが、何を恐れていたのか理解できない。私は核兵器など持ち運んでいない。

私が記者に話していた時、警察本部長が私の前に歩み寄って私を止めた。そこで私は彼に言った。

「黙りなさい！　戻ってあなたの場所に立っていなさい！」

おそらく彼の生涯で、誰もそんなふうには言ってこなかっただろう。そして彼は賢明にも、単に引き下がって自分の場所に立った。なぜなら彼は、もし彼が何かを言ったなら、私がその場で彼を攻撃しようとしていた状況がわかったからだ。その一部始終が報道され、テレビやラジオで放送されただろう。だから、ただそうするほうがましだった……。

だが、こうしたことがテレビに映し出された――私が警察を非難していたため、彼は私を邪魔しにやって来たこと、彼らが家をダイナマイトで爆破したかったこと、私を焼死させたかったこと、彼らが私の人々を脅迫していたことが――。

私は眠っていたため、ジョンが私のところに来た。彼が私を起こした時、私は言った。

「彼らに五分間、坐って待つように言いなさい。私が服を着替えて、逮捕される準備ができるように」

今や私は、逮捕されるのを経験した者だ。問題はない。

だが、彼らは耳を傾けなかった。彼らは窓や扉に石を投げ始めた。私の浴室から、まるで誰かが爆弾を投げているような爆音が聞こえた。私は言った。「これはおかしい」。そして私が下に降りた時、私は彼らが、もし私が降りてこなかったなら家をダイナマイトで爆破するだろう、と脅迫していたのを知らされた。私がそこにいた十五日の間ずっと、私は家を出ていなかった。

私がアテネを去った後、私にビザを与えてそのビザをキャンセルした同じ大臣が、再び議会の前で嘘をついた。だからそれは、途方もない体験だった。私が政治家たちに関して言ってきたことは、百パーセント正しいと証明された。

私の秘書のハシャは、一時間その大臣と一緒にいた。彼は、議会で彼が私の秘書と会ったことを全く否定した。彼は、自分は欺かれてきた、誰か他の者がビザと彼の署名の手続きをした、と言った。

これらが、人類のすべての運命を左右するあなた方の指導者たちだ。

私たちは、あらゆる政治家を告訴するつもりだ。例えば、この大臣を私たちは告訴するつもりだ。そしてハシャは、彼女が一時間その大臣と一緒にいて、私について説明していたことを、彼が尋ねたあらゆることを、そして彼は充分に納得して初めてビザを与えたことを証言するために、法廷にいなければならない。それなのに彼は、私の秘書に会ったことがあるのを全く否定する。

同じことが、西側の全文明世界で起こっている。いくつかの国では、私がビザの申請さえしないのに、彼らにビザは与えるべきではないと既に決めていたほど恐れている。私は申請さえしなかった……ビザは与えられるべきではないという。

彼らは、私が危険な人間であり、ビザは承認されるべきではないことを、すべての大使館に通達していた。もし私の申請書が届くなら、それはすぐに却下されなければならないと。彼らは、ヨーロッパのほとんどすべての議会が私について、そしてこれらの奇妙な事柄について議論してきたほど恐れている。

オランダの外務大臣は、私がオランダへの入国を拒否されたのは、私が同性愛に反対してきたから、私がマザー・テレサを、ローマ法王を、カトリック宗教を非難してきたからだ、と言った。そしてそれぞれの民主主義国は、それは非宗教的だと主張する。

ローマ法王はどんな宗教も批判できるし、そして彼は歓迎されている。私はローマ法王を批判できない。もし彼に何らかの気概があるなら、彼はこれらの政治家たちの裏で糸を引くよりも、私の批判に対して返答するべきだ。彼はこれらの国々に、多数のカトリック教徒を持っている。それで政治家たちは支持票を失うのを恐れている。

私はカトリック教義、ローマ法王、マザー・テレサに関しては理解できるが、同性愛は全く新しい事だ。私は、同性愛がオランダの公式の宗教であるとは知らなかった。同性愛を批判すると、人はオランダに入国できない。その大臣はすべてのオランダ人を同性愛者であるとして非難してきたのだ。もしオランダの人々に多少でも分別があるなら、彼らはその大臣と、彼の省を辞任に追い込むべきだ。なぜなら彼は国全体に、暴言を吐いているからだ。

そして私が危険なのは、私が同性愛を批判してきたからだ。私はあらゆる倒錯を批判している。そして私は、彼らを批判し続けるだろう。

アメリカはあらゆる方法で試みている……それはアメリカにとって屈辱だ。現在彼らは、あらゆる他の国にもまた屈辱を感じさせようとしている。アメリカに味方しているすべての国々は、同じ様に屈辱を受けるだろう。そしてたったひとりの個人が、全世界に対抗できる。そしてそれでも人は彼に屈辱を与えることはできない。

真実は単純だ。もし人が控え目なら、屈辱は不可能だ。真実に屈辱を与えることはできない。あなたはそれを磔にはできるが、それに屈辱を与えることはできない。

第35章

礼拝はより悪い磔かもしれない

Worship may be a Worse Crucifixion

愛するＯＳＨＯ、インドには「全世界は一つの家族である」という諺があります。おそらくこの諺は、千年も前からあります。ＯＳＨＯ、人々がかつて家族のように生きたことが、本当にあるのでしょうか？　それともそれは、ある神秘家のヴィジョン――あなたが現実のものにしようとしているヴィジョンだったのですか？

これまでに、「全世界は一つの家族である」というヴィジョンに従って生きた社会は、全くなかった。神秘家たちは何千年もの間、それについて語り、それをありありと心に描いてきた。しかしあいにく人々は、神秘家たちを礼拝はするが、神秘家が彼らを変容しようとするのを許さない。礼拝することはまさに変容から逃れるための方法だ。それはつまり、こう言っているのだ。

「あなたの言う通りだが、それは私にとってまだその時期ではない。私はあなたを尊敬する、あなたを礼拝する、そしてあなたが話していることを憶えるだろう、が、私は今すぐそれに従って行動することはできない。私は普通の人間だ。あなたは偉大な悟った魂だ。その差は計り知れない」

神秘家たちを礼拝することは、本当の尊敬ではない。それは、月を指している指を見まいとするマインドの策略だ。

人間は非常に狡猾だ。ある人を追い払うためには磔にすればいい。ある人を追い払うためには礼拝すればいい。磔と礼拝が違わないのは、根本的な目的が同じだからだ。

「放っておいてくれ。あなたの馬鹿げた楽園はすばらしい。私はそれに対してとやかく言わない。だがあなたは特別な存在だ。そして私はごく普通の者だ」

この事実を証明するために、人々は神秘家たちを神の化身、救世主《メシア》、救済者、使者と呼んできた。何らかの方法で、彼らは神秘家たちをはるか遠くのものにしてきた。彼らは自分自身と神秘家たちとの間に大きな距離を作ってきたので、神秘家のヴィジョンはヴィジョンのままであった。このアプローチでそれを現実にするのは不可能だ。

そのような壮大なヴィジョンを現実にする第一歩は、神秘家があなたと全く同じくらい普通の人間であると理解することだ。彼が自分自身を実現したのなら、あなたもまたあなた自身を実現できる。彼の中で現実となったものは、あなたの中の可能性だ。彼の中で開花したものは、あなたの中のまさに種だ。しかしその種とその花との間には、全く隔たりはない。種は既に、花になるためのあらゆる努力をしている途中にある。

だが、この単純な事実を否定する理由が二つあった。一つは一般大衆が隔たりを望んだためで、そしてもう一つは、それを否定することが、本当は神秘家ではなく、ただ単にそのふりをしていた多くの者たちのエゴを満たしたからだった。

私は神に遣わされた者だ、と自分自身で言うことは大変な虚言だ。なぜなら神が虚言だからだ。そして今あなたは、私は使者である、私は預言者であると言うことで、その虚言をさらに有害なものにしている。それは、本当は実現していなかった人々のエゴを満たした。そこで彼らは、その隔たりを壊す努力は一切しなかった。それどころか彼らは、神秘家に可能なことはあなたには不可能だ、それは間違いないと強調した。

その隔たりが非常に大きいことを証明するために、彼らは奇跡をでっち上げた。または彼らの死後、誰かが彼らの生に奇跡を付け加えた。それは、その区別を非常に明確にするからだ。あなたは奇跡を行なうことはできない。これらの人々は奇跡を行なっていた。確かに、彼らはあなたにはないある特別な力を持って、より高い次元から来ていた。

また彼らは、奇跡が自分の周りにでっち上げられねばならないと思った。それは彼らのエゴを助長した。それはあなた自身を守るための助けにもなった。でなければあなたは、自分自身を変えなければならないし、不可能に見えるもの——「全世界は一つの家族である」を、実現しなければならないからだ。一つの家族でさえ、一つの家族ではない。兄は弟と争っている。夫は妻と争っている。妻は夫と争っている。子供たちは子供たちと争っている。家族でさえ家族ではない。そして神秘家たちは、一つの家族としての全世界について語っている。

だから隔たりを作ることは、彼らのエゴを助ける。それがあなたを助けるのは、一つの家族がほとんど不可能に見えるからだ。一家族の五人の人たちでさえ、平和に暮らすことはできない。そこには絶え間ない喧嘩、争い、衝突がある。お互いに愛している人たちでさえ、お互いにうんざりしている——全世界が家族に、愛に満ちたコミューンになるどんな可能性があるだろうか。

その不可能なことから、それはあなたを超えたものだ、それはこれらの特別な存在だけに可能なのだ、と受け取ったほうがいい。だが全世界は、これらの特別な存在から成っているのではない。「だから私たちにできることのすべては、彼らを礼拝することだ」。それは人を磔にする非常に誤魔化した方法だ。

本物の神秘家は、それを否定するだろう、そこに何らかの隔たりがあることを——。なぜなら、あなたがその違いとその区別を作りたがっている理由が、彼にはわかるからだ。

ゴータマ・ブッダの過去生について、彼がゴータマ・ブッダになったこの生の直前の生の話がある。

他のみんなと同じように、彼は無意識な人間だった。そして彼は、目覚め、光明を得たひとりの男について聞いた。誰もがその男に会いに行っていた。彼もまたその男に、捧げ物として花を持って会いに行った。その男の足に触れ、彼の足元にその花を捧げた。男が立ち上がった時、彼はそれが信じられなかった。光明を得たと考えられていた男は、この無意識な人間に頭を下げ、彼の足に触れたのだ。

ブッダは言った。「何をしているのですか？　私は無意識な普通の人間です。あなたは光明を得た、目覚めた魂です。なぜあなたは、私の足に触れたのですか？」

その男は笑い、そして言った。「昨日は、私もまた無意識で、目覚めていなかった。今日、私は目覚めている。今日、あなたは無意識だが、明日、あなたは目覚めるだろう。私があなたの足に触れたことを憶えておきなさい。あなたが目覚める時、決してそれを忘れないようにしなさい」

この話はとても重要だ。その男は言っている。

「私はあなたに、今より後のことを教えようとしている……なぜなら私には、あなたが目覚めるようになる可能性、潜在性が見えるからだ。それはただ時間の問題にすぎない。明日か、それとも次の生か——時間はたいしたことではない。だが憶えておきなさい。あなたは目覚めていなかったのに、覚者《ブッダ》があなたの足に触れたことを——」

何がメッセージだろう？　そのメッセージとは、彼が橋を創ろうとしていることだ。目覚めることは超自然的なものではなく、あなたの本性にもともと備わっているものだと、彼は宣言しようとしている。それは神に関係するものではなく、あなたに関係するものだと——。それはあなた次第だ。あなたは望むだけ、長く眠り続けられる。そして目覚めたい瞬間に、目を覚ますことができる。

そして、ブッダはそれを憶えていた。彼が死につつあった時の最後の言葉は、「どうか私を、礼拝し始めないようにしなさい。私は礼拝者たちを作るために、ここにいたのではない。既に何百万人もの礼拝者たちがいる。私の像を作ってはいけない。そうでなければ、あなたは私の教えを忘れ、教えから逸脱するだろう。そして礼拝することで満足するようになる。それはあなたを変えはしない。あなたは同じままだ」

それがまさに人々がしたことだ。彼は死んだ。そして彼らは、彼の最後の言葉にも関わらず、像を作って礼拝し始めた。実際、世界にはゴータマ・ブッダの像が、他の誰の像よりも多くある。

アラビア語やペルシャ語のような中東の言語には、像に対するような言葉はない。彼らの像に対する言葉はブドゥトで、「ブドゥト *budt*」は「ブッダ *buddha*」から来ている。ブッダの像は、彼の名前が像と同義語になったほど多かった。そして二十五世紀の間、人々は彼を礼拝してきた。東洋には何千もの寺院がある。誰も彼が教えていた変容には、興味がないように見える。そして誰もが、彼を礼拝することに非常に熱心だ。

礼拝は、その人間を避けるための非常に巧妙な策略のようだ。

ユダヤ教徒たちもまたイエスを避けたが、彼らは非常に原始的な方法を使った。ヒンドゥー教徒たちもまたゴータマ・ブッダを避けてきたが、彼らは非常に洗練された方法を使っている。その結果を見ればわかる——なぜならイエスは磔にされ、磔はキリスト教の源泉になったからだ。宗教は殺人から、暴力と血から起こっている。あなたは、キリスト教から他のどんなものも期待できない。二千年間に多数の人々を殺してきた。そのまさに起源は殺人に、磔にあった。

彼らは、イエスの教えを気にしていない。彼は「あなたの敵を、自分自身のように愛しなさい」と言っていたが、それなら、これらの人々は誰を殺していたのだろうか、私にはそれが理解できない。もしあなたが自分の敵を愛そうとするなら、あなたは自分の愛する人を殺そうとするだろうか？　敵を愛すべきなら、では誰を殺すべきなのだ？　友人たちか？　いや違う、教えは守られていない。ただ説教だけが教会でなされた。しかしキリスト教徒たちに対してどんな害も為してこなかった敵たち、無垢な敵たちは……。彼らの唯一の罪は、彼らがキリスト教徒ではなかったことと、キリスト教徒であることを望んでいなかったことだ。そしてそれは非道すぎる、あまりにも大き過ぎる罪だったのだ。

ヒンドゥー教徒たちは、より洗練された方法を用いた。おそらくそれがより古い文明であり、より教養のあるものだからだった。彼らはゴータマ・ブッダを磔にもできたが、彼らはそれをしなかった。それどころか、ゴータマ・ブッダをヒンドゥー教の神の化身の一人として受け入れた。

あなたはヒンドゥー教徒たちが、二十四の神の化身を持っていることに驚くだろう。この二十四という数字は、インド人のマインドの中に固定された。ちょうど一日に二十四時間があるように、一つの循環が完結する——一つの創造は、無数の年月からなる一つの循環だ。存在の一つの循環の中に、二十四人のティルタンカーラが存在する。それはジャイナ教の概念だった。

物事は奇妙なことから生じる。あらゆる言語とその算術は、十の数字に基づいている。これらの十の数字は、十本の指から来ている。なぜなら無学な人々は、自分の指で数えるからだ。だから最初の勘定は指で為された。そして十本の指がある。これは単なる偶然の一致だ。だから数学全体が一から十まで完全なのだ。それは繰り返しになる。十一、十二、十三——。それは繰り返しだ。次にあなたは、何百万もの数まで進むことができる。だが、それらはすべて繰り返しだ。基本的な数は十だ。しかし、基本的な数が十であるべき必然性は何もない。

たった三つの数字――一、二、三だけで考え、あらゆる計算をしたライプニッツのような数学者がいた。三の後には、ライプニッツの数学に四が存在しないため、四は来ない。三の後には十が来て、十一、十二、十三、二十となる。問題はない。あなたはそのように数えることができる。普通の数学では、部屋の中に四つの椅子がある。ライプニッツはそれを十と数える。それは何の困難も引き起こさない。計算は完全に正しい。

アルバート・アインシュタインは、二で考えようとさえした。ちょっとライプニッツの本を読んで、彼は言った。「なぜ三なのだ?」

それもまた、もう一つの偶然の一致だった。それはライプニッツが非常にキリスト教的マインドの人物であり、三位一体の世界が乱されるからだった。もしその数を少なくすると、その数を二にすると、三位一体はどうなる? もし数字が二までだけ存在するなら、一、二、十、十一となる。十が数字であって、三は数字ではない。三位一体を守るために、そしてローマ法王とのトラブルに巻き込まれないために、彼は三の数字を保った。

アルバート・アインシュタインは、二つの数字で試みた。二は確かに必要不可欠だ。ただ一だけでは何もできない。そして彼は成功した。二であればそれは可能だ。

同じような偶然の一致が、インドで起こった。最古の宗教ジャイナ教には、ちょうど昼夜がすべての循環を作り、それから別の昼夜が、別の循環が始まるように、創造の場合も同じである……一つの創造がある、それからあらゆるものは暗い夜の中に入り、消える、それから別の創造が始まる……という考えがある。それぞれの創造には、二十四人の教師たちがいる。彼らはティルタンカーラ、道標と呼ばれる。それはティルタンカーラの文字通りの意味だ。

ジャイナ教の二十四人のティルタンカーラが有名になる以前には、ヒンドゥー教には神の化身がたった十人しかいなかった。だがその時、彼らは少し貧しく感じ始めた。

「ジャイナ教徒には二十四人いて、お前たちにはたった十人だけか？」

あらゆる領域で、人々はとても競争的であり、とても愚かに振る舞う。あなたが調べない限り、マハーヴィーラ以後のティルタンカーラは、どうやっても決して不意に発見されることはないだろう。なぜなら彼は、最も傑出したジャイナ教のティルタンカーラだったからだ……。たとえ彼が最後であったとしても、彼は二十四人のすべての連面の中で、最も重要な人物だった。マハーヴィーラに至るまでの間、すべてのヒンドゥー教の経典には十人の化身がいた。おそらくそこに十の化身がいたという事実は、十本の指で数えた結果以外の何ものでもないだろう。おそらくその理由は、数学の場合と同じだ。そして十という数がヒンドゥー教の概念でもあることに、あなたは驚かないだろう。十の数字を最初にもたらしたのは、ヒンドゥー教徒たちだった。

だから十が完全な数であるのは、あり得ないことではない。当然十の化身は完全だ。あなたの言語を調べてみるがいい。するとそれを見つけるだろう。例えば、すべての言語はサンスクリット語から生じている。特に西洋の国々で発達したすべての言語は……。サンスクリット語で二は「ドゥワ *dwa*」だ。それはある言語で「トゥワ *twa*」になり、最終的に「トゥー *two*」になる。

英語の「スリー *three*」は、サンスクリット語の「トゥリ *tri*」から来ている。その違いはとても小さい。というのも英語には「ドゥスラ *dthra*」という音はないからだ。サンスクリット語のアルファベットは、英語のそれの二倍ある。だから英語では、「ドゥスリ *dthri*」と書くことはできない。もし「ドゥスリ *dthri*」と書くなら、それは「スリー *three*」になるだろう。「*t-h*」を作ることで、二つの文字を繋ぎ足すことで、「ドゥスラ *dthra*」にしなければならない。

サンスクリット語の六は「サス *sasth*」だ。そしてあなたは、それが関連しているのがわかる。九に対してのそれは「ノヴ *nov*」だ。あなたはそれが関連しているのがわかる。十は完全な数だ。十の後は、それは繰り返しだ。

だが、マハーヴィーラが二十四人のティルタンカーラを強調したため、ヒンドゥー教の学者たちは、自分たちは少し劣っていると感じ始めた。人々は「お前たちには、たった十人のティルタンカーラしかいないのか。ジャイナ教徒には二十四人もいるのに」と言い始めた。だからマハーヴィーラの後、ヒンドゥー教の学者たちは、二十四の化身について語り始めたのだ。突然、何の理由もなく、何の根拠もなくだ。ちょうどマハーヴィーラが死んだ時に、すぐヒンドゥー教の経典は、二十四の化身について語り始めた。ただジャイナ教と対抗するために……。

それは彼らにとって、好機でもあった。これはチャンスだった。おそらくこの機会に、彼らはそれを二十四にしたのだろう。あるいはその逆もあり得る。彼らは、ヒンドゥー教の集団の外では最も影響力のある人物であったゴータマ・ブッダを受け入れた。彼らは、彼を実際には礫にできなかった。彼らははるかに洗練された人々だった。だが彼らはそれでも、ブッダを非常に論理的な方法で礫にした。

彼らは自分たちの有名な経典『シヴァプーラム』の中で、ブッダについての物語を書き始めた。その物語は、神が世界を創ったというものだ。彼は地獄と天国を創った。彼は悪魔が監視する地獄を創った。悪魔は地獄の王だった——ちょうど神が天国の王だったように。悪魔は神の影、彼の敵対者だった。だが数百万年が過ぎて、誰も地獄に来なくなった。誰もが死ぬと天国に行った。なぜなら、人々は悪いことをしていなかったからだ。彼らは犯罪者、罪人ではなかった。

悪魔は非常に怒り、天国に行って神に尋ねた。

「これは全く馬鹿げている！　なぜお前は地獄を創ったのだ？　もし、誰もここに来る必要がないのなら、それは単なる浪費だ。そして俺の人生は無駄になる。俺はただ、そこに坐っているだけだ！　お前は俺を地獄の王にした。俺の王国には誰もいない。そこはただ、何もない空間だ。何百万年もの間、俺は待っていた。もうたくさんだ。その王国を終わりにするか、人々をここに送り始めてくれ。俺は支配するための、本物の人々が欲しいのだ。俺はここに独りで坐っていたくはない」

するとと神は言った。

「怒るな。戻りなさい。私はまもなくゴータマ・ブッダとして生まれ、そして誤ったことをするように、人々を説き伏せるだろう。するとまもなく、地獄はひどく混雑するだろう」

だから神は、ゴータマ・ブッダとして化身したのだ。

その策略を見てごらん。彼らはゴータマ・ブッダをヒンドゥー教の神の化身として受け入れているが、その目的は人々を地獄に送ることだ。だから、ブッダに従う者は誰でも地獄に行く。その時から地獄は過密になっている。そして彼らは地獄を拡大させ続けているが、人々は常にますます入って来る。状況は完全に逆転した。今、ごくまれに誰かが天国に行く。ほとんどの列車は地獄行きだ。

『シヴァプーラム』では、時々少数の人々が地上で生き延びるほど群衆が多いのは、彼らが順番待ちをしているからだと言われている。彼らを天国へ連れて行くことはできない。そして地獄に空き場所はない。彼らはできるだけ早く場所を作っている。だから地上の多くの人々は順番を待っている。どこかの場所が彼らのために用意されるまで生きている。それから、そこへ連れて行かれる。

このようにして、彼らはゴータマ・ブッダのすべての教えを非難してきた。それはただ、人々の精性を破壊することだと。あなたはインドでその結果を見る。仏教は消えた。それはインドで生まれた。

そしてインドは、ゴータマ・ブッダから非常に深い感銘を受けた。国全体が彼の影響下にあったことを示す、数多くの寺院と仏像がある。

だが仏教徒の最も聖なる場所であるブッダガヤでさえ——そこはゴータマ・ブッダが光明を得た所で菩提樹があり、寺院が記念として建っているが、寺院に勤める仏教徒の僧侶が見つからないほど、仏教は完全に消えた。そのためヒンドゥー教のバラモンが何百年もの間、儀式的礼拝を行なってきている。それは一族の伝統になった。

私は僧侶に尋ねた。「あなた方は、どれだけ長くここにいるのか?」

彼は言った。「この寺院がここにあった時から、私たちはここにいる」

ヒンドゥー教徒たちがそうした雰囲気を作ったので、ゴータマ・ブッダに従い始めた人たち——地獄に行って、地獄の苦しみを望む人たちは、ヒンドゥー教の集団に戻った。

私はあなた方に話すつもりだ——イエスの礫が、キリスト教という狂信的な宗教を作ったことを。それは何世紀にも渡って、何百万人ものユダヤ人たちを殺してきた。彼らの復讐は果たされていない。ヒンドゥー教徒たちは、はるかにうまくやった。彼らはゴータマ・ブッダに無礼なことはしなかった。彼らは彼を神の化身として尊敬した。だが、彼に従った者は誰でも地獄に行く、だから彼に従わないようにと人々を説得した。インド全体は仏教を一掃した。仏教はインドを除く全アジアに広がっている。私はブッダガヤで、彼らの世界会議によく出席した。インドを除くアジアのすべての国が参加した。インドには仏教が存在しないからだ。

あなたは礫を利用できる。あなたは礼拝を利用できる。そして同じ結果を達成できる。そして時には、礼拝はどんな礫よりも、悪い礫であるかもしれない。

神秘家たち――本物の神秘家たちは、常に人間に納得させようとしてきた。「私たちとあなたの間に違いはない。唯一の違いは、あなたは眠っていて、私たちは目を開いて目覚めていることだ。それは大きな違いではない」

「全世界は一つの家族である」（ヴァスダイヴァ、クトゥンバカム）――「ヴァスダイヴ」とは全世界という意味で、「クトゥンバカム」とは家族という意味だ。それは実現されたことがない。人は、ある日それが実現されることを望んでいる。

それは私のヴィジョンでもある。

愛するＯＳＨＯ、一九八五年八月のある日、私はラジニーシプーラムのディスコのバーを掃除することに、全力を尽くしていました。そして私は、「お母さん（ＯＳＨＯ）」は掃除が完璧かどうかをとても心配しているという単純な理由から、あなたがその夜にやって来るだろうと確信していました。あなたを待つ間、私は夫を待つ主婦のように感じていました。でも私は考えていました。「この夫は私に小言を言わないだろう、私の仕事を批判しないだろう。彼はあらゆるものを美しいと思うだろう」と。

そして偶然にも、あなたはとても穏やかに、神聖な魅力にあふれて、そのサロンに入って来ました。私の心臓は、とても速く鼓動していました。私は自分が、かなり恥ずかしがっていたことを白状しなければなりません。私があなたに、救いがたいほど深く、恋をしていたことは確かでした。

それは約三十日後のある夜、ジーザス・グローブで起こりました。私はそこであなたを祝っていました。心ひそかに私は、かつてあなたと共に踊っていた美しく長い髪の少女たちに、ほんの少し嫉妬しました！

私は醜いという劣等感が、常にありました。そして今では年老いています！「あぁ、」と私は思っていました――怒りではなく悲しみで――「私は、彼が私を見てくれるように、今とてもかわいらしくありたい！」と。

私がそれを期待していなかった時、驚きました、私は、あなたが私の方へ来るのを、私を見つめ、私と踊って祝っているのを見ました！　それは永遠でした――その長い、長い数分は！

OSHO、その夜、星や満月と話しながら家に帰った時、私は言いました。「今私は、誰かが私を愛しているのを知っている！　私は、彼が愛しているのを確信している！　私たちは彼の最愛の者たちだ。私はそれを確信している！」

それは確かに、私の人生を百八十度変えました。その日から、自分の内側に暖かさを感じています。それは以前あった不快な不在ではなく、生きるための、そしてあなたからやって来る美しいものを広げるための、さらなるエネルギーを私に与えてくれた何かです。

OSHO、あなたはいつも言います。私たちはいつかあなたへの執着を落とすべきだと。でも、私が心の中で深く望む唯一のことは、あなたの近くにいることです。死が私たちを分かつまで、良い時も悪い時も、分かち合うことです。

私はあなたの存在への執着を落とす瞬間を、別の生まで延期していいでしょうか？

あなたは、スピリチュアルな変化の変遷過程を知らない。私はあなたに「あなたは延期していい」と言うことはできる。しかし、あなたが私を愛すれば愛するほど、あなたはもっとすべての存在を愛し、もっと自分自身を愛するだろう。その愛が深くなるにつれて、あなたは消え始める。そこにはただ、愛だけがある。そして愛は執着ではない。執着とは「私」のことだ。愛は、あなたをその「私」から連れ去るのに充分なものだ。

だから私は心配するなと言う。あなたは延期できる。恐れることはない。愛が全面的になるのを許しなさい。するとその「私」は消えるだろう。そして、あなたからその「私」が消える時、誰が誰に執着しようとしているのだ？　執着はひとりでに落ちる。

そしてあなたは――それはほとんどすべての人のハートにある――執着が消える時、愛が消えていることを感じる。それは普通の愛の体験で起こることだ。そこでは、愛と執着はほとんど一つの事柄だ。

しかし、私を愛することは全く違った現象だ。

最初、執着はただ古い習慣のせいで起こるだろうが、まもなく、今それはもはや必要ではなく、愛はそれ自身で充分だと、理解するだろう。執着が消える時、それは愛が消えることではない。それは初めてあなたがその清純さを、雄大さを、その完全さを感じる時だ。あなたは敗者ではない。執着は落ち、あなたは勝利者だ。

だが、それはあなた次第だ。あなたは延期できる――それに関しては私はあなたを止めない――あなたは次の生に延期できる。しかし愛を止めてはいけない。愛の中へ、より深く入って行きなさい。するとそれは、すべての物事の面倒を見るだろう。執着はなくなる、延期はなくなる。それはあなたの、内側の空間を取り巻いているすべてのがらくたを、取り除くだろう。ただ愛だけがある時、それは神聖だ。その時愛は、誰にも向けられていない。それはすべての人にとって――すべての風にとって、それを受け取るところがどこであれ――簡単に手に入れられる芳香だ。

だが、それがあなたの扉を叩いたことに喜びを感じなさい。そして執着と愛は一つのもの、という考えを落としなさい。それらは敵だ。すべての愛を壊すものが執着だ。もしあなたが執着に栄養を与え、それを養うなら、愛は破壊されるだろう。愛に栄養を与えて養うなら、執着はひとりでに落ちるだろう。それらは一つではない。それらは別個のもので、お互いに対立している。

愛するOSHO、この前の夜、神秘家がニルヴァーナにおいて、彼と一緒になる志願者を募ったあなたの話は、この部屋にとても強い衝撃を引き起こしました。

普通あなたが「それは今、起こり得る!」と言う時、私は「今度は手に入れなければならない。なぜなら、あなたはたびたびそう語るし、それを得ないのは単に遅らせるだけのことだからだ」と感じます。それでもこの感覚と共に、私の中の何かが怖がって尻込みします。

この前の夜は、少しも恐れを感じませんでした。私は、片付いていない編集をすべて忘れました。私は集める必要がある質問をすべて忘れました。私はあなたが、まだ消えるべきではない、と私に言ったことさえ忘れました。私はジャンプするチャンスを見ましたが、そのチャンスは私を見ませんでした。どうかコメントをいただけますか?

私があなたに、まだ消えるべきではない、と言ったことを忘れるのは簡単だが、私は何も忘れていない。あなたは何でも落とせるが、あなたの編集の仕事を落とすことはできない!

だから私が「それは今起こり得る」と言う時、あなたはその中には含まれていないのだ!

愛するOSHO、もし観照者が身体とマインドを超えているなら、身体とマインドの複合体が朝シャワーを浴びに行く時、どうしてそれは、かわいそうな観照者をベッドに置き忘れないのですか？

ミラレパ、それは観照者をベッドに置き忘れる。特にとても寒い時はね。それはベッドで休み、そしてあなたがシャワーから戻って来るのを待っている！

観照者は非常に知性的だ！

第36章

そして歌が、突然
現われるなら……

And if the Song Bursts Forth……

愛するOSHO、アメリカでは多くの人々が——瞑想家から経営者まで、「ポジティヴ思考」と呼ばれるテクニックを使っています。彼らは自分自身や他人、存在に関する破壊的な考えと条件付けを、ポジティヴなものに変えようとし、この方法で彼らが関わっている生活のレベルにおいて、もっと大きな成功を望んでいます。彼らのマインドを鳥籠のように想像してみると、このテクニックは、ちょうど鳥籠を黄金色に塗るようなものだろうと思います。

OSHO、ポジティヴ思考のテクニックは、目覚めへの助けになるのでしょうか？　それとも、自分が監禁された存在であることへの気づきと、自由になりたいという欲望を鈍くするのでしょうか？

ポジティヴ思考のテクニックは、あなたを変容させるテクニックではない。それは単に、あなたの人格の否定的な面を抑圧しているだけだ。それは選択の技法であり、気づきの役には立たない。それは気づきに反対している。気づきは常に無選択だ。

ポジティヴ思考とは、単に否定的なものを無意識の中に押し込んで、前向きな考えで意識的なマインドを条件付けるという意味だ。だがやっかいなのは、無意識が意識的なマインドよりもはるかに強力で、九倍も強力なことだ。だから、ひとたび物事が無意識になるなら、それは意識的だった時よりも九倍強力になる。それは古い形では示さないかもしれない。だが、新しい表現方法を見つけるだろう。

だからポジティヴ思考は、どんな深い理解もない非常に貧しい技法で、あなた自身に間違った考えを与え続ける。

ポジティヴ思考は、アメリカでクリスチャン・サイエンスと呼ばれたキリスト教のある宗派から生まれた。「キリスト教」という言葉を避けるため――他の人たちをも誘えるように――彼らは時間をかけてその古い名称を落とし、ただ単にポジティヴ思考の原理について話し始めた。

元々の源泉であるクリスチャン・サイエンスは、あなたの人生に起こるものは何であれ、思考の投影にすぎない、と提唱した。もし豊かでありたいなら、そう思えば豊かになる。それは、あなたは裕福である、あなたはより裕福になっている、ドル紙幣があなたの方にやって来始める、と肯定的《ポジティヴ》に思うことによってそうなるというものだ。

私はひとつの逸話を思い出す。

若者が道で老婦人に会った。老婦人は尋ねた。

「あなたのお父さんはどうしているの？　私たちクリスチャン・サイエンスの信者の、毎週の会合に来ていないのよ。彼は最も古いメンバーで、協会のほぼ創設者なのよ」

若者は言った。「父は病気で、とても衰弱しています」

その婦人は笑い、そして言った。「それはただ、彼の思いにすぎなくて、それ以外の何でもないものよ。彼は自分が病気だと思っているのね――彼は病気ではないわ。彼は自分が弱っていると思っている――彼は弱っていないわ。人生は思考で作られているのよ。あなたが思う方向に、あなたはなるのよ。彼が私たちに説教してきた彼自身の観念を思い出すようにと、ちょっと彼に言いなさい。健康的に考えるように言いなさい。元気一杯であると考えるように、彼に言いなさい」

青年は言った。「そのメッセージを伝えます」

八日か十日後、若者はまた婦人に会った。そこで彼女は言った。

「どうなったの？　メッセージを伝えたの？　彼はまだ毎週の会合に来ていないのよ」

少年は言った。「僕はメッセージを伝えましたよ、マダム。でも今、彼は自分が死んだと思っています。そして彼がそう思っているだけでなく、彼は死にました。僕の隣人たちみんな、僕の家族、それに僕自身でさえ、彼は死んでいると思っています。彼はもう、僕たちと一緒に暮らしていません。彼は墓地に行きました！」

クリスチャン・サイエンスは表面的な方法だった。それは、些細なものには役立つかもしれない。特に本当にあなたの思考で作られたものは、変えることができる。だがあなたの全人生は、あなたの思考で作られているのではない。

ポジティヴ思考は、クリスチャン・サイエンスから生まれた。それは今は、より哲学的に語っているが、基本は同じままだ。否定的《ネガティヴ》に考えるなら、それはあなたに起ころうとする。肯定的《ポジティヴ》に考えるなら、それはあなたに起ころうとする。アメリカでは、その類の文学が広く読まれている。ポジティヴ思考は、他の世界のどんな所にも影響を及ぼさなかった。それが子供っぽいからだ。

「思えば豊かになる」――これが全く愚かであることは、誰でも知っている。それは有害で、危険でもある。あなたのマインドについての否定的な考えは、解放されなければならない。肯定的な考えで抑制すべきではない。肯定的でも否定的でもない意識を、作らなければならない。それは純粋な意識だ。その純粋な意識で、あなたは最も自然で喜びに満ちた生を生きるだろう。

もし、それがあなたを傷つけるという理由で、その否定的な考えを抑圧するなら――例えばあなたは怒っていてそれを抑圧し、エネルギーをポジティヴな何かに変える努力をしようとする――あなたが怒っていた人に、愛を感じるために、同情的に感じるために。あなたは、自分が自分を欺いているのを知っている。

本心ではそれはまだ怒りで、ただ隠蔽しているだけだ。外面上では、あなたは微笑むかもしれないが、あなたの微笑はただ唇だけに限られている。それは唇の運動だ。それはあなたやあなたのハート、あなたの実存とは関係がない。あなたの微笑とハートの間に、あなた自身が大きな障害物を、自分で抑圧した否定的な感情を置いたのだ。

それは一つの感情ではない。生の中では、あなたは何千もの否定的な感覚を持っている。あなたはある人が嫌いだ、多くの事が嫌いだ。あなたは自分自身が嫌いだ、自分のいる状況が嫌いだ。このすべてのゴミを無意識の中に集め続け、表面では偽善者が生まれ、その人は言う。「私は誰でも愛しています。愛は至福の鍵です」——しかし、その人の人生にはどんな至福も見えない。彼自身の中に、すべての地獄がある。

彼は他人を欺くことはできる。そして充分長く欺き続けると、自分を欺くこともできる。だがそれは変容ではない。単に生を浪費しているだけだ。生が非常に貴重なのは、それを取り戻すことができないからだ。


ポジティヴ思考は、ふさわしい名前を付けるとすれば、単なる偽善の哲学だ。泣きたいと思う時、それはあなたに歌うことを教える。やってみれば、あなたは何とかうまくできるが、それらの抑圧された涙はある状況で、ある地点で流れ出るだろう。抑圧することには限界がある。あなたが歌っていた歌は、全く意味がなかった。あなたはそれを感じていなかった。それはあなたのハートから生まれたものではなかった。それはただ、その哲学が常にポジティヴを選ぶべきだと言うからだった。

私は絶対的にポジティヴ思考に反対だ。あなたが選択しないなら、無選択の気づきのままでいるなら、あなたの生がポジティヴとネガティヴの両方を超えた何かを、両方よりもより高い何かを表現し始めることに、あなたは驚くだろう。だからあなたは敗者にはならない。ネガティヴにもポジティヴにもならない。それは実存的になろうとする。

もし涙があるなら、それには美しさがある。それ自身に歌がある。どんな歌も強いる必要はない。涙自体は、悲しみや失敗からではなく、喜びから、充足からのものだ。そして歌が突然現れても、それは涙や絶望に反対していない。それは全く喜びの表現だ……何にも反対していないし、何にも賛成していない。それはただただ、あなた自身の実存の開花だ。そのため私は、それを実存的と呼ぶ。

ポジティヴ思考は、アメリカを非常に間違った方向に導いた。それは人々を偽善者にした。それはアメリカで最も影響力のある哲学だ。実のところ、それは哲学でさえない。それはただのゴミだ。それは人の心理を理解していない。心理学が発見したものに基づいていない。それは、瞑想がより深く発見したものに基づいていない。ただ単に、人々に望みを与えているだけだ。すべての望みを失っている人々に――。それは人々に野心を与えている。

貧しい男は考える――もし彼が考え続けたら、突然出し抜けに、キャデラックが玄関口に現れるだろうと。たとえたった今、彼に玄関口がなくてもだ。まず彼は玄関口について考えねばならない！ポジティヴ思考は玄関口を作る。それから、ポジティヴ思考はキャデラックを持って来る。そしてたとえそれが起っても、どうかそのような車に坐ってはいけない。それは危険だ。そこに車はない。そして玄関口はない。その男は幻覚を見ている。彼は正気ではない。

あらゆるものは獲得しなければならない。「思考は現実化する」というナポレオン・ヒルの、有名な本がある。彼の強調するすべては、もしあなたが本当に真剣に考えるなら、あなたは裕福になる、というものだ。その本が何百万部も売れたのは、彼が良い作家であり、アメリカが生み出した最高の一人だからだ。彼は上手く、説得力をもって書く。

私は以前この話をしたことがある。

本が出版された当初、彼は書籍売り場にいた。出版社が彼を顧客に紹介できるようにだ。彼はそこで本にサインをすることができた。そこへたまたまヘンリー・フォードが入って来た。彼は本を探していた。彼は本が好きだった。彼は出版社の人に尋ねた。

「どうしたのですか？　この人は何をしているのですか？」

彼はこの人物が偉大な作家ナポレオン・ヒルであることと、彼の新しい本がちょうど出版された事に気づいた。出版社の人は「彼はあなたに紹介されたら、とても喜びます」と言ったので、ヘンリー・フォードは彼のところへ行った。

出版社の人はナポレオン・ヒルを紹介し、「彼がこの本『思考は現実化する』を書きました」と言った。

ヘンリー・フォードは、本の表紙やタイトルを見て、ナポレオン・ヒルに尋ねた。

「あなたは御自身の車で来たのですか？　それとも公共のバスで来たのですか？」

それはとても無関係なことに思えた。だがヘンリー・フォードが尋ねているので、ナポレオン・ヒルは言わねばならなかった。「はい、公共のバスで来ました」

ヘンリー・フォードは本を返却して、彼に話した。

「あなたが美しい車について充分に考え、それがあなたの玄関口に現われる時に、この本を私に渡してください。私はヘンリー・フォードです。私にはこの本はいりません。考えることであなたが裕福にはなれないことが、私にはわかります。あなたはこの本で貧しい人々を騙すことができます。誰でも裕福になりたいので、その本はよく売れるでしょう。おそらく本の売り上げで、あなたは裕福になるかもしれません、そして車を購入するかもしれません。しかし覚えていてください。思考が条件ではないということを。あなたの思考によって車が現れるなら、私はその本を受け入れます」

車は決して現われなかった。ヘンリー・フォードの所へは、決して行けなかった。その老人は非常に奇妙だった。フォードは時々電話で呼び出しては、

「車はどうなった？ もしそれがまだ現れていないなら、本を売り場から回収しなさい。それは全く詐欺だ！」。その本のすべてがポジティヴ思考についてのもので、ポジティヴ思考だけを考えている。

あなたはその違いを見ることができる。私がここでしていることは……すべての思考は、役に立たないということだ。ポジティヴであろうとネガティヴであろうとだ。それらは同じコインの二つの面だ。あなたは、ネガティヴからポジティヴに変わることはない。あなたは両方を超えなければならない。それら両方を落とさなければならない。無思考の意識になることだ。その意識からなら、あなたがすることは何であれ正しい。あなたがすることは何であれ、途方もない美しさを持つ。あなたがすることは何であれ、満足を与えるだろう。

愛するOSHO、性エネルギーは、セックスを通して表される必要があるのでしょうか？ あるいはこのエネルギーを、生物学的な必要によるものとして分類付けることは正しいでしょうか？ もしエネルギーがセックスを通して表現されないなら、それは抑圧なのですか？ それともそれは変容させられて、他の経路を見つけられるのでしょうか？

エネルギーは変えられるが、あなたがそれを自然に生きてきた後だけだ。あなたがそれを自然に――性エネルギーを性的に表現しなかったら、変容に向かって動くことはできない。

セックスが純粋にセックスとして表される時――そこに罪はない――それについて罪悪感を持つ必要はない。これはあなたの身体が作られる方法だ。これはあなたの生物学が機能する方法だ。それを表わしなさい。まさにそれを自然に表わすことで、それをセックスとして表現しようとする衝動が消える瞬間が訪れる。それが転換する瞬間だ。今、変容が可能だ。

まず、あなたの中の自然な本能を満足させるために、自然に表現することだ。その時、変容は可能だ。今そのエネルギーは、それをセックスとして表現するようにはあなたに強要していないからだ。それは満たされている。それは性的な経験が何であるかを知った。唯一この後にだけ、変容は可能だ。そして変容は瞑想を通して起こる。

だから自分の中にエネルギーを感じ、それを性的に表したいという欲望がない時は、いつでもただ静かに坐って瞑想しなさい。瞑想はエネルギーがより高く動くための経路を作る。そしてあなたは、セックスとして表わされた同じエネルギーが、究極的には三昧《サマーディ》として、超意識として表わされることを知るだろう。それは同じエネルギーだ。ただ、表現のラベルが変わり続けているにすぎない。だがもし何かが不完全なままであるなら、あなたは何度もそれに引き寄せられるだろう。

宗教には、セックスを抑圧する理由がある。彼らはみな、エネルギーを変容させたかった。そこで当然彼らは、セックスは妨げるべきで、何か別の方法で表わすべきだと考えた。その塞がれたエネルギーはその時、霊的なものに変容できると――。しかし彼らには、セックスやエネルギー、あるいは変容についての理解がなかった。

セックスとは、あなたが自分の中に一定の量だけを持つ何かではない。それは毎日生み出される。だからもしそれを性的に表わしても、あなたにはもうそれ以上のエネルギーは残っていない、ということではない。では、どうやってそれを変えるのだろう？　性エネルギーは毎日作られる。それは貯水池ではない、銀行ではない。何かを取り出すと、その多くが失われるというものではない。それは毎日作られる。あなたの生活によって、行動、食物、呼吸によって、血の循環によって――あなたのまさに生によってだ。それは生の副産物だ。だが強制的にそれを止め始めたら、自分自身に有害な行為をしていることになる。

まず、もしセックスを強制的に抑圧すると、あなたのマインドは絶え間なくセックスを考えるだろう。ただセックスだけで、それ以外は何もない。抑圧されたエネルギーは、あなたのマインドの中で循環しようとするからだ。

性的なセンターは、あなたのマインドの中にあることを思い出しなさい。性器は、頭の中にあるセンターの単なる延長部分だ。だからあなたはセックスを夢見ることができ、セックスについて想像できるのだ。そして各々の妄想は、あなたの生殖器にすぐに影響を及ぼす。あなたは思う、それは頭の中にある。性器はあなたの頭の微妙なセンターの延長なので、エネルギーを抑圧すると、あなたの頭はそれで一杯になる。あなたのセックスは頭脳的に、心的《メンタル》になるので、あなたはそれについて考え、それについて夢を見る。これは醜い状態だ。

ある男が、精神分析医の事務所に到着して言った。「助けてくれ。でなければ俺は死ぬだろう」

精神分析医は言った。「あなたは完全に健康で若く見えます。なぜ死ななければならないのですか？

何が問題なのでしょうか？」

彼は言った。「問題は、俺が絶え間なくセックスについて考えることだ」

精神分析医は言った。「それは大した問題ではありません。誰でもセックスについて考えます」彼は言った。「あなたはわかっていない……」

そこで精神分析医は言った。「理解できるようにやってみましょう」

精神分析医は紙に線を引いて、彼に尋ねた。「これは何ですか？　これは何を思い出させますか？」

彼は言った。「ふざけるな！　それはセックスを思い出させる」

線が？　精神分析医でさえ、線が彼にセックスを思い出させたことに、少しショックを受けた。そしてその男は言った。「俺はすべての心理学の本を読んできた。これは男根の象徴だ」

そして彼は正しかった。それはフロイト派の精神分析家たちが言っているもの、それは男根の象徴だと言うものだからだ。

そこで彼は別の形を、三角形を描いた。その男は目を閉じ、そして言った。

「止めろ！　それについて考えたくない」

精神分析医は言った。「これはただの三角形ですよ！」

彼は言った。「それは三角形かもしれない。だがジークムント・フロイトについて考えてくれ。そうしたら、俺が言うことを理解するだろう。これが俺の悩みなのだ」

精神分析医は「オーケイ」と言った。彼は三番目の形、円を描いた。するとその男は椅子から飛び上がり、言った。

「止めろ！　止めろ！　俺は同性愛者じゃない！　こんなに猥褻な精神分析医を見たことがない。あなたは、猥褻にする以外には何もないのか！」

ちょうどその時、彼らはラクダが通り過ぎて行くのを窓から見た。そして精神分析医は言った。

「それについては忘れてください。外を見てください。ラクダは何を思い出させますか？」

彼は言った。「ラクダが？　それは最も危険な動物だ。俺はラクダと関わりたくない！　ラクダに関係することは何でも、みんな忘れてくれ」

精神分析医は言った。「しかし、これは変ですね」

彼は言った。「何も変なことはない。すべてのものが、俺にセックスを思い出させる。それは、俺に抑圧するように言ってきた馬鹿者のせいだ。これがそのやり方だからだ。エネルギーを抑圧すると、内側のエネルギーのレベルはより高く進み始める。それは、より高く進んでいるのではない。俺がより低く進んでいるのだ！　俺はラクダや他の物に、そうした恐れを持ったことは決してなかった。しかし今、俺は外で動くことができない。俺は何も見ることができない。なぜならすべてのものが、どういうわけか、セックスを思い出させてしまうからだ」

抑圧は、マインドをセックスで一杯にするという意味で、あなたに害を与えるだろう……何の変容もなく、ただ醜い頭脳的な性的関心だけで……。

自然なセックスは、はるかに美しい。それは単純で無垢だ。

二番目に、もしセックスを抑圧し始めると、決してそれを変容できない。あなたのすべてのエネルギーは、二つに分断されるだろう。セックスは抑圧しなければならないエネルギーであり、あなたの生に残されたエネルギーは、それを抑圧しなければならない。すると、変容され得るものは何も残されていない。誰がそれを変容しようとするのだ？　誰が変容されようとしているのだ？

抑圧は、宗教が人々に説教してきた最悪のものだ。

自然なセックスとは、単純な生物学的現象だと感じる地点に自動的にあなたを連れて行き、古い衝動が去りゆく経験を通して去る。今、エネルギーは存在するが、あなたが抑圧していないので頭脳的にはならない。セックスはあなたにとって、どんな問題にもならない。瞑想で、あなたは自分の意識の、自分の超意識のより高い扉を開ける。エネルギーは常に運動を必要とする。それは静止したままでいられない。これらの新しい領域は、はるかに恍惚とさせるだろう。性的な領域をあなたは経験してきた。生物学的に進む限り、それは申し分なかった。しかしそれは、すべての動物、すべての人間、すべての鳥に手に入る普通の経験だった。何も特別なものではなく、何も独特なものではなかった。しかし、もし瞑想が超意識に向かう道を作るなら、そしてエネルギーが手に入れられるなら、そのエネルギーは自動的に開放された新しい経路を通って、動き始めるだろう。

それが私の、変容という意味だ。

だから、すべてを気楽に受け取りなさい。ただ一つのことを覚えていなさい。自然と共にあなたのくつろいだ状態で瞑想は続けるべきだ。だから何であれ、自然と共にあるものが満たされる時はいつでも、エネルギーが手に入れられる。それは、瞑想が作った道の中へ動いて行くだろう。

それは単純なプロセスだ。変容においては、あなたは何もする必要はない。必要なすべてのことには、抑圧はないということだ。エネルギーは手に入る――性的な道に入るべきだという強制はない――新しい道は開放された。エネルギーはすぐに、新しい道へ動いて行くことに興奮するようになる。そしてひとたび、それが至福のより高い質を経験したら、抑圧の問題はない。それは決して現われない。

そして、最後のことを覚えておきなさい。たとえ性的エネルギーを通して超意識とより高いレベルを体験しても、性的な経路を通してエネルギーを使えないという意味ではない。より高いものから、あなたは常に何の苦もなくより低くなれる。しかしより低いものから、より高いものへ行くためには、大変な準備が必要だ。

五千年前のヴェーダの時代に、インドでよく起こったある奇妙な現象を知って、あなたは驚くだろう。ほとんど信じ難いことだ……もし、あるカップルが子供を産めないとわかると、彼らは森や山に住んでいて大学や何千もの学生を持つ偉大な予言者、偉大なマスターのところへ行く。

彼らはマスターに尋ねる。「私たちは、自分たちに慈悲深くあるために、もはや性的ではない者でありたいし、それで私の妻に子供を産ませたいのです」

それは受け入れられた現象だった。そこにはどんな非難もなかった。だがあなたは、大変な洞察を見ることができる――セックスを超えて行った者には、普通の人よりも良い子供を生むより多くの潜在能力があることを。

それはブッダとマハーヴィーラの時代まで、インドで続いた。彼らがこの慣習に抑圧をもたらし、そして非難した二人だった。

私は今でも、ヴェーダ的な慣習に賛成だ。それは絶対的により科学に近い。ブッダとマハーヴィーラは、両者とも抑圧に賛成している。それは危険だ。ブッダとマハーヴィーラ以前のインドは、抑圧的な社会ではなかった。それは非常に異なる種類の社会だった。あらゆる自然なものが受け入れられていた。もしカップルに、子供を持つ何らかの困難さがあるなら、最善の方法は、自分のセックスの中にどんな性的なものもない誰かを、セックスがまさに瞑想である人を見つけることだった。その瞑想的行為の中に、他のどんな方法よりもより良い子供を持つ多くの可能性がある。

だからそれを覚えていなさい、アルピータ。人生においてあらゆることは、自然に受け入れなければならない。その見方で瞑想し続けてごらん。そして自然に関する限り、どんなエネルギーでも飽和地点に来れば、そのエネルギーは自動的に瞑想の方へ動き始める。

変容はあなたに起こる。あなたはそれについて何もできない。あなたはただ単にその地盤を準備すればいい。

愛するＯＳＨＯ、時代を通して、世界中の人々に幽霊を想像するというような大きな能力があったのはなぜですか？

人間が死ぬ時、何が起こるのか？というのは、常に人々にとって最も重要な問題の一つだった。

過去では、物質主義者は非常に少なかった。大部分の人々は霊や魂を信じていた。身体は死んでも魂は残る、ということを——。様々な宗教が、魂に何が起こるかを説明しようとした。しかし、そこには落とし穴が至る所にあった。それらの落とし穴が幽霊の考えを与えた。

例えばキリスト教徒、ユダヤ教徒、イスラム教徒はみんな一つの生と、最後の審判の日が来ることを信じている。しかしその間に、魂に何が起こるのだろう？　ある人は今日死ぬ。明日は審判の日ではない。審判の日は世界の終わりにある。それで今まで、すべてのキリスト教徒とすべてのイスラム教徒とすべてのユダヤ人は尋ねた。

「これらの人々は何をしているのだ？　そして彼らはどこにいるのだ？」

審判の日の後、少数は天国に行き、ほとんどは地獄に落ちるだろう。しかしその間、彼らは身体なしで、幽霊として辺りをぶらついている。

人間は、大変な恐怖の期間を通過してきた。その時代に火はなかった。夜は暗かった。火はなく、野生動物と、とりわけこれらの幽霊がいる。幽霊が理由で、人々は死んだ彼らの年長者を礼拝し始めた。ただ自分たちを安心させておくために、「私たちはあなたを覚えています。私たちを苦しめないでください」と……。

インドでは今日でさえ毎年数日を、死んだすべての古い世代のために取っておく。人々はカラスに向けて、お菓子や果物や他のものを放り投げる。その幽霊がカラスの形になるという考えがどこからやって来たのか私は知らないが、カラスはお菓子を食べ、彼らは満足する。

カラスは醜い。彼らは黒い。カラスが好きで、自分の家に鳥かごを作り、その中でカラスを飼う人が誰かいるとは思わない。あなたは彼を気違いだと思うだろう。そしてカラスは非常に迷惑だ。静かなままでいるなら結構だが、静かなままでいない。彼らは絶え間なくうるさい。おそらく彼らの醜さ、黒さ、彼らの音のすべてが、これらはカラスの形をした幽霊である、という考えを与えたのだろう。

そして毎年、人々はカラスに餌を与える。一週間、彼らは川に行き、自分の両親、祖先を礼拝する……家系が長いため、先祖のすべてを知るわけではない。しかし彼らは、自分にできるものは何でも捧げる。その捧げ物はバラモンに、祭礼を行なう者のところに行く。しかしバラモンは毎年彼らに「我々については心配しなくていい。我々は幸せだ。あなたは幸せなままだ。ここに来る必要はない」と納得させる。

この種の儀式は、人々が非常に恐れていた時に、野生動物の恐れが物凄かった時に生まれたに違いない。そこには精神分裂症の人々がいる。幽霊に取り憑かれていると、今日まで思われてきた人々だ。彼らは心理的に病気なのだが、何世紀もの間、幽霊が存在することを証明してきた。

インドで、私は国中を動き回って、幽霊に取り憑かれた人を解放することで有名な多くの木を見てきた。そして実際に起こることは実に醜い。人は彼が幽霊に取り憑かれていると考え、彼は異なった方法で振る舞う。彼は本当は二重人格なのだ。時々彼は完全に大丈夫で、普通でいる。それは一つの人格だ。誰もが分裂しているが、彼は身体の中でほとんど二人の人物になってしまうほど分裂する。そして両者とも、表現のための場所を必要とする。

人々はある人を見慣れている。別の人が代わって乗っ取るとき、人々は幽霊が取り憑いたと考える。それは古い時代の解釈だ。彼らは二重人格に関して何も知らなかった。だから幽霊が取り憑いたと考えられる人たちを、これらの木の所に連れて行く。その人物は打たれる、ひどく打たれる。彼が正気を取り戻すように――。そして正気に戻ることは、彼が古い人格に戻って来たことを意味する。

木が礼拝されるのは、木が助けたのだと考えるからだ。それで、その人間の衣類の一部が木に掛けられる。だからもしあなたが、木に掛けられている数千もの服の一部に出くわすなら、それは数千人もの人々がその木の下で打たれてきた、という意味だ。それぞれの人が自分の人格に戻って来ると、大きい釘が木に打ち込められる。それは、幽霊は木と共に打ち込められた、今彼はそこから逃げられない、という意味だ。

打つことは、ほとんどの場合役立つ。その人が自分の別の人格へ移るのを恐れるようになるのは、彼がそのような良い処置をされたからだ、ということになる。それは心理的な処置のまさに古い方法だ。しかしそれは効果がある。

私の家のそばにニームの木があった。非常に大きなニームの木だ。私はちょっと数本の大きな釘を購入して、木の周りにそれをみんな刺した。そして数枚の布を木のあちこちに引っ掛けた。その翌日人々は言った。「何が起こったのだ？　この木は決して、そういう木だとは思わなかったのに……」

しかし誰も知らなかった。私の家族も知らなかった、私がしたということを――。そして知らないことは常に恐れを生む。

なぜ誰かがそうしなければならないのか？　その理由はなかった。それで知られざる何かが起こった。その日から、私の家のそばのその小さな通りは危険になった。夕方以降、誰もそこを通らなかった。彼らは、ほぼ一マイル、自分の家に着くために、そのまわりを歩き回る。そして私のところからそれは、ほんの二、三フィートだけ離れていた。だが、その木の下を通ることは危険だった。誰にわかる？時々、釘は緩くなるかもしれないし、幽霊が出るかもしれないのだ。

私の家族は私を疑っていたので、私に聞き始めた。「それはお前の仕業か？」

私は言った。「僕は幽霊について何も知りません」

彼らは言った。「誰も家に入って来れない。だからこれをしたのは家の中の誰かだ。そして今お前は、ここで人々が通るのを邪魔した」。そして私の家族でさえ……ちょうど木のそばが井戸だったので、夜に、水が必要となると、私を起こした。「バケツ一杯の水を汲み上げに行ってくれ」

私は言った。「これはおかしい。なぜ僕が、不必要に悩まされなければならないのですか？」

彼らは言った。「お前は近所の人たちみんなを悩ませている」

私は言った。「もし僕がそれをしたと絶対に知っているなら、怖がる必要はないはずです」

彼らは言った。「我々はお前がそれをしたことを知っている。しかしそれでも恐れはやって来る。なぜならお前は自分がそれをしたと認めないからだ。それは単なる我々の推測だ。実情がどうであれ、行ってバケツ一杯の水を持ってきなさい。それはたった今必要だ」

その木は、私と一緒に勉強していた学生の一人が、こちら側からあちら側へ目を閉じて走るほど厄介なものになった。それは小さな通りで、教師は別の角に住んでいて、彼はそこによく行った。私は彼に言った。「怖がらなくていい。これらはみんな、とても優しい幽霊たちだ」彼は言った。「幽霊について僕に話さないでくれ！　それに君が優しいと言うと、よりいっそう怖いのだ。僕はどんな優しさも欲しくない！」

彼は教師に言った。教師は老人で、バラモンだった。町で非常に尊敬されていた。そのバラモンは言った。「心配するな。君にマントラを与えよう。『ハレ、クリシュナ。ハレ、ラーマ』。君はただ言えばいい。『ハレ、クリシュナ。ハレ、ラーマ』。そして、その木をすす速く通り過ぎるのだ」

だがその少年は言った。「僕は毎日、もっと怖くなっています。あなたは怖くないのですか？」

彼は言った。「いいや、わしは怖くない。わしは神を信じている。わしはどこにでも行ける」

そこで少年は言った。「今日、あなたが僕を導いてください。とにかくそれは、夜のとても遅い時刻なのです」。それは十時だったに違いない。「あなたが僕を通りの外へ導いてください」

私は彼に言った。「君の教師は、君にこのマントラを与えた。まず彼に言うんだ。『それをどうやってするのか、僕に見せてください』と。いつか彼を連れて来てくれ」

彼は言った。「今日、彼を連れて来よう」

そこで私は待っていた。少年と教師は、彼の手にランプを持って、幽霊か何かがいるのかいないのかを見るために、その周辺を調べにやって来た。そして教師は言った。

「何もいない。ちょっと始めよう。『ハレ、クリシュナ。ハレ、ラーマ』」

そして彼らは繰り返した。「ハレ、クリシュナ。ハレ、ラーマ」

私は、ただ落とすために灯油のブリキ缶を、空のブリキ缶を持っていた。私は最初に手でそれを打ち、そしてちょうど教師の上に、それを落とした。それは簡単に教師の頭を打った。そして彼が逃げた方法は見る価値があった！　彼はそれを取り除かなかったのだ。さらにブリキ缶を持って道の方へ駆け出した。そして群衆が集まり、私も群衆の中にいた。

彼らは言った。「今、それはとても難しくなっている！　それほど尊敬され、古代の法典を熟知しているバラモンが……幽霊は彼を恐れてさえいない。そしてこれはまともではない」

なぜなら彼らが缶を取り除いた時、それが新鮮なブリキ缶だったため、教師は灯油の臭いがしていたからだ。私はそれを、ただ空にしただけだった。

彼らはみな教師の臭いをかいで、言った。

「これは奇妙だ！　なぜあなたはそこへ行ったのだ？　あなたのランプはどうなったのだ？」

そのランプはそこに落ちていた。それを覚えているべき危機的な瞬間に……。

誰かが言った。「彼のランプを取りに行って来い」

だが誰にもその用意はなかった。そこで私は彼の生徒に言った。

「君が行けばいい。君はマントラを知っている。『ハレ、クリシュナ。ハレ、ラーマ』を」

彼は言った。「そのマントラは役立たずだ！　僕の教師でさえ無理だった……彼はマントラを繰り返していた。ちょうど彼がマントラを繰り返していた時、その缶が騒音と共に落ちてきて、彼の頭の上にはまったんだ」

父は私に言った。「わしは知っているぞ……なぜなら、新しい缶が家の中に届けられていたからだ。それはどこにある？　お前はきっとそれに関係している。そして今、この近所の人たちの恐れをなくす唯一の方法は、その木を切り倒すことだ」

私は言った。「僕には何の異議もありません。だけど、お父さんは木を切れる人を見つけられるでしようか？」

父は言った。「わかったぞ、だからお前は同意したのだ。誰にもその用意がないために——」

そして誰にもそれを切る用意がなかった。


町には多くの樵《きこり》がいた。彼らは言った。「その木を触ることができない。それらの幽霊を解き放すことになる……誰にわかるだろう？　彼らは俺たちの家に来始めるのか、それとも俺たちの後を付いて来るのか、俺たちに取り憑くのか……」

私の父には二倍の報酬を与える用意があった。彼らは言った。「あなたが俺たちに与えたいものが何であろうと、他の誰かを見つけてくれ」。彼らは提案した、「木について何も知らない誰かを、他のいくつかの町で問い合わせればいいだろう」

だが別の場所から来た者は誰でも、釘とそれに掛けられている服の一部がある木を見て、全く拒否した。方法はなかった。

私は父に言った。「あなたが望むなら、僕がその唯一の人間です。僕はこの木を切ることができます。でも、家全体が幽霊でいっぱいになるのかどうか僕に言わないでください。彼らは木の中で生きています。彼らにかまわないでください。彼らは温和な人々です。彼らは誰も傷つけません。彼らが教師に対してちょっとそれをしたのは、教師が彼らに反対するマントラを言ったからです。彼は敵対し始めたのです。彼らはそうではありません……彼らは平和な幽霊です」

父は言った。「わしは、彼らが平和な幽霊だと知っている。だが我々もこの家に住まなければならない。誰も今、テラスでは眠れないのだ」

夏のインドでは、人々はテラスや外で眠る。

「誰も準備ができていない……お前以外、誰も夜にテラスには行かない」

なぜなら木が、その枝をテラスまで広げていたからだ。

そして、私がしなかった物事が起こり始めた。人々はそれを自分でどうにかした。木の近くで、誰かがそこで突然倒れる。その理由は、雨が降って滑りやすかったのかもしれない。それで彼は滑った。だがすべての非難は木に向けられた。それは、幽霊がその時人々を躓かせた、ということだった。

それは、通りが閉鎖された日でさえも、誰もそこに行かないという状態に至った。人々が怒っていたのは、大通りから家に帰るために、とても長く迂回しなければならなかったからだ。それは小さな通りのとても近くにあった。

幽霊というようなものはない。幽霊はあなたの恐怖の中にある。その恐れは何によってでも作られる。一度作られると、取り除くことは難しくなる。

実際、これら三つの宗教はどれも魂を誤解している。人が死ぬ瞬間、彼はすぐに二、三秒以内に、別の子宮に入る。ほんの少数の人々だけは具現化されない状態のままだ。アドルフ・ヒットラーやヨセフ・スターリンのような非常に邪悪な人々は、そのような悪い子宮を得られないので、何百年も残らなければならない。あるいは非常に善良な人々は、適当な子宮を見つけるために何百年もの間、待ったままだ。だが彼らは珍しい。善良な人は、誰にもどんな危害も与えない。そして悪い人は、その人生で多くの害を為してきたので、今彼らは後悔し、罪を感じている。

これらの二つのタイプの少数の人々は、地球の周辺にいるかもしれない。しかし彼らは誰をも傷つけたり、誰にも害を与えようとはしない。幽霊についてのすべての考えは恐れから生じた。そして何でも恐れを引き起こすことができる。墓地のそばを通り過ぎる人々は、走るだろう。もし夜なら、彼らはその道へ行くのを恐れるだろう。ほんの小さな物事だ……幽霊は、本当にあなたの恐れだ。もしあなたにどんな恐れもないなら……。

東洋では、魂の転生がすべての宗教で事実として受け入れられているので、幽霊の恐れはそれほど大きくはない。イギリスは最も幽霊がよく出る場所だ。そしてこの質問はチェタナからだ！　イギリスのとても多くの家では、幽霊がよく出る。しかしこれがイギリスだけで起こるのは奇妙だ。他の場所では非常に稀だ。しかしイギリスには幽霊がよく出る家がとても多くある。

長い間、イギリスは世界で可能な限り、多くの悪をしていたように見える。でなければ帝国を創ることなどできない。何百万人もの人々が殺され、惨殺されてきた。そして、それほど多くの悪をする時はいつでも、あなたは影響を受けないままではあり得ない。未知の恐れ——それはとても多くの人々を殺したからだ……。

私の町には、カビールの信奉者たちの美しいアシュラムがある……それは珍しい。なぜならカビールの信奉者たちは極めて少ないからだ。アシュラムの責任者としてそこにいた男、サティヤ・サヒブは、本当に誠実な男性で、探求者だった。彼は死んだ。アシュラムには多くの美しいものがある。そこには洞穴がある。そこには、洞窟の半分が水で満たされるほど深い地下洞穴がある。洞穴には二つの部分がある。半分の洞穴はほんの少し高く、そこで入浴したり、水を飲んだり、何でもすることができる。水があり、絶えず流れている。そこには多くの洞穴がある。

サティヤ・サヒブは大変修行を積んだ男で、良い信奉者を持っていた。しかし彼は死んだ。私は彼に会ったことがないが、彼の信奉者シャヒブダスを知っていた。彼には彼の教師のような質はなかったが、とても多くの知識があった。私は父と一緒に彼の所へよく行った。私の父は彼の教師の友人だった。ある日、彼は幽霊について語り始めた。どういうわけかその話題が持ち上がった。そして彼は「幽霊はいない」と言った。

私は言った。「それは正しくない。あなたのグル、サティヤ・サヒブでさえ、幽霊になったのです」

彼は「何だと！」と言った。

私は言った。「私は彼を見ました。ちょうど自分の墓の上に立っているところを──。もしあなたが彼を見たいのなら、私はその準備ができますよ」

彼は言った。「彼を見るために？　彼は生きていた時でさえ危険だった。私は彼の幽霊を見たくはない。しかし、どうやって彼を見るようになったのだ？」

私は言った。「私はただ、そこを通り過ぎました。そして彼は立っていました。裸でサマーディの状態で。ご承知の通り、私はちょっと問いかけました。『あなたは、何をしているのですか？　サティヤ・サヒブ。そんな寒い朝にここで裸で立って──』。すると彼は言いました。『幽霊にとっては寒さや暑さはない。あらゆるものが完全に良い。服はいらないのだ』」

シャヒブダスは言った。「これはみんなナンセンスだ！　君がただ作り上げているだけだ」

私の父は彼に言った。「こいつの言う事を聞いてはいけない！　こいつは私の家をほとんど取り憑かれた家にしてしまったのだ。人々は通り過ぎるのを恐れる。こいつはあなたの教師に会ったことは、私には決して言わなかった。彼は私の友人だった」

私は言った。「私が言わなかったのは、彼が幽霊に、かわいそうな人になったことを、あなたは信じなかったからです」

しかし彼の弟子シャヒブダスは、たとえ怖くても、「真実は何だ？」と、興味を持つようになった。

そこで彼はある午後に私を呼び、言った。「ちょっと私に真実を言ってくれ。真実は何だ?」

私は言った。「私はすべての事を言ってきました。私にできることのすべては、何らかの準備ができることです。私はまた、あなたの導師《グル》に会いましたよ」

彼は言った。「何だと!」

私は言った。「そう、彼はまたそこに立っていました。ちょっとした偶然の一致です。私は朝散歩に出かけます。すると彼は裸で立っていました。私はこの時に彼に言いました。『あなたの弟子は、あなたが幽霊になったことを信じていません』。彼は言いました。『彼は間抜けだ! 彼は私が言ったことを決して何も信じなかった』。私は言いました。『私は彼に、あなたに会う機会を与えました。彼があなたに会えるためには、何をしたらいいですか?』

彼は言いました。『夜に、真夜中に、町の時計台が十二時を告げる時に、ちょっと彼を連れて来てくれ。彼を連れて来てくれるなら、彼はここで私を見るだろう。しかし彼は全く価値のない弟子だから、私は自分自身を布で、白い布で被わなければならない。私は自分の顔を彼に見せたくないし、彼の顔も見たくない』」

「あなたが望むときはいつでも、私は準備できます……」

シャヒブダスは言った。「彼は怒っているのか?」

「彼は確かにとても怒っています。彼は『私の服に触れないでくれ、そして私の近くに来ないでくれ』と言いました。彼はその場所を私に示しました。『そこに立っていてくれ。木の近くだ』。そこには木がありました。『その木の近くだ。そして近くに来ないでくれ。なぜなら私は本当に怒っているからだ。私の弟子は全く価値がないのがわかった。そして怒りの中では、わかるだろう、人は何でもできるものだ』」

そこでその夜十二時に、白い布で被ってそこに立たせるための、サティヤ・サヒブと同じ背丈の私の友人の一人を、私は説得しなければならなかった。そして私はシャヒブダスを連れてきた。そして時計台が十二時の合図をした時、シャヒブダスは見て、そして言った。

「何てことだ！　彼はそこに立っている！　彼はとても怒っているので、我々が彼の近くに行くと、彼は何でもすることができる！」

私は言った。「彼の近くに行けますが、彼は何でもすると言いました。彼が何をするか私は知りません――あなたにとびかかるのか、あるいはあなたを打つか、どうするかは――」

私は友人に上等な棒を与え、そして言った。

「もし彼が来たら、ちょっと彼を上手く打ってくれ」

彼は頭を、カビールの信奉者が自分たちの頭をきれいに剃って保つ方法で、きれいに剃っていた。

「ちょっと彼の頭を上手く打ってくれ。それで充分だ。恐れとすべてのことで、彼は気を失うだろう。そして私は、関わっているみんなを、私の父や他の人たちを呼び寄せる。そして『見てくれ！』と言う」

それは起こった。彼は近づき、上手く打たれて倒れ、気を失った。私がランプとトーチを持って父と他の人を連れて来た時、彼らはシャヒブダスが墓のそばで横たわっているのを見た。彼は目を開いて、ただ墓を見た。残像がまだそこにあった。そして再び目を閉じた。なぜなら、彼がまだ見えていたからだ……。

私の友人は姿を消した。私は彼に言っていた。「君は姿を消すのだ。でなければ、人々は君をとても酷く叩くだろう。君はただ単に打って、そして姿を消せばいい」

そしてその場所は大変な、ほとんどジャングルのような所だった。

「君はとても簡単に姿を消すことができる」

シャヒブダスが気を取り戻すのに、ほとんど一時間かかった。私の父は彼に言った。

「何が起こったのだ?」

彼は言った。「あなたの息子は正しかった。私たちは彼を不必要に疑っていた。彼は、私に私のグルを見せてくれた。グルはここに立っていたのだ! そしてあなたの息子は私に言った。『彼はとても怒っているので、彼の近くに行ってはいけない』。しかし彼が生きていた時でも、彼は決してそんなに激しく私を打たなかった! 彼は棒で、とても激しく私の頭を打った」。血が彼の頭にあった。

「そしてグルの幽霊を恐れて……私は倒れた。それから何が起こったのか、私は知らない」

彼は、その翌日に町を去って行ったほど、とても恐れるようになった。それは町の、アシュラムの外にあった。私たちは彼について、または彼に何が起こったかについて、決して聞いたことはない。しかし一つのことは確かだ。彼は幽霊の存在を信じたままで、幽霊の話を広げているに違いない。

私は多くの人々に、幽霊を見せることを楽しんだ。それは非常に簡単だ。彼らはそれを信じてきた。その理由は、あなたの内側の基本的な恐れだ。でなければ、私はどんな幽霊にも出会ってこなかった。そして私は、彼らを捜してきた。

現在、心理学者はそれに取り組んでいる。以前は説明できなかった出来事に、様々な理由を見つけている。今、彼らは説明できる。しかし一つのことは確かだ。幽霊は存在しない。彼らは神と同じほど、恐れからの、単なる創造物だ。

第37章

愛よりも高い力はない

There is not Power which is Higher than Love

愛するＯＳＨＯ、導師《マスター》の本質とは彼の体験をどう伝達するか、その能力にあると、あなたは説明してきました。あなたの中では、さらにより美しい何かが起こりました。

ブッダはその土地のパーリ語で、バラモン教に不足しているものに答えることで、選ばれたわずか数千人の人たちに、彼のメッセージを伝えました。

それと比較すると、あらゆる大陸やあらゆる人種、あらゆる宗教やあらゆる可能な背景から訪れた多数の男女に対して、あなたは話しています。バラモン教に足りないものに制限されたものよりも、人類がこれまでに理解した心理的かつ科学的な要素から、あらゆるスピリチュアルなものをあなたは引き出して総合します。

人々はあなたのことを、最も優れたヒンディー語を話す人物だと語ります。それほどあなたは、存在をヒンディー語で詩的に表現できます。さらに第二の言語、英語でも同じように話せます――ほとんどは世代が離れ、非常に異なる文化から訪れた人々にも……。あなたはその第二の言語では、全くあなた自身を表現しませんが、通常その土地の人だけが持つ日常的な話し方の、すばらしいニュアンスと会話言葉は、ほぼ把握しています。

ＯＳＨＯ、この伝達の最高の能力が、あなたをマスターの中のマスターにさせるのでしょうか？

世界の状況は劇的に変わった。ほんの三百年前まで、世界は非常に大きかった。たとえゴータマ・ブッダがすべての人間に話しかけたくても、不可能だった。まさに伝達手段がなかった。人々は多くの世界に住み、お互いにほとんど孤立していた。それは単純なことだ。

イエスは全世界とではなく、ユダヤ人と向き合わねばならなかった。彼のロバに乗って世界中に行くことは不可能だった。たとえ彼が、ユダヤの小さな王国をどうにかして網羅できたとしても、それは大変だっただろう。人々の教育は非常に限られていた。彼らはお互いの存在に、気づきさえしなかった。

ゴータマ・ブッダ、中国の老子、アテネのソクラテス——彼らはすべて同時代の人間だったが、お互いにどんな人たちか、少しも知らなかった。

だから、伝達手段と輸送機関の科学的な革命以前には、多くの世界が存在していて、彼ら自身だけで充足していたと私は言うのだ。彼らは決して、他の人々について考えなかった。他の人たちが存在するということさえ、少しも知らなかった。人々が互いをますます知るようになったので、世界はより小さくなった。今やブッダはどうすることもできないし、イエスもモーセも孔子も同じだ。彼らはみな、一部の地域のごく限られたマインドと態度を持っている。

私たちが幸運なのは、あなたが地域的であり得ないほど、今や世界は小さくなっているからだ。

あなたが気づいているかどうかはともかく、あなたは地域的ではあり得ない。あなたは全世界的でなければならない。孔子について、クリシュナについて、ソクラテスについて、バートランド・ラッセルについて考えなければならない。一つの単位として世界を考えない限り、そして異なる天才たちのすべての貢献を考えない限り、あなたは現代の人間と話せない。その隔たりは二十世紀の今では、二十五世紀分ほど大きいだろう——それに橋を架けることはほとんど不可能だ。

橋渡しの唯一の方法は、知るに至った人は、彼自身が知った時点に立ち止まるべきではない、彼が知るに至ったものに表現を与えるだけで満足すべきではない、ということになる。彼はすべての言語を知るために、途方もない努力をしなければならない。仕事は膨大だが、それは刺激的だ。異なる次元から人間の才能を探求することは——。

もし理解の灯りがあなた自身の内側にあるなら、何の苦もなくあらゆるスピリチュアルなものを統合できる。その統合は、すべての宗教的な神秘家だけにあるものではない——それは不公平だ。統合は、すべての芸術家の洞察、すべての音楽家やすべての詩人、すべてのダンサー、彼らすべての洞察を含まなければならない。生に貢献し、人類をより豊かにしたすべての創造的な人々が、考慮されねばならない。そしてすべての中で最も重要なものは、科学的な成長だ。

科学的な成長を、ハートや宗教と一緒に統合的なヴィジョンの中へもたらすことは、過去においては不可能だった。そもそも科学が存在しなかった。それは千と一つのことを変化させた。生は決して再び同じではあり得ない。

そして誰も、これまで芸術的な人々のことを、彼らの貢献が宗教的でもあるとは考えてこなかった。私の展望《ヴィジョン》においては科学、宗教、芸術の三角形だ。

それらはあまりにも次元が異なる。それらは異なる言語で話し、お互いを否定して、表面的には同意しない。それらすべてが溶け合い、一つになれるほどの深い洞察があなたにない限り無理だ。

私の努力は、ほとんど不可能なことをすることにあった。

私の学生としての大学時代、私の教授は途方にくれていた。私は哲学科の生徒だった。私は科学の授業——物理学、化学、そして生物学に出席していた。それらの教授たちは、とても奇妙に感じていた。

「君は哲学を勉強するために大学にいるのに、なぜ化学で時間を浪費しているのだ?」私は言った。

「私は化学とは無関係です。私はただ、化学や物理学がしてきたことへの、明確な洞察を持ちたいのです。

細部にまで入りたくはありません。ただ、本質的な貢献について知りたいだけです」

私は自分のクラスにはめったにいなくて、たいてい図書館にいた。私の教授は絶えず言っていた。「君は図書館で、一日中何をしているのだ？　図書館に最初に入るのが君だという多くの苦情が、図書館員から来たからだ。それで最後は図書館から君を、ほとんど力づくで連れ出さなければならないと。一日中、君はそこにいる。哲学の部門だけでなく、君とは無関係なすべての部門で、図書館のあちらこちらを歩き回っている」

私は彼らに言った。「あなたに説明するのは難しい。でも将来への私の努力は、何らかの真実があるすべてのものを統合的な全体へともたらし、すべてのものを含む生の道を創造することにあります。それは議論や矛盾に基づくものではありません。人間の知識のために、人間の知恵のために為されてきたすべての貢献の、本質的な核心への深い洞察に基づいています」

彼らは私が狂ってしまったのだと考えていた。私が選んだ仕事は、誰をも狂気へ連れて行くことができる。それはあまりに膨大だ。しかし、私にとっては狂気はあり得ないことで、私がマインドをはるか後ろに残したことに彼らは気づかなかった。私は単なる見守る者だ。

マインドは、非常に繊細で複雑なコンピュータだ。人間は偉大なコンピュータを作ったが、どれもいまだに人間のマインドに匹敵していない。ただ一人の人間のマインドには、世界のすべての図書館を含む能力がある。そしてただ一つの図書館――大英博物館の図書館にある本は、もしあなたがそれらを次々と壁のように並べ続けるなら、地球を三周回るほどのものだ。それは単に一つの大きな図書館に過ぎない。モスクワには同じ種類の、おそらくそれより大きな図書館がある。ハーバードには同じ種類の図書館がある。

しかし一人の人間のマインドには、これら全部の本に書かれたすべてを吸収する能力が、記憶する能力がある。一つの脳の中には十億以上の細胞がある。それぞれの単細胞は何百万もの情報の断片を吸収できる。確かに、もし既にマインドの外に立っていなければ、人は気が狂うだろう。もしあなたが瞑想の状態に達していなければ、狂気は確実だ。彼らは間違っていなかった。しかし彼らは、私の努力が瞑想の方に向いていたことに気づかなかった。

そこで私は、世界中からの奇妙な本、奇妙な経典を読んでいた。それでも私は、ただの見守る者に過ぎなかった。なぜなら私に関する限り、私は自分の家に戻っていたからだった。そのすべての読書から学ぶべきものは何もなかった。その読書は違う目的のためだった。その目的は、私のメッセージを世界的にするため、それを地域的な制限から解放させるためだった。

私は、完全にそれに成功したことに満足している。私には地域的なものは何もない。私には国が、母国がない。私にはそこで暮らすための家がない。私は、この地球上のどこにも、どんな場所も持っていない。これは非常に奇妙な状況だ。

私は世界市民だ。しかし世界の中で、私には立つための場所さえどこにもない。

私はもうあと四、五日だけ、ここに残ることができる。それから移動しなければならない。だが、おそらくそれは良いことだ。私が本を通して知ったものを、私はこの方法で実際に知るようになった。

私は世界的なジプシーになった。

あなた方が私を愛しているので、あなた方は私を「マスターの中のマスター」と呼ぶ。それはあなた方の愛から来ている。

私に関する限り、自分自身のことを、ただの普通の人間として単純に考えている——自立したままであることに頑固一徹で、すべての条件付けに抵抗し、どんな宗教にも決して属さず、どんな政党にも決して属さず、どんな組織にも決して属さず、どんな国家にも、どんな人種にも決して属さない……。私はどんな従属性もなしに、ただ自分自身で在るための、あらゆる可能な方法を試みてきた。それはとても多くの統合性や個人性や確実性、そして満たされた存在であることの、途方もない至福を私に与えた。

しかしそれは、その時代に必要なことだった。私の後は、マスターであろうとする者は誰でも、私が通過したすべてを通過しなければならないことを覚えているべきだ。でなければ、彼をマスターと呼ぶことはできない。彼は全く一地方に制限されたまま、ヒンドゥー教の教師、キリスト教の宣教師、イスラム教の聖職者のままだろう。しかし彼は、人間それ自身としてのマスターではない。

私の後にマスターであることは、本当に難しいかもしれない。

愛するOSHO、二ヵ月間あなたと共にここにいた後、私は今日去ります。

昨晩、私はしばらくの間いないかもしれないので、私が暮らしてきた家での人々に関して何か問題や論争があれば、解消する方が良いと思いました。でも、ここには何も問題がなかったことに気づいて、ショックを受けました――かつて決して経験しなかったような調和の中に、私たちが生きていたことに――。三十人の人々が、ほんの小さな嫉妬、争い、または緊張も持たずに一つの家に住むような場所は、他のどんなところにもあり得ませんでした。

あなたの奇跡は起こっています。新しい人間は創造されつつあります。あなたの展望は明らかになっています。私たちは進みます。私たちは、あなたと共に不可能が毎日起こることを、世界に示すでしょう。

アヴィルバヴァ、それが私たちのすべての努力だ。全世界にどんな戦争も必要なく、どんな争いも必要なく、どんな嫉妬の必要もなく、どんな憎しみの必要もないことを全世界に示すことが——。

生はとても短く、愛はとても貴重だ。自分の生を愛で、調和で、喜びで満たすことができる時、あなたが自分の生それ自体を詩にできる時——もしそれを取り逃がしたら、それは単に、あなたの責任だ。他の誰にもない。

小さなグループで起こり得ることは、より大きいグループで起こり得るし、世界中で起こり得る。それはただ、理解という問題に過ぎない。暗闇や否定性や破滅的状態の力で、下方に引きずられないためには、単純な洞察が必要だ。ほんの少しの油断のなさが、創造性や愛や感じやすさに身を捧げるために、そしてこの小さな生を、まさに一連の歌にさせるために必要だ——それは、あなたが自分の生の中で踊ることであり、あなたの死が、あなたのダンスの最高潮になることだ。それはあなたが全面的に生きることであり、何の不満もなく、感謝を持って、存在への感謝に満ちて全面的に死ぬことだ。

私は、シナゴーグや教会、寺院やモスクで起こっている祈りを、本当の祈りとは呼ばない。本当の祈りはただひとつだ。それはあなたが存在に向けて、存在があなたにそのような機会を与えたことに感謝し始める、という方法で生きることだ——その機会は、あなたが決して求めなかったもの、あなたが決してそれに価しなかったものだ。それでも、あなたはそれを得た。あなたは何千もの花々に開花した。そしてあなたは、感謝の香りと共に世界を去る……。

アヴィルバヴァ、様々な場所で私の周りに起こっていることを、私たちは野火にさせたい。そうすれば、世界の愚かな政治家たちが生命を破壊する前に、誰も戦う準備ができないほど、私たちは生を貴重なものにできる。政治家たちは、もし彼らが望むのなら、彼ら自身の核兵器で自殺すればいい。だが人類は、殺したり殺されたりすることには、もはや興味がない。それはとても単純な現象で、一度その味を得たら、あなたは決して再び同じ人ではあり得ない。

そして私たちは決意する、すべての強力な圧力に反対する――私たちにはどんな力もない。

愛が私たちの唯一の力だ。沈黙が私たちの唯一の勢力だ。しかし私はあなたに言う、愛より高い力はなく、沈黙を打ち破れる勢力はないと。人が真実を、それが生の最終的な勝利であることを知るに至るのは、愛と沈黙を通してだ。

私は繰り返す。私たちは、理解できるあらゆる知的な人に、すべての世界の隅々にメッセージを広めることを決意する。これ以外に、この美しい惑星を救う方法はない。

そしてこの惑星は、祝福された惑星だ。なぜなら他のすべての惑星は――そして宇宙には無数の惑星が存在するが――ただ死んでいるからだ。そこでは草さえ成長しない。何もせずにそこで静かに坐る人は誰もいない。それはすべて空虚だ。唯一この小さな地球だけが、ありとあらゆる生命が存在するほど幸運に恵まれている。人間において、それは意識になった。少数の人間において、それは超意識になった。そしてあらゆる人間において、超意識になる可能性がある。それは真実の、不死の、永遠の、まさにその本質に達すること、そこに到着することを意味する。

私たちには家がないかもしれないが、世界中をジプシーのようにさまよい続け、全世界を私たちの家にする。

家は私たちがいるところだ。家は愛があるところだ。家は調和があるところだ。

愛するOSHO、私はしばしば人々が、特に男性が私の特定の面だけを見ていて、これが本当の私であると思っているように感じます。しかし心の底では、すべてのこれらの面が、私のすべてであるかどうかわからないので、私は誤解されていると感じます。しかし私には、誰も見ないか、おそらくは誰も見たくないものがより多くあるのを感じます。

あなただと、状況がまさに正反対であるのを、そしてあなたが本当の私に接触するのを感じます。私が人々に囲まれる時、彼らが本当の私を見ないことで悲しくなります。

これについて何か話していただけますか？

まず第一に、人々はあなたの外見しか見ることができない。彼らがあなたの本当の姿を見ることができないのは、彼らが自分自身の本当の姿を見てこなかったからだ。その上あなたも、自分の本当の姿を見てこなかった。

人々があなたの外見を、あなたのすべての現実として受け取っていること、それは真実ではないことを、あなたは単純に感じている。なぜならあなたは他の一面があるのを知っているからだ。

しかし、あなたもまた自分の本当の姿に気づいていない。あなたのすべての外見の総計でさえ、本当のあなたではない。あなたはすべての外見の総計以上のものだ。

実際、それは外見とは何の関係もない。

あなたの本当の存在は、唯一無比の観照者、見る者、目撃者だ。

すべての外見は、あなたのマインド、あなたの人格に関するものだ。

あなたは単なる鏡で、その前に来たものは何でも映すが、それが立ち去った瞬間、鏡は再び空になる。

そこで最初に覚えておくことは、人々があなたを、あなたの真実の中に見ていないことに怒ってはいけないし、心を乱してはいけない。あなた自身が、あなたの真実の中に自分を見てこなかった。まずあなたの真実の中に、あなた自身を見ようとしてごらん。自分の真実の中に自分自身を見る瞬間、もし特定の外面があなたのすべてだと誰かが思っても、あなたは怒りを感じないだろう。彼の知る能力が非常に制限されているので、あなたはその人に同情するだろう。あなたは、その人があなたの他の外見を知り、そして最終的にあなたを――その外面ではないもの、すべての外面を超えた何かとして知るように、その人を助けるだろう。

だから私とでは、あなたは違っているのを感じるのだ。

私はあなたの外見を見ない。それらには関心がない。私は単にあなたを鏡として見る。なぜなら私は、誰もが彼らの最も深い核心では、ただの鏡であることを知っているからだ。

だから私が人を決して判断しないのは、あらゆる判断が、その人の特定の外面を取上げて、その外面をその人のすべての存在にさせることを意味するからだ。

ある人は盗みをする。それはひとつの外面だ。ある人は人殺しをする。それはひとつの外面に過ぎない。なぜなら誰かを殺害した人は、誰かを愛した人でもあるからだ。おそらく彼が人殺しをしたのは、彼があまりに多く愛したから、彼が誰かにとって本当の友人であったからだ。それがもう一つの外面だった。

しかし私たちの全社会は、判断に基づいている。私たちのいわゆる公平な裁判官でさえ、みんな独断的で偏見がある。

つい先日、アメリカの一つの法廷が私のコミューンに下した判決を、私は調べていた。判決の中で裁判官は、すべての法律がコミューンに合法であることを明らかにしたが、さらに彼は、十四万ドルのお金がコミューンの基金から、この男に支払われるべきだと感じた。

彼はその判決の中で、「私は当然だと思う」と言っている。それは判決の中では変な言葉だ。「私は、この男がそのお金を必要としているのを当然だと思う。すべての法律はコミューンに対して合法だ。それらはコミューンに賛成している」

その男とはコミューンの使用人だった。彼は一ヵ月につき千ドルを受領していた。彼は給料を与えていた従業員と一緒に、一ヵ月に千ドルを得るよりはむしろ、一週間に千ドルを得られるように、何とかうまくやっていた。

現在、アメリカの大統領でさえ一週間に千ドルを得ているとは、私は思わない。

そして彼の仕事は何もなかった。

私たちが土地を購入したのと、彼が年老いた所有者のための土地の管理人であったので、年老いた所有者は、彼は役に立つだろうと言った。土地は大きい。百二十六平方マイルある。「耕作が可能な場所、水が可能な場所を見つけるためには、彼はあなた方の役に立つだろう」。そこで私たちは彼を雇った。

そして彼が、一ヵ月につき千ドルの代わりに四千ドルを受け取っていたとわかったとき、当然、私たちは彼に反対する訴訟を起こさねばならなかった。その訴訟は裁決されなかった。

これが偏見の何たるかだ。その男はコミューンに反対する訴訟を起こした。それは、私たちが彼に反対する訴訟を起こしたため、私たちは彼の名前を悪名高くした、彼を泥棒のように非難した、というものだ。そこで彼は損害賠償金として、三百万または四百万ドルを要求していた。

最初の訴訟はまだ裁決されていない。おそらく決して裁決されないだろう。しかし二番目のものは裁決された。その言い回しは全く驚くべきものだ。それは、すべての法律はコミューンに賛成だが、それでもこの男には十四万ドルが支払われるべきだ、彼はそれを必要としている、彼の名誉は傷付けられたというものだ。

彼の行為は、彼がコミューンを騙したかどうかに関わらず、まだ裁決されなかった。しかし私たちが彼に反対する訴訟を提出して、新聞で発表したため、彼の名前は非難され、彼はお金が必要となった。その裁判官自身は、すべての法律が私たちに有利であるのを感じていた。しかしそれでも彼は「当然だと思う」

私たちの全社会は、外面や判断に依存する。

さて、この裁判官はコミューンとその生活水準に、嫉妬を感じていたに違いない。そしてこれは、どんな嫉妬も見せなくて済む良いチャンスだ。でなければそこには理由がない。彼は、最初の訴訟が裁決されるのを少なくとも待つべきだった。だが彼自身の嫉妬が、偏見を生んでいたに違いない。

もう一つの訴訟では、彼らは私とコミューンに対して偏見がなかった十二人の陪審員を、見つけようとしていた。彼らは少なくとも五十人と面談した。そして聖書の上に手を置くと、彼らは怖くなり「我々には偏見があります」と言った。そこで彼らは陪審員としては拒絶された。それがなければ、彼らは陪審として坐ることになっていた。

さて、これらの人々が拒絶されたのは、私たちが彼らの面接を取上げるべきだと主張したことと、彼らの誓いが理由だった。裁判官でさえ、こう言うことはとても難しかった。

「あなた方の訴訟は、オレゴン州の外部で裁決すべきです。なぜならオレゴンでは、あなた方は正義を得ることができないからです。誰にでも偏見があります」

しかし外部でもまた、私たちは同じものを見た。

ノースカロライナで三日間、アメリカ政府の弁護士は、私の逮捕は合法的だったと証明するために一生懸命試みた。結局、彼自身は「我々は何も証明できなかった」ということを、受け入れざるを得なかった。

さて、これは単純なことだ。アメリカ政府の弁護士は、私に反対するものを何も証明できなかったことを認めている。それにも関わらず、治安判事は言った。「あなたは彼の逮捕が合法的だったことを証明できないかもしれないが、私は彼を保釈するつもりはない」

私と一緒に、何の逮捕状もなしに逮捕された私のすべての友人のうち、三人は保釈金なしで解放され、三人は保釈金を払って解放された。私は保釈されなかった。保釈されない理由は、私がとても知的であること、私には私のために何でもする何千人もの支持者がいること、私がお金の出所を説明しなかったこと、保釈金が五百万ドル、一千万ドルと、どれほど大きくても、私はそれに応じてアメリカから出国できることだった。

私はどんな犯罪も犯してこなかった。私の逮捕は不当だが、保釈されないのは、私にアメリカから出国できる能力があるからだ。

これは二つの問題点を引き起こしている。ひとつ、アメリカはそれほど弱い国で、無力なのだろうか？それは世界で最も強大な国だ。すべての軍、すべての警察、すべての核兵器がある。たった一人の人間を、彼を保釈できないほど恐れているのだろうか？

第二に、これが実情なら、アメリカで充分裕福な人は、誰でも保釈されるべきではない。何の理由もなく、どんなロックフェラーでも逮捕できる。何も証明する必要はない。保釈が拒否され得るのは、彼にはとても多くのお金があり、どうにかしてアメリカから出国するかもしれないからだ。それなら、どんな裕福な人も保釈されるべきではない。しかし私に対しては、特別な理由付けが見つけられた。本当の事は脇に置かれた。私がどんな逮捕状もなしに、逮捕のどんな理由もなしに不法に逮捕されたことは――。そして二次的な事、全く非論理的な事が用いられてきた。それは、ただ貧しい人々だけが保釈され得ることを――逃亡できない非常に貧しい人、ある場所から別の場所へ行くための、乗車券を購入できない人、どんな友人もいない人――ただこれらの人々だけが、保釈されることを意味する。友人がいる人、お金がある人、拠り所のある人は誰も保釈されない。

そして本当の理由は……私が刑務所に戻って来た時、看守はとてもショックを受けた。老人の目に涙があった。彼は私に話した。

「わしの人生でこれまで見たことがなかったほど、これは全く不公平だ。彼らは証明できなかった。絶え間ない口論の三日間で、何も証明できなかった。それでも、彼らは保釈を拒否した。こんなことは、わしの全人生で見たことも聞いたこともない」

彼は完全に、私を法廷から解放するための準備をしていた。そして彼は言った。

「これは全く不正だ。その理由は、女性の治安判事が連邦裁判官になることを望んでいる、ということだ。その職は空いている。それは彼女に圧力をかけている政治家の手中にある。彼らはこう言う。『この男性を保釈させたら、あなたは決して連邦裁判官にはならないだろう。それを覚えておくがいい。だからどんな理由を使ってもいい。それはあなた次第だ。だが保釈は与えられない』」

私はその老人に言った。「もしそれが理由なら害はない。その女性を連邦裁判官にさせなさい。少なくとも、私はある人の何らかの役に立ったのだ。でなければ、私は何の役にも立たない！」

すべての社会は、判断に基づいている。それは一つの外面を受け取る。なぜなら、その人のすべてを見ることはできないからだ。その人のすべては大きなものだ。もし私が、小さな石をあなたの手に置くなら、あなたは石のすべてを見ることはできない。あなたは一面だけを見る。そしてあなたが別の面を見ると、最初の面は見えない。一瞥することでは、その全体性をうまく見ることはできない。

人間の人格――その多次元的な現象については、何が言えるだろう？

だから、誰にも腹を立ててはいけない。彼らはある特定の外面を見ているのだ。

それはまるで、小説からあるページを取り出し、そのページを読み、その小説について断定するようなものだ。

ただ一つの外面、ただ一つの行為は、まさにそのようなものだ。

しかしこれが、人々が生きてきて判断してきた方法だ。その理由は、彼ら自身が自分の全体性に気づいていないからだ。いったん彼らが自分の全体性に気づくようになれば、どんな小さな外面でも、どんな人も判断することはできない。彼らは人間がよりはるかに大きいことを知る。その全体性の中でこの小さなものは、海の中の露のしずくのように失われる。それは大したことではない。

しかし、そのような慈悲に至るには、そのように判断せずに見るには、まず自分自身の全体性を認識する必要がある。

だから、それは他人に関する問題ではない。

それはあなたに関する問題だ。

私と一緒で気分がいいのは、私が決して誰も判断しないからだ。私には誰に対しても、何の偏見もない。そして私は、前面に出て来るものは何でも、ただ小さな部分だけなのを知っている。それはあてにならないかもしれない、全体は全く異なるかもしれない。そして個々に受け取られたこの小さな部分には、異なる意味を持つかもしれない。全体においてそれが異なる意味を持つかもしれないのは、その状況から物事を考慮することが不可能な背景を、全体が与えるからだ。

だから二つのことをしなさい。ひとつはゆっくりゆっくりと、ただただ注意深いままでいるように、あなた自身の生に用心深くあるためのあらゆる努力をしなさい。それがあなたの真実だ。

二番目に、他人を判断してはいけない。

他人があなたを判断するのを防ぐことは、もちろんできない。それは不可能だ。しかし、他人を判断するのを止めることはできる。おそらくそれは役に立つかもしれない。他人はあなたを、決して判断しない人間として考え始めるかもしれない。そして彼らはあなたに対して、もっと同情的であるべきだと考え始めるかもしれない。

そしてあなたは傷を感じる必要がない。というのも、彼らが何をしていようと、彼らの眠りの中では、無意識の中では、それしかできないからだ。

だから人々を忘れることを、人々を許すことを覚えていなさい。でなければ、あなたはその人に対して、彼はあなたを誤っていると判断した、という偏見を持ち始めるだろう。するとどんな瞬間でも、どんな状況でも、あなたは復讐するだろう。このゲームが社会で続いているのだ。

少なくともあなたの側からは、それを止めなさい。他の人には、一人でフットボールをさせてやりなさい。すぐに彼は疲れるだろう。誰も長い間、一人でフットボールはできない。彼に生気を与えることはない。無視しなさい。しかしこれは、あなたの内側の実存を認識する時にだけ可能であり、マインドで決心するくらいでは無理だ。その時それは、これ――人々を判断しないこと――より簡単な何かがあるとは思えないほど簡単なことだ。

でなければ、人々はあらゆる瞬間に判断する。誰でもだ――それが彼らに関心があろうとなかろうと、問題ではない。ただの機械的な習慣だ。

私はガンジーの信奉者である非常に金持ちの女性と、ナグプールからワルダーにあるガンジーのアシュラムまで車で旅行していた。彼女が私を連れて行った。途中、一本のタイヤがパンクしたが、その時は美しい夕方だったので、私は外にある木の下に座りたいと彼女に言った。そこで私は外に出て、木の下に座った。運転手も来た。彼女は車の中に一人でいた。そして運転手はタバコを吸って、私のそばに座っていた。

私が戻って来て車に乗った時、私は女性と一緒に後部座席に座っていた。煙草の若干の煙が私の髪の毛か服に付いていていたに違いない。その女性はちょっと私を見て言った。

「私は喫煙が嫌いよ。あなたは外で煙草を吸っていたわね！」

私は言った。「尋ねる際には、まず少なくとも、ごく上品であるべきだ」

彼女は言った。「尋ねるべき何があると言うの？　私は臭いがわかるのよ」

私は言った。「あなたには臭いがわかる。私も臭いがわかる。私はこう言うことができた。『車の中で煙草の臭いがする。あなたは煙草を吸っているに違いない。あなたはここで一人だったからだ』。しかし私はそうは言わなかった」

そして私は言った。「あなたは上流気取りのタイプのようだ。もし私が煙草を吸っていたとして、それはあなたが干渉することだろうか？　あなたは何様なのだろう？　私は煙草を吸わないという何らかの条件をつけてきただろうか？　あなたはちょうど、アシュラムから私を迎えに来たばかりだ。私はあなたさえ知らない。あなたは裕福かもしれない。あなたはアシュラムでは影響力があるかもしれないが、私はこれらのすべての事柄は気にしない」

運転手はそれを聞いていた。彼は車を止め、そして女性に「これは間違っています」と言った。「私が煙草を吸っていました。そしてアシュラムの人々がどういうふうにしているのか、私は知っています。ガンジーのアシュラムでは、喫煙は罪です。私は、この男が私の喫煙を止めさせるかもしれないのでは、と恐れていました。しかし、彼は何も言いませんでした。そして今でも、彼は私が煙草を吸っていたとは言いませんでした」

私は言った。「あなたはこの場に入ってこなくていい。私はこの女性に話そうとしているのだ。もし喫煙が好きでないなら、彼女は前の席に座りに行けばいい。それに、ただ煙による判断だ。私は今まで煙草を吸ったことがない！　それなのに、単なる臭いであなたはただ判断する……それもあなたの非難だけでなく、あなたの私への言い方や、私への視線も……」

私はその車で行くことを拒否した。私は外に出て言った。

「別の車を手配するようにアシュラムに言ってくれ。この女性はあまりにも煙草の臭いを嗅ぎすぎる」

運転手は言った。「あなたが煙草を吸っていなかったので、私は面倒な目に会うでしょう。そしてこの女性は危険です。彼女はお金を与えるので、アシュラムで大変な地位を占めています」

私は言った。「彼女が外に出るか、私が外に出るかのどちらかだ。ちょっと私の荷物を出して、私を木の下のここに置いて行ってくれ。そしてガンジーの息子ラムダスに言ってくれ」――ガンジーは死んだが、彼の息子は私の友人だった――「何が起こったかを彼に話してくれ。もし彼が、何とかもう一台の車をどうにか手配できるなら、結構だ。でなければ私は、ナグプールへの帰り道を見つけるだろう」

その状況を見て、女性は自分が間違っていたことに気づいた。彼女は尋ねなければならなかった。私は煙草を吸っていなかった。運転手が煙草を吸っていた。そして彼女は、単純に私を激しく非難した。

私はアシュラムの住人ではない。私はガンジー信者ではない。私はありとあらゆる点において、ガンジーに反対する。そしてもし私がここに残されるなら、ラムダスは非常に怒るだろう。だから彼女は外に出て「どうもすみません」と言った。

私は言った。「これはするべきではない。あなたは自分の態度を変えなければならない。あなたは誰にでもそれをしているに違いない」

私はもう一つのガンジー・アシュラムに滞在していた。そこにいた彼の主要な弟子の一人バルコヴァ・バーヴェは、アシュラムの住人たちの先生だった。毎朝、彼は部屋を調べに行き、彼らのトイレさえ調べる――それらが清潔であるかどうかに関わらず。私は言った。

「これは侮辱的だ」。そして私は言った。「これらの人々はみんな、この拷問で苦しみ続ける。それは、物はきれいであるべきだ、ということをはっきりさせるためのものだが、それは毎日という意味ではない。だが毎日とは……」。そして彼は、あれやこれやを見つけるだろう。それはその男を非難するのに充分だ。私は言った。「それはただ、非難するための何かを見つける言い訳のように見える」

同じことが、インドの他のガンジー・アシュラムの状況だった。お茶が飲めない、コーヒーが飲めない、タバコを吸えない、トランプができない。ギャンブルを妨げるなら、それはOKだ。しかし、ちょっとトランプをするくらいは罪がない。そこには大したものはないし、何の害もない。蚊帳さえ使えないのは、それが贅沢だからだ。

そしてワルダーには、眠れないほどの大きな蚊がいる。一晩中、蚊はあなたの血を吸うだろう。

そこでガンジーは、灯油という方法を見つけた。誰でも自分の顔や手や、服の外に出たままの部分はどこにでも、灯油を塗らなければならない。

私はラムダスに言った。「夕方まで私はここに居られるが、夜には居られない。私は蚊帳が贅沢であるとは思わない。それはナンセンスだ。蚊帳は贅沢だと言う人が誰であろうとね」

マハトマ・ガンジーは、過去世では蚊であったに違いない！　でなければ、どこから彼はこの考えを持ってこれたのだろう？

「私はここには居られない。あなたの手と顔を灯油で塗ると、あなたは蚊でさえ近くに来ないのが簡単にわかるし、どうやってあなたは眠れるのだろうか？　一晩中、あなたは灯油の臭いを嗅いでいる。蚊でさえ充分知性的だ。彼らは来ない。どうやってあなたは眠れるのだろうか？」

私は言った。「私は夕方までしか居られない。それから私は帰る」

だが、これらの事柄は判断された。

もし人々を判断し始めるなら、あなたは全世界で誰でも非難できる。そして最終的な結果は、あなたは非難された人々の世界で生きるので、誰もがあなたの周りで非難されているため、あなたは惨めさの中にいる、ということになるだろう。

私が素晴らしい人々と共に世界で生きているのは、私がどんなことに対しても、誰も決して非難しないからだ。私にとっては、誰もが自分の生の面倒を見るのに充分知性的だ。

これがアヴィルバヴァが、二ヵ月間で、どんな口論も、どんな争いも、どんな緊張も、どんな不協和音も見つけられなかった理由だ。彼女は困惑したに違いない。三十人が大きな調和の中で、ひとつの家に住んでいる。唯一の方法は、彼らがお互いを判断していないということだ。それは適切ではない。それは非人間的だ。

自分自身から始めなさい。他人を判断してはいけない。彼らのすべての人格として彼らの外見を受け取ってはいけない。あなたの全体性を発見しなさい。するとゆっくりゆっくりと、あなたはより良いものを見ることができるかもしれない。そしてもし誰かが判断しても、あなたは痛みを感じないだろう。それは彼の問題だ。

愛するOSHO、自分を酔わせるために、グラスに満ちたワインを飲んだものでしたが、この前の夜は、グラスのたった三分の一で、私は完全に酔っ払ったようになりました。

ここで何が起こっているのですか？

ちょっと待ちなさい。あなたは空のグラスで酔い始めるだろう。あなたが空のグラスで酔い始める時、ちょっと私に思い出させてほしい。あなたはより近くに来ている！

それが私が酔う方法だ。

第38章

卑しい人間を
最高の人間に

Base Humanity into Golden Humanity

愛するＯＳＨＯ、易経を中国語からドイツ語に翻訳したリチャード・ウィルヘルムは、中国で三十年を過ごした後、ひどい精神障害を患ってウィーンに戻って来ました。彼は友人のカール・グスタフ・ユングに相談しました。ユングの診断は、ウィルヘルムが危険な危篤状態にあったということでした。彼はドイツ文化を退けて、中国のものすべてを一括して取り入れました――宗教、教育、そして何であれ――。

ユングは言いました。

「あなたが犠牲にした部分は犠牲者として戻って来る。抑圧した部分は抑圧因子として戻って来る」

そしてウィルヘルムは、中国文化が好きでした。彼はそれを崇拝さえしました。しかし彼のマインドは、全く何の役にも立ちませんでした。彼はこの危篤状態で死にました。

「混沌から、それは前方へ輝く。踊る明けの明星として」と書いたニーチェも、幸運な男ではありませんでした。彼は幻覚状態《フリーク・アウト》になりました。

ニジンスキーは自分の身体を限界を超えて使い、同様に幻覚状態になりました。それはマインドだけや身体だけでは、どこにも連れて行けないように見えます。

ＯＳＨＯ、神秘的な体験は、マインド、身体、そしてハートを非睡眠状態へ運ぶ翼なのですか？

あなたは世界に、というよりも世界の反逆者たちに火を付けるために、東洋から出て来た踊る明けの明星なのでしょうか？

リチャード・ウィルヘルムは、確かに非常に酷く苦しんで死んだ。彼は天才で、中国で三十年を過ごして、中国文化が数千年間に発達してきたその精巧さと優雅さに、気づくようになった。易経は非常に奇妙な本だ。

東洋にはそうした本が数多く存在する。それはあなたの未来を垣間見させ、あなたの過去をも垣間見させる。

危篤状態にあったのは、彼がどんな過去世も信じず、未来が見えることも信じない西洋形式のドイツ文化の中で教育を受け、育てられたからだった。しかし三十年は長い期間だ。そして中国語の本物の学者になるには、最小限必要な時間だ。

彼は自分自身を完全に捧げた。その結果が精神分裂症の人格だった。彼は二人の人物に、中国に行った者と、中国から来た者とになった。

中国に行った者は全くの西洋人で、本を翻訳するだけだった。しかし本を翻訳するにつれ、彼はますます熱中していった。西洋文化すべてが、中国のタオの洞察と比較して、取るに足らないもののように見え始めた。そこで二番目の人格が成長し始め、三十年で二番目の人格は完全に成熟した。だが、最初の人格は消されていなかった。

そして偉大な精神分析学者であり、彼の友人であるカール・グスタフ・ユングは、率直に診断した。しかし、診断は治療ではない。

ウィルヘルムに必要なものは瞑想――彼の中で西洋と東洋に橋渡しができるものだった。彼はバラバラに引き裂かれた。彼の論理は一つのことを言っていたが、彼は論理より多くのものが生にあり、人々がそれを生き、それを体験していたのを、三十年間見てきた。しかし、ただの知的な理解だった。それは洞察ではなかった。

もし彼が三十年間に瞑想もしていたなら、破滅は避けられただろう。そして天才的なマインドは、東洋と西洋をより近くに持ってくることに、途方もなく役に立っただろう。

しかし彼は、言語を学ぶことと、易経を翻訳することに、あまりにも熱中しすぎていた。彼は易経のような本が普通の本ではないことを、それが深い瞑想的な洞察から生まれた本であることを、完全に忘れていた。それは知的 (*intellectual*) なものではない。直観的 (*intuitional*) なものだ。

彼はどうにか字義通りに翻訳したが、その本は以前彼が知る他のすべての本とも全く違うという点を、彼は逃した。以前のそれらの本はマインドで、知性で作られたものだった。

この本は、知性で作られてはいなかった。それが彼の存在に混沌を引き起こした。

彼がその混沌の中で死んだことは不運だ。それはカール・グスタフ・ユングに、東洋への非常な恐怖を植え付けた。彼は特定の仮説を教え始めた。それはただ単に馬鹿げている。それは、東洋の技法は東洋の人々だけにふさわしく、西洋の技法は西洋の人々にふさわしい、それらは混合すべきではないというものだ。これはすべての事情の、ごく表面的な分析であるように見える。

これは、知性は直観に橋渡さないままであるべきだ、という意味だ。あなたの頭は、あなたのハートと決して接触してはならない、という意味だ。西洋は半分のままで、東洋は半分のまま、という意味だ。リチャード・ウィルヘルムの事情は、非常に象徴的だ。それは、物事は適切な指導の下で為されるべきだ、ということを示している。

彼は言語学者たちから言語を学んでいた。彼らは直観のマスターではなかった。彼は、知性とは無関係の本を翻訳していた——翻訳が文字上のものだけでなく、本質的なものとなるように、彼を助けるマスターが必要な本を。翻訳が言語の単なる逐語的な変更ではなく、原本のまさに香りを運ぶように——。

彼は決して、タオのマスターの弟子ではなかった。弟子であれば、この破滅は避けられただろう。そして物事は全く違ってきただろう。なぜなら彼の死以来、東洋の基本的な貢献を理解することを、誰も熱心にやろうとしなかったからだ。

直観は知性に変換されない。特定の橋は確かに作られるが、直観があなたを所有すればするほど、知性は使用人として機能すべきだ。

問題はそこだった。たとえ三十年間、彼が直観的な本に働きかけても、彼の知性は主人のままだった。直観は決して使用人ではあり得ない。あなたの最も奥深い核心だ。それはただ、深い瞑想において現われる。

リチャード・ウィルヘルムは、瞑想については決して思い悩まなかった。すべての関心はその本の翻訳にあり、その本が間違っているかもしれないという考えはなかった。本はマインドで——西洋に満ちているもので書かれる。そして直観から生まれた本は、全く異なる部類だ。

易経は、だいたい五千年から七千年古い本だ。誰がそれを書いたのか誰も知らない。東洋では、本の上にあるべき著者の名前は、特にエゴがなくなった直観的な人の名前は重要でないからだ。実際、彼らは無名になった。ある無名のマスター、ヴィジョンを見る人は、彼自身がそれを書きたかったからではなく、存在がその本に書かれることを望んだから本を書いたのだった。彼は単なる媒介、中空の竹だった。

リチャード・ウィルヘルムは中国に三十年留まったが、間違った人々と一緒に留まった。彼はそうせざるを得なかった。まず、言語を学ばねばならなかった。そのために、言語学の専門家に会わなければならなかった。そして言語を学ぶやいなや、本を翻訳し始めた。あらゆる本は、同じ部類に属すると考えていた。そこに誤謬がある。

インドのウパニシャッドは、普通の本の部類には属さない。ゴータマ・ブッダのダンマパダは、普通の本の部類には属さない。

現代でさえ、数少ない直観的な本がある。ラビンドラナート・タゴールの「ギータンジャリ」、カリール・ジブランの「預言者」、ミハイル・ナイミーによる「ミルダッドの書」――それらは普通の本の部類には属さない。もし、それらは他の本と同じようなものだと考えるなら、あなたは面倒なことになる。あなたのハートはそれらを受け入れるが、あなたの知性はそれらを拒絶する。するとあなたは二つの部分に分かれ、絶え間ない葛藤がある。

それが起こったことであり、その葛藤が西洋の偉大な天才の一人、リチャード・ウィルヘルムを殺した。それに彼が相談した男は、適切ではなかった。彼らは友人ではあったが……。そして再び彼は、もう一つの間違いを犯した。

その問題は、瞑想について何の考えもなかったカール・グスタフ・ユングによってでなく、ただ東洋の瞑想のマスターによってのみ、解決できた。

ウィルヘルムの死後、ユングはインドに行った。古代の神話に興味があったからだ。彼はどこに行っても、こう言われた。「なぜあなたは、古代の神話で自分の時間を浪費するのだ。東洋で起こってきたすべての最高のものを、存在として提示する生きた人間が偶然にもいる時に――。南インドに行きなさい、アルナチャルの丘に――。そして素朴な男、シュリ・ラマナ・マハリシに会いなさい」

どこに行っても、彼は何度も同じ名前を教えられた。しかし彼は恐れていた。彼の友人は死んだ。そして彼は、どんなトラブルにも巻き込まれたくなかった。彼はマドラスに歩み寄った。そこからラマナ・マハリシの場所は車でほんの二時間ばかりの距離だった。だが彼は行かなかった。それどころか、自分の振舞いを説明するためにこう語った。

「東洋の技法は、東洋の人々のためにだけ開発されている。西洋の人々には適していない」

これは全くナンセンスだ。

「西洋の人々は、彼ら自身の伝統に、彼ら自身の過去に制限されたままでいるべきだ。でなければ自分に対して、リチャード・ウィルヘルムのような同じ種類のトラブルを引き起こすだろう」


それはナンセンスだ。なぜなら人間の本質的な実存は、東洋人でも西洋人でもないからだ。それは単に正しい指導の下での正しいアプローチという問題にすぎない。だから分割は作られない。それどころか、橋が架けられる。そして知性と直観の間の橋は、途方もない明晰さ、理解を、あなたが全く気づかない新しい種類の知性をあなたに与える。

ユングは多くの人々を妨げてきた。彼は西洋では権威者であると考えられたからだ。そして彼は、東洋の技法については何も知らない。ただ彼の友人の死の恐れだけだ……。だが恐れが彼をそのようにさせたのではなく、彼はすべての状況を理解していなかった。

もし私が提案するなら、私はリチャード・ウィルヘルムにこう言っただろう。

「あなたは言語を、言語学の専門家から学べばいい。そして言語を学んでいる間、あるタオイストのマスターの下で瞑想も学びなさい。易経はタオイストの本だからだ。そうすれば、それを翻訳する能力が身につく前に、それを理解する能力も身につく。それはただ言葉から言葉への翻訳だけでなく、深い理解からの翻訳だ。それは西洋の言語の中に、易経という本を作り出すだけではない。それはあなたの中に、新しい人間をも生み出すだろう」

同じことが、他の人々に起こってきた。その理由は常に分裂だ。

ニーチェの場合、彼は瞑想者ではないが、未知なるものに飛翔する潜在能力がある。時々窓が開く。そして彼は物事を見る。だがその窓は、彼の支配下にはない。それはその状況による。もしその状況が適切でふさわしいものなら、もし彼が幸福を、特定の種類の喜びや平和を感じているなら窓は開く。彼は、普通の人間のマインドを超えて見えることができる。彼はそれについて書くことができる。

もし彼が瞑想者でもあったら、窓は偶然ではなかっただろう。それを開けるか閉じるかは、彼自身の力の範囲内にあっただろう。

そこで彼は依存するようになる。それもまた、彼の実存の中に深いトラブルを引き起こす。なぜなら通常二十四時間は、彼は他のみんなのように生きるが、それから突然、ある夕方、開いた窓から夕陽を見るからだ。彼はおのずから明らかなものを見ている。それは何の証明も必要ない。それはあなたの現実より本物だ。それは、あなたが質問さえできないほど、厳然として本物だ。しかし、それはただ束の間のものにすぎない。そしてそれは去る。彼は再び地上に戻る。

その人の困難さが理解できるだろう。

今や、ありとあらゆる疑い、ありとあらゆる疑問がある――彼は夢を見ていたのかどうか、それは幻覚だったのか、幻想だったのかどうか――知性は問い続ける。しかし、また窓が開く。その場面は同じだ。何度も同じ幻覚を持つことはできないし、夢見ることもない――そして完全に目覚める。

これが、彼の存在に大変な苦悩を生んだ。何が本物なのだ？　彼が二十四時間見ている通常の現実か？それとも、時々その扉を開ける現実か？

ニジンスキーの場合も同様だった。彼はおそらく、人類の歴史上で最も偉大なダンサーだった。しかしニジンスキーのような人間が、ひどく深い苦悩に苦しんだのは奇妙なことだ。これは天才であることの報酬ではない。そのトラブルとは、踊っている間、彼は時々深く踊りとひとつになるので、そこに踊る者と踊りはなく、ただ踊りだけがあるということだった。それらの瞬間に、ほとんど奇跡的なことがよく起こった。

彼はとても長く、高い跳躍をする。どちらも不可能な、身体的に無理な跳躍をする。そして彼自身には、別の時にそのような高い跳躍や長い跳躍をする能力はなかった。彼には信じられなかった。確かに踊る者が消えた時、どういうわけか、重力が彼に対してその力を失うようだった。そして彼は、それが可能だとは誰も信じられないほど高く跳んだ。さらにそれ以上の奇跡が、彼の着地にあった。どんなものでも落ちて来る。重力は、大きな力でそれを引っ張るものだ。

つい先日、アナンドが私に話していたことだが——。

小惑星が地球に向かって落ちる時、それらは地球の重力圏内に入る。重力圏は地球の周囲二百マイルだ。それらは、時速五万マイルもの大変な速度で落ち始める。だから摩擦がそれらを燃やす。しかし時には、それが非常に大きな小惑星で一マイルも長ければ、完全には燃えつきないかもしれない。地球に落下するかもしれない。時々、それは多くの人々を殺した。その石が非常に奇妙なのは、それが奇妙な経験を辿ってきたからだ。時速五万マイルとその熱と摩擦で、新しい質が石に与えられたのだ。

イスラム教徒の聖地カーバには、地球に落下した小惑星がある。彼らはそれを崇拝してきた。ただそのような石は他には全くないために、それは天国から来たという理由でだ。確かに、それは空から来た。

しかし、ニジンスキーがよく跳躍から着地する時は、観衆の誰もが息を呑んだ。その高さからでは、とても危険に見えた。もし重力が正しく作用したら、複雑骨折をするだろう。しかし彼は木の葉のように降り、地面に向けてゆっくりと降下する――急ぐことなく。そして着地の動きは、物理学者でさえ、どんな説明も不可能なほど遅かった。跳躍は不可解だった。そして着地する時は、さらにもっと神秘的だった。彼自身が全くわからなかった。

たったひとつのことを彼は言った。

「私がそれをしようとするといつも、それは起こらない。自分が舞台で踊る時は、毎回それが起こって欲しいのだが、私が意識的に、故意に試みる時はいつでも、それは全く起こらない。それが起こるのは私が試みていない時だけ、それを考えてさえいない時だけ、実際私がそこにいない時だけだ。私の不在の中で、ただ踊りだけがある時、そして踊る者が完全に踊りとひとつになる時、それは起こる。だから私は、どんな説明もできない。なぜなら私は存在しなかったからだ」

彼もまた酷い状態で死んだ。まず、彼は狂ってきた。なぜならそのようなことは、他のどんな人間にも決して起こらなかったからだ。彼は懸命に試みた。だがそれは起こらない。そして彼がそれについて考えていなかった時に、それは起こった。そして専門家からのどんな説明もなかった。それがなぜ起こっていたのか、彼自身は何も知らなかった。それが彼を狂わせた。一年間、彼は精神病院にいた。そして彼は最悪の不幸な状態で死んだ。

同じような人物は、東洋ならゴータマ・ブッダになっていただろう。なぜならブッダは鍵を見つけたからだ。しかし、ニジンスキーはそれを認識できなかった。そして西洋には、何が起こっていたかを彼に示すマスターは一人もいなかった。

これが東洋のすべての教えだ。それは、もしあなたがエゴを忘れるなら、自分自身を忘れるなら、あなたがまさにいなくなれば、奇跡が起こり始めるということだ。それは自然の法則だ。そこに妨げられるものは何もない。あなたが不在であるその瞬間、あなたはとても静かで、とても平和で、とても落ち着いている、そこには妨害が全くない、という意味だ。

東洋は、重力に反する確かなものを知っていた。彼らはそれを空中浮遊と呼ぶ。重力の支配力がゆるみ、突然上方へ動き始めるということさえ、瞑想を続けてきた人々に起こってきた。もしそれが西洋で起こっていたなら、その男は確かに狂人だと思われていた。彼はそれが起こっていることを、誰にも言えなかった。なぜなら誰も信じようとしないからだ。そして彼らは、自分は変人だと考えるだろう。どうやって、蓮華座でただ坐り続けられるだろう？　その男は言った。

「しかしどうすればいい？　まさに目を開けた時、私は自分の頭が天井に触れているのを見たのだ」

エゴは非常に重い。それはあなたを、重力の支配下のままにする錨のようなものだ。

瞑想においてあなたは、たとえ瞑想があまり深くなくても、あるものを見つけるかもしれない。目を閉じて坐っている間、自分が上昇しているのを感じるだろう。目を開けると、あなたは自分の場所に坐っている。何が起こっていたのだろう？　あなたが目を閉じる瞬間、再びあなたは調子が合い、自分が上昇していると感じる。だが目を開くと、突然あなたは、ちょうど自分が前に坐っていたように坐っている自分に気づく。あなたの身体はまだ地面に残っている。しかしあなたの魂や意識は、身体を超えて上昇し始める。これは始まりだ。すぐに、瞑想がとても深くなる時、意識が上昇すると共にあなたの身体も後に続く、という日がやって来る。

身体は、あらゆる点で少し遅い。

人間は百万年で、立ち上がることを学んだ。猿と人間の間には、まさに二本足で立ち上がることを学んできた百万年の隔たりがある。

身体は非常にゆっくりと、非常に慎重に学ぶ。だがそれは学ぶ。

もしニジンスキーが東洋にいたなら、狂っていなかっただろう。彼は光明を得たと宣言されただろう。彼のダンスは彼の瞑想だった。

まさにジェラルディン・ルーミーの旋回《ワーリング》が、彼の瞑想だったように——彼は最も愛されるスーフィーのマスターになった。他のどんなスーフィーも、メヴラーナとは呼ばれなかった。メヴラーナとは『私の最愛のマスター』という意味だ。ジェラルディン・ルーミーだけが、メヴラーナ・ジェラルディン・ルーミーとして知られるようになった。人々はその男をとても愛していた。なぜなら彼以来、この千二百年の間に、ただ旋回によって光明を得たとても単純な技法を、数多くの人々に彼は与えたからだ。

ニジンスキーが精神病院に行かざるを得なかったのは不運だ。彼は何が起こっていたのか理解できなかったし、誰も何が起こっていたのか説明できなかったからだ。それは、あまりにも彼を妨害した。

物事は非常に単純なことだった。それは私があなた方に毎日話してきたことで、あなたの努力が障壁だ、ということだ。もしあなたが、本当に瞑想に深く入っていきたいなら、それを努力無しにさせなさい。それは気が狂っているように思える。どうやってそれを努力無しにさせる？　なぜなら、それもまた努力だろうからだ。ちょっとその言葉を落としなさい。それはあなたに誤った含みを与えるからだ。それはこう言うほうがいい。「手放し状態でいなさい。ただくつろぎなさい」——静かに坐り、目を閉じてあなたの内側で起こるものは何であれ、見守りなさい。ただ、それを見守りなさい。するとただ見守る者だけがそこにいて、見守るべきものが何もない瞬間が訪れる。そして初めて、あなたはまさに奇跡の入口にいる。

これらの三人はみな、途方もない祝福の状態に達していた。何か途方もないことが起こっていたが、西洋は彼らに圧力をかけた。「あなたは狂っている。あなたは分裂性人格だ」――すべて非難の表現だ――「あなたは精神分裂症だ……」

東洋では、その同じ才能を持った同じ人々は崇拝され、愛されて尊敬されてきた。そして私は、一定の秘密の原則が理解できる。誰かが新しい世界へ、新しい領域へ移動する時、彼は尊敬され、愛され、評価され、勇気づけられる環境を必要とする。それがミステリー・スクールの目的だ。独りでは、気が狂うかもしれない。しかしミステリー・スクールでは、あなたを支える人々がいる。あなたは正しい道の上にいて、祝福されていて、あなたはただ続けていればいいように、支える人々が――。そこではどんな説明の必要もない。説明はプロセスを延期するだけ、プロセスを妨げるだけだからだ。

西洋は、説明にあまりにも関心を持ち過ぎている。そして東洋は説明にではなく、ただ体験だけに関心がある。

説明は食べることはできない。あなたは説明の上で育つことはできない。あなたを育てようとするものは体験であり、支えとなる環境だ。

そして東洋の技法を西洋に持ってくることに、何かの問題があるとは私は思わない。人間の意識と進化に関する限り、西洋の科学的技術を東洋に取り入れる際、そこに問題はない。ではなぜ、スピリチュアルな技術を西洋に持ってくることに、何かの問題がなければならないのだろうか？カール・グスタフ・ユングは全く間違っている。もしそうした間違った考えが広げられつつあるなら、そこにはニジンスキー、リチャード・ウィルヘルム、ニーチェその他の人々のような事情が、存在するだろう。

そして機は熟している。東洋は西洋から、すべての客観的な科学的技術を取り入れている。西洋は東洋から、成熟した意識のすべての技法を入手しようとすべきだ。このようにして私たちは、東洋人でも西洋人でもない新しい人間を、ただ単に人間である人を創り出すだろう。


愛するＯＳＨＯ、思い出す限り私には、自分の会うべき人がこの惑星上のどこかに生きている、という感覚がありました。その人は賢人で錬金術師で、マスターでした。これは私が、マスターの本当の意味を知るずいぶん前のことでした。私は、これは単なる幻想だと思いました。子供の頃、魔術師マーリンと他の錬金術師のような人々についての物語を読むのが好きだったからです。この感覚はとても強かったので、結婚、ビジネス、政治、国などの、どんなものに対しても、自分自身を委ねることから私を守りました。

この感覚は、いくつかの過去世であなたのようなマスターと共に在ったことと、その機会を逃したという漠然とした記憶であり得るのでしょうか？　そうであればどうして私は、この生涯で彼を見つけなければならない、という強い感覚があったのでしょうか？

私がこれを尋ねているのは、おそらく他の誰かにも同じ感覚があるかもしれないからです。もし彼らがこれはあり得ると知ったなら、私が的外れな事をしたのと同じくらいの多くの時間を、彼らは浪費しなかったでしょう。

プレムダ、あなたは過去世でマスターと共に在った、というあらゆる可能性がある。生は変わるが、意識の進化とその体験に関する限り、あなたが最後の生で止まった地点から再び出発するように、それは扇動し続ける。でなければ光明を得ることは、どんな人にとってもほとんど不可能だろう。なぜなら人間のマインドはそのような、的外れなことで全人生を浪費するものだからだ。

しかしそれぞれの死後、あなたの最も貴重な体験であったものは何でも、あなたに付いて行く。スピリチュアルな進歩で得たものは何でも、あなたと共に残される。あなたはそれを失わない。それはあなたの中に、マスターを探すように、道を探すように、何かをするようにと扇動する感覚を確かに引き起こす。正確に何をすべきかが、あなたにはっきりしていなくてもだ。

しかし、真理への何かの欲望、何かの切望があなたを導くことができる。あなたを助けることができる誰かに会おうとする何かの切望が主張するだろう、あなたがその人に会わない限り……。あなたが正しい人に会ったかどうかの、単純な基準がある。もし扇動が消えるなら、もし探すことにもうそれ以上固執しないなら、あなたは自分が探していた人を見つけたのだ。

西洋の宗教のせいで、非常に奇妙な状況が人々のマインドの中に作られてきた。それは、あなたにはただひとつの生しかない、というものだ。それが狂気を引き起こしている。なぜなら、とても小さな生に対して為すべき非常に多くのこと、満たされるべきとても多くの欲望、成し遂げるべきとても多くの野心があるため、誰もが墓の中に倒れるまで、ますます速く走るからだ。

東洋の宗教は一つの要点にだけ同意する。それは重要だ。それらは、異なるものに対しては異なる哲学や異なる説明があるが、一つの要点については、すべての東洋の宗教は絶対に一致している。それは、輪廻は現実だということだ。それは、あなたは永遠の時からここにいて、多くの生で、多くの形で、だんだんと人間に発達してきた、ということだ。ほとんどを人間の形で生きてきたかもしれないが、真理の究極の体験に達しない限り、あなたは未来の多くの生に対しても、人間の形で残るだろう。

それは正しいように思える。人間にたった七十年の寿命が与えられ、とても多くの欲望と、とても多くの野心と、とても多くのトラブル……彼はどこで、瞑想するための時間を得るつもりなのだろう。どこで彼は真理、あるいはマスターを探すつもりなのだろう。

そして科学は、存在においては何も破壊されないこと、それは形を変えるだけだということを、絶対的に確信している。もし何も存在において破壊されないなら――石でさえで破壊されないなら――最も貴重な現象である意識は、ただ一つの死だけでは破壊されないということだ。

あなたは何度も生まれてきた。何度も死んできた。しかしあなたは続いてきた。あなたのすべての体験は、あなたの意識の進化に関する限り、あなたと共にある。それがいつか光明を得るための、人間にとって唯一の可能性だ。なぜならたとえ彼が真理へ向かってそれぞれの生を、ほんの数歩より近くに進めたとしても、ある日彼は家に到着しようとするからだ。

私にとって、輪廻は真実だ。私はあなたに、それを信じるようにとは言わない。私は信じることに反対だからだ。私は率直に言っている。あなたがそれに働きかけられるように、それを仮定として受け入れなさい。

仮定は信じることではない。それは体験した真実でもない。それは単純な受容だ。それであなたは、特定の道筋で働きかけられる。

マスターは――真のマスターは、あなたにどんな信じることも与えることはできない。なぜなら信じることがすべての探究の一番の敵だからだ。真のマスターは、あなたにただ仮定だけを、彼にとっての彼の真実だけを与えられる。しかしあなたに対して、彼は解き明かすための一つの仮定としてそれを与える。おそらくあなたもまた、真実を見つけるかもしれない。真実を見つける時、それはあなた次第だ。いったんそれを見つけたなら、どんな信じるという問題もない。あなたはそれを知っている。

あなたの子供時代からの変わらないあこがれ、切望……マスターや錬金術師に対する……錬金術師もまた、マスターだったからだ。彼らは錬金術の背後に隠れていた。それはキリスト教が、あらゆる知恵のスクールを破壊していたからだ。人々は瞑想するためでさえ、隠れなければならなかった。だから本や百科事典で、錬金術師が卑金属を黄金に変えようとしていた、と言われたのは本当ではなかった。それは真実ではない。それは錬金術のための、ただの暗号的な言葉だった。卑金属とは、自分自身に気づいていない人間だ。彼を黄金に変えるということは、彼を自分自身に気づくようにすることだ。それは彼らの暗号的な言葉だった。暗号を使う必要があったのは、教会とローマ法王が、キリスト教以外の何かが人間の意識を独占することを望まなかったからだ。

それは非常に奇妙なことだ。彼らには提供するものは何もなかった。そして彼らは、これらの人々をみな滅ぼした。魔女とは、分け与える特定の秘密を持っていた単なる賢い女性のことだった。錬金術師は、彼らは金を作ろうとしている、という錬金術の名前の背後にただ隠れていた。あらゆる錬金術師のスクールでは、もしあなたが最初にそこに入るなら、彼らの応接室でありとあらゆる架空の器具を、異なる色水で満たされた試験管を見つけるだろう。それはまるで大きな化学薬品店、作業場、研究室のように見えた。しかし、これはただ表向きだけだった。それの背後に、真のスクールがあった。そこで彼らは卑しい人間を、最高《ゴールデン》の人間に変えようとしていた。

あなたの変わらない切望は、あなたが過去世から種を運んできたことの確かな証明だ。

今、この生を取り逃してはいけない。種が発芽になり始めるあらゆる努力をしなさい。そこで次の生では、あなたはマスターを無意識に手探りすることはない。あなたは充分に意識的だ。するとマスター無しでさえ、あなたは働きかけられる。

愛するＯＳＨＯ、私が光明を得たら、誰が最初に知るのでしょうか？

ミラレパ、あなたに関する限り、私が最初に知るだろう。他の人々に関する限りは、彼らが知ることができるかもしれない。

しかし、ミラレパは特別な事例だ。

第39章

偉大な教典を運んでいるロバ

Donkeys Carrying Great Scriptures

愛するOSHO、もし世界のすべての歴史が一年に短縮されるなら、その膨大な年月の終わりに立っている私たちにとって、それはこのようなものに見えるでしょう。

地球は一月一日に形成されます。大陸がその現在の位置に漂流し始めるのは、ほんの十二月になってからです。恐竜はその年の終わりの、およそ五日前に絶滅します。そして十二月三十一日の正午頃になって初めて、人は猿から進化します。私たちが立っているところ——大晦日の真夜中から、氷河時代はほんの一分より少し前に起こりました。そしてブッダ、老子とソクラテスは、わずか十七秒前に現れます。カール・マルクスの誕生以降の現代のすべては、最後の真夜中の二秒前に起こります。私がこの長い年月の最後を飾るものとしてあなたを考える時、それは私にとって、元日があろうとなかろうと、実験は成功したように見えるのです。

元旦はあるだろう。暗闇の力は大きいかもしれないが、それらはロウソクの小さな炎にさえ耐えられない。彼らの強大さが単なる見かけに過ぎないのは、基本的に暗闇にはそれ自身の存在がないからだ。それは単に光の不在に過ぎない。

光には、それ自身の存在がある。それ自身の存在があることが本当の力だ。

夜明けは必ず訪れる。夜は長いかもしれない。苦悶は大きいかもしれない。暗闇はますます暗くなっているかもしれないが、何も地平線に現れる新しい人間を防げることはできない。

ある意味では、彼は既に来ている。彼はただ認識されなければならないだけだ。

一つの事を、常に覚えていなければならない。破壊的なものは、何であれ無力であることを。ただ創造的なものだけに、潜在的可能性がある。それだけが有力だ。

憎しみ、怒り、嫉妬、絶望――それらは、しばらくの間あなたを圧倒するかもしれない。あなたは、すべてが失われると思うかもしれない。しかし、これらのものはすべて無力だ。それらはあなたの中の永遠の存在を、破壊することはできない。実のところ、今日の状況はかつてこれまであったものより破壊的だ。

だが私が見る限り、それは形を変えた祝福を証明するかもしれない。

核兵器は、戦争そのものを時代遅れにした。それは無意味だ。第三次世界大戦はあり得ない。すべての功績は核兵器に帰せられる。今や戦争をする意味はない。誰も勝つことはない、誰も負かされない。すべてが破壊される。第三次世界大戦は世界的な自殺だ。だが生は、自殺する準備ができていない。生はより多くの生を欲している。愛はより多くの愛を欲している。

存在の中の美しくて本物であるものにはすべて、広がろうとする内的な衝動がある。

だから私は、第三次世界大戦は決して起こりはしない、と絶対的な確信をもって言えるのだ。

しかしそれは重大な機会を、人間の意識への圧力を生みだした。それは、もしあなたが今のままと同じくらい眠ったままでいるなら、危険だということだ。より多くの意識をもたらすために、より多くの愛をもたらすために、より多くの光をもたらすために、何かが為されなければならない。

核兵器は二つの方法で役に立つ。まずそれは第三次世界大戦の可能性を止めた。そして二つ目に、それはより良い意識に、より調和した存在に成長する方向へ人間を目覚めさせた。

私に見える限り、すべては全く申し分なく進んでいる。

愛するOSHO、あなたに先行したマスターたちに関するあなたの話から、マスターと弟子の関係の基盤として、愛があった人は誰もいなかったか、あるいはほんの少数しかいなかったように見えます。ブッダの慈悲は、冷静でよそよそしく見えます。

グルジェフは、彼の周囲の者には、常に謎の人物のままであったに違いありません。彼らは彼を敬服していたには違いないでしょうが、彼を愛していたという印象は受けません。そしてクリシュナムルティは、彼との親密な接触を人々に決して許さなかったようです。

気づきが、あなたから受け取った最も偉大な鍵でありながらも、それがあなたの放射する愛と、あなたが私たちに呼び起こす愛のためでないなら、私は決して耐えられないと自分でわかっています。どうかコメントをいただけますか？

過去のマスターたちは、ただ冷静なだけではなかった、というのが真実だ。彼らは本当に冷たかった。彼らは自らの立場に従って、そうでなければならなかった。愛は彼らの見解の中で、最も危険なものだった。人間のすべての過去は、生に反対し、愛に反対し、喜びに反対して祝祭に反対する宗教に支配されていた。

実際、いわゆる宗教の目から見れば生は呪いであり、罪だ。

西洋の宗教によると、人間は罪から生まれて生は刑罰になる。アダムとイヴが神の言う事を聞かなかったからだ。

アダムとイヴがそうしたから、というのは大変な見当違いの考えだ。何千もの世代が過ぎ去ったのに、あらゆる人間はまだ同じ罪を抱えている。そして生は刑罰だ。アダムとイヴは、罰としてエデンの園から追い出された。それが生が始まった方法だ。あなたが生とその喜びを放棄して、さらに知識の木の実さえも放棄して後戻りしない限り、あなたは二度と神の園に入ることはできないだろう。生があなたに与えるものすべてを放棄した時にだけ、あなたは再び入ることができる。

東洋の宗教には、解釈は異なるが同じものを指しているものがある。あなたが生まれたのは、あなたの過去世の悪業のためだ。あなたは罰として、その結果に苦しむために生まれる。あなたは、自分自身を完全にきれいにした瞬間まで、何度も生まれ続ける。それは何千もの生を要するかもしれない。そしてただその時だけ、あなたは神に、真理に受け入れられる。

そこで一つのことは確かだ。すべての宗教は——東洋であろうと西洋であろうと、一つの要点に同意している。それは、生は誇るべき何かではなく、恥じるべき何かだということだ。過去のこれらのマスターたちは、彼らが生まれた環境の一部だった。

彼らは多くの事に何とか反抗はしたが、これは非常に基本的なことだ。宗教的であることのすべてはそれに依存した。つまり、人間はどんな愛からも、他人へのどんな親密さからも、自分自身を完全に断たなければならないということに。彼は絶対に独立して、独りでいなければならない。

当然、彼らは恐れた。そして彼らは冷たかった。

これが、すべての宗教が私に反対する理由の一つだ。なぜなら私は、彼らのまさに礎石そのものを取り除いているからだ。

私にとって宗教的であることは、暖かさを意味する。私にとって宗教的であることは、優しさを意味する。私にとって宗教は、あなたは石でなければならない、あなたのハートを石にさせる、という意味ではない。私にとっては、あなたは数多くの親密さの中に溶けなければならないという意味を持つ。あなたは消えなければならない、すると、ただ愛することが残る。

すべての宗教は、私を非難するだろう。私に彼らの非難が理解できるのは、もし私が正しいなら、彼らのすべての過去と、彼らのいわゆるマスターたちが間違っていることが、証明されるからだ。彼らが私に反対しなければならないのは、あまりに多くのものが危険に曝されるからだ。しかし、彼らは最後に勝つことにはならない。なぜなら、冷たさは非人間的だからだ。そして誰がエデンの園を気にするだろう？　それに、あなたはそこで何をするのだろうか？　アダムとイヴは、彼らが神の言う事を聞かなかった前は、まさに動物だった。彼らの不服従は、人間が動物の世界から独立することの、最初の署名だった。彼らの不服従は、知性の最初の行為だった。

私はアダムとイヴに完全に敬服している。そして彼らを追放した神には、何の敬意もない。彼は彼自身の子供たちが賢くなるのを、彼らを永遠に生きるようにさせる果物を食べるのを邪魔しようとする、醜い独裁者だ。彼の子供たちに二つの事――知ることと永遠の生命を望まないとは、何という類の父だろうか……それなら、彼は何を望むのだろう？　ただエデンの園で、草を食べ続けることだろうか？　もしアダムとイヴが背かなかったなら、あなたはここに坐っていなかっただろう。あなたはエデンの園にいただろうが、人間のようではなかっただろう。

イギリスには現在、悪魔崇拝者と言われる三万人の人々がいる。それは彼らが「やはり神は死んだ」と言うからであり、神が存在を創造して以来、彼について何も聞いてこなかったか、あるいは彼は存在を捨てて、ここで起こっていることを気にしないからだ。あなたは彼らの議論を否定できない。彼らには確かな誠実さがある。世界大戦は起こり続けている。だが神はそれに関心がない――神は、アダムとイヴが知識の木の実を食べたことに非常に関心がある。だがアドルフ・ヒットラーが六百万人を殺す、ということには少しも関心がない。

だからこれらの悪魔崇拝者は――彼らは自らを魔王主義者と呼ぶ――非常に新しい考えをもたらしてきた。それは、悪魔は神の子だというものだ。彼は反抗的な息子で、まさに世代の断絶だ。だから神はもうろくして世界を捨てたか、それとも死んだかのどちらかだ。しかし彼らには、私が彼らに提案した一つの重要な論点がない。それは、神に反抗することを、背くことをイヴに提案したのは悪魔だった、ということだ。でなければ彼女は動物のままだろう。

すべての人類の進化は、悪魔なしではあり得なかった。彼らはその論点を加えなかった。私たちが何であろうと、すべての進化についての功績は悪魔に帰するという最大の可能性があるため、彼らはそれを加えるべきだ。私は悪魔崇拝者になるようにと、あなたに言うわけではない。私にとって神と悪魔は両方とも、ただの虚構だ。彼らの何も存在しない。

しかし、一つの事は確かだ。人間のすべての進化は、背くこと、疑うこと、懐疑的であることにかかっていたということだ。それは素朴であることではなく、あるいは信仰者であることではなく、忠実であることではなく、質問をして答えを見つけることにかかっていた。非常に少数の人々しか、すべての人間の進化に貢献してこなかった。

非常に冷たかったこれらのマスターたちも、貢献してきた。彼らはより以上の多くのことを為し得てきたが、彼らの冷たさは人類からより多くのものを奪った。彼らはみな男性優位主義者だった。そして彼らはみな、女性は地獄への道であるので、女性は避けねばならない、と考えた。

そして、女性は暖かさの源だ。彼女の愛や献身は、もし男性の知性と結合されるなら、彼女のハートが男性の頭と結合されるなら――その時、奇跡は可能だ。それが私の基本的な貢献でもある。私は、男性と女性がシンフォニーの中で、深い親密さと調和の中で一緒に成長して欲しい。

私たちは全く違った世界を創造することができる。

たった今、世界はとても惨めだ。それをより幸せに、笑いでいっぱいにすることは、私たちの手中にある。幸せで至福に満ち、歌って踊って祝っている人々が、どんな形であれ、存在を害する何らかの理由になるとは思わない。彼らは存在を強化している。彼らはそれをより生き生きとさせている。

もしすべての人類が愛と暖かさの中で生きるなら、スピリチュアルな成長は非常に簡単になるだろう。それはそんなに困難でも、そんなに長い旅でもない。それが困難で長かったのはそれが冷たかったからだ。

あなたはずっと踊ったまま、ずっと歌ったまま、究極に達することができる。喜びに満ちて愛して、暖かくあることと、スピリチュアルであることに、何の矛盾もない。実際、もしあなたが自分の愛を分かち合えないなら、自分のハートを分かち合えないなら、あなたはスピリチュアルであることはできない。

愛するOSHO、あなたが光明を得る前の当時の話からすると、あなたはずっと周りの者たちにとってのマスターであり、目ざまし時計であったように思えます。マスターと弟子の違いは、ただ意識だけのものですか？　それとも、マスターの個性のような何かと、弟子の個性のような何かがあるのでしょうか？

真実は、そこにはタイプの違いがあるということだ。誰もが弟子でいられるというわけではない。私は自分自身、弟子であることを逸してきた。私は何生も探求してきたが、どうしても弟子であることができなかった。

私は多くのマスターと接触した。しかし弟子であることは、単純に全く私の本性にはなかった。私は独りで行かねばならなかった。自分自身で道を見つけねばならなかった。そこにエゴの問題は何もなかった。他人から学びたくないという問題は、私には何もなかった。私は完全に望んでいたが、何かが全く、私のタイプではなかった。

誰もが弟子でいられるというわけではない。そしてまた、誰もがマスターでいられるというわけではない。

それは個性のタイプの違いであるようだ。ただ意識の違いだけではない。

光明には達したが、マスターには決してならなかった多くの弟子たちがいた。

この生で、私は確かに非常に注目に値する男、マストをよく知っていた。その言葉は、「神に酔っている」という意味だ。彼は神に酔っていた。彼は最も器量の大きい男だったが、マスターではなかった。彼は光明を得た後でさえ、弟子のままだった。

私は、何度も彼と話したものだった。彼がとても私を愛していたからだ。私は言った。

「現在、あなたのマスターは死んでいる。そこであなたは彼の言葉を、彼のメッセージを広めなければならない」

彼は言った。「私はそれについて考えてきたが、それは単純に、私のハートのどんなベルも鳴らさない。

私はただ、弟子であることで完全に幸せだ。マスターが死んだことは問題ではない。私の弟子としての魂は死んでいない。私はまだ生きている」

そこには、マスターは弟子より高いという階層の問題もない。そのようなすべてのナンセンスは、スピリチュアルな世界の一部ではない。弟子は、マスターと同じ意識のレベルに達することができるが、たとえマスターが彼に、今マスターになることを勧めても、それは全く不可能だ。それは彼の本性にはない。それは、彼の血と骨と髄の中にはない。

だから問題は、誰かはより高くて、誰かはより低いということではない。その違いは、ちょうど男と女のようなものだ。誰もより高くないし、誰もより低くない。

しかし、男は子供を妊娠できない。彼は母になれない。女は男になれない。

この種の努力がなされつつある。それはただ愚か者だけを作る。そんな男たちがいる、特にカリフォルニアに――。カリフォルニアは、本当に人間の動物園だ。馬鹿げていてナンセンスで、不合理なものは何でも、カリフォルニアに向かう道で見つかるだろう。

なぜなら私は、数人の男性がサニヤシンになりたがっているが、女装について私の許可を求めている、という手紙をカリフォルニアからよく受け取ったからだ。私たちには充分な女性が既にここにいる。男性が不足している！　状況は、女性が男性を追い求めてしまうくらい難しくなった。何かが自然に不足している時はいつでも――でなければ、女性は追い求める者ではない。彼女は追い求められることを愛する。それは彼女にとって自然なことだ。しかしコミューンの中で、どれだけあなたは自然に待っていられるだろうか？　誰もあなたを追い求めて来ないからだ。そしてサニヤシンは私に手紙を書いていた。

「私たちはどうするべきでしょうか？」

私は言った。「何もすべきではない。ただ追い求め始めなさい！　自然なことを忘れなさい。おそらく私たちは、自然なことを超えねばならない地点に来たのだ」

私はそれらの人々を拒否しなければならない。私たちは不足している。そして彼らは、より多くのトラブルを引き起こすだろう。

いったいなぜ、男は女のような服を着たいのだろう？　なぜ女は男のような服を着たいのだろう？　なぜ、ただ自分自身でいられないのだろう？　なぜなら私たちが階層を作ってきたからだ。それはみな男が作ったものだ。

少なくとも、精神的世界に階層はない。マスターは弟子より高くはない。マスターはマスターで、弟子は弟子だ。両者が一緒に奇跡的な何かをしている。マスター一人では、何とかすることはできないし、弟子一人でも、それを何とかすることはできない。だから彼らは補い合っている。彼らは原型だ。

そしてひとたび私たちが、自分はどんなタイプであるかを知るなら、物事は非常に単純になる。その時あなたは、他の誰かであろうとするのを止める。ただ単にあなた固有のタイプに従い、人生と時間を浪費せず、全エネルギーをあなた固有のタイプにつぎ込む。その時、あなたが開花に至るあらゆる可能性がある。

愛するＯＳＨＯ、先日あなたは、私たちのほとんどがまだ、あなたとあなたの無の状態を見る準備ができていないので、あなたは自分の身体にしがみつくためのあらゆる努力をしていると言いました。

ＯＳＨＯ、あなたのこの言い方は、私の中に心底深く達しました。私は「来なさい！　なぜあなたは待つのだ？　他に待つべきものは何もない」というようなことを何度も聞き、感じました。そこには、ほとんどあなたの実存に、そして存在に溶けるための魅惑的な招待のような、この驚くべき甘い説得がありました。

どうしたらまだ何とか抵抗できるのか、私にはわかりません。おそらくあなたは本当に、もう少し長く待って、私たちをそっと優しく説得しなければならないでしょう。これが質問ではないことを知っていますが、それでも私は言いたかったのです。

私も、これが質問ではないことを知っている。しかし私は答えなければならない！

ギータ――あなたは笑えばいい！　心配する必要はない。それがあなたに必要とされる限り、私は待つことができる。

待つことは、私にとって問題ではない。私は慣れている。なぜなら何年もの間、私はどうにかしてぶらついてきたからだ。だが今、私はぶらつくことの専門家になった。だから心配する必要はない。あなたは自分の時間をかけることができる。

ただ覚えていなさい。私があなたに話すことは何でも、自分の約束を守るために最善の努力をするが、それは全く私の手の中にはないことを。私は存在の手の中にある。存在が許す限り、あなたの扉を叩き続けるために、私はここにいるだろう。

しかし、それを当然のことと受け取ってはいけない。それは永遠には続けられないからだ。

愛するOSHO、私が最初にあなたの本を読んだ時、「この人は真理を話している。彼はそれを知っているし、彼はそれだ」ということが、完全な明瞭性をもって私にわかりました。

それを知らずに真理を認識することなど、あり得るのでしょうか？　自分よりも多く気づいていて、人生においてより多くの経験があるかのように思える多くの人々がいますが、それでも彼らはあなたを認識しません。

私の認識と彼らの非・認識は、ただの異なる種類の夢なのですか？

違う。もし、あなた自身の先入観を持ち込まずに、あなた自身の知識や、あなた自身のいわゆる人生経験を持ち込まずに私を聞くなら、あるいは私の言葉を読むなら、その時はそれが真実であるか否かを、あなたは直ちに認識するだろう。

まず第一に、それを認識したのは、あなたがより多く経験したからではなく、より多くの知識があるからではなく、より多くの先入観があるからではない。ただ単に、あなたがより以上に無垢だからだ。無垢には明瞭性がある。

より多くを知っているように見える他の人たちは、ただ単に彼らの無垢を失っている。彼らは何も知らない。まさに彼らが持っているガラクタは、経験から、あるいは本から、あるいは大学から集めてきたものだ。彼らの頭は一杯で重い。彼らの頭を貫通することは非常に難しい。彼らは本当に愚鈍だ。

世界では、彼らは賢い人々として尊敬される。真実は、彼らはそうではない人々だということだ。だが大衆は、彼らの知識に感銘を受ける。しかし知識は知ることではない。知識とはただ単に、他の誰かの言葉を繰り返しているだけだ。知ることはあなた自身のものだ。

確かにそれはあなたに起こった。それはあなたが物知りではなく、ありとあらゆる源から集められたガラクタで一杯ではないからだ。

あなたの質問は意義深い。「何が真理で、何が真理でないかを私が知らないのに、どうやって、この人は真理を話しているとすぐに認識したのでしょうか?」

あなたは、真理とはあなたから遠く離れた何かではない、ということに気づいていない。それはあなたの内側にある何かだ。あなたは気づいていないかもしれない。だがもしあなたが、あなたの背後に、自分自身の無垢な核心の中に隠れている真理を思い出させる、ただのこだまにすぎない何かを読むか、あるいは聞くなら、そこには認識が、瞬時の認識があるだろう。それは真理を知っているか、真理を知らないかという問題ではない。あなたには真理がある。あなたの実存が真理なのだ。

あなたが鏡で自分の顔を見る時、それがあなたの顔であることを、どうやってあなたは認識するだろう? あなたは自分の顔を決して見たことはない。私が知る限りだ! 誰も自分自身の顔を知ってこなかった。しかし鏡の前で、これは自分の顔であると認識するのは、鏡の機能が反射することだからだ。

私を聞くことは、まさに鏡を利用することだ。私を読むことは、まさに鏡を利用することだ。そして、あなたがそれらの言葉の中に真理として認識するものは、単なるあなた自身の反映なのだ。

そして知識人が困難なのは、彼らがきれいではないからだ。だからあなたが彼らに何を言っても、またば彼らが何を読んでも、彼らはそれを解釈する。彼らのマインドは、絶えずその解説をしている。だから彼らが鏡の中に見るものは、私の言葉ではなく彼ら自身の解説だ。それは真理とは何の関係もない。だからまず第一に、認識することは彼らにとって難しいだろう。

第二に、知る人としての体面を持つ人々――知恵のある人々、聖者や賢人である人々――彼らにとって、私の言葉は挑戦だ。彼らは、それらが危険なため、それらの言葉を押し潰したいと、すぐにそれらを退けたいと思う。彼らのすべての体面は、危険に曝される。もし私が正しいなら、彼らの全人生とすべての経験は間違いになる。それでも、真理のためにすべてを危険にさらすほど誠実な、非常に少数の人々がいる。彼らはどんなことのためにも、真理の危険を犯すだろう。

しかし、体面は重大なものだ。

こんなことが起こった。エルサレムの大学の教授でもあるユダヤ人の学者が、イエスの言葉に興味を持っていた。特にその権威をもって、彼がユダヤ人に関して言ったことについて――。

彼は多くの人々の話を聞いていたが、イエスには彼独自の話し方があった。彼がこれまで知っていた誰も、そのような権威をもっては話さなかった。

彼は偉大な学者だったので、イエスが話している間、彼の話を聞きに行けなかった。なぜなら人々は見て、彼らは思うだろうからだ。「あなたは大変偉大な学者だ。そして彼はただの大工の息子だ。無教育で、読み書きができない者だ。それなのに、あなたは彼の話を聞きに来たのか？」

それは彼のエゴに反していた。

それである夜、みんなが眠った時、彼はイエスのところへ行った。彼はイエスを起こして言った。

「どうか許してください。私は大学の教授です。私は宗教的な問題の偉大な学者です。私はラビですが、あなたが物事を言うその話し方に、確かに感動しました。誰もそのようには話しませんでした。しかし私はただ通りすがりに、もう少しよく聞けるようにゆっくり歩いて、あなたを聞いていました。しかし私は、あなたの話を聞きに来ることができません。私のすべての体面が危なくなってくるからです。ユダヤ人は私を許さないでしょう。大学は私を許さないでしょう」

イエスは彼に言った。「この生では、あなたは何もできない。あなたは生まれ変わらなければならない」

彼は理解できなかった。「どういう意味ですか?」と彼は言った。

イエスは言った。「私が意味することは、もし私を理解したいなら、あなたは自分のすべての体面、すべての知識を落とすべきだということだ。それに泥棒のように真夜中にやって来ることは、弟子であるやり方ではない。これは単純に、あなたの無力と弱さを示している。だからただ出て行きなさい！ 昼間に来なさい。いくらかの自尊心を持ちなさい。なぜあなたは、他人からの尊敬に依存しなければならないのだ？ ただ自尊心のない人々だけが、他人の尊敬に依存するのだ」

だから、より以上に知る人々は、あまり何も知ってはいない。彼らはまるで、偉大な経典を運んでいるロバのようだ。しかしそれは、ロバがラビになることを意味しない。ロバはロバのままだ。その経典の積み荷は助けにはならない。

世界で最も大きな問題の一つが、これらのいわゆる知識人たちだ。彼らにとって、どんな真理でも認識することが最も困難なのは、真理を認識することが多くの体面、学問、知識を失うことを意味するからだ。

ソクラテスには二つの分類《カテゴリー》がある。一つの分類では、無知を知識と呼ぶ。別の分類では、知ることを無知と呼ぶ。美しく明晰な概念だ。「無知の知」は無垢を、何も失われないこと、何の危険もないことを意味する。あなたはハートを開くことができる。あなたはどんな恐れもなしに、生の水の中に深く沈むことができる。

そして知識のあるこれらの無知な人々は、彼らを露出させるようなどんなものにも、近づいて来ないだろう。

真理に反対する、世界で最も大きな敵は知識人だ。

そして最も偉大な友人は、自分は知らない、ということを知っている者だ。


愛するOSHO、私の友人と私には、少々意見の相違があります。私は、光明を得ることの大きな敵は居心地の良さだと言いますが、彼女はジェット族（ジェット機などで優雅に遊び回る裕福な有閑階級）の旅行の方が、はるかにずっと悪いと主張します。私たちを啓発してくれませんか？


あらゆることは討論や議論で決定すべきではないことを、理解する必要がある。そこには人々のタイプや、彼らの好みに依存するものがいくつかある。

あなたは討論に入る前に、既に一つの事実を受け入れている。それは、どちらもほとんど常に実際とは違うという点だ。あなた方は両方とも同じタイプであり、その好みも同じようなものだということだ。

もしある人が中華料理が好きで、そしてある人がそれを好きでないなら、そこに討論の問題はない。

それは単純に好き嫌いの問題だ。

ある人はバラが好きで、ある人はある別の花が好きだ。

これもまた、タイプと好みの問題だ。それを討論の要点にさせてはいけない。あなたはどんな結論にも決して至らないだろう。

もしあなたが居心地の良さや、くつろいで安定した雰囲気が好きなら、絶え間なく変化する雰囲気はあなたに適合しないだろう。

しかし、絶え間なく変化してほしい人々がいる。彼らは一つの場所に数日以上いられない。彼らは一人の人を、数ヵ月以上愛することはできない。彼らの人生は、全く異なる方法で調整されている。

さて、議論がこれを変えることはない。この場合、男が居心地の良い状態が好きなのは、本当に少し奇妙だ。そして女はジプシーでありたいと思う。それは実に非常に珍しい現象だ。男は基本的にジプシーだ。世界中に家があるのは、女性たちが望んだためだ。そうでなければ、せいぜいテントで充分だ。一つの場所に住んで美しい家を建て、放浪者でないことを男に強制したのは女だった。

しかし、最初から男は狩人だった。女性は家に住んでいて、男は遠く、そして広く狩りをし、相当な距離を旅した。そして時には、狩猟場からはもう食物を得られなかった。彼らは移動せざるを得なかった。狩人が動き続けねばならなかったのは、獲物の動物が、狩人からより遠くへ動き続けたからだ。農業を発明したのは女だった。男ではない。今やあなたは自分の農場を、ある場所から別の場所へと引きずり続けることはできない。あなたは離れられない。今あなたは、そこにいなければならない。

そして女には安定した場所に残る理由がある。彼女は母になろうとしている。九ヵ月間、彼女は子供を身ごもっている。彼女はあちらこちらへ移動し続けられない。彼女は既に面倒なことになっている。私は、どんな男も九ヵ月もの間、赤ん坊を腹の中に抱えられるとは思わない。彼は自殺するだろう。絶対に確かだ。

子供が子宮にいる間、女はうまく食べることができない。彼女は吐く。彼女は絶えず病気で寝ている。そして子供が産まれると、子供はあまりに小さい。ある気候から別の気候へ、ある場所から別の場所へと移動することは子供にとって良くない。

だから、農業対狩猟は基本的な問題だった。そして農業が狩猟を説き伏せた。

そして狩猟は醜くもあった。

女はより親切で、より同情的だ。狩猟は醜く、冷淡なものだった。女は母だ。そしてもし母親の鹿を殺したなら、彼女の子供たちに何が起こるのかを彼女は知っている。雌ライオンを殺したら、彼女の子供たちに何が起こるだろうか？　女は狩猟に反対してきた。

そして狩猟が欠乏して難しくなったら、あなたは飢えなければならない。食物を得なければならない日があった時、男はついに耕作を決めた。しかし耕作ですべてが変わった。今やテントは役に立たなかった。家はより永続する。

それと共に、すべての文明が成長し始めた。それから学校ができた。病院ができた。それから他の生産——製造、あらゆることが耕作で可能になった。

しかし男は、心の底では狩人のままだった。彼は狩猟の喜びを忘れなかった。彼はまだジプシーであることを望んでいる。

しかしあなたの質問では、男は居心地よくいたいように見える。そこでの居心地の良さの感じは、より簡単に光明を得るだろう。そして女はジプシーで、ジェット族の速度であることを望んでいる。そして、彼女はそのような絶え間ない激情の中で、光明は簡単であるだろうと考えている。誰も間違っていない。誰も正しくない。それはすべてあなた個人の感覚、タイプ、選択に依存する。

好みであるものについて議論することで、あなたの時間を決して無駄にしてはいけない。単純に受け入れなさい。「それはあなたの好みで、これは私の好みだ。そして残念なことに、私たちの好みは異なる」

そして議論することよりも、むしろ主題を打ち切りなさい。

そして光明を得るようになり始めなさい！

いいかな、ギータ？

第40章

祝祭の雰囲気では、
すべての法則が脇に置かれる

In this Mood of Festivity all Rules are put Aside

愛するＯＳＨＯ、ブッダが光明を成し遂げた時、全宇宙が至福に満ちたと言われています――空から花が降り注ぎ、神々は彼の周りで踊り始めました。すべての神々の王インドラ自身は、シュロの葉（勝利の象徴）に包まれて降りて来て、ブッダの足下に平伏しました。樹には季節外れの花が咲き始め、すべての存在は祝祭になりました。

たとえブッダの光明を取り囲む物語が単なる詩であっても、存在は楽しんだに違いありません。そして現在も、あなたの光明をいっそう喜んでいると私は感じます。あなたの中には、過去のすべての目覚めた存在が、最後のめざましい努力において、この乾燥した苦悶の惑星に、知恵と愛と慈悲を注いでいるように私には思われます。

ＯＳＨＯ、あなたが光明を得た時、何が起こったのですか？

光明の出来事は、散文では記述できない。散文は世俗的すぎる。そして光明の出来事は、あまりに詩的なものだ。

それは存在する究極のロマンスだ。

問題は、言葉無き出来事を、言葉で表現する方法だ。

どんな樹も、季節外れには開花しない。どんな花も、空から降り注がない。どんな神々も、光明を得た人の周りで踊らない。だがそれでも、これらはすべて真実だ。それはまるで、樹が季節外れに開花したかのようなものだ。『まるで～のように』を覚えていなさい。まるで、神が光明を得た人の周りで踊っているかのように、まるで、すべての存在が祝祭になるかのようにと……。

それは祝祭なのだが、とても静かで実に平和だ。それを話すには、架空の現象を使わざるを得ないほど、言語から遥か遠くに隔たるものだ。言い換えるなら、樹は季節外れに開花したに違いない——たとえ、そうではなかったとしてもだ。花は降り注いだに違いない——だが降り注ぎはしなかった。

誰かが光明を得る時はいつでも、それは彼の光明だけではない、と言う詩的な言い方を理解することだ。なぜなら彼は消え去ったからだ。だから光明がある。それは存在中に広がる。それは生命のすみずみに至るまで感じられる。

それぞれの一個人が光明を得ると共に、人類の意識のすべてのレベルはより少し高く進む。今日の人間がどうであれ、その人個人の努力によるものではない。それは世界中の、少数の光明を得た人々のおかげだ。彼らの数は指で数えられるほどだ。しかしそれぞれが消えること、純粋な光になることは、すべての眠っている人類を、意識のより良い状態へ途方もなく推進させてきた。

私たちがどこにいようとも、私たちに知られることさえない人々から、途方もない恩恵を受けている。

しかし、詩だと困難がある。一つめの困難は、もしそれを説明したら散文になり、詩的な質を失う。二つめは、信じる人たちや信者は、それは詩ではない、言われてきたことは何でも実際に起こったことだ、それは歴史だと考える——フィクションではなく事実であると考える。もしあなたがそれを詩と呼ぶなら、彼らは怒る。たとえ、詩が散文よりはるかに高度な表現であってもだ。

この類の詩が、世界中のすべての光明を得た人々のために使われてきた。

それは起こった。私はマハーヴィーラの誕生祝いで話すために、初めてボンベイに来た。それは一九六〇年だったに違いない。ボンベイはジャイナ教徒の拠点だ。

私は彼らには全く知られていなかった。

彼らには二人の講演者がいた。インドでは非常に著名な人であり、非常に素朴で控え目な男によって、私は彼らに紹介された。しかし偶然にも、彼はワルダーのジャムナラール・バジャージの総マネージャーだった。ジャムナラール・バジャージは、解放闘争のために彼のあらゆるものを犠牲にした、インドで最も金持ちの一人だった。彼は大きなゲストハウスを建設した。少なくとも五百人は一度に滞在できる。そして、絶えず解放闘士たちの会議があった。最終的に彼は、マハトマ・ガンジー――彼が指導者だった――も、ワルダーに来るように説得した。彼は町の近郊に、自分のためのアシュラムを作った。

そしてこの老人チランジラル・バドジャティヤは、すべての客の世話をする仕事をしていた。これらの客たちは最終的にインドの大統領、すべての州の知事、主任大臣、閣僚になった。インド解放後、すべての重要な地位がこれらの人々――ジャムナラールのゲストハウスの客たちの手に入った。そしてチランジラル・バドジャティヤは、彼らの世話をしていた。だから彼は、すべてのインドの有名な指導者と親密に関わった。どんな高名な人間も誰一人として、彼に知られていないということはなかった。そして彼らはみな、彼を尊敬した。それは彼が老人であり、とても優しく彼らに仕えたからだ。

ちょうどまた偶然にも、彼はかつて私に出会っていた。

ジャバルプールには、山の中に非常に美しくて複合的なジャイナ教の寺院がある。ジャバルプールのその石には特色がある。それらはすべて丸い。大きな石、巨大な岩石だがすべて丸く、卵形だ。それはジャバルプールの陸地が、最初に海から出てきたという証明だ。これらの大きな丸石は、何百万年間も水の中で転がり続けてきた。それが丸さの原因だ――そしてひとつだけではない。無数の巨大な丸い岩石がある。それは奇妙な山だ。普通の山ではない。全く丸い岩石だらけだ。それにはそれ自身の美しさがある。

そこで祝祭があった。私はそこで話すために行った。私が出て来た時、この老人は道の脇に立っていた。寒い朝だった。彼は身体に毛布をまとっていた。彼は地面に毛布をただ放り投げて、私にそこに坐るように言った。しかし私は言った。「あなたの毛布が汚れます」

「毛布のことは心配しないでください」

「あなたは年をとっています。寒くなるかもしれませんよ」

「心配しないでください。ただ坐ってください。ちょっと私と一緒に坐ってください。それに私はあなたに、地べたに坐るようにとは言えません」

彼は言った、「私はこの国の、すべての偉大な演説者の話を聞いてきました。最も程度の低いものから、最高のマハトマ・ガンジーまで。しかしあなたの話し方は、誰もこのように私のハートに触れたことはありませんでした。私にはただ一つのお願いがあります。どうか老人の言う事を拒否しないでください」

私は言った。「まず、あなたが望むものを私に言ってください」

私は彼が誰なのか、全くわからなかった。

彼は言った。「今年の特定の日に、私はあなたをボンベイに招待します。私は、あなたを著名な人々に紹介したいのです。でなければ、ちょうど私があなたに気づかなかったように、彼らは気づかないままでしょう」

ボンベイは知識人にとって、実業家にとってインドの本当の首都だ。デリー出身の政治家でさえボンベイの人々の言いなりになっているのは、彼らには選挙のためのお金が必要であり、そしてすべてのお金はボンベイにあるからだ。

あなたは、ボンベイの人口がたった一千万人しかいないことに驚くだろう。九億人の国でだ。しかしそこには、国全体の富の半分がある。八億八千万人のうちの一千万人が、国の富の半分を持っている。確かに彼らには力がある。

だから彼は私に言った。「私はこれらの人々に、あなたを取り逃がして欲しくないのです」

私は言った。「あなたがとても愛情を込めて招待してくれるので、行きましょう。でも私は、そこにいる誰も知りません。誰も私を知りません」

彼は言った。「私がそこにいます。そして私は、人々があなたを知るように段取りします」

それが面白かったのは、私が着いた時、私は待機中のエアコン付きの客室のドアに立っていて、およそ五十人の人々が、あちらこちらを見て走っていたからだ。彼らは私を見分けるつもりでいた。何とかして、これがその男だと納得したかった。だがどういうわけか納得できなかった。彼らは探し続けるつもりだった。すべての列車は空だった。私だけがそこに立っていて、私を迎えるために来ていた五十人の人たちだけがいた。今やその他には、誰もいなかった。

そこでついに彼らは私に尋ねた。

「どうしたのですか？　あなたは今日、ガンジー帽を被っていないのですか？」

私は言った。「私がこれまでガンジー帽を被ってきたと、誰があなたに言ったのですか？」

「チランジラル・バドジャティヤです。あなたをここに招待した人です」

私は言った。「彼は老人であり、彼はその生涯を、みんなガンジー帽を被っていた人々と一緒に生きてきたのだ」――それは解放闘士の象徴だった――「確かに彼が説明してきた他のあらゆることは、完全に適切だった。彼はそこにガンジー帽をただ加えただけだ」

そして彼らはみんな、あべこべに見ようとする。すべては正しかった。そしてただ帽子が欠けていた。だから彼らは、探し続けるつもりでいた。「これはその男ではない」ために――。

そしてチランジラル・バドジャティヤは、ある渋滞に巻き込まれていたため、遅れて到着した。それは彼らが既に私を見つけていた時だった。

「私はそれを被っていないが、私はあなた方が探している人物だ。私はあなた方が私を探していることを、そしてあなた方が、あちらこちらを走り回っているのを知っている」

そしてチランジラルは、ひとりの老人に腹を立て、かっかしてやって来た。彼は言った。

「聞きなさい。私は一つのことを忘れてしまっていた。彼はガンジー帽を被っていない。それはただ、私が自分の生涯で大勢がガンジー帽を被っているのを見てきたので、何となく想像で、いや、おそらくはどうかしてたのだろうが、ちょっとした失言で、彼はガンジー帽を被っているだろう、と言ったのだ」

これらの人々は私に、私の考えやどんなものにも、完全に気づいていなかった。だから彼らは少し疑っていたが、チランジラル・バドジャティヤが非常に重要な人物だったので、彼らは私に要請し、私を招待した。

しかし彼らは、ボンベイで最も有名なジャイナ教の僧侶チトラバヌも招待した。

そして当然、誰もがチトラバヌに、彼の話を聞くことに興味を持っていた。彼はボンベイの地域で最も著名なジャイナ教の僧侶だった。

彼は最初に話した。彼が終わって私が立ち上がった時、人々は自分の席から去り始めた。私は彼らにとって知らない男だ。誰にわかるだろう、それはまさに全く時間の浪費かもしれない。そこで私はそれらの人々に叫ばなければならず、彼らに言った。

「ちょっと五分待ちなさい。五分後にあなた方は立ち去ればいい。だがその前ではない。だから坐りなさい！　あなたの席に戻りなさい！」。彼らは、誰かがそうするだろうとは考えたこともなかった。

私は言った。「これは絶対に野蛮だ。あなた方は、少なくとも五分は耳を傾けるべきだ。それからはあなた方は自由だ。その時に去ればいい。去りたい者は誰であれ、邪魔されないだろう。だが五分間は誰も去ることはできない」

そこで彼らはみな少し恐れて、自分の席に戻った。探求者たちはこのタイプのものではない。

そして私はチトラバヌを逐一批判し始め、五分後に彼らに尋ねた。

「もし誰でも立ち去りたいのなら、今立ち去ることができる。この後は、私が終わるまでは誰も立ち去ることは許されない」

たった一人も去らなかったのは、それらの五分後に、私が話したことがチトラバヌはただの馬鹿であることを彼らに説得するのに充分だったからだ。

マハーヴィーラの物語のせいで、同じ種類の詩が様々な方法で生まれた。チトラバヌは、それが現実の出来事であることを証明しようとしていた。

例えば、マハーヴィーラが蛇に足を噛まれた時、その足からは血ではなくミルクが出てきた。そして彼は、それは実際上の事実であることを証明しようとしていた。それはマハーヴィーラが動いた時――彼は裸で裸足だった――埃っぽい道で、もし道の上に棘があっても、棘がすぐに彼の道から離れて行くのは、マハーヴィーラが自分の悪のカルマをすべて終わらせたからで、今、存在は彼にどんな痛みも与えたくないというものだ。そこで、棘でさえ道からすぐに離れて行くほど、マハーヴィーラを敏感に感じているということになる。彼は、これらが実際上の事実であることを証明しようとしていた。

そして、私は彼を批判し始めた。

「あなた方が大変な尊敬をもって耳を傾けていたこの男チトラバヌは、ただの馬鹿だ」

そこには衝撃があった。その会合の数人の人々は今でも私のサニヤシンだ。彼らは、これは暴動になるだろうと思った、と言った。チトラバヌはジャイナ教のコミューンから非常に尊敬されていて、この男は彼を馬鹿と呼び始めたのだ。彼らは、私が誰かさえ知らなかった。確かに私はジャイナ教に反対だ。そして私は言った。

「この男は、散文と詩の違いが理解できない。詩には真理があるが、事実ではない。それは真実だが、事実ではない。それには他のどんな方法でも言えない意味、意義がある」

マハーヴィーラは宗教の基本として、非暴力や非殺生を、誰に対してもどんな種類の痛みや苦しみも与えないことをもたらした最初の人だった。

今や存在はこの男を尊敬しているに違いない。私は、棘がマハーヴィーラを理解するとは思わない。人間でさえ理解していないのだ。このチトラバヌでさえ理解していない。彼は棘よりも悪い。どんな棘も、これまで彼の道から離れて行ったことはなかった。

だがこれは、存在は可能であれば彼の道から棘を動かすほど、マハーヴィーラの感じやすさを尊敬している、ということを示すための単純な方法なのだ。

その意向はあっても、そんな事実はない。そして事実とは意味がないものだ。真実は、すべての存在がこの男に人類への途方もない貢献をしてもらおうと思い、彼を尊敬して愛しているということだ。

さて、蛇が噛んだ足からミルクが出てくることはあり得ない。ただ二つだけの可能性がある。マハーヴィーラがミルクでいっぱいであるか……彼は牛乳瓶なのか！　彼に血がなかったのは、蛇がただ特定の場所だけを噛むという保証がないからだ。他のどんな場所でも噛まれた可能性があるので、彼はミルクで満たされなければならない。しかし牛乳には違う問題がある。それはすぐ凝乳（チーズの原料）となり、マハーヴィーラは凝乳の臭いがするに違いない！　そしてバターが、彼の毛穴から滲み出るかもしれない！　それを事実にすることはナンセンスだ。

あるいは別の可能性は、女性は血をミルクに変えられるが、それは彼女の胸に特定の仕組みがあるからだ。だから別の可能性として、マハーヴィーラは彼の体内に胸を持っているということになる。

しかし真理は、それが詩的だということだ。そしてこの馬鹿は、詩を理解していない。その男が、母のようにとても愛に満ちていた、と言うための単純な方法だ。蛇が彼を噛んでいるのに、彼はそれに対して、ミルク以外は何も与えられないという意味だ。

そして蛇はミルクが大好物だ。

インドには蛇崇拝がある。毎年、彼らには蛇のための特定の日がある。全国から蛇使いが蛇を持ち込み、人々はミルクを持ってくる。蛇はとても喜んでミルクを飲む。

だから私は言った。「それは、蛇が最も好きなものはミルクで、たとえ彼がマハーヴィーラに毒を与えても、マハーヴィーラは彼にただミルクしか与えられない、という単なる詩なのだ」

それは事実ではない。それは事実ではあり得ない。

私は言った。「私は彼に挑戦する――この男が何に基づいて、それは事実であると言うのかを証明するためにだ。私は、それは事実以上のものだ、それは真理そのものだと言う。しかしそれを言うためには、普通の平凡な散文の方法ではなく、詩的な方法で言語を使わねばならないだろう」

私が人々に「今、去りたい人は誰でも、立ち上がってすぐに去りなさい。なぜならこの後、私は、誰も立ち上がって会合の邪魔をすることを許さないからだ」と言うと、そこは静まり返り、誰も去らなかった。

私は自分の話の中で人々に、マハーヴィーラは実は二人の人物だと言った。マハーヴィーラは彼の名前ではない。「マハーヴィーラ」とは偉大な戦士を意味する。だから彼は「ジャイナのマハーヴィーラ」と呼ばれたのだ。「ジャイナ」とは征服者を、彼の中の間違っていたものすべてと戦い、征服し、そして勝利した人を意味する。しかし彼は常に「ジャイナ」ではなかった。彼の元の名前は、ヴァルダマーナだった。それもまた意義深いのは「ヴァルダマーナ」が、進化している人という意味だからだ。その意味では誰もがヴァルダマーナであり、より高い状態に進化していると言える。

しかし彼が達成した日、ヴァルダマーナは死んで、マハーヴィーラが生まれた。

そのチトラバヌは、私が人々に話したことが原因で、気が狂ってしまった。彼らは何年間も彼の聴衆だった。そして私はただの侵入者だった。誰も私を知らなかった。彼は批判できる何かを見つけようとしていた。私がヴァルダマーナとマハーヴィーラは二人の人物だと話すと、彼はすぐに立ち上がって言った。「これは間違っている。ヴァルダマーナとマハーヴィーラは同一人物だ」

私はその会長に言った。「この男を抑えたほうがいい。彼は正気ではない。また、彼は詩を理解できない。私は、ヴァルダマーナは彼の古い名前だったが、古いものが死んで、新しい生が始まる日が来たことも話している。新しい生の象徴のために、彼には新しい名前マハーヴィーラが与えられた。マハーヴィーラは、ヴァルダマーナとは絶対に連続していない。だから、もしあなたが詩を理解できるなら、問題はない。そこには二人の人物がいた。過去にはいて、今はもういない人と、過去にはいなくて、今はいる人だ。しかし、もしあなたが詩を理解しないなら、それはあなたの問題だ」

私が終わった時、会長はチトラバヌを制止して言った。

「あなたは怒っている。そして理解していない。この男は素直だが、重要な真理を言っている」

それはチトラバヌにとって、大変な問題になった。なぜなら私は、頻繁にボンベイに来ていたからだ。彼の人々の多くは、ますます私に属するようになり始めた。彼はさらに試みた。彼らは非暴力的な人々なのだが――。

私がプネーから来ていた時、電話があった。

「OSHOを車で連れて来ないでくれ。なぜなら、チトラバヌが数人の危険な者たちを、殺し屋を道の途中に用意したからだ。彼らは何でもできる。我々は飛行機で送るつもりだ。飛行機でOSHOを連れて来る」

しかし、私の人々の何人かは車で行った。彼らの車は止められた。彼らは私を探していた。八人のギャングだ。信じられないだろう！　一方で、人々は非暴力について語る……彼は生涯僧侶で、学んだ僧侶であった。彼は知的には私に打ち勝てないので、私を殺すことを考えている。

私はこれが起こったことを、その日の会合で語った。車が調べられたため、確かにそこには人々がいた。車に乗っていた人々は、車を止めた人々のタイプがわかった。その人々が道に大きな岩を置いたので、車が移動できずに停止せざるを得なかった。そして彼らは、私がそこにいないことに困惑した。

私はこれらの人々に言った。「チトラバヌのような人々は、ただ彼らに特定の学識が、特定の明晰性があるという理由だけでは、そう簡単に受け入れるべきではない。もし彼に暴力を振るうことができるなら、彼の禁欲生活は疑わしい。それなら彼の全人格は偽善者だ」

それが起こったことだ。彼は富豪の娘の一人と一緒に、ニューヨークに逃げた。今、彼はニューヨークでその娘と結婚している。そしてニューヨークを選んだのは、その娘の両親が、ニューヨークで大きな事業をしていたからだ。だから彼は今、すべて贅沢に暮らしている。彼が自分の全人生で説教していたことに反して――。

何かを体験することと、ただ他の人たちの言葉を借りることとは、互いにとてもかけ離れている。だから自分がオウムに耳を傾けているのか、それとも体験した人に耳を傾けているのかどうかに、常に気づいているべきだ。

あなたは私が光明を得た時に、何が起こったのかを尋ねてきた。そのすべては、ブッダの光明の中に描写されている。人は、花が降り注いでいるように感じる。人は、奇妙な香りを感じる。人は、まるで神の力が周りで踊っているかのように感じる。しかし、それは人の感じたことであり、まさに光明の副産物だが事実ではない。事実ではない何かを真理として考えるのは、あなたにとっては非常に困難だろう。

詩には真理があるが、それは事実ではない。

芸術には真理があるが、事実ではない。

事実はありふれたものだ。ただ新聞だけがそれらを収集し、最終的にはその同じ新聞が歴史になる。

真理は全く違うものだ。

説明させてほしい。ジャイナ教徒には二十四人のマスターがいる。もし、ジャイナ教の寺院に行くなら――彼らには世界最高の、最も美しく最も簡素で、最も静穏な寺院がある。彼らは常に山を選んできた。だから彼らの寺院は高い山にある――そこであなたは、二十四人のティルタンカーラたちの、白大理石または黒大理石の彫像を見つけるだろう。一つのことが、きっとあなたを驚かせるに違いない。

それは、彼らがみなそっくりに見えることだ。そこには違いがない。寺院の僧長でさえ、誰が誰なのか、その違いを言うことはできない。結局ジャイナ教徒は、彫像の下に小さな印を付けることに決めた。例えばマハーヴィーラの下には、彼の名前が「偉大な戦士」であるため、線が引いてある。それが彼の印だ。だから、それぞれの像には印がある。その印に従って、彼らはそれが誰の像であるかを言える。でなければ、それらはうり二つだ。

さて、これは事実ではあり得ない。何千年もの間にわたって、二十四人が正確に同じであるはずがない。

しかしそれは真理だ。なぜならこれらの二十四人は、同じ真理を体験し、同じ光を見、同じ至福を感じたからだ。彼らの体験が正確に同じだったことを表すため、大理石でそれを示すには、どうすればうまくできるだろうか? 大理石には独自の詩がある。彼らはそれを、完全にうまく処理してきた。彼らの彫像は、正確に同じように作られている。それは今や身体は問題ではないことを、身体の形は問題ではないことを示している。今重要なのは、内的な体験だ。その類似性を、どうやって表示したらいい? それも石で?

だから、これらのそっくりな二十四の彫像には、彼らに関しての詩的な真理がある。

どんな人でも、光明を得る時はいつでも、これらのすべての体験が起こる。彼は全存在が祝っているのを感じる。樹々は季節外れに開花する。鳥たちは朝でなくても歌う。祝祭のこの雰囲気では、すべての法則が脇に置かれる。

それがその意味だ。祝祭の雰囲気では、すべての法則が脇に置かれるということが――。

そして存在における最大の現象が、光明を得ることだ。確かにそれは、全存在に喜ばれるべきだ。

しかし私は繰り返す。覚えていなさい。それは詩的な体験だ、言葉にできない何かの詩的な表現だ。

しかし、それは存在する。

愛するOSHO、私があなたに、「あなたが虚空であるのを見た」と言った時、あなたは「あなたの中で虚空であることが『真』の体験だ」と言いました。あなたはそれを二回言いました。現実《リアリティ》を証明することについての私の理解は、想像は薄れてゆくのに反して、それ——観察したものは気づきと共に残る、ということです。

あなたが虚空であるのを見ることは戻ってきませんでしたし、私が同じように試みても、それは戻ってこないでしょう。だがそれでも、何かが私と共に残りました。それは、そのようなあなたを見て以来、私から去ることはありません。

それは現実《リアリティ》ですか、OSHO？

それは現実《リアリティ》だ。そこにはほんの少し混乱がある。それは自然なものだ。私は、気づくことで想像は消えるが、現実《リアリティ》は残ると言ってきた。あなたは不在か虚空として私を見、そして私はこれは本当だと言った。それからあなたは、再び私が虚空であるのを見ようとしたが、あなたは一つのことを忘れた。それは、あなたがしようとしている間は、気づくことができないということだ。

だから私の虚空の状態は、あなたの想像だったということではない。ただ気づきなさい。するとあなたは、再び虚空の状態を見るだろう。しかし、しようとしてはいけない。なぜなら最初にそれが起こった時、あなたはしようとしていなかったからだ。あなたはただ、静かにここに坐って聞いていた。そしてどこでもないところから、あなたは虚空の状態を感じた。それは同じ方法で、あなたの扉を叩くことさえなしにやって来るだろう。努力によっては、それをもたらすことはできない。

それは想像ではない。

しかし、別の半分をあなたは忘れてしまった。その沈黙の中で、あなたはどんな努力もせずに気づいた。いったんそれを見たら、あなたは再びそれを見ようと試み始めた。そして今、それはやって来ない。そのため混乱する。あなたは、それは想像だったに違いない、それはなかったのだと考える。

だが、これは誰にでも起こる。どんな超えたものの体験も、まずあなたの努力なしに起こる。あなたは何か他のことをしていた。あなたは私に耳を傾けていた。あなたは、超えたものに関心がなかった。

そして突然、扉が開く。

その日にあなたは星を見る。それは永遠にあなたに影響を残すだろう。あなたは決して再び同じではない。

しかし、努力をしないことを覚えていなさい。マインドがこう言うことが面倒な事になる。

「何という美しい体験なのだ。何か努力をしろ。お前が再びそれを見つけられるように、何かをしろ」

しかし、どんな行為も帳消しになる。あなたはそれを得られない。

ただ単に、それに関するすべてを忘れなさい。まさに招かれなくなった時に、それはやって来る。

そしてひとたび、あなたがその秘密を知るなら、これらの素晴らしい体験は招かれないことを、それらを手元に引き寄せられないのを知れば、その時何が起こっても、あなたはそれにくつろぐ。あなたはその中に自分自身を溺れさせる。それが去っても、自分が何かを取り逃していると感じることはない。あなたは感謝する。それが消えたことに絶望しない。それがあなたに現れたことに感謝しなさい。そしてあなたは、それを求めていなかった。それはそれ自身で、招かれずにやって来た。そしてだんだんと、そのこつを掴むだろう。それはあなたの力の中には、あなたの手の中にはないということを――。実際、あなたが、あなたの手が、あなたの努力が、すべての障壁だ。

だから時々、何かしていて、あなたがすっかり夢中になっている時、これらの途方もない瞬間があなたに訪れ、あなたを変え続けるだろう。それらが来るたびに、それらはあなたの中に深く進む。

ある日、その瞬間が来て、決してあなたを置き去りにしない、ということが起こる。


愛するＯＳＨＯ、秘教の知識は、気づきの途上で何かの役割を果たしているのでしょうか？


いや、どんな知識も——秘教やそうでないものも——妨害ということを除いては、途上で何の役割も果たしていない。無垢は役に立つ。知識は妨げになる。

子供でありなさい。驚きに満ちていなさい、何も知ることなしに。


あるインドの聖人が、インドで非常に尊敬されていた。インドには、マハトマと呼ばれた男が二人だけいた。一人はマハトマ・ガンジーだった。「マハトマ」とは「偉大な魂」を意味する。そして二人目はマハトマ・バグワンディンだった。

この二番目の男は、私が住んでいた町で過ごす時はいつでも、私とよく一緒にいた。

私は、朝の散歩や夜の散歩によく行った。彼も、散歩に行くのがとても好きだった。彼は老人だったが非常に博識だった。彼はすべての木やすべての花の名前を、ラテン語の名前や、ギリシャ語の名前を知っていた。彼は、ほとんど歩く百科事典だった。

私は彼に言った。

「あなたは自分の人生を無駄にしてきた。庭園内のすべての木、すべての花の名前をすべて覚えることに何の意味があるのか？　あなたは、その美しさを楽しむことができないほど、あまりにも知識に関心を持っている。私はこれらの木の名前を何も知らないし、知る必要もない。彼らは話をしないからだ。私は彼らを呼ぶ必要がない。彼らの名前を知る要点は何なのだ？　あなたは植物学者ではない。あなたは医師ではない」――なぜなら彼はどの花が、どの葉がどの病気の治療に役立つのかを、知っていたからだ。

私は言った。

「これらの事は専門家のためのものだ。あなたはスピリチュアルな人間だと思われている。これらの事はスピリチュアリティに属しているとは思わない」

彼は非常に怒った。彼は言った。

「誰もが私の知識を高く評価している。事実、誰もが世界中の物事に関する私の知識に、畏敬の念を感じているのだ。あなたは私を侮辱した最初の人だ」

私は言った。

「私はあなたを侮辱していない。私はただ単に、あなたに気づかせようとしているだけだ――今あなたは七十才で、間もなく死が訪れる、死はこれらすべての名前を尋ねることはない、ということをね。死はこう尋ねるだろう、『あなたは気づけるか、それとも気づけないか？』と」

しかしその時、彼は非常に怒っていて、聞く耳を持たなかった。

そして八年後に彼は死んだ。彼が死ぬ前、ちょうど二日前に、私は彼の町を通り過ぎた。彼はナグプールによく滞在した。そこで私は、彼が重病であると聞いて会いに行った。彼は重病だった。彼はほとんど痩せこけていた。その男を見るのは悲しかった。私は言った。「どうしたのだ?」

彼は言った。

「あなたがあの日に言ったことが、それが起ころうとしているようだ。死が来ている。私は足音が聞こえる。生は私の手から放されている。そしてどうか、私の怒りを許してくれ。あなたは正しかった。私のすべての知識能力は、何の役にも立たない。私はあなたに耳を傾けねばならなかった。八年間は瞑想のために、気づくようになるために充分な時間だった。それなら、私は死が訪れることを悲しまなかっただろう、私は人生で最大の体験に興奮しただろう——死が近づいている、私はそれを見守ろうとしただろう。しかしもはや、私はできないと思う。私は無意識になるだろう。私は既に意識を失っている。私はますます眠くなってきている」

私は彼に言った。

「少なくとも、次の生でちょっと思い出そうとしてみなさい。ただ人々に印象づけるだけの、不必要な知識で、あまり悩まされ過ぎてはいけない。その本質は非常に小さい。そしてもし、あなたがその本質を理解できるなら、あなたの生は栄光の、勝利の生になる」

第41章

地の塩

The Salt of the Earth

愛するOSHO、私はいつも、洗礼者ヨハネに対するあなたの大いなる愛を感じてきました。イエスの到来を告げた預言者とみなされている男は、イエス自身より大きな資質があったようです。どうかコメントをいただけますでしょうか？

洗礼者ヨハネはあまり知られていない。彼はイエス・キリストと、キリスト教の影に隠れている。彼は確かにイエス自身よりも力強くて、より偉大な革命家だった。

ユダヤ人たちが彼の話をしないのは非常に不運だが、それは彼が、古いユダヤ教は終わりを迎えて、新しいメッセージがまさにその途上にある、と宣言したからだ。

これは、新しい救世主のための地盤を準備していることを宣言した古い言い方だ。象徴は時代が変わるにつれて変化する。だがその男に関して、もっと正確でより真実を言うなら、彼は新しい救世主ではなく、新しいメッセージの地盤を準備していたと言うほうが良いだろう。そして、このための証拠が存在する。

それについて話そう。

ユダヤ人たちは、やむを得ず洗礼者ヨハネを注目してこなかった。彼は古い死と新しい誕生を宣言した。それは本当に老いた者や、正統派、伝統派の者にとっては尊重できないことだ。

そしてキリスト教徒は、別の理由で彼を無視してきた。彼はイエスに洗礼を授け、宗教を手ほどきしたからだ。キリスト教徒が、イエスにはマスターがいた、という事実に触れたくないのは、それがキリスト教徒の目からみれば、イエスの地位を低下させるからだ。神の唯一の息子は、どんなマスターも持つ必要はない。彼はマスターとして生まれる。そして彼はメッセージを持って生まれる。だから、たとえそれに触れたとしても、洗礼者ヨハネはイエスに手ほどきをした、という程度に過ぎない。

しかし、彼らが自分たちのマスターのマスターを、あまり語らないことは醜いものだ。彼らはイエスの受難については大げさに騒ぎ立てる。彼らの宗教全体は、イエスの磔刑に依存している。もし彼が十字架に磔にされなかったら、キリスト教は全く存在しなかっただろう。しかし彼らは、洗礼者ヨハネも、斬首されたという事実は語らない。

いずれにせよユダヤ人たちは、その男が殺害されたことに何の注目もしない。彼らがヨハネが殺されたことを喜んだのは、彼が古いものの死を宣言していたからだ。

それに、キリスト教徒が彼に興味を持たなかったのは、彼がキリスト教徒ではなかったからだ。彼はイエスに、キリスト教ではなくユダヤ教を手ほどきした。

そしてその男には、イエスのような男でさえ彼の弟子になろうと感じたほどの、途方もないカリスマ性があったに違いない。


何千人もの人々がヨハネに洗礼を受けた。彼は自分の周りに、すごい魔法を使ったに違いない。同時に、彼は非常に謙虚な男だった。彼は、自分自身が救世主であるとは宣言しなかった。その点は覚えていなければならない。途方もなく美しい――彼には、自らを救世主と称するためのあらゆる特性がある。彼はイエスよりも、多くの人々に影響を与えた。

イエスがユダヤ人たちに十字架に磔られたのは、彼らの神の概念に反対して話していたからだ。彼は神がもうけた唯一の息子であると、語ったからだ。何の証拠もなかったにも関わらず、彼は何かを主張していた。彼はまた、自分が待望の救世主であることも主張した。ユダヤ人たちは、モーセ以来その救世主を待っていた。

洗礼者ヨハネはカリスマ的な性格だった。自らが救世主であると、神がもうけた唯一の息子であると宣言できたのに、彼は謙虚な男だった。彼は何も宣言しなかった。それどころか、彼は単に「私は、来るべき新しい救世主のための道を作っている」と言っただけだ。

ユダヤ人の心理状態では、誰もこれまで待ち望まれていた救世主として、受け入れることはできない。その非常に根本的な理由は、ユダヤ人がひどく苦しんできたということだ。

まず彼らは、奴隷としてエジプトで苦しんだ——例えば偉大なピラミッドだ。科学でも作ることは無理だろう。それは四千年も古くて、大変大きな石の塊だ——充分強力なクレーンが存在しなかったのに、それが今日存在しているのは信じがたいことだ。これらの強力な石、巨石は、人間によって高い所に運ばれた。それぞれの石には、何百人もの生命が費やされた。これらのピラミッドは、エジプト人によって造られたのではない。それらはエジプトの王と王妃のために作られたが、奴隷制の下でユダヤ人によって造られた。石を運んだのは彼らだった。馬上の兵士たちは、ユダヤ人が重荷を感じないように、彼らをずっとムチで打ち続けた。もし誰かが倒れて死んでも、すぐに別のユダヤ人に取って代えられた。

その日以来、ユダヤ人は苦しめられている。四十年間、安楽の場所を見つけるためにモーセと砂漠の中を彷徨って、最後にイスラエルに落ち着いた。その頃その場所はユダヤと呼ばれた。そこはすぐにローマ人に侵略された。そしてローマ人はエジプト人に劣らず残酷だった。おそらくはもっと残酷だっただろう。

洗礼者ヨハネはユダヤ人に殺されたのではなかった。なぜなら彼は、自分自身が救世主であるとは決して主張しなかったからだ。ユダヤ人が誰も救世主として受け入れられないのは、それが唯一の希望だからだ。人々が大変苦しんでいる時、希望は計り知れない助けとして作用するが、それは遠く離れていなければならない。が、それが手の届かないものになるほど遠く離れてはいけない。それは届く範囲内に残っていなければならないが、それでもあなたがそれに向かって動くにつれて、それもまた遠ざかり続ける。それは常にあなたの手の届くところに残るが、あなたは決してそれに達しない。

そう、ユダヤ人は望んできた。彼らのすべての希望は、救世主が訪れ、すべての苦しみから彼らを救うことだった。

今、彼らにとって、誰かを救世主として受け入れることは不可能だ。第一に、誰も苦しみから誰かを救うことはできないからだ。だから、水上を歩くのは奇跡だと他の人には見えるかもしれないが、ユダヤ人は水の上を歩く救世主を待っていなかった。彼らは、自分たちのすべての痛みと苦悶、すべての苦しみを取り除いてくれる救世主を、深く希望していた。墓からある男を甦らせる誰かを、ではない。それはどうでもいいことだ。これらの事が意味をなさないのは、彼らの希望が満たされないからだ。

第二に、誰かを救世主として受け入れるということは、今そこには、どんな希望もないという意味になる。この男は、確かにある種の魔法使いだ。彼は水をワインに変える、水の上を歩く、二切れのパンで何百人もの人々を食べさせる、死から人間を甦らせる、少数の病人を治療する。だが、もしこんな者が救世主なら、数千年来の彼らの苦しみや苦悩については、どうなるのだ？　今や希望さえ終わった。救世主はやって来たのに、救世主は失敗した。

救世主の失敗を見るよりも、彼らは救世主を磔にすることを望む。なぜならそれが、彼らの希望を存続させるからだ。

誰も、ユダヤ人の心理について気にかけなかった。彼らは残酷な人々ではなかった。彼らは残酷な人々ではない。彼らは誰も苦しめてこなかった。

なぜ突然、彼らはイエスに襲いかかったのだろう？　イエスは彼らの希望を破壊したのだ。それは彼らが持っていたすべてだった。彼らの人生には何の喜びもない、自分の人生にはどんな自由もない、ある日この苦しみはすべて終わる、という希望しかない。この夜は永遠のままではあり得ない。夜明けは訪れようとしている。救世主が来て、神に選ばれた人々であるユダヤ人を救うだろう。

彼らはその希望を犠牲にできなかった。その希望はそれほどの大きな慰めであり、せめてもの救いだった。その希望が、彼らの唯一の未来だった。

そして単なる大工の息子が来て、それを破壊したがっている。

彼らはイエスを許せなかった。

しかし彼らは、洗礼者ヨハネに反対ではなかった。たとえ彼が、古いものの終わりと新しいものの始まりを宣言したとしても、新しい救世主が来るための道を準備していると宣言したとしてもだ。

彼はローマ人に、特にポンティウス・ピラトの妻によって殺された。これは非常に奇妙なことだ。彼女は美しい女性で、ポンティウス・ピラトはローマ帝国の権力者だった。政治は奇妙な方法で作用する。彼はローマの王が恐れるほど、権力があった。王は年老いていた。王が死ぬ時、もしポンティウス・ピラトがローマに残っていたら、彼の息子が王になる機会はない。ピラトは人々に多大な影響を及ぼしてきたので、遠くへ追放されなければならなかった。彼は王の養子になる道から全く外された、と誰も思わないような優雅な方法で――。そして王が、ポンティウス・ピラトに去ることを命令した時……彼は権力的な男、知的な男性で、強い妻がいる。

しかし、女は美しければ美しいほど利己的になる。男は、金持ちであれば利己的になる。彼の手に政治権力があれば、利己的になる。彼に大変な知識、学識があれば利己的になる。彼が聖人として、預言者として崇拝されれば利己的になる。彼は女のエゴを満たすために、美しさ以外のどんな領域も彼女に残してこなかった。それは非常に限られた範囲で、一次元的だ。

しかし範囲が限られているため、エゴは非常に強くなる。美しい女には、どんな男も持つことのできない強いエゴがある。

ポンティウス・ピラトの妻は、洗礼者ヨハネのことを耳にした。彼女は、自分の美しさにすぐに興味を持つ男しか知らなかった。洗礼者ヨハネのような男は、いままで知らなかった。彼女が洗礼者ヨハネを見に行った時、彼は彼女を見ることさえしなかった。彼はただ、こう語った。

「いつか別の日に来てください。私は他の多くの人々に会わねばなりません。彼らはあなたより前に予約をしています。ここでは誰もが平等です。あなたがポンティウス・ピラトの妻であることは関係ありません。予約をしてください。私は何千人もの人々に会わなければならないからです」

そして彼は彼女を見なかった。彼女はとても侮辱されたと感じた。彼女は政治的な権力が強く、その国のファースト・レディだった。そして美しい女性だった。彼女はとても怒り、ポンティウス・ピラトを通して洗礼者ヨハネの逮捕を命じた。

ポンティウス・ピラトは、彼女を説得しようとした。

「お前はこの種の人々を知らない。彼らは美しさや権力や、どんなものにも打ち負かされないのだ。

お前はがまん強くなければならない。もう一度行きなさい」

彼女は全く拒否した。彼は自分の意志に反して、洗礼者ヨハネを逮捕しなければならない。その女は、皿の上にのせられた洗礼者ヨハネの頭部を見たい、それなしでは満足しない、と彼にとてもうるさく小言を言っていた。

これには、ほぼ十二年の歳月を要した。ポンティウス・ピラトは、そこにどんな道理も見なかったからだ。

しかし、これはすべての夫の問題だ。妻が道理にかなっていようとなかろうと、彼女を論理的に説得することはできない。彼女は小言を言い続けて、あなたを苦しめるだろう。そしてついに、まさにその問題を終わらせるために、彼の頭部が切断され、それを皿にのせて女の前に運ばれた。


洗礼者ヨハネは、イエスのこれらの宣言を牢獄で聞いた。私が批判してきたその宣言は、イエス自身のマスターによってでも批判された。イエスが自分自身を、神がもうけた唯一の息子として宣言していたのを、人々に「私を信じる者は神の王国を受け継ぐだろう。私を信じない者は永遠の地獄に落ちるだろう」と話していることを聞いた時、イエスがそうした利己的な声明を宣言し始めた時、謙虚な男だった洗礼者ヨハネは、どんな宗教的な男が、どんな感受性のある男が、こんな声明を口にできるのか、全く信じられなかった。

イエスが、いわゆる奇跡を行ない始めた時――それは目覚めた存在の資格に価せず、大道芸奇術師《ストリート・マジシャン》がするような事だ――彼はイエスに簡単な質問をするために、解放された一人の囚人を使って牢獄からメッセージを送った。

「これは、あなたに伝授した洗礼者ヨハネからのものだ。彼には質問があり、それは『あなたは本当かる。

に救世主なのか?』というものだ」

全く単純な疑問符だ。「あなたは本当に救世主なのか?」

それは多くを含んでいる。それはこう語っている。

「あなたが言うことは、あなたがしていることは、救世主にふさわしくない」

キリスト教徒が、洗礼者ヨハネにあまり敬意を払わなかったのは、彼の疑いが理由なのだ。

しかし洗礼者ヨハネのような男が疑うなら、無意味なはずがない。私には、彼の疑いが正しいのがわかる。

救世主は、自分自身を救世主と宣言さえしなくていい。これらの宣言は子供っぽい。あなたのまさに存在が、あなたの現存や言葉、行動、それ自身が、あなたは誰であるかを宣言するだろう。あなたは、自分は神がもうけた唯一の息子である、自分は救世主である、自分はすべてのユダヤ民族が待ち続けている者であると、何度も宣言する必要はない。これらの事を何度も繰り返すことで、彼自身が心理的に不安定だということが明確になる。

もし彼が救世主なら、誰かがそれを信じるか信じないかは、どうでもいいことだ。たとえ全世界が信じなくても、それはどんな違いも生じない。彼はそれでも救世主だ。もし彼がそうでなければ、たとえ全世界がそうだと信じても、彼は救世主ではない。

洗礼者ヨハネについての経典は、何も残存していない。彼が言ったこと、声明、彼の行動に関するものは――。わずかにこれらの事件があるだけだ。しかしこれらの事件は、その男の性質、彼の謙虚さと共に、権力や美しさに無関心な資質をあなたに伝えるには、充分なものだ。

彼自身の弟子への疑いは、非常に重大だ。彼は自分自身が絶対に正しいとは思っていない。彼は自分がイエスに伝授した今、自分は偉大なカリスマ性のある男を発見した、と宣言してきた。そして今、彼は引退できる。彼は年老いた。「今彼は、私の代わりになるだろう。そして私は引退する」

最初の日の、まさに自分と出会った人物への彼の信頼は……。そして彼は引退し、荒野へ入って行った。彼の大きな信頼、それでいて、彼が牢獄でイエスに関するすべてを聞いた時の、イエスを疑う彼の能力。その疑いは、イエスについてではない。その疑いは、イエスは自分の代わりができるだろう、という彼自身の感じ《フィーリング》についてのものだ。おそらく彼は間違ったのだ。

ちょっとその見方を見てごらん。彼は言っている。

「私が絶対に正しいということはない。おそらく私は間違っていた。あなたは、私が自分の後継者となるために選んだ正しい人ではなかったのだ」

たとえその男に関してほんのわずかしか、ほんのわずかな事件しか知られていなくても、そのわずかな事件は彼を非常に愛情深い個人に、非常にカリスマ性のある個人にさせるものだ。

彼は人類のために犠牲になった人々の一人だが、誰も彼らを憶えてさえいない。多くのそのような人々がいたのは、彼らが決して組織を作らなかったからだ。彼らは個人のままだった。彼らはどんな種類の束縛も生むことなく、自分たちの洞察力を人々と分かち合った。

何千人もの人々が、ヨハネから洗礼を受けた。彼は洗礼者ヨハネとして有名になった。しかしどんな組織も、どんな宗教も現われなかった。彼は、彼以後の世界に自分のメッセージを伝道し続けるために、どんな組織も決して作ろうとしなかった。

そのような多くの人々が存在していた。彼らは『地の塩※』そのものだった。

（※イエスの教え。神を信じる者は、腐敗を防ぐ塩のように、社会・人心の純化の模範であれとの意）

組織の必要はない。もし存在に洗礼者ヨハネを創造する能力があるなら、それは他の名前で、洗礼者ヨハネを創造できるだろう。ローマ法王やアヤトラー・コーメイニアクス(シーア派のイラン人の宗教指導者)やシャンカラチャリヤ、そしてありとあらゆる愚か者を作り出すような、死んだ組織を作る必要は何もない。

真の人が現われるためだけの場所を、残しておくほうがいい。

愛するOSHO、数年前、仲の良い友人が自殺しました。プネーで彼女に出会い、私がそれまで理解していなかったことを私によく話しました。それは別次元の世界でした。誰もが彼女を避けました。彼らは彼女が狂っていたと思いました。しかし、彼女は非常に私を愛していました。ある日、彼女は私に言いました。

「私にとっては、ぶらぶらするどんな理由もないの。今、私はメッセージを得たわ。この身体を通してするべき何かがあるのよ。その後、自分自身を終わらせるわ」

彼女が説明したものは何であれ、私には体験したことのないものでした。それが本当だったのかどうか私にはわからないので、彼女が自分の想像の世界に住んでいたのだとは言えません。しかし私は、あれほど誠実で強烈に生きている人を見たことがありません。彼女はますます自我を消していきました。

OSHO、毎回あなたの広大な愛と理解が私に流れているのを感じる時、私は彼女をかわいそうに感じるのです。彼女は私をとても愛し、信頼していましたが、私は全く彼女を理解できませんでした。

生は、ただあなたが知っているもの、感じるもの、体験しているものだけではない。それは広大だ。それはとても広大で、非常にすんなりと矛盾を含むことができるほどだ。

それには多くの次元がある。

決してどんな人も狂人として非難してはいけないのは、彼の狂気が正気さのより高い姿なのか、またはあなたに想像できない何かなのか、あなたには確かめられないからだ。

決してどんな人も想像にふけっていると判断してはいけないのは、人を判断するのはあなたに関わりのないことだからだ。判断をしないままにすることは常に役に立つ。

体験した人々は、人々を理解しようとする。おそらく彼らは生のある別の次元を、生のある別の局面を体験しているのだ。そして彼らを理解することで、あなたはより豊かになる。

判断はあなたを停止させる。

ある人に狂人というラベルを張ると、彼らを理解する必要はない。

あなたの絶えず判断するという態度は、あなたの小さな世界に自分自身を閉じ込めることと、他のあらゆる生の可能性を除外したままにすること以外の何ものでもない。

開くことを学びなさい。傷つきやすくあることを学びなさい。他の人の立場に、あなた自身を置き換える体験をしてみなさい。

この世界には、人々と同じだけ多くの世界が存在する。あらゆる人に彼自身の世界がある。彼をあなたと違うものにさせるのは、彼の肌ではない。それは彼の内的な体験、物事を見る彼の方法だ。

たとえその人が自殺をしても、用心しなさい。判断してはいけない。

現代世界で最も偉大な画家の一人フィンセント・ファン・ゴッホは、三十三歳で自殺した。そして自殺する前、彼が一年間精神病院にいたのは、彼の友人や家族、特に彼の弟が、彼が気が狂ってしまったことを、彼は何でもやりかねないことを非常に心配していたからだ。

一年中日光が最も暑く、最も光り輝くフランスの特定の地方で——私はアルルだと思う——彼はあらゆる視点からの太陽を描いていた。絵画のすべてのシリーズはただ太陽だけで、朝から夕方まで一日中だった。そして医師は、あまりにも多くの太陽が、彼の狂気を駆り立ててきたと考えた。

しかし精神病院でも、彼は絵を描き続けた。そして問題は、精神病院で彼が描いている絵画が、彼がその後先に描いたすべての絵画の中で、最も優れているということだ。精神病院での一年間で、彼は最も優れた絵画を描いている。

人々は、彼の絵が少し異様になってきたため、彼は狂ってきたのだろうと恐れた。誰もそれが何なのか、その意味は何なのかを理解できなかった。

彼の絵画の一点、その複製を、私はほんの数日前に見た。少し前に現代物理学では、空に見えている星の多くが、渦巻き状であることがわかってきた。たとえあなたには、それらが渦巻き状のように見えなくてもだ。そして彼の絵画の中のひとつに、星を渦巻き状のように描いた作品がある。すべての評論家は、星は渦巻き状ではないので、彼は狂っていると考えた。ファン・ゴッホは言った。

「どうすればいい？　私が星を描きたい時はいつでも、私の全存在がそれは渦巻き状だと言うのだ」

百年後、科学はそれらが本当に渦巻き状であるという結論に至った。

さて、それをどう考えたらいいのだろう。あの男は狂っていたのだろうか？　それとも彼の時代の百年先にいたのだろうか？　あの男は狂っていたのだろうか、それとも彼には、他の人たちにはなく、現在でも誰も持っていない特定の洞察力があったのだろうか？　それを発見してきた科学者でさえ、ただ発達した最新の機器を通してそれを発見したのだ。彼らはそれらを渦巻き状のようには見ていない。彼らがそれを発見したのは、その機器を通してだ。

おそらく彼には、普通の人とは全く違う意識があったのだろう。ひとつのことが確かだ。サニヤシンや真理の探求者は判断すべきではない、ということだ。それが正しいか間違っているかというどんな考えも、自分のマインドに作らずに、あらゆる人をその人自身であるように許すべきだ。

精神病院を退院してから、フィンセント・ファン・ゴッホは最後の絵を描いた——再び太陽の絵を。そして彼は、弟に短い手紙を書いた。

「私の仕事は完成した。私はあらゆる視点からの太陽のシリーズを描いていた。ただ一つの絵が不完全なままだったのは、お前が私を強制的に精神病院に入れたからだ。私が太陽を描くのを彼らが防げたのは、私を狂気に引き寄せたのは太陽だと、彼らが考えたからだ。今、私は解放されている。私は絵を描いてきて、それを完成させてきた。私の仕事は終わった。私は本当に成し遂げたと感じている。今や、この身体の必要はない。だから私は自殺する」

この自殺は間違っているとか正しいとか、誰に言えるだろうか？　誰にそんなことを言う権限があるだろう？

何百万人もの人々は無駄に生きているが、誰も彼らに「あなたは何のために生きているのですか？」とは言わない。

私は退職した教授をよく知っていた。私が朝の散歩に出かけると、時たま午前中に彼と道で出会った。彼はたった一つのことを何千回も尋ねてきた。私たちが出会った時はいつでも、彼は「聞いてくれ」と言った。彼は退職した哲学教授で、多くの本を書いていた有名な男だった。「ちょっと一つのことを話してくれ。私は生きて行くためのどんな理由も見つけられないんだ。私を助けてくれないか？」

私は彼に尋ねたものだった。

彼は言った。「もし、生きて行くためのどんな理由も見つけられないのなら、なぜあなたは生きているのか」

私はそのようなジレンマの中にある。それがその難しさなのだ。私は自殺するための、どんな理由もまた見つけられない。誰も私を助けられるとは思えない。人々は私が狂っていると思っている。初めて私は、非常にはっきりと感じている。私にとっては死ぬ理由もまた何もない。とにかく私を助けてくれ！」

私は言った。「もし私があなたの自殺を助けたら、私は罪を犯すことになる。あなたは消えるだろうが、私は刑務所の中にいるだろう。だからそのようにあなたを助けることは非常に難しい。生きることに関する限り、私もまた、あなたに関しては、生きることにどんな要点も見出せない。あなたは退職していて、妻もいないし子供もいないし、友人もいないからだ。あなたは充分年老いている。寒い家で一人で暮らしている。どんな居心地の良さもなく、どんな愛もなくどんな暖かさもなく、誰もあなたの世話をしない。あなたはとても弱くなった。自分で何かをすることはできない。あなたはホテルで腐った食べ物を食べなければならない。あなたの目は弱い。もはや読むことはできない。もはや書くことはできない。どうやらあなたは私に対しても、ジレンマを引き起こしている。

確かにあなたには、生きるためのどんな理由もない。そして自殺に関する限り、私は自殺した後に何が起こるかを知らないので、そのための何か理由があるのかどうか、それで物事は良くなるのか悪くなるのかどうかを、話すことはできない。だからあなたは、私をただ許すことはできるが、この問題について私を悩ませないでほしい。他の望むことなら何でも、私に尋ねてかまわないよ」

彼は言った。「私は他のどんなことも、あなたに尋ねたくない。これが唯一の問題だ」

そして結局、彼は自殺した。彼は私に手紙を書いた。彼は手紙の中で言っていた。

「私があなたにそれを書いているのは、他の誰もそれを理解できるとは思わないからだ。彼らはみんなそれを判断するが、誰もそれを理解しない。私は、生きるためのどんな理由でも見つけようと懸命に試みたが、私はできなかった。そして、生はますます困難になっていた。それはほとんど足を引きずって進んでいた。私は自殺するどんな理由もまだ見つけられなかったが、少なくとも一つの事は、自殺に賛成した。それは少なくとも新しい体験であり、日常の古く腐ったものではない、ということだった。何年もの間、私は車輪の中を動き続けていた。少なくとも何かは新しい――良かろうが悪かろうが、それが何であれ――しかし何かは新しい」

私は、彼が何か誤ったことをした、とは言えない。

実際、私は人々の特定の年齢の後の安楽死には、賛成してきた。もし、生きるどんな理由もないと彼らが感じるなら、自殺を強制されるべきではないが、彼らには少なくとも一ヶ月の休息と、平和な雰囲気と瞑想への助けと、医師による彼らの身体への看護が、療養施設や病院で提供されるべきだ。そして一ヶ月の時間で、彼らの友人は彼らに会うことができ、遠くからの人たちがやって来ては彼らに会うことができる。そして彼らは静かになる方法を、平和になる方法を、意識して死ぬ方法を学ぶことができる。それは自殺ではない。

ただひとつの宗教、ジャイナ教だけが、ほぼ一万年間それを受け入れてきた。彼らはそれをサンターラと呼ぶ。彼らはそれを自殺とは呼ばない。サンターラとはただ単に、人間が成熟したことを意味する。まさに果実が熟して木から落ちるように、人間は成熟した。彼は世界で生きる必要はない。彼は世界が提供するものを、すべて体験してきた。そして今、生き続けることは彼自身にとって、そして他人にとって、不必要に面倒なことのように見える。

彼は、自分の身体を去ることを許されるべきだ。

それは、安楽死の正当性を表明する唯一のスピリチュアルな哲学だ。

そして私も、それは正当だと感じている。それは人間の生得権であるべきだが、若い男が、彼のガールフレンドが他の誰かのところに行ったので死にたい、ということとは違う。それは安楽死にとって充分ではないだろう。それは単純に、彼は別のガールフレンドを見つけなければならないという意味だ。

そこにどんな理由も、どんな不平も、どんな恨みも、どんな愚痴もない時、もし人が生に反対していないなら、生きるべきものをすべて生きてきたと、ほんとうに気づくなら――今ここで何をしている？

これまでの社会は、そのような人々に自殺することを強制してきた。それは醜いことだ。責任が社会にあるのは、社会が人間に美しい死をもたらすための、適切な手段を提供していないからだ。

私は、あらゆるものを美しくすることに賛成だ。それは死も含まれる。


愛するＯＳＨＯ、幽霊は存在しない、それはただ人間の恐怖に過ぎない、とあなたが言った時、私は「いいでしょう、それはそれだ。幽霊はいない。ＯＳＨＯがそう言うのだから」と考えました。

私はあなたを信じてその問題を脇に置いたことで幸せでしたし、確かに何かを知ったことで慰められました。しかしこれは信じることです。あなたは私たちに、盲目的に信じないようにと話してきました。

そして私の幽霊の体験は、恐怖ではなく友情と関わっています。私は自分が今、窮地に立っていると感じています。私はあなたのニームの木の釘を抜いてきました。どうか助けてください！

チェタナ、もしあなたに幽霊との友好的な体験があるなら、幽霊は存在する。友人とは、たとえ幽霊であれ、友情のために存在しなければならないのなら、それらは存在させるべきであるほど貴重なものだ！　もしあなたが友好的な関係を持っているなら、それは素晴らしい。

ただミラレパは今、恐れているにちがいない。

あなたはミラレパが幽霊だと思うかね？　かわいそうなミラレパ、彼は本物の人間だ。

そして、もしあなたに友達として他に幽霊がいるなら、彼は警戒しなければならない。

第42章

現実は想像よりも
はるかに豊かだ

Reality is Far Richer than Imagination

愛するOSHO、先日の夕方、歴史の中でのあなたの位置に関するアナンドの質問への返答の中で、あなたは私たちに、歴史と歴史家を忘れること、そして彼らにはただ単に彼らのことをやらせなさい、と言いました。しかしあなたの本には、とても多くの価値が含まれています。それは現代の人々にとって入手可能になりつつあるものと、歴史として慣例的に考慮されたものとは全く違う次元の、記録の一部であり得るものです。

新しい記録が、本当の歴史のために編纂されるかもしれません。人間の意識の進化は、原始的な人間と、人間の自分自身への気づきの最初のヒントをもって始まり、目覚めたこれらのすべての人々と、すべての神秘的な経典や文献を取り入れ、最終的にあなたとあなたの仕事に達します。

すべてのマスターたちの中でもとりわけあなたには、あなた自身の意識の進化の広大で多岐に渡る記録があります。あなたが光明を得た当初以来、インド中を旅したあなたの日々、ボンベイ、プネー、オレゴン、そして現在の世界《ワールド》ツアーにおいて……。

加えてあなたが、我々弟子たちの中に誘発させる質問、私たちの成長する意識のプロセスの概要、それら自身の中に、あなたの仕事のもう一つのユニークな側面があります。

OSHO、私たちはもはや、あなたを忘れることなどできません。

あなたの編集者である私たちは、あなたの言葉と存在の香りが、人々の子孫を完全に正気にさせるように、ずっとあなたのとりこになることを確実にしたいのです！

それはあなたの問題だ。

次の質問。

愛するOSHO、マスターに会いに来て、人間は自由かどうかを尋ねる弟子の話があります。マスターは彼の弟子に、立ち上がって片方の足を地面から上げるようにと言います。片足で立ち、そしてもう一方の足が空中にあるその弟子は、以前よりもわけがわからなくなります。今、マスターは彼に、もう一方の足も地面から上げることを要求します。

OSHO、『～のための自由』と『～からの自由』の違いについて、話していただけますか?

『～からの自由』は普通の、平凡なものだ。人間は常に物事から、自由であろうと試みてきた。それは創造的ではない。それは自由のネガティヴな側面だ。

『～のための自由』は創造的だ。あなたには実現させたい特定のビジョンがあり、それのために自由を望んでいる。

『～からの自由』は常に過去からのもので、『～のための自由』は常に未来のものだ。

『～のための自由』がスピリチュアルな次元であるのは、あなたは未知の中に動いていて、おそらくある日、知られざるものの中に動いていくからだ。それはあなたに翼を与えるだろう。

『～からの自由』はせいぜい、あなたの手錠を取り外すことができる。それは必ずしも有益ではない。

そして歴史全体がそれを証明する。人々は、私が主張する二番目の自由を考えたことがない。彼らはただ、最初のものだけを考えてきた。それは、二番目を見るための洞察力がないからだ。最初のものは明白だ。彼らの足には鎖、手には手錠がある。彼らはそれから自由になりたい。でも、それで？　自分の手で、どうするつもりなのだろう？　あなたは自分が『〜からの自由』を求めたことさえ、悔いるかもしれない。

それはバスティーユの城で起こった——私はあなたに話したことがある——フランス革命において、それは最も有名なフランスの刑務所だった。そこはただ、全人生を刑務所で生きるように宣告された人々のためだけに用意された場所だ。だから人は、バスティーユに生きて入牢したけれども、決して生きて出て来なかった。ただ死体だけが出てきた。

手錠や鎖を身に付ける時、彼らは鍵をかけると、バスティーユ内の井戸にその鍵を投げ入れた。彼らには必要なかったからだ。これらの錠が再び開くことがないのなら、その使い道は何だろう？　そこには五千人以上の人々がいた。五千人分の鍵を保ち、不必要にそれらを維持して何になるだろう？　いったん暗い独房に入ったら、彼らは永遠にそこに入っていた。

フランスの革命家は必然的に、最初に為されるべきことは、バスティーユから人々を解放することだと考えた。

いかなる行為に対してであれ、人を監禁することは非人道的だ——六十年後、五十年後かもしれない彼の死をただ待つだけの刑務所の、暗い独房の中に。六十年も待つことは、魂にとって非常な拷問だ。それは刑罰ではない。それが復讐であり報復なのは、これらの人々が法律に背いたからだ。彼らの行為とその刑罰には、バランスが取れていない。

革命家たちは扉を開けた。彼らは、暗い独房から人々を引きずり出した。彼らは驚いた。それらの人々は自分たちの独房から、外へ出る準備ができていなかったのだ。

わかるだろう。暗闇の中で六十年間生きてきた人だ。太陽は彼にとっては強すぎる。彼は光の中に出てくることを望んでいない。彼の目はとても繊細になっていた。では、外へ出るその要点は何だろう？彼は今八十才だ。入牢した時は二十才だった。彼の全人生は、この暗闇の中にあった。この闇は彼の家になっていた。

革命家たちは、彼らを自由にしたかった。彼らは囚人たちの鎖、手錠を壊した。鍵がなかったからだ。しかし、囚人たちは非常に抵抗した。彼らは刑務所から出て行きたくなかった。彼らは言った。

「あなた方は我々のありさまを理解していない。この境遇で六十年を過してきた者は、外で何をしたらいいのだ？誰が食べ物を提供するのだ？ここでは食べ物が与えられ、彼は平和に、暗い独房で休むことができる。彼は、自分がほとんど死んでいるのを知っている。外では自分の妻を見つけられない。彼女に何が起こったのかがわからない。彼の両親は死んでいる。彼の友人は死んでいるか、彼を完全に忘れてしまったかもしれない。

そして誰も、彼に仕事を与えようとしない。六十年間失業してきた者に、誰が仕事を与えようとするだろう？それもバスティーユ、最も危険な犯罪者たちがいた所から来た者に？まさにバスティーユの名前が、彼をどんな仕事からも拒否するのに充分だろう。なぜあなた方は、我々を強制するのだ？我々はどこに眠るのだ？我々にはどんな家もない。我々は、自分たちが住んでいた所をほとんど忘れてしまった。誰か別の者が、そこに住んでいるに違いない。我々の家、我々の家族、我々の友人、我々の全世界は、六十年間でかなり変わった。それを手にすることはできない。我々を、これ以上苦しめないでくれ。我々は充分苦しめられてきた」

彼らが言うことはもっともだった。

しかし革命家は頑固な人々だ。彼らは耳を傾けなかった。彼らは囚人たちにバスティーユから出ることを強制した。だがその夜までに、ほぼ全員が戻ってきた。彼らは「腹が空いたので食べ物をくれ」と言った。

数人が夜中に来て、言った。

「我々の鎖を返してくれ。それなしでは眠れないからだ。我々は暗闇の中で、自分たちの足の鎖や手錠と共に、五十年から六十年間眠ってきた。それらは身体のほとんど一部になってしまった。我々はそれらなしで眠ることができない。我々の鎖を返してくれ――そして我々は、自分たちの独房が欲しい。我々は完全に幸せだった。あなた方の革命を我々に押し付けないでくれ。我々は貧しい者たちだ。あなた方は、どこか別の所でその革命をやればいい」

革命家たちはショックを受けた。

しかしその事件は、『～からの自由』は、必ずしも祝福であるとは限らないことを示している。世界中を見てみればいい。多くの国は大英帝国から、スペイン帝国から、ポルトガル帝国から解放されてきた。しかし彼らの状況は奴隷であった時代よりはるかに悪い。少なくともその奴隷状態の中では、彼らはそれに慣れていた。彼らは野心を落としていた。自分たちの運命として、その状況を受け入れていた。

奴隷制度からの自由は、単に混乱を引き起こす。

私の家族はみな、インドの解放闘争に関与していた。彼ら全員、刑務所にいたことがあった。彼らの教育は妨害された。誰も大学に合格できなかったのは、試験に合格できたその前に捕えられたからだ。ある人は懲役三年だった。ある人は懲役四年だった。それから再び始めるのには遅すぎた。彼らは善意の革命家になっていた。刑務所で彼らは、すべての革命の指導者と接触した。それから彼らの全人生は革命に捧げられた。

私は幼かったが、父や叔父とよく議論した。

「僕は、その奴隷制度が醜いのは理解できる。それはあなたを非人間化する。あなたの面目を失わせる。それは人間としての威信から、あなたを堕落させる。それは反対して戦うべきだ。しかし僕の要点は、あなたが自由になったら何をするのか？ということだ。『～からの自由』は明らかだ。そして僕はそれに反対しない。僕が知りたいことと、はっきり理解したいことは、あなたは自分の自由で、何をするつもりなのか？ということだ。

あなたは奴隷制度の中で生きる方法を知っている。あなたは、自由の中で生きる方法を知っているのだろうか？　あなたは奴隷制度の中では、特定の秩序が維持されなければならないことを知っている。それに逆らえば、あなたは圧力をかけられ、殺され、撃たれるだろう。自由の中では、その秩序を維持するのは、あなたの責任であることを知っているだろうか？　誰もあなたを殺さないだろうし、他の誰にもその責任はないだろう。あなたはその責任を持たねばならない。あなたは指導者に、この自由は何のためのものか、と尋ねたことがあるだろうか？」

私は決して、どんな答えも受け取らなかった。彼らは言った。

「たった今は、私たちは奴隷制度の排除に大いに関わっている。その後で、自由について気にかけるつもりだ」

私は言った。「これは科学的な態度ではない。もしあなたが古い家を解体しているなら、あなたが知性的なら、少なくとも新しい家の設計図を用意すべきだ。最善の方法は、あなたが古い家を解体する前に、新しい家を準備することだ。でなければ家がなくなり、あなたは苦労するだろう。家がなくなるより、古い家にいるほうがましだからだ」

インド革命の偉大な指導者たちは、私の家によく滞在した――これは私と彼らとの変わらぬ議論だった。彼らが自由をもって何をやろうとしていたのか、その答えを持っていたインド革命の指導者を、私は一人も見たことがない。

自由がやって来た。ヒンドゥー教徒たちとイスラム教徒たちは、何百万人もお互いに殺し合った。彼らはイギリス軍によって、お互いに殺し合うことから遠ざけられていた。軍が退くと、全インド中で暴動が起こった。あらゆる人の生命が危険にさらされた。すべての町が燃えていた。すべての列車が燃えていて、人々は列車から出ることを許されなかった。

私は言った。「これは奇妙だ。それは奴隷制度では起こらなかった。それは自由の中で起こっている。――その理由はただ単に、自由でいることの準備がなかった、ということだ」

国は二つに分割された。彼らはそれについては決して考えたことがなかった。全国で混乱があった。そして権力を握った人々には、特定の専門知識があった。その専門知識は橋を燃やすための、刑務所を燃やすための、国を隷属させていた人々を殺すためのものだった。この専門知識は、新しい国を築くこととは何の関係もない。しかしこれらが革命の指導者だった。当然、彼らは権力を握った。彼らは戦ってきた。彼らは勝った。そして権力が手に入った。それは間違った手にあった。

どんな革命にも、権力を与えるべきではない――彼は妨害する方法は知っているが、創造する方法は知らないからだ。彼は破壊方法だけを知っている。彼は光栄に思われ、尊敬され、金メダルや何でも与えられるべきだが、権力を与えるべきではない。

創造的な人々を見つけなければならないだろうが、彼らは革命に参加しなかった人々だ。

それは非常にデリケートな問題だ。

創造的な人々は自分の創造性に関心があり、誰が統治するかには興味がないからだ。誰かが統治しなければならないが、それがイギリス人かインド人かどうかは、彼らには関係ない。彼らは創造的な仕事にエネルギーを注ぐことに関心があったので、革命の集団の中にはいなかった。

さて、革命家は彼らが権力を持つことを許さないだろう。実際、彼らは裏切り者だ。革命には決して参加しなかったのに、権力を与えていいものだろうか？

だから、すべての革命は今日まで、世界で失敗してきた。それは、革命を起こす人々にはある種の専門知識があるが、国を作り国を創造し、人に責任を作り出せる人々とは異なる一群だ、という単純な理由からだ。彼らは破壊や殺人には参加していない。だが彼らは、権力を得られない。権力は戦ってきた人々の手に入る。

だから当然、すべての革命は本質的に必ず失敗する。私の話すことが明確に理解されない限り……。

革命には二つの部分、『〜からの』と、『〜のための』がある。そして二種類の革命家がいるに違いない。最初のものに働きかける人——それは『〜からの自由』だ。そして最初の仕事が終了した時に、『〜のための自由』に対して働きかける人だ。

しかし、それをうまく扱うことは難しい。誰がそれをやりくるするのだろう？　誰もが権力への渇望でいっぱいだ。

革命家が勝利する時、権力は彼らのものだ。他の誰かにそれを与えることはできない。すると国は混乱するだろう。あらゆる次元において、それは毎日ますます低く落ちる。

だから私は、あなたに革命を教えないのだ。私はあなたに反逆を教えている。

革命は群衆のものであり、反逆は個人のものだ。

個人は自分自身を変える。彼は権力構造を気にしない。彼はただ、自分の存在をどうにか変えて、自分自身の中に新しい人間を誕生させる。

そしてもし、国全体が反逆的であれば……それに関して最も素晴らしい事がこれだ。反逆においては両方の種類の革命家が参加できる。なぜなら反逆においては、多くのものが破壊されなければならず、多くのものが創造されるべきだからだ。物事は、創造のためには破壊が必要なので、それは両者――破壊に興味がある人たちと、創造性に興味がある人たちにアピールする。

それは群衆の現象ではなく、あなた自身の個性の問題だ。そしてもし、何百万人もの人々が反逆を経るなら、国、国家の権力はこれらの人々、反逆者たちの手に行く。

唯一反逆においてのみ、革命は成功する。そうでなければ、革命は分裂的性格を持つ。

反逆は一人、ただ独りだ。

そしてこれを覚えておきなさい。反逆においては、破壊性と創造性は一緒に手を繋いで、お互いに支え合って進む。それらは独立した過程ではない。いったんそれらを分離させたら――それらが革命の中にある時のように――あなたは物事を繰り返すだろう。

質問にある物語は完全ではない。それは美しい神秘的な物語だ。ある男が、人間はどれだけ独立して、自由でいるのかを尋ねるためにマスターのところに来る。彼は完全に自由なのか？　それとも制限があるのか？　そこには宿命、定め、運命のような、あなたが自由ではいられない彼方に、制限を作る神のような何かがあるのか？

神秘主義者は彼特有のやり方で、論理的ではなく存在的に答える。彼は「立ち上がれ」と言った。男は、これは愚かな類の答えだ、と感じたに違いない。

「私は単純な質問をしているのに、彼は私に立ち上がるように求めている」

しかし彼は言った。「何が起こるか見てみよう」

彼は立った。

そして神秘家は言った。「さて、あなたの片方の足を上げなさい」

男はこの時点で、自分は狂った男のところにやって来たと考えたはずだ。これが自由と独立と、何の関係があるのだ？　しかし今、彼はそこにいる――そこには弟子たちの群衆がいたに違いない――そして神秘家は、とても尊敬されていた。彼に従わないことは失礼だろう。そこには何の害もなかった。そこで彼は、地面から自分の片足を上げた。で、片方の足は空中にあり、彼は片足で立っていた。

その時マスターは言った。「全く結構だ。ただもうひとつある。では、もう一方の足も上げなさい」

それは不可能だ。

男は言った。「あなたは無理なことを求めています。私は自分の右足を上げました。今、自分の左足を上げることはできません」

マスターは言った。「しかしお前は自由だった。最初、お前は左足を上げた。そこには何の拘束もなかった。左足を上げるか、右足を上げるかの選択は、完全にお前の自由だった。私は何も言わなかった。お前が決めたことだ。お前は右足を上げた。まさにその決定で、お前は左足を上げることを不可能にさせた。宿命、定め、神について悩んではいけない。ただ、単純なことを考えなさい」

あなたの行為はどんなものでも、それに反する他の何かの行為をすることを妨げる。だからあらゆる行為は制限される。

物語では、それはとても明確だ。生においてそれほど明確でないのは、あなたは地面にある片足と、空中にある片足を見ることができないからだ。しかしそれぞれの行為と、それぞれの決定は制限される。決定する前は、あなたは完全に自由だ。しかしいったん決定したら、まさにあなたの決定が、まさにあなたの選択が制限をもたらす。他の誰かが決定を課すことはない。それは物事の本質だ。同時に、一緒に矛盾した事はできない。できないことは良いことだ。でなければ、あなたは既に混沌の中にいる……。もし矛盾した事を一緒にするのを許されたなら、あなたはより大きな混沌の中にいる。あなたは狂い出す。

これは全く、実存的な安全処置だ。

基本的には、選ぶことに対してあなたは完全に自由だが、ひとたび選択するなら、あなたのまさに選択が制限をもたらす。

もし完全に自由のままでいたいなら、選択してはいけない。そこが、無選択の気づきの教えが生きてくるところだ。なぜ偉大なマスターたちの主張は、ただ気づくこと、そして選択しないことなのだろうか？　なぜなら選択する瞬間、あなたは自分の完全な自由を失うからだ。あなたはただ一部だけと共に残される。だがもし、無選択なままでいるなら、あなたの自由は完全なままだ。

だからそこには完全に自由な唯一のものがあり、それが無選択の気づきだ。他のすべては制限されている。

あなたは女性を愛する——彼女は美しいが、非常に貧しい。あなたは富を愛する——非常に金持ちだが、醜くおぞましいもう一人の女性がいる。今、あなたは選択しなければならない。どちらを選んでも、あなたは苦しむだろう。もし美しい女性を選択したら、彼女は貧しい。そしてあなたはいつも、自分が不必要にそのすべての富を逃したことを後悔する。なぜなら数日間の交際の後、その美しさは当たり前のように感じられるからだ。あなたはそれを見ない。そしてあなたは、美しさでどうするつもりなのだろうか？　美しさでは車を購入できない、家を購入できない。何も購入できない。今その美しさを用いて、知恵をしぼって考えてごらん。あなたはどうするつもりなのだろう？

そこでマインドは、選択が間違っていたと考え始める。

しかし、もしおぞましく醜い女を選択したら、あなたはお金で購入できるもの――宮殿、使用人、すべての面白い小物類すべてを持つだろう。しかしあなたは、その女性を容認しなければならない。容認だけでなく「愛している」と言わねばならない。それに彼女を憎むことさえできない。彼女はとても気持ち悪い。憎むことでさえ、気持ち悪くない誰かが必要だ。なぜなら、憎しみは関係性だからだ。あなたは車や宮殿や庭園を楽しめない。その女の醜悪な顔が、常にあなたにつきまとうからだ。彼女はあなたが彼女と結婚したのではなく、彼女の財産と結婚したのを知っている。そこで彼女はあなたを恋人のようにではなく、使用人のように扱おうとする。これが真実だ――あなたは彼女を愛していない。その時あなたは、貧しい家や普通の食べ物を持つ方がよかっただろう、と考え始める。――少なくとも女性は美しかった。あなたは彼女を楽しんでいただろう。これを選択したあなたは馬鹿だった。

あなたが何を選択しても後悔するのは、別のものが残っていて、あなたに絶えずつきまとうからだ。

もし人が絶対的な自由を必要とするなら、無選択の気づきが唯一の為すべきことだ。

私が革命ではなく反逆に進むようにと話す時、私はあなたを完全な全体のより近くに来させているのだ。革命では、必ず『何かからの……』か『何かのための……』のどちらかに分割される。両方一緒に持つことができないのは、異なる専門知識が必要だからだ。

しかし反逆では、両方の質が一緒に合わされる。

彫刻家が像を彫る時、彼は両方をしている。彼は石を削っている――あるがままだった石を破壊している――そして石を破壊することで、かつて存在しなかった美しい彫像を創っている。

破壊と創造は一緒に進む。それらは分割されていない。

反逆は全体だ。

革命は半分半分で、それが革命の危険なところだ。その言葉は美しいが、何世紀にもわたって分割したマインドに関係してきた。

私がありとあらゆる分割に反対なのは、それが精神分裂症に追いやるからだ。


現在、奴隷制度から自由になったすべての国は、思いもよらない苦しみの状態になっている。彼らが奴隷だった時は、そうした苦しみの中にはいなかった。彼らは三百年から四百年の間、奴隷だった。三百年、四百年の間、彼らは決してこうした苦しみには遭遇しなかった。そしてたった三十、四十年の間に、驚くほどの地獄に陥っている。

「なぜ我々は自由のために戦っていたのだ？　もしこれが自由というのなら、奴隷の方がはるかにましだ」

奴隷制度は決して良くない。それはただ、これらの人々は自分が半分の自由を選択したということを知らないというだけだ。そして他の半分は達成され得るが、革命を行なった同じ人々によってではない。他の半分には全く違う種類の知性、知恵が必要になる。それらは、殺人や、爆弾を投げたり、電車や警察署や郵便局を燃やす人々ではない。それらはその人々ではない。

私の家族で、ただ私の祖父だけが、叔父を大学に送ることに反対した。彼らを何とか大学に送ろうとしたのは私の父だった。私の祖父は言っていた。

「お前は知らないのだ。わしはこれらの少年たちを理解している。お前が彼らを大学に送ると、彼らは最後には刑務所に入ることになるだろう。そんな雰囲気があるのだ」

革命のほとんどは、学生や若い人たちによって行なわれた。彼らは何も経験していなかった——人生の何も知らないが、彼らにはエネルギーがあった。活力があった。彼らは若かった。そして、自由であることのロマンチックな考えを持っていた。彼らは何でもやった。爆弾の製造や、爆弾を投げて統治者を——軍の司令官たちと統治者を殺すことを——。彼らは何でもやった。

彼らが刑務所から出てきた時、突然、自分たちにはすべての権力があるが、それを使うための技能がないことに気づいた。彼らには何の知性もなかった。その力でどうする？ 彼らは自分が幸福感を楽しんでいるふりをした。そして国もまた、しばらく幸福感を楽しんだ——今我々の仲間が、権力を握っているのだ！——しかしすぐに、彼らはお互いに戦い始めた。

インドでは四十年間、彼らはただ単にお互いに戦ってきた。国家のあらゆる問題に取り組むには、国家の伝統に反対せざるを得ない。そのため誰も国家のことを気にせず、誰も自分の首を危険にさらす気にならなかった。

私は二人の首相と話をしてきた。ラルバハードゥル・シャストゥリとインディラ・ガンジーだ。そして答えは同じだった。

「あなたの話はすべて正しいが、誰がトラブルに巻き込まれることになるのだ？ 我々は国民に、これらの事を話すことはできない。我々が産児制限を言えないのは、いったんあなたが産児制限を話したなら、国全体があなたに敵対し、あなたは国の道徳を破壊していると言うからだ。その時すべての宗教的な人々は、この男に権力を握らせるべきではない、彼は危険だ、と考え始める」

そしてインディラさえも試みたが、彼女はそれをしたために、権力の外に投げ出された。三年間、彼女はあらゆる方法で嫌がらせを受けた。

どうすればいい？　もし問題が、伝統とマインドの古い条件付けに関連しているのなら……政治家は自分の権力を楽しんでいる。そして彼は、自分自身の権力のために戦っている――彼が強力なままでいるように、権力の高い地位へ動き始めるように――。

私は非常に面白い状況を思い出す。

パンディット・ジャワハルラール・ネルーは、国家が自由になった後の初代首相で、ロンドンの連邦会議に参加していた。彼の内閣の二番目の男は、マウラナ・アザドだった。首相が国の外へ出た時からのことを考えてごらん、そして彼は二番目だ……。彼は首相として行動し始めるに違いない。現在、首相代理のようなものは、世界には存在しない。もし大統領が退陣するなら、大統領の代理として副大統領が役目を果たす。しかし大統領は国にいる。国家元首は存在している。彼らがどこへ行こうとも、首相は首相であり、他の誰かが首相の代理になる必要は全くない。

その老人マウラナ・アザドは、非常に尊敬されていた……だから彼はマウラナと呼ばれた。「マウラナ」とは偉大な賢者を意味する。彼はイスラム教徒だった。しかし彼は直ちに首相の車に旗を立て、首相の職務に坐り、首相の代理をし始めたほど子供っぽかった。

そしてジャワハルラール・ネルーがロンドンで、マウラナ・アザドがそうしていると聞いた時、ネルーは彼に知らせた。

「あなたは首相のどんな代理も、決して存在しないことを知らない。ただその国の元首だけは、もし彼が国の外へ出るなら、当分の間は副元首に代わる。しかし首相は国の元首ではない。彼は最も権力のある男だが、名義上の元首ではない。だからそんな愚かな事をしてはいけない」

ジャワハルラールは、彼に電話をかけて言った。

「このナンセンスを止めなさい。もし誰かがそれを知ったら、これらの人々が国をとても大きく、大陸的な規模のものに作りたがっていることと、これらの人々が子供に過ぎないことを笑うだろう」

革命には面倒な事がある。それは常にあると思う。それは、ある種の人々がそれをすると、権力が彼らの手に入るということだ……権力欲、権力への意志、それがまさに人間だ。彼らはそれが他の誰かに与えられることを望まない。しかし、それがまさに為すべき必要なことだ。今や人々は、誰が充分に賢明であるか、創造的で知性的であるかを見つけなければならない——新しい技術や農業の新しい方法をもたらすことで、あらゆる可能な方法で国を助けられる人を、国に新しい産業を導入できる人を、安い労働力がある国だから、全世界に対して彼らのお金を差し出すように国の扉を開ける人を——。

インドは何でも生産できる。それにはお金が必要だ。お金は世界中にある。お金がある人々は、何をしたらいいのかわからない。新たな産業が必要だ。それはどんな類のものでも創造できる。それには本当にお金が、専門家が必要だ。そしてインドの労働者はとても安いので、全世界で競える。

それが、日本が最初に行なった方法だ。一人当たりの収入は現在、アメリカよりもずっと高くなっている。しかし日本には充分な土地がないという問題で、不利な立場に立たされている。小さな土地だ……。今それは、より多くの産業に成長できない。土地がない。人々がいない。インドには充分な土地と大勢の人々がいる。ただ正しい人だけが、権力を握る必要がある。その時、『～からの自由』は『～

のための自由』に変容され得る。国家はあらゆる方面で、途方もない成長を楽しむことができる。しかし、まさに正反対のことが起こっている。国は毎日陥落し、悪化している。それは悪化し続け、間違った人々が権力を握っているという単純な事実を、誰も指摘しないだろう。

ただ、彼らに名誉を与えるがいい。褒美を与え、賞を与え、自分の家に飾れる黄金の文字で書かれた偉大な証明書を与えなさい。だが、彼らに権力を与えてはいけない。

すべての革命の悲惨な状況を見て、私は反逆を考え始めた。それは個人のものだ。そして個人は、破壊的かつ創造的な力を、彼の無選択の気づきの中で、一緒に統合する能力を持てる。

もし多くの人々がこの反逆を──それは誰にも反対せず、ただあなた自身の条件付けに反対するものだ──体験するなら、あなたの内側に新しい人間をもたらすなら、問題は難しくない。

革命は、時代遅れになるべきだ。

反逆は、未来のための言葉だ。

愛するOSHO、私が現実から想像を区別できないことは、本当に重要なのでしょうか？もし、「私はいる」ということに気づくことができれば、これで充分ではないのですか？

それは確かに充分だ。それは問題ない。想像と現実を区別するために、どんな努力も必要ない。単に自分自身に気づいたままでいればいい。

想像は何であれ、ゆっくりと消えるだろう。そして現実は何であれ残るだろう。

それはまたチェタナからだ。

しかし、覚えておきなさい、あなたの幽霊との友情を……それらの幽霊は消えるだろう。なぜならあなたは、誰が幽霊で誰が実在の人物であるかを区別できないからだ。あなたはおそらく、これは実在の人物であると考えていて、彼は消えてしまうという恐怖があるのかもしれない。しかし、それだけのリスクは負わなければならない。

コミューンで、ミラレパはよく消える。それはあなたの自分自身への気づきのせいだった。その時あなたは、彼がどこにいるのか見つけられない。

だから、もしあなたが怖くなければ、何の問題もない。ただ自分自身に気づいたままでいればいい。私は決して、区別を教えてはこなかった。

想像は消えるものだ。

現実は残るものだ。

だから、あなたは見なければならない。もしミラレパが消えたなら、彼は幽霊だったのだ。もし彼が残るなら、彼は現実だ。生において、あなたが楽しむ多くのものは想像上のものだ。だから人々は、それらを消したくないのだ。生においては、たいした現実は存在しない。だからあなたは、現実がどんな喜びをもたらすのかを知らない。しかし人は、その中に入って行かねばならない。それは賭けだ。

ただ一つの事を私は言うことができる――あなたは敗者ではない。現実は想像よりもはるかに豊かだ。

私はあなたに、ムラ・ナスルディンの物語をしたことがある。

ある夜、真夜中に、彼は妻をつついてささやいた。「ちょっと俺の眼鏡を持って来てくれ」

彼は言った。「何も聞かず、ただそれを持って来てくれ。後ですべてを説明する。この時間は、俺の邪魔をしないでくれ」

彼女は「わかったわ」と言って、眼鏡を持って来た。

彼は眼鏡をかけ、目を閉じて言い始めた。「オーケイ、オーケイ。俺は九十九で応じられる」

妻は言った。「何をやってるの？」

彼は言った。「オーケイ、俺は九十八でかまわん。しかしお前はどこにいる？　九十七ならどうだ？」

「あなたは狂ったの？　それともどうかしたの？　いったい何をしているのよ？」

「とても美しい夢を見ていたんだ。俺は言った。天使がルピーを与えていた。俺はそんなケチな天使を見たことがない。彼は一ルピーで始めた。俺は言った。『お前は俺を何だと思っているんだ？　乞食とでもか？　一ルピーなんかいらん！』。大変もめたり言い争ったりして、俺は彼に九十九まで値上げさせた。そして俺は言った。『聞け、それは適切じゃない。九十九ではだめだ。なぜそれを百にしないのだ？』

彼は『オーケイ、それを百にしよう』と言った。

俺は目が覚めるほど喜んだ。そして俺は、それらの紙幣が本物だったのか、それとも想像だったのかを見るために眼鏡を使おうと考えた。なぜなら彼が与えていたからだ……一ルピーで始めて、百ルピーの用意ができているケチな奴が……。しかし俺が眼鏡をかけると、彼はいなかった。俺は懸命に試みた。『頼む、俺は九十九で応じる。九十八でもいいぞ』。俺はさらに一ルピー下げた……一ルピーでさえ、天使からのものは祝福だからだ。しかし、そのくそったれは全く現れなかった！」


小さな子供は、時々目を覚まして泣き始める。そして涙を流して、彼らがちょうど持っていて、今誰かが持ち去った何かを求める。彼らはただ単に、何かの夢を見ていたのだ。そして今、彼らは目を覚ます。物は消えてしまった。彼らには、夢と現実の間のどんな区別もできない。

成熟し成長するにつれて、あなたは想像と現実の違いに、より気づくようになる。だが、もしあなたが本当に自分自身に充分気づくようになるなら、想像は単純に消える。それはスピリチュアルな目覚めだからだ。今、どんな夢を見ることも不可能だ。ただ現実だけが残る。その現実は途方もなく満ちている。想像が消えれば、人はどんな損失も感じることはない。

愛するＯＳＨＯ、マニーシャには彼女の編集の仕事があります。私は自分自身が光明を得ないための、良い理由を見つけられません。でも私は懸命に試みています。
私を助けていただけますか？

私は、あなたが光明を得ないように最善を尽すつもりだ。
たとえそれが私の仕事ではなく、ただの好意であってもね。

第43章

猿は死んでいる

The Monkey is Dead

愛するOSHO、自分自身であることと、エゴなしであることとの違いは何ですか？

自分自身であることと、エゴなしであることとの間に違いはない。違いはその表現においてだけだ。もしあなたが否定的な観点からそれを見るなら、エゴが消えるため、エゴなしの状態が表現される。あなたが肯定的な観点からそれを見るなら、自分自身であることが表現される。それらは同じことを言う、単なる二つの方法だ。しかし何の区別もないので、それらは二つのものではない。

あらゆる体験は二つの方法で表現され得ることと、それらがあたかも二つのもののように思えるほど異なって見えることを、常に覚えておきなさい。偉大な思想家たちは、それについて口論してきた。偉大な哲学は、これらは二つのものである、という主張から生じてきた。

例えば、マハーヴィーラは肯定的な方法でそれを表現すること、自分自身であることを好む。ゴータマ・ブッダは否定的な方法、エゴなしの状態を好む。両方にはその長所と短所がある。

あなたが「自分自身であること」と言う時、あなたの存在をあなたのエゴだと思ってしまうかもしれない危険がある。自分自身であることは、あなたの利己的な立場になるかもしれない。それは危険だ。

一方、エゴなしの状態として体験を描写すると、そこには何の挑戦もなく何の興奮もない。それは空虚で無で、否定的だ。否定的なものに引き寄せられる人々は極めて少ない。否定的な表現は、彼らに対して扉を閉じるかもしれない。しかし否定的な方法には、それが正面口からであれ、裏口からであれ、いずれにせよエゴの可能性を許さないという美しさがある。

だから無知な人々にとっては、自分たちの無知に慣れているため、エゴなしの状態としてそれを描写するほうがいい。

しかし知っている人にとっては、自分自身であることはエゴを意味しない。自分自身であることはエゴなしの状態を意味するが、それはただ知っている人のためだけのものだ。

私自身のアプローチは、エゴなしの状態が、自分自身であることの体験を達成するための方法だということだ。だからそれらは二つに見えるのではなく、両方は結合され、両方の長所は一緒になる。

愛するOSHO、別の朝にあなたは、エネルギーの性的な表現の必要性についての質問に応えて、その時点までは、もしエネルギーを霊的なものへ単純に転換しようとすると、障害を作るだろうと話されました。

別の機会にあなたは、ラーマクリシュナが性欲を感じた時は、常に妻の裸身に瞑想したことを語られました。彼はすでに光明を得ていたのですか？　それとも彼は単に、別の朝に尋ねられた状態とは比べものにならない意識の段階にいたのでしょうか？

彼は光明を得ていなかった。彼がしていたことは何であれ、抑圧の微妙な方法だった。あなたはポルノ雑誌――それは醜く見える――を見てそれを行なう。彼は自分の妻を見てそれをしていた。彼女は美しい女性だった。それは醜いようには見えないが、ポルノ的に生きている。

そしてラーマクリシュナは、その時点では光明を得ていなかった。彼はますます抑圧するようになっていた。その抑圧は神の前での彼の狂った踊りや、何時間も歌うことになっていった。それは彼が抑圧してきたエネルギーを、ただ単に表現していただけだ。

彼がマスターと接触した最後の時にだけ、彼は光明を得た。マスターの名前はトタプーリだった。その後、彼は自分の妻の裸の姿には、決して礼拝しなかった。その後、彼が奉仕者であった寺院の母神にさえも、決して礼拝しなかった。その後、彼は全く違う人間になった――すべての礼拝、すべての歌、すべての踊りが消えてしまった。彼は全く静かに平和で、それでも途方もなく光り輝き、陽気で喜びに満ちるようになった。

マスターとの出会いは、彼の人生を変えた。

ラーマクリシュナの信奉者たちは、ラーマクリシュナに関する本の伝記の中で、トタプーリとラーマクリシュナの出会いに多くのページをさいていない。なぜならその後のラーマクリシュナは、普通の宗教的な人が彼にどんな魅力も見い出せないほど、全く違う人間になったからだ。普通の宗教的な人は、古いラーマクリシュナに――彼の祈りの歌と踊りと女神の前での儀式、および帰依者としての彼の生涯に大変な魅力を見つける。

ラーマクリシュナは、マスターを見つけることには幸運だったが、弟子たちを見つけることにはあまり幸運ではなかった。

そしてマスターとの出会いは、彼の人生のまさに最後の日に起こった。

だからラーマクリシュナの信奉者たちは、光明を得ていなかった古いラーマクリシュナについて考え続ける。そしてラーマクリシュナ・ミッションを始めた弟子たちも、彼らもまたラーマクリシュナの長い人生、彼の教え、彼の帰依について語る。しかし誰も、トタプーリとの出会いの後に、真のラーマクリシュナが生まれたことには言及しない。それどころか、その事実を避けたがっている。

私は彼の弟子たちと接してきた。彼らは、ラーマクリシュナがマスターに対して弟子でなければならなかったこと、ただその時にだけ彼が光明を得たことを、少し気まずく感じている。彼らは全くその部分を望んでいない。彼らはラーマクリシュナ自身を教祖に、新しい伝統の源に、ラーマクリシュナ教団にしたいのだ。

そしてベンガルには、ラーマクリシュナ教団に属している数千人の出家僧たちと、僧侶ではないが、ラーマクリシュナに深く帰依しているもっと多くの人々がいる。しかし彼らはみな、間違ったラーマクリシュナに関係している。私がこれを言うと常に、彼らは非常にショックを受けた。

最初、彼らはよく私を、自分たちの会議で話させるために呼んだ。私がこの問題に話を持っていき始めると、彼らは私を招待することを止めた。私が彼らのすべての喜びを破壊していたからだ。彼らは、何もしないで静かに坐る、すると春が来て草はひとりでに生える、ということを望んだ人々ではなかった。彼らは聖歌、儀式、踊り、神のイメージ、神への信仰を望んでいた。

そしてラーマクリシュナは、彼が光明を得る前は、これらの事をすべて信じていた。だが死ぬ前に、彼はすべてのものを落とした。その小さな期間が、彼の人生で唯一の重要な期間だ。

しかしそれはまさに虚空、全くの沈黙だ。それはただ、沈黙、静寂、真理の探求者である人々のためのものだ。

愛するOSHO、私が今日、質問を書いていた時に、すべての私の質問は同じ要点に至ることに気づきました。これは本当に私なのか？　これは真正なものなのか？　これは私の真実なのか？ということです。そして本当の重大な質問は、私は誰か？です。時々私は、もしマインドがナンセンスな障壁を作り続ければ、私は決して知ろうとはしない、と感じています。別の時には、私は自分が近づいているのを感じます。自分の質問が何なのかさえ私にはわかりませんが、どうか答えていただけますか？

私は知っている、そしてあなたも知っている、あなたの質問が何であるかを。私は答えを知っている。あなたも答えを知っている。しかし私の答えは、あなたの中で信仰になるだけだ。私はむしろ、あなた自身の中に答えを見つけるように、あなたを助けたい。それは真正なものだろう。

あなたは自分が誰なのかを知りたい。これは誰もが知りたい基本的な問題だ。

そして障壁は大きくない。障壁は大変なものではない。私があなたにやってみるようにと、絶え間なく話してきたことを、あなたは単にしてこなかったのだ。時間がある時はいつでも、あなたの思考を見守ること、あるいは何かをしている時はいつでも、そのすることを見守ること、行為者を見守ることを――。

すべての要点は、見守る能力を強めるべきだ、ということだ。あなたはますます、明確な見守る者になる。すると思考は消える。

思考は非常に貧しい。それ自身の生命はない。それに生命を与えるのは、あなたがそれを見守っていないからだ。もしあなたがそれを見守れば、それは消え始める。なぜなら思考の生命とは、あなたがそれに同一化することだからだ。あなたは「これらは私の考えだ」と考える。それらはあなたの思考ではない。ただ一つの思考も、あなたのものではない。ただ油断なき状態だけが、あなたのものだ。すべての思考は、外部からあなたにやって来る。

もしあなたが全く油断のないままでいるなら、まさにそれらが訪れる時、それらは去るだろう。そしてゆっくりゆっくりと、ますます少なくなるだろう。それらは招かれずに来るのは好きではない。それらはあなたが歓迎していない時に来るのは、好きではない。あなたのすべてのエネルギーが見守ることの中心に置かれると、思考がマインドのスクリーンに移動するために残されたエネルギーは、何ひとつ存在しない。それらは自然に止まる。

そして思考が存在しない瞬間、答えがある。その答えは言葉ではやって来ない。答えはある体験としてやって来るだろう。

愛するＯＳＨＯ、小児麻痺と知恵遅れの子供たちの病院で働く看護師が、彼女が世話をせざるを得なかった次の事情について、私に話してくれました。

そこにはベッドに——小児用ベッドの側だけでなく、天井に渡された棒にも——まるで鳥かごのように監禁された四才くらいの小さな男の子がいました。彼はその年齢では非常に小柄で、話したり歩いたり、座ることさえできません。彼は色白で、長くて暗褐色の髪が身体中を覆い、常に彼の鳥かごの屋根から手足をぶら下げて、猿のような声を出します。彼はバナナ以外のすべての食べ物を拒否しました。他の何も食べませんでしたが、彼はとても幸せで優しい子でした。初期の人間は猿と同類に見えました。現代人は、しばしば猿のように行動します。

これについて、どうかコメントしていただけませんか？

猿の行動とは、こちらからあちらへと跳ぶ、気違いじみたマインドの行動だ。それはこの枝からあの枝へと決して安定せず、決してわずかな瞬間でさえ静かに座れない。いつも何かをしていて、いつもどこかに行く絶え間ない活動だ。意味があっても無意味でも、関係があっても無関係でも——。

チャールズ・ダーウィンの理論は正しいかもしれない、あるいは間違っているかもしれない。おそらく、ほとんどそれは間違っている。なぜなら何千年もの間私たちは、どんな猿も木から降りて人間のように歩き始めるのを見てこなかったからだ。そしてなぜ、小さな群れの猿だけが人間に変化し、残った猿は猿として何百万年間も留まったのだろうか？　彼らのいとこ、兄弟、姉妹、姻戚たちはとても進化して、彼らはまだ木にぶら下がっていることが、彼らのマインドに浮かばなかったのだろうか？

だから私は、ダーウィンの理論はおそらくほとんど正しくない、事実上正しくないと言うのだ。しかし心理的には、それにはいくつかの正当性があるようだ。

人間のマインドは猿だ。もし自分のマインドを見守れば、あなたにはわかる。それは決して、静かにならない。マインドにとって最も困難なことは、何もしないということだ。

しかし少数の人間は、この猿のマインドから何とか抜け出して、自分たちが望む限り非活動のままでいることができた。

何世紀もの間、東洋のすべての神秘家たちは、ひとつの要点に合意した——もしマインドが、四十八分間続けて沈黙したままでいられるなら、あなたはその支配力から自由だ、ということにだ。その時は、自分が望むだけ、多くのバナナを食べることができる！　あなたはバナナをがまんしないだろう。だがマインドは、四十八秒間も静かなままではいられない。四十八分間については何をか言わんや！

これが、スピリチュアルな探求者のすべてのワークだ。猿のマインドを変えて、その中に静寂の状態をもたらすこと。おそらくそれは、進化の最後の段階だ。

生命を持つ石がある。それらは成長するからだ。もっとも、非常に休止した状態ではあるが――。それから生命を持つ木がある。最近の研究では、彼らには感受性もあると言う。それから何千種類もの動物がいる。彼らにはある種の知性もある。そして人間がいる。彼は既知の世界では、他のどんなものよりも多くの知性がある。

もし猿が静かになり、くつろいだりするのを助けるために、彼がこの知性を使うことができるなら、スーパーマインドが存在に入って来る。あなたは決して以前にはなかった明晰さを――あなたを自分自身に気づかせ、そして自分を取り囲んでいる存在に気づかせる明晰さを持つ。そして途方もない感謝であなたを満たす。

そうでなければ、ダーウィンは事実上は正しくないかもしれないが、心理学的には彼は正しい。人間を見ると、何となく彼が猿と関連があることを、誰でも予想することができた。

私が長年、絶え間なくインドを旅行していた時、ほとんどいつも列車や飛行機、車に乗ってただ旅をし、移動していた。列車は、私が休むための唯一の場所だった。いったん私が列車の外に出たら、休める可能性は全くなかった。専門大学、総合大学、学会、友人、ジャーナリスト、記者会見などで一日あたり五、六回の会議だ。休むことは不可能だった。私にとって、休める唯一の場所は列車だった。絶えず旅をした二十年後、私は眠ることができなくなった。それは列車と車輪の音、人々の往来、鉄道駅、行商人、人々の叫び声、そのすべての騒音が欠けていたからだ。その騒音をテープレコーダーに録音せざるを得なかったことを知ったら、あなたは驚くだろう。私がベッドに入る時、彼らはテープレコーダーを再生し、ただそれを聞いて私は完全な睡眠に入る。それから彼らはテープレコーダーを片付ける。でなければ眠りは困難だった。私は寝返りを打つだろう。二十年は長い時間であり、それは習慣になった。

たいてい私は、エアコン付きの二人専用車両にいた。そしてとても疲れていたので、他人と話をしたり、彼の質問に答える気には全くならなかった。

アムリットサルでのある日、私は電車に乗った。するとある男が、窓の外を眺めていた。何千人もの人々が、私を見送りに来ていた。だから彼は、非常に好奇心を持った。私が入ってきた時、彼は私の足に触れた。私は言った。

「ちょっと坐りなさい。あなたはあまりにも好奇心が強い。これは私の名前だ。これは私の父の名前だ。私にはとても多くの兄弟、とても多くの姉妹がいる。一人の妹は死んだ。私の父にはとても多くの兄弟、とても多くの姉妹がいる。彼の姉妹は両方とも死んだ。私の祖父は……」

彼は言った。「しかし私は、それらの事を尋ねていない」

私は言った。「あなたは尋ねるだろう。時間を浪費するよりも、私はただ単に、可能な限りの情報を与えているだけだ。その後、ただ私を許し、私を忘れ、そして私を休ませて、何も尋ねないですむようにね。私はあなたに五分与える。あなたは望むことを、何でも私に尋ねればいい」

彼は言った。「私は尋ねたくない。あなたは変な人だ。私はそんな人を見たことがない。私は何も言っていないのに、あなたは私にあなたの兄弟、姉妹、あなたの父、叔父、叔母、彼らの子供、あなたの祖父の名前を教える」

私は「で、あなたは満足したのか?」と言った。

彼は言った。「私は満足している。完全に満足している」

そこで私は言った。「それは結構だ。今、私は休むつもりだ。もうどんな質問もしないでくれ」

しかし、その男は興奮していた。これらは彼が興味を持っていた疑問ではなかった。彼はこれらの人々が何のために来ていたのか、私の教えは何なのかを知りたかったのだ。しかし今、彼は自分が完全に満足したと言った。それで私たちは、もはや質問はないということに落ち着いた。

私は休んで彼を見た。そして私は、彼の問題を見ることができた。彼は自分の箱を開け、その中を見てそれを閉じ、それを元に戻した。本を開いてその中を見てから、またそれを置いた――ただ何かをした。彼はトイレに行き、ただ出てくる。私は、彼が何もしていなかったことを知っていた。トイレの中でさえ、彼は不必要に入ったり出たりしていた。私は単にそこに坐って、彼を見守っていた。彼は私が彼を見ていているのを知っていたため、彼をよりいらつかせた。彼がしていることは何でも馬鹿げている。そこには何の必要もない。再び彼は理由もなく、自分のスーツケースを開けている。彼は朝から読んでいた新聞を読み始めるだろう。それは夕方だった。彼は一日中、朝刊を読んでいたに違いない。そしてまた見て、それを閉じて、それを読んだので脇に置く。

最後に彼は言った。「使用人を呼んで、車掌はどこにいるのか聞いてくれ。私はこの部屋を変えたい」

使用人は言った。「しかし、この部屋の何が問題なのですか？　こんな静かな部屋を、あなたは見つけられませんよ」

彼は言った。「それが問題なのだ。この男は私を完全に黙らせた。私は言葉で話すことができない。それで気が狂いそうになる。私はトイレに入り、別に何もしない。そして再び戻ってきてスーツケースを開く。でもそれを開く何の理由もない。そしてこの男は奇妙だ。彼はただ単に、そこに坐って私を見ている。もし彼が見ていないなら、それはオーケイだったろう。だが全く、彼の見守りと私の愚かな行動のせいで、本当にどこか他の部屋に行きたいのだ」

彼は「車掌を呼んでくれ」と言った。

車掌が来て言った。

「トラブルは何ですか？　部屋は満室ですので、席を替えることを誰かにお願いすることはできます」

私は言った。「問題ない。私が替えられる。私は彼の席に坐ることができる。そして彼は私の席に坐ることができる」

車掌は言った。「全く簡単ですね。解決策が今ここにあります。なぜあなたは心配しているのですか？　どうぞ席を替えてください」

彼は言った。「あなたは何も理解していない。この男が悩みの種なのだ。それは何の違いにもならない。彼が悩みを生み出すその席に坐ったところで」

車掌は言った。「この人は何年も旅をしています。私は彼を知っています。彼は誰にも迷惑をかけてきませんでした」

彼は言った。「どう説明したらいいのだ？　彼は何もしていない。彼は私に何か尋ねることを、ただ止めさせた。そして尋ねることもなく、少しの雑談も少しの会話もなしで、私は気が変になっている。そして彼の見守りが、私を気違いにさせるのだ。そして今これでは――彼は私の席に坐り、私は彼の席に坐る――これでは何の違いにもならない」

車掌は言った。「これは私の手に負えません。私には理解できません」

彼は私に尋ねた。「あなたは理解できますか？」

私は言った。「私には理解できない。この男は非常に良い男で、どんな迷惑もかけてこなかったからだ。

彼は、ただ単に少し無邪気なことをする。彼のスーツケースを開き、それを閉じる、何の理由もなくだ。しかしそれは彼のスーツケースだ。彼は自分が望むだけ、何回でも開ける。私は邪魔するつもりはない。私は彼が無駄にそれを開いているのを知っているが、それは彼のスーツケースだ。彼はトイレに行く。私にとっては何の問題もない。彼は自分が望むだけ、何回でも行ける。彼は自分が望むだけ、何回でも同じ新聞を読める。彼は本を開いたり閉じたりできる。彼は自分がしているこれらすべての運動を、することができる。私には何の異議もない。なぜ彼は、そんなに悩んでいるのだ?」

しかしその男は、ただ彼のすべての荷物をまとめて出て行き、車掌に言った。

「あなたは私に、ある場所を見つけなければならない。それが無理なら、私はファーストクラス（エアコンが導入される前の古い型の一等席）にさえ行くことができる。エアコンは必要ない。なぜならこの男と二十四時間一緒に暮らすと」——旅は二十四時間だった——「私は生きて家に到着しないだろう。私の心臓はとても速く鼓動している。これは本当だ。彼が私に彼の名前、彼の父の名前を言ったこと以外、何もしなかったのは……」

車掌は言った。「しかし、これは悪気がありません。彼はただ紹介していただけでした」

だが彼は、部屋に入ることはなかった。彼は逃げ、そして言った。

「私が列車に乗れるところなら、どこにでも乗るつもりだ。しかし彼の部屋には入れない」

私は言った。「それは非常に結構だ。それはみんな私が望んだことだ。今、私は休める。そして同じことが起こるだろうから、この部屋には他の誰もよこさないでくれ」

車掌は言った。「これはどうしたことか……。あなたは何もしていなかったのに、この人は客室の外にいます。そして彼は、エアコンクラスの料金を支払っているのです」

人間は非常に気違いじみている。彼はただ、あれやこれやをやり続けている。部屋の中で何度も何度も、家具を配置している。物をここからそこへ置いている。たとえ彼らに必要がなくても——だが彼は、ただ静かに坐ることができない。それが学ぶべき唯一の事だ。ただ木の上にいないことだけでは、どんな違いも生じない。

静かに坐りなさい。

深い瞑想の中にある人間だけが、猿の状態を超えて初めて本当の人間になる。

愛するOSHO、十年前、私が初めてダイナミック瞑想を通して奮闘した時、それは私が驚くべき、幻覚的《サイケデリック》な、霊的体験の形での結果をすぐに期待したほど、酷過ぎるものでした。私はほとんどあきらめて、まさに三日目に私のお金の返金を要求しようとしました。

その時驚くなかれ、星が目の前で爆発しました!「何てこった、それは本当に効果があった」と私は考え、十日間のコースを完了することを心配する必要があるのだろうか、すなわち、それがそれだったのだろうか、と思いました。

自分の目隠しを取り外した時、このことに気づきました。これは——私の最初で最後の、大変霊的な出来事は——単に私の目隠しのゴムバンドがきつ過ぎた結果だったのだ、と。

私がたった今気づいたことは、その時から現在までのどこかで、宇宙が今すぐにでも私の頭上で爆発するという期待を止めたことです。ただあなたの足元に坐ることはとても優美で、溶けて舞い上がり……非常に、非常に静かです。これは、ただの中年の兆候なのでしょうか?

違う、それは中年の兆候ではない。それは成熟の兆候、深い理解の兆候だ。スピリチュアリティとは、魅惑的《エキゾチック》な何か、何かとんでもない体験、色や星の何か幻覚的《サイケデリック》な爆発ではない。

スピリチュアリティとは、何も起こらず、ただ時間が止まり、すべての欲望が消え去り、何の憧れも何の野心もない、非常に無垢な意識の状態だ。この、まさに瞬間がすべてだ。

これは中年の兆候ではない。その「中年」という言葉は軽蔑的だ。

スピリチュアルな道では、誰もそれに出会ってこなかった。それどころか、人は子供になる。再生し、単純に、信頼し、驚きで一杯の目になる。あらゆる小さなもの――花、蝶、鳥が謎になる。あなたは自分の純粋な無垢と喜びのために、奇跡的なものに囲まれる。それは興奮ではない。それは非常に静かで平和な喜びだ。それは熱狂的ではない。そこにダンスはあるが、目に見えない。あなたは自分の実存の中心でそれを深く感じられるが、そこには何の動きもない。

だから、今起こっていることは正しいことだ。ただそれを許しなさい。それを中年と呼ぶことで、非難してはいけない。それはあなたの子供時代への回帰だ。あなたは再び生まれつつある。それは再誕生だ。

愛するOSHO、先日、私はブラックホールの中にいました。ただ大きな虚しさだけがあり、出てくる方法は何もありませんでした。私は自分自身に言いました。「自分のベッドに行って、ただそれと共に在りなさい」。自分の部屋に行き、ベッドの上に横たわり、私は死にたいと深く感じました。同じ瞬間に突然ベッドが壊れ、私は壁に頭をぶつけました。私は床に投げ出されました。OSHO、あなたがそれをしたのですか？　それは私を傷つけましたが、ブラックホールは消え去りました！

当然だ。他の誰がそれをするだろうか？　もし他の誰かがそれをしたら、あなたの頭はぶつからなかっただろうし、ブラックホールは消えなかっただろう。あなたのベッドは壊れたかもしれないし、あなたは床に落ちたかもしれないが、あなたはさらに大きなブラックホールの中にいただろう。もしブラックホールが消え去ったなら、それは私であるに違いない。それについては何の疑いもない。

愛するOSHO、あなたは二ヶ月以上、この家から外に出ていません。私が退屈な生と呼ぶものを、あなたはとても楽しんでいるように見えます。

OSHO、何がそれを——空虚さ、虚しさ、孤独の感覚に面と向かうことを、私たちにはとても難しく、そして時にはとても恐ろしくさせるのでしょうか？　興奮させるものを強く望むことは、ただこの空虚さを隠すためなのでしょうか？

アヴェッシュ、もし人が自分自身に満足しているなら、中心にいるなら、自分自身の内的存在より良いどんな場所も見つけられないため、どこにも行く必要はない。すべてのレストラン、映画館、カジノは、自分自身との接触を失っているとてもかわいそうな人々が訪れる。彼らは自分自身の内側に、最も美しくて最も心地良い場所があることを知らない。

確かに私を見ると誰でも、これは退屈な生活であるに違いないと思うだろう。私は何生も自分の部屋で過ごすことができる。私はどこかに行くことに、どんな要点も見ない。なぜなら、あなたが求めているものを私は見つけたからだ。私は自分自身の内側にそれを発見した。そしてあなたは世界のあらゆるところを求め続けるが、それを見つけられないだろう。

あなたにとって、確かにそれは、もしあなたが一つの部屋に住んでいたなら、退屈を感じるように思えるだろう。しかし私に関する限り、外に出るという考えさえ私の中に生じない。私はただ単にとても深く、はるかに自分自身を楽しんでいる。それは私以外には、私をそれ以上にさせるどんな場所も存在し得るとは思えないほどだ。

私は世界中に行ったことがある。数多くの家やホテルに行ったことがある……しかし、それは問題ではない。私はどこにいても、いつも自分自身でいる。そしてどこにいても至福でいるので、その場所が私にとって至福になる。

クレタ島で、一人のギリシャ人のジャーナリストが私に尋ねていた。なぜなら彼はプネーで私を見て、またオレゴンで私を見たからだ。そして今、彼はクレタ島で私にインタビューをしていた。

「OSHO、どうやって、あなたはいつも楽園を見つけられるのですか?」

私は言った。「それは楽園を見つけるという問題ではない。それは、あなたがいる所はどこでもそれがあるように、あなた自身の内側にそれを運ぶという問題だ。そしてもしあなたが、自分の内側にそれを持っていないなら、他のどんな所にもそれを見つけることはできない。そこが、それが存在する唯一の場所であり、それはあなたの内側にある。それは家や場所とは何の関係もない。もしあなたが退屈しているなら、それはただ単に、あなたはここでそれを見つけることを望んでいたが、それを見つけていないので退屈している、そこであなたはそれを見つけるために、他のどこかに行こうと考えている、という意味だ。そこではそれを見つけないので、あなたは再び退屈する。そして人生はますます退屈するようになり始める。年老いるにつれ完全に退屈になるのは、徐々にあなたが、楽園はどこにも存在しないことに気づき始めるからだ。そして奇跡は、この時間のすべてで、あなたは自分自身の内側にそれを運んできた、ということだ。あなたは月に行くことができるが、自分自身の内側には行かない。あなたにはそれが信じられない。『私の内側に楽園が？　あり得ない！』

あなたは自分自身を憎むように、自分自身を非難し、自分自身を拒絶するように条件付けされてきた。『私の中に？　それも楽園が？・』」

そう、最初から拒絶だ。あなたは決して入って行かない。

ちょっと少し試してごらん。私はあなたの邪魔などしていない……もしあなたが自分の楽園を見つけたなら、それでもあなたはレストランに行くことができる。何の害もない。それでもあなたは映画館に行くことができる。それでもあなたはカジノに行くことができる。何の害もない。しかしあなたは、どこにも退屈を感じないだろう。

アメリカでは刑務所で、五つの刑務所内のすべての看守たちは絶えず、遅かれ早かれ、私がそのように気楽に物事を受け取っていたことに戸惑っていた。そして彼らは私に尋ねた。

「あなたは心を乱されているようには見えません。政府はあなたに屈辱を望んでいますが、あなたは屈辱を感じず、完全にそれを楽しんでいることは、はっきりしているようです」

私は言った。「それは問題ではない。私がいる所はどこでも、刑務所であれ宮殿であれ、私は自分自身でいる。私は変わらない。私の内的空間は同じままだ。誰も私に屈辱を与えられない。誰も私を惨めにすることはできない」

実際は、まさに逆のことが起こった。私が最初の刑務所を出た時——そこは私が最も長く住んでいた場所だ——看守の目に涙があった。そして彼は言った。

「私たちは、あなたがいなくなることが寂しい。私たちと共に残ってほしい。あなたは刑務所のすべての雰囲気を変えた」

私は病院のある病棟にいて、ほとんどの時間、私は看護婦の部屋や医務室に坐っていた。そして刑務所のすべての当局者たちが来て、質問をした。看護婦長は私に話した。

「こんなことは、これまで起こったことがありませんでした。これらのお偉い人々、高い地位の当局者たち、彼らは決して来たりしません。月に一度の訪問日でも、彼らは二分間しか来ません。それが今では、一日に六回看守が来たり医師が来ます。誰もが来ます。誰もが、精神的な問題を抱えています。あなたはそれをスクールにしました」

一人の看護婦が非常に興味を持っていたのは、彼女が哲学の修士号を修めたからだった。

そして彼女は言った。

「これは私にとって、自分の問題を理解してくれる人と話をする最初のチャンスです。私はこの刑務所では誰にも話せません。修士号を修めた後、私はここに入社して看護婦になりました。私は自分が知っていることを話すこともできませんし、自分の質問が何であるかを言うこともできません。あなたは最初の人です」

彼女は自分の休暇を取ることさえない。彼女は継続して来るだろう。

そして彼らは、三日間連続して私が彼らと一緒にいたことで、とても幸せだった……。彼らはいつも覚えているだろう。そして彼らは新聞から私の写真を切り抜いて、思い出として保存するために私の署名と日付を受け取っていた。

しかし私は言った。「あなたは別の囚人たちとこれをするのか？」

彼らは言った。「私たちはあなたを囚人とは思えません。私たちはあなたのことを、私たちのお客《ゲスト》としてしか思えないのです」

あなたがどこにいるかは問題ではない。問題は、あなたが自分自身を知っているかどうかだ。もしあなたが知っているなら、あらゆる場所が楽園だ。もしあなたが知らないなら、あらゆる場所は地獄であり、遅かれ早かれ退屈は起こらざるを得ない。

だから場所を変更しても、退屈から逃れることはできない。それは影のようにあなたについて来るだろう。あなたが退屈のすべての可能性を取り除けるのは、あなたの意識を変えることによってだ。そうだ、二ヶ月間私が外へ出ていないことを私に思い出させたのは、あなたの質問だ。私はそれについて考えたことがなかった。私はただ単に、あなた方に会って、あなた方と祝うために来る。それから、自分の部屋の中でただ自分自身に留まる。私は箱を開けたり本を開く必要はない。猿は死んでいる。

愛するOSHO、なぜ私たちが行くところはどこでも、人々は私たちの電話を盗聴するのでしょうか？　彼らは安あがりのスピリチュアルな指導を探しているのでしょうか？

確かに。彼らにそれをさせなさい。私たちには隠すべきものは何もない。彼らは来て、ここにいて、楽しむことができるのに、かわいそうな人々だ！――彼らは自分たちが盗聴しているため、来ることはきまりが悪いと感じるのだ。

だから、あなたが電話をかける時はいつでも、盗聴者たちのために少しスピリチュアルなことを添えてやりなさい！

愛するＯＳＨＯ、熱烈な恋人を持つことは凄いことですが、熱烈なマスターを持つことは、本当にもの凄いことです！　どうでしょうか？

それは非常に難しい質問だ。ギータはそれを理解した。それは別の凄いことだ。なぜなら熱烈なマスターは、決して存在してこなかったからだ。これは全く新しい体験だ。熱烈な恋人は常にいたが、熱烈な恋人は非常にすぐに冷たくなる。あなたは彼らに依存することはできない。

しかし、熱烈なマスターは熱烈なマスターだ。

実際、私は絶え間なく、自分自身にエアコンをかけっぱなしでいなければならない！

第44章

まさに愛の香り

The Very Perfume of Love

愛するOSHO、あなたが熱情を慈悲に変容することについて語るたびに、私のハートの何かが触発されます。しかしそれでも、それが何を意味するのか私は理解していません。

もう一度、説明していただけますか？

熱情と呼ばれるエネルギーは、常に誰かに向けられたものだ。それは所有であり、所有するためそれは醜い。熱情を慈悲に変容することは、あなたの愛のエネルギーが、特に誰にも向けられないことを意味する。それは単にあなたの香りだ。それは単にあなたの現存だ。それは単に、あなたが在る方法だ。それは直進的ではない。一次元的ではない。それは放射的だ。だから近づく人は、誰でもあなたの愛を感じる。それは非所有だ。

所有の愛が矛盾した言葉であるのは、所有することが、相手を物に格下げしているという意味だからだ。ただ物だけが所有できる。人は所有できない。ただ物だけが、その人自身のものであり得る。人はそうではない。

物から人を区別する本質的な性質は、彼の自由だ。所有や所有者であることは、自由を破壊する。だから一方であなたは、自分は人を愛していると考えるが、他方では、あなたは彼のまさに本質を破壊している。

慈悲は、所有することの手中から愛を解き放すものだ。その時、愛はただ柔らかな熱であり、直進的ではなく無指向だ。あなたがそれにとても満ちているため、あなたはただ単にそれを注ぐ。だがそれはちょっと考えるだけの問題ではない。

熱情が慈悲になるためには、瞑想のすべてのプロセスを体験して行かねばならない。瞑想は、すべての所有することや、所有者、嫉妬を取り去り、ただ純粋な本質だけ、まさに愛の香りだけを残す。

唯一、瞑想に深く根ざした人間だけが、慈悲を持つことができる。

だから私が、あなたの熱情を慈悲に変えるようにと話す時は、その中のすべてのゴミから、瞑想を通してあなたのエネルギーを純化させなさい、と言っているのだ。熱情を、すべての人が手に入れられるただの芳香にさせなさい。その時それは誰の自由も破壊せず、むしろそれを強める。そしてあなたの愛がある人の自由を強める瞬間、愛はスピリチュアルになる。


愛するOSHO、あなたがアメリカで受けた無礼な待遇のあり様を見た後、私は自分がアメリカ人であることを、ますます恥ずかしく感じています。

そして合衆国と他の政府間との共存的経済関係は、他の国家に対してさえも、あなたに対して独自に行動することを非常に困難にさせているように思われます。

合衆国の経済に関係してその恩恵を享受することさえ、私の払う税金が世界中の人権を侵害するビジネスを維持するのに役立つのを知って、複雑な心境です。

それは「皇帝《カエサル》のものは皇帝《カエサル》に返すべし」（マルコ伝 12:17）ということと、そしてそれでも、いくらかの誠実さと自尊心を持ち続けることさえ可能なのかどうかについて、コメントを頂けますか？　私はいつものように自分の仕事に就くことを、大変な偽善者のように感じますが、もし私が口を開くなら、そこにはいつも面倒な事があります。

私があなたに、皇帝《カエサル》に属するものは彼に返しなさい、と言えないのは、何も彼に属しておらず、いわゆる皇帝たちはただの大した強盗で、法律が彼らを捕まえられないほど大きいからだ。

いわゆる政治指導者たちはみな犯罪者であるのに、彼らは国の法律を決定する者であり、小さな強盗を罰する者だ。

人は、これらすべての王家と王の血統の存在の経緯を、決して考えない。自然は王家を個々に生み出さない。王の血統というようなものも存在しない。そこには様々な血統があるが、王の血統という部類は何もない。今日王家であるものは、かつて強盗のギャング、マフィアだった。それは土地を領有し、人々を殺し、人々を所有した。そしてだんだんと、彼らは強盗のままでいる必要が全くなくなった。彼らは充分に得て来た。そして彼らは、恐怖心から尊敬された。

長い歴史の中で彼らは徐々に、王家として定着した。彼らの血統は特別になった。

そしてまだ二十世紀でさえ、物事は変わらなかった。まさに王と王妃が強盗の世代から来ているように、政治家は犯罪の他の根元から来ている。

だから私はあなたに、皇帝《カエサル》には彼に属するものを返すべきだ、とは言えないのだ。何も彼には属していないし、何も彼に返すべきではない。

それは古い妥協の態度だった――なぜトラブルに巻き込まれる？　皇帝《カエサル》に属するものは、彼に与えればいい。その見返りに、彼はあなたに安全と安心を与えてくれる。

もしあなたが本当に不安になり、その中に何か犯罪的なものがあると心から感じるなら、課税され得ない何かに移りなさい。例えば、耕作は多くの国では課税されない。

それは、それほどあなたにお金を与えることはなく、ただあなたのパンを稼ぐために一生懸命働かなければならないようにさせるだろうが、大きな喜びに満ちた状態と平和、統合性と個人性をもたらすだろう。あなたは生産している。あなたは創造する。あなたは自分自身を助け、そして他の人を助けている。しかしあなたは、犯罪者を助けてはいない。

そしてあらゆる国家に、課税されないものが存在する。

人はそれらの課税され得ないものに向けて、移り始めるべきだ。それは犯罪的な政治家の力を弱めるだろう。

妥協せずにこの世界に存在することは、確かにトラブルに巻き込まれるが、それだけの価値がある。それは非常に貴重なものだ。私たちにはトラブルに巻き込まれる用意はあっても、妥協しない人々が必要だ。これが本当の地の塩だ。人類は彼らを誇りにできる。

愛するOSHO、人間が通過してきたステージはどれでも、それぞれに関連しているようです。部族から家族、そしてコミューンへ、呪術宗教から擬似宗教、そして無宗教の宗教へ、そして遊牧の狩猟採集民からの農業者へ、そして今、実存的なジプシーへ。

これらの傾向は、本当に関連しているのですか?

それらは関連している。それらは梯子の段のようなものだ。例えば、最初耕作することは、人間にとって不可能だった。彼は耕作が可能であることを、何も知らなかった。彼は動物が動物を食べているのを見た。それが彼に狩猟の最初の考えを与えた——これが食べ物を得るための唯一の方法であると。そこにはいくつかの実例があった。

しかし、永遠に狩りを続けることはできない。人間の人口はますます多くなり、かわいそうな狩られた動物の数は殺されつつあったため、減少し始めた。人間は生き残るために、何か他の方法を見つけなければならなかった。

人間が何か新しいものを見つけるのは、常に非常に深刻な危機の時だけだ。

それから彼は木やそれらの果実、植物の野生の成長を見た。他にどんな方法もなかったので、彼らはそれを試みた。それはうまくいった。そしてちょっとよく見て、彼らは自然に依存しなくてもいいことがわかった。でなければ、また彼らは自然を破壊するだろう。彼らは耕すことができる。

彼らは果物が地面に落ち、そして発芽して上に伸びていくのを見た。彼らが耕作を学んだのは、ただよく見守ることでだ。

それは関連し、そして重複している。

狩猟は続いているが、今ではゲームになっている。人間はそれに依存していない。動物を飼育し始めた屠殺業者たちがいる。ちょうどあなたが果物や小麦を栽培するように、彼らは動物を育て、そしてあなたのために肉を用意する。地球全体はまだ肉食のままだ。

インドでは、ほんのごく一部の人と、インドの外側では少数の人たちが、その醜くて感受性のない生き方を完全に落としてきた。

もし人類全体がそれを落とすことを決定するなら、それはすぐに新しい方法を見つけるだろう。

海全体が利用可能だ。海には独自の植物がある。それは非常に栄養がある。私たちが地球を耕す方法で、海を耕すことができる。

あらゆるものが、より高い段階へのステップとして関連している。最初、そこにはどんな家族もなかった。ただ部族だけだった。で、誰が少年の父親なのか言えなかった。母親だけが知られていた。そこで何かのための書式に記入する時に、父親の名前は尋ねないが、それでも母親の名前は尋ねる国がある。

例えばイスラム教徒は、マリアが聖霊によって妊娠したことを信じていない。キリスト教徒でない者にとって、それは愚かな考えに見える。

しかし一つのことは確かだ。ヨセフはイエス・キリストの父ではないこと、そしてすべての物事を包み隠すために、聖霊がその話にもたらされて来たことだ。

イスラム教徒は処女懐胎を信じていない。だから彼らがイエスについて話すとき、彼らは「イエス・イブン・マリアム」――ヨセフの息子ではない、マリアの息子イエス――と言う。

それは世界中の状況だった。人々は彼らの母親だけを知っていた。

ウパニシャッドには、本当の聖人はどのように対応するかを示す途方もなく美しい物語がある。

私はインドのジャバルプールに、ほぼ二十年間住んでいた。それが間違いなく非常に古い街であるのは、その名前が偉大な賢者ジャバーリに由来しているからだ。この物語はジャバーリに関わっている。

一人の若者がジャバーリの下で勉強したかったのだが、ただバラモンだけが勉強することができた。そして若者の問題は、彼の母親が決して結婚せずに、多くの人々の家で働いていたほど、とても貧しかったことだ。そして彼女は、多くの男性が彼女の貧困につけこんだほど、とても美しかった。だからサティヤカムが若者になった時、彼は言った。

「私は勉強するために、ある偉大な賢者のところに行きたい」

母親は言った。

「それは、ただバラモンだけが受け入れられるために、難しいでしょう。私はあなたの父がバラモンであったとは確信できません。私はあなたの父親が誰だったのか知りません。そう、行けばいいでしょう。マスターがあなたの名前を尋ねたら、あなたの名前を言って、私の名前を言いなさい。あなたは私の息子だと言いなさい。そして母親の名前は普通言及されないため、確かに彼は驚くでしょう。そして彼は『あなたの父は誰だ？』と尋ねるでしょう。私があなたに言ったことを、正確に彼に伝えなさい」

そこでサティヤカムがジャバーリに頼みに行った時、彼は言った。

「私の母は非常に美しいのですが、非常に貧しいです。彼女は結婚できませんでしたし、彼女は私の父が誰なのか知らないので、多くの人々が彼女の貧困につけこみました。そして彼女は、真実を正確にあなたに言うために私をここへ遣しました。さて、私を受け入れるか拒否するかは、あなた次第です」

すべての弟子の集まりは黙り込んだ。

ジャバーリは言った。

「このような真実を言える者は、バラモンであるに違いない。あなたを許可しよう。ただバラモンだけが『私は自分の父が誰であるかを知りません。自分の母の名前だけを知っています』と言えるこれほどの勇気を持つことができる」

そしてサティヤカムは、自分自身の力で偉大な賢者になった。ジャバーリが彼を受け入れていたので、懐疑的であった人たちにも何の疑問もなかった。

彼が示した理由は途方もなく美しい。彼は、バラモンが真実ではないかもしれない、ということはあり得るが、真実の人間がバラモン以外の何か他のものであり得ることは不可能だ、と言った。

社会は、部族の母性的状態を通過して、彼らの子供たち、その妻、彼らの叔父、父親など、すべての兄弟が一緒に生活する合同家族に至った。それが経済的だったのは、ただ少数の人々だけが働けば、家族全体を支えられたからだ。

しかし人口は増え続け、合同家族は分散せざるを得なかった。

そこで最初の部族は合同家族に分かれた。部族は大きな現象だった。それから合同家族は、ただ父と母と彼の子供たちだけの単一家族に分断された。

そして現在、その家族を支えることさえできないという状況が来ている。それは高くつきすぎて、不経済で非心理学的だ。

そのためにコミューンがある。そこには多くのものがある――心理的な負担となる結婚からの自由、親としての責任からの自由、子供の迷惑な行為からの自由、両親の尊大で独占的な態度からの、子供のための自由がある。子供はコミューンに属するからだ。そしてコミューンは、固定した単位に切り離さずに流動的な現象になるので、より生きていて、より楽しいだろう。人々は、行き詰まった時はいつでも別れることができる。結婚するか離婚するかを、誰にも求める必要はない。現在、責任はコミューンにあるので、彼らが要求しなければならない唯一のことは、子供についてだ。

コミューンが許可しない限り、彼らは子供を生むことはできない。

それは人口を減らすための、全世界にとって大きな助けになるだろう。その人口を減らすだけではなく、必要な子供だけをもたらすための――。不必要で平凡で、愚かな者は負担になる。社会のすべての意識を高めることができる。

遅かれ早かれ、子供たちは母親の胎内の外で産まれようとしている。それは大変な消耗だからだ――

九ヶ月間、女性はどんなことも絶対にすることができない。だからすべての歴史の中で、たとえ地球上の半分の人々が女性であっても、彼女たちは何も生産できなかった。彼女たちは何も創造できなかった。彼女たちは、自分たちの側からは天才であることができなかった。そして男に依存しなければならなかったので、男の奴隷にならざるを得なかった。

子供たちは、はるかに完全に科学的な実験室で産まれることが可能だ。彼らは欠陥が少なく、より健康だろう。私たちは、私たちが望むものは何でも彼らに与えることができる。どんな種類の肌の色も、どんな種類の毛髪も、どれほどの寿命も、どんな種類の健康も、どんな種類のマインドもだ。すべてが今、人の手の中にある。

だから子供たちはコミューンの責任であるべきで、コミューンは科学的な実験室を用いて、その世話をするだろう。

それが奇妙に見えるのは、それが新しいからに過ぎない。

あらゆる新しいものは奇妙に見える。

ロンドンの駅から最初の電車が発車した時、わずか八マイル走るだけだが、無料であっても誰ひとり坐る覚悟がなかった。ランチも無料で提供された。すべての教会が、神は決して列車を作らなかった、これは悪魔の発明だと、何ヶ月も説教していたからだ。彼らは人々に話していた。

「あなたはそこに坐ることができる。それは発車できる。しかし、それが停止するというどんな保証があるのだ？」

それはこれまで発車してこなかったため、当然、それ以前に停止したことはない。

「いったんその中に入ったら、あなたは永遠に去ってしまう。それは停止しようとしない。それは悪魔のトリックだ」

唯一、非常に勇敢な人々だけ――無神論者、不可知論者、科学者たちだけが、そこに坐るために来た。そしてリスクを負っていたので、彼らもまた非常に神経質に感じていた。彼らの家族がそれをしないように彼らを説得していたのも、もし列車が停止しないなら、彼らに何が起こるかわからないという理由からだった。

しかし列車は出発し、それは停止し、そして戻ってきた。今や誰も列車について気にしない。誰もそれが、神によって創られたのかどうかを気にしない。

何世紀もの間、人間は「これは私の子供だ」と非常に誇りに思ってきた。彼が馬鹿であるかどうかは問題ではない。彼は自分が子供を誕生させたことを、誇りに思っている。

来るべき世界では、自分の子供に最高の精子と最高の卵子を与えたことを男は誇りに思い、女は誇りに思うだろう。卵子も女のものではなく、精子も男のものではないが、「私たちは自分の子供のために最高の精子と最高の卵子を与えた」という新たな誇りがある。

まさに現在では、それは馬鹿げているように見える。「どういう意味で彼はあなたの子供なのだ?」だが、より科学的かつ合理的な方法でそれを見ると、あなたの精子に何か特別なものがあることや、あなたの卵子に何か特別なものがあることは問題ではない。子供を誕生させる時、あなたは最高の卵子と最高の精子を見つけるべきだ。これは単純な算術計算であるべきだ。あなたが天才を自分の子供として持つことができる時に、なぜ群衆の一人を産むのだろう?

人類は、進化し続けなければならない。

これらはすべて繋がっている。まさに部族から家族が生まれたように、家族からコミューンへ、最終的にコミューンから宇宙的ジプシーに至るだろう。

宇宙全体が自分のものであるのに、なぜ一つの場所に制限されたままでいるのだろうか。あなたが時々は山に、時々は海に、時々は地上にいられる時に、なぜ制限されたままでいるのだろう？なぜ閉じたままでいるのか。なぜ可能なすべてのものを、自分自身が利用できるようにさせないのだろう。そして明日か明後日には、惑星が利用できるようになるだろう。いつか星が利用できるようになるだろう。それが起こる前に、人間は宇宙的ジプシーにならなければならない。ただその時だけ、人々は月に行くこと、火星に行くことを利用できる。

誰も自分の村から出ない時代があった。

インドで私は、自分たちの村から出たことがない人々を見てきた。電車を見たことがない人々、その村で生まれ、その村で死ぬ人々を――。その村が彼らの全世界だ。それはあまり豊かではあり得ない。非常に貧しくあらざるを得ない。

それから人々は移動し始め、新しい大陸を、新しい国を見つけた。ちょうど三百年前、コロンブスがアメリカを発見した。

星はそれほど遠くない。人間はまさに、生きる意味とはより豊かになること、ますます多く経験することだという考えに、思考の構造を変えなければならない。

そして確かにそこには、生が人類のレベルまで、あるいはおそらく更にその先まで、進化してきた惑星が存在する。彼らと接することは、人類にも革命をもたらすだろう。

私たちは全宇宙に兄弟姉妹を持っているが、私たちは彼らに気づかない。彼らは異なった風土の中で、異なった雰囲気の中で、生きるための様々な技能を学んできたに違いない。そこから多くのものを学ぶことができる。

人間はこの学びで成熟することができる。

もしアルバート・アインシュタインが正しいなら——そして九分通り彼は正しい——もし私たちが光と同じ速度の乗り物を見つけることができれば、人間は年を取らない、ということが正しいなら……。彼は三十歳の時にこの惑星を去って、五十年後か六十年後に戻ってくる。そして彼の友人たちはみんな死んでしまったか、ほとんど死の床にあるかのどちらかだろうが、彼はまだ三十歳だ。その速度で老化は止った。

そしてアルバート・アインシュタインのような人が仮説を与える時、それを拒否することは全くできない。それは最初の頃に拒否されていた彼の他のすべての仮説が、やがては受け入れざるを得ないようになったからだ。それは時間を要したが、受け入れなければならなかった。

そして私が、人間は宇宙的ジプシーになれると言う時、彼はほとんど不死になれる。

彼は年老いる必要はない。それから彼の体験、彼の知識……あらゆるものが成長し続け、彼は相変わらず若いままだ。

今日、それは不可能に思えるかもしれないが、本当に不可能なものは何もない。

いくつかの方法が見つけられるし、見つかるだろう。

いったん考えが具体化したら、現実になる前は、それは時間の問題だけだからだ。

愛するOSHO、私たちは全員、過去世で取り逃してきました。もしそうでなければ、私たちは永遠の全体の中に溶けてしまう代わりにあなたの足元に坐る、という素晴らしい経験を持てなかったでしょう。

別の夜あなたは、私の絶え間ない憧憬は、私が自分の過去世から種を運んでいることの証明だと言いました。そして私はこの生を取り逃すべきではなく、私が次の生でマスターがいなくても働きかけられるように、種を発芽させ、意識的に死ぬべきだと言いました。

あなたは既に、マニーシャとミラレパを消えることから除外してきました。

私もまた、再び回り道すると運命づけられているのでしょうか？

プレムダ、それはすべてあなた次第だ。もしあなたがもう一つの回り道をしたいなら、それは非常に簡単だ。あなたはすでに多くの回り道を……何百万回もしてきた。それは、最初から私たちはここで、あちらこちらをぐるぐると回ってきたからだ。だが、充分に回ってきたことにあなたが満足して、止める時が今であるなら、それも難しくはない。自然は非常に単純で、それはあなたに完全な自由を与える。

あなたはまさに、決定しなければならない。回ることを止めるために、あなたは多くのものを落とさなければならないだろう――あなたの欲望、あなたの野心、願望、貧欲、エゴを。洗濯物のリストは長い。だがもしも、洗濯せずに落とすことができるなら、あなたはどんな瞬間にでも、生と死の車輪を止めることができる。

今それは充分だ。あなたは止めるべきだ、という認識をあなたにもたらすために、これらすべての回り道を通過することは必要だった。そこには止めることで始まる別の世界が――欲望も熱情もなく、愛や喜びに満ちた、あらゆる意味でまさに完全な別の宇宙があるからだ。何もそれ以上のものはあり得ない。

だから、止めることであなたは何も失っていない。ただうんざりする回転木馬を止めているだけだ。人々はそれをメリー・ゴーランドと呼ぶ。彼らがなぜそれをメリー・ゴーランドと呼ぶのか、私はいつも困惑してきた。誰もそのようには見えない……だから私独自の言葉、「ソリー・ゴーランド」(うんざりする回転木馬)を作った。

もしあなたが、そのすべての苦しみと苦悩を見るなら、そのまさに見ることがそれを止め、ほんの少しの指示だけが与えられる全く新しい世界が始まる。それらの指示は、完全な描写ではない。それらは単なる指す矢だ。それは無限で永遠であり、どんな悲しみもどんな心の痛みも知らない。

あらゆるものがただ一つのことに、あなたの決断に左右される。

そして私のすべての努力は、あなたのソリー・ゴーランドをどうにかして止めることだが、あなたはもう一回だけ欲しいと主張する。まるであなたは同じ行為《トリップ》を何百万回もしてこなかったかのように、もう一回だけと——。

あなたの生を、あるがままに理解しようとしてごらん。そこにはどんな問題もない。止めることは自発的にやって来る。

マニーシャも止めるだろう。彼女はただ、編集の仕事を終わらせなければならない。彼女が面倒な事に巻き込まれてきたのは、私が話を止めない限り、彼女は編集を終えられないからだ。そして私は止めるつもりはない！　だが私が彼女に与えた仕事は、止めるべきどんなものよりも彼女を助けるだろう。彼女は仕事を終えなければならないので、止めないかもしれない。それは何百万人もの人々を止めさせるのに役立つが、彼女が絶えず出会わなければならない言葉は、他の何よりも多く彼女に浸透するに違いない。

だから、マニーシャに嫉妬を感じることはない。

ミラレパは、既に止めることの瀬戸際にいる。チェタナは既に、彼は幽霊だと思っている！　ただ一つのことは誤りだ。幽霊は、ギターを弾くことを決して知らない。

あらゆることが、この宇宙の中で可能だ。だから私たちはどんな瞬間にでも、彼のギターを取ることができ、彼は消えることができる。だが私が話している間は、彼はギターで演奏する必要がある。

しかし、あなた方はみんな消えようとしている。この方法か、またはあの方法でだ。

だからついでだが、ミラレパ、できるだけしっかりとギターを掴んでいなさい。

何が起ころうとも、それを置き忘れてはいけないよ。チェタナがギターを取ろうとするかもしれない。「だめだ」と彼女に言いなさい。「これは唯一のものだ。俺はハンドルを掴んでいるんだ。でなければ、それは止まろうとしている」

しかし、ギターはどんな瞬間にでも落とすことができる。そこには何の問題もない。あるいはあなたは、まだ少しの回り道を持ちたい他の誰かに、それを渡すことができる。

生を遊びに満ちて受け取りなさい。生を止めることも、遊びに満ちて受け取りなさい。深刻に受け取るべきものは何もない。そしてひとたび、人々があらゆるものを遊びに満ちて受け取ることを学ぶなら、何も彼を妨げようとしない。彼は宇宙の中に、神聖な状態の中に消えようとしている。

第45章

私は唯一の挑戦者だ

I am the Only Challenge

愛するＯＳＨＯ、カルト、教派、そして「新興宗教」は、教会と社会への挑戦として見られるべきである、とローマ法王が提言したという声明を、バチカンがちょうど出したところです。

その声明では、カルトのメンバーたちの洗脳を解く《デプログラミング》ことは、誤り導くものだと言っています。バチカンは七十五ヶ国のカトリックの権威者たちと相談した後に、声明を発表しました。

あなたは何かコメントをされましたか？

キリスト教はとっくに死にかけているので、何とか存続させるために、あらゆる努力がされつつある。どんな努力も成功しそうにないのは、すべてのキリスト教の態度、宗教とその哲学が時代遅れであるため、知性的な人々への信仰の勧誘が、もはや不可能だという単純な理由のためだ。

まさに、イギリスで教会に出席する人は五パーセントに落ちている。国民の九十五％は、もはや教会に行こうとしない。世界中の状況が同様だ。

おそらく、心理学と心理学的なスクールでの新しい傾向が役立つかもしれないと考えて、キリスト教はできるだけ多くの心理学の吸収を二十年間試みた。それにキリスト教色を加えてきた。最近の努力は洗脳を解く《デプログラミング》ことだった。

これが絶望的な努力だったのは、若い人たちが新しい運動や新興宗教に参加していたからだ。親が自分の子供を誘拐し、洗脳を解くために精神病治療の家に強制入居させることは、歴史上で初めてのことだ。

洗脳を解くことは可能で、非常に簡単だ。彼らが非常に幸運だったのは、羊の檻から更に遠くへ離れてしまった羊を、檻に戻すことに成功していたからだった。

しかし、新たな問題が生じた。それは――洗脳を解かれた人々、彼らにとって宗教とは、単なる洗脳の問題だけになったことだ。それは信仰という価値を失った。再び洗脳を解くことはできる。すると彼はヒンドゥー教徒になる。再び彼の洗脳を解くと、彼は共産主義者になる。こうして洗脳と洗脳を解くことは、心理的なゲームになった。それは、いわゆる宗教の真摯さを破壊した。それは内的な実現のものではなく、ただマインドを条件付けするという問題だった。

洗脳を解かれた人々は、新しい運動から去って行ったが、彼らは決してキリスト教にはくつろげなかった。今彼らは、それについてのすべてを知っている。それは単純な洗脳だ。もし他の誰かが彼らを誘拐し、ある精神科医に治療費を支払ったなら、彼は彼らをどんな宗教にも、どんな哲学にも、どんな教義にも洗脳できる。

だからそれは、単純なマインドのゲームだ。スピリチュアリティと宗教のすべての話は、全くナンセンスになる。


しかし、ポーランド系のローマ法王のような人々は、自分自身に関して何の理解もない。

まさに初めに見てこれたものは、単純な事実だった。それは、もしあなたが特定の策略によって人の考えを変えることができるなら、同じ戦略は、あなたが彼のマインドに注いでいる考えを変えるためにも使うことができる、ということだ。

共産主義国ではほぼ半世紀の間、洗脳を解いてきている。

朝鮮戦争では、共産主義者に捕えられたアメリカの兵士は、みな洗脳を解かれた。彼らは帰って来た

――戦争は終わったが、自分たちの社会に再び適合できなかった。そしてあなたは、戦争の後十年以内に、何千人もの退役軍人――韓国から来た兵士たちが、彼らは忘れられた存在だったという単純な理由で、アメリカで自殺したことを知って驚くだろう。共産主義者は共産主義のために、激しく彼らを洗脳した。それは数日間の問題ではなかった。何年間も彼らは、共産主義者の手にあった。

彼らはすべてのキリスト教、すべての民主主義、すべての資本主義を一掃した――「これらはすべてナンセンスであり、本当のものは共産主義で、労働者階級の独裁政権である」――そして彼らが帰ってきた時、当然彼らはアメリカ社会に適合できなかった。そして誰も彼らについて、彼らのマインドに何が為されたのかについて、気にかけなかった。アメリカで生きることが、彼らにとって非常に難しかったのは、彼らが自分たちの周りに見ていたあらゆるものが間違っていたからだ。今、彼らは条件付けられたマインドを持ち帰って来た。誰もそれに気づかなかった。

それは、唯一の逃れる方法が自殺であったほどの、ひどい苦しみだった。政治的または宗教的な、どんなアメリカの指導者も、それについて話をする気にさえならなかった。

「これらの人々が自殺している理由は何なのだ？　彼らは家に帰っているので、幸せなはずだ」

今、ローマ法王は、七十二カ国の権威者たちと相談している。その提言は彼自身の洞察ではない。それは彼自身の理解ではない。それは最初に洗脳を解くことを提案した、これらの権威者たちのものだ。今その結果を見てごらん……。それは役に立たない。それはただ単に、人のマインドに混乱を作るだけだ。彼の一部は、自分自身の選択で加わった新しい運動と共にまだ残っている。そして一部は彼に強制されたものであり、彼はその人を許せない。その人は彼に暴力的だった。

洗脳を解かれたほとんどの人々は、再びその運動に加わる。そして洗脳を解くことは、二度はできない。なぜなら、前に自分が受けたすべてのトリックを知っているからだ。

キリスト教を離れて新しい運動に動いている人々は、非常に簡単に引き戻せると提言してきたのは、その同じ権威者たちだ。今権威者たちは、彼らをそう簡単に引き戻せないことがわかる。たとえ彼らを強制的に引き戻しても、彼らは決して同じ人物ではない。彼らのマインドは混合したものになる。そして彼らは、自分たちが誘拐されてきたことを、強制されてきたことを知っている。彼らは親を許せない。洗脳した人を許せないし、教会を許せないし宗教を許せない。なぜなら暴力が彼らに為されてきたからだ。彼らの基本的人権が侵害されてきた。彼らはある運動に加わらなければならないか、それともこの混乱した状態のままでいるか、のどちらかだ。

そしてキリスト教が引き起こした重大な脅威は、それ自身に対するものだった。新しい運動に動いて行かなかった人々、条件付けされなかった人々は、それがただの洗脳のゲームにすぎないことに、気づくようになった。人は、どんな種類のものにも洗脳され得る。それはただ彼のマインド――コンピュータに特定の考えを入れることであり、これは可能であるということに基づいた方法と技法がある。

それは、宗教そのものの奥深さを取り去ってきた。だからローマ法王は、誰も洗脳を解かれるべきではないという命令を出したのだ。

これはまさに、最初から理解できたことだ。心理学のＡＢＣを理解している人は、誰でもそれに気づくことができた。

さて、新興宗教は挑戦として受け入れられるべきである、と言うことは……。キリスト教は、人類に提供するための何を得てきたのだろうか？　もしそれが何かを持っていたなら、これらの人々はあらゆる種類の表面的なものの中には、時には愚かなものの中にさえも、動いて行かなかっただろう。しかしそれでも彼らは、キリスト教のつまらなさや、退屈な教義や、あなたのハートが決してイエスとは言わなくてもイエスと言うように強制する非論理的な概念より、それらに心を躍らせている。

それはただ、彼らがしてきた洗脳を解くことに関する二十年間の馬鹿げた行為を、包み隠すだけだ。何かを彼らに対して言わなければならない。

「今、あなたは何をするつもりなのだ？　もし洗脳を解くことでないのなら、何か別のことなのか？それを挑戦として受け取りなさい」

しかし彼らは、それを挑戦として受け入れるために生き延びるだろうか？　彼らにはそれを挑戦として受け入れるためのどんな正当性があるのだろう？　彼らの基本的なものに関するすべては、彼らが提供できるすべては、「それを信じなさい」だ。しかし新しい人類は、証拠や証明、合理性や科学的なアプローチを欲している。

もし、科学的なアプローチを用意できるなら挑戦は可能だが、科学的なアプローチの中で、彼らは面倒なことになるだろう。

その時、処女懐胎は証明が難しくなる。復活は証明が難しくなる。水の上を歩く男は、その証明が難しくなる。これらの物事は、ただ信仰上のものとして受け取れるだけだ。もし彼らが挑戦したいと思い、挑戦を受け入れるなら、彼らは信仰の言語ではなく科学の言語、理性の言語を学ぶ必要がある。

そして私には、キリスト教が何かを提供できる可能性は何も見えない。それは死ぬ運命にある。死ぬのがすぐであればあるほど、良い。なぜなら何百万人もの人々を、自分自身で考え、自分自身で探究するために解放するからだ。それは偉大な革命を、キリスト教の死を引き起こすだろう。それは世界で最大の宗教であり、単なるキリスト教の死ではないからだ。それは他の宗教の死の始まりでもある。大きな兄弟が死ぬ時、他の人たちは従おうとする。

インドで誰かが死ぬと、彼の長男は不要な苦しみを体験する。彼の頭は剃られる。彼のあご髭や口髭など、すべてが剃られる。私はその理由が何なのかを、ヒンドゥー教の学者に尋ねてきた。彼らは言った。「私たちは知らないが、これは何世紀にも渡って起こってきた。長男は、自分のすべての髪を剃らなければならない」

私がシャンカラチャリヤと話していて彼に尋ねると、彼は言った。

「私は知らないが、何かがあるに違いない。あなたはどう思うか？」

私は言った。「私の考えは、この頭を剃ることは長男に対しての、今それは彼の転換の時だ、という合図だ。『準備をしなさい！　あなたのお父さんは死んでいる。今、あなたは列の先頭にいる。次はあなたの名前が呼ばれようとしている。これは始まりだ！』」

彼は「どこからその考えを得たのだ？」と言った。

私は「どこからでもない」と言った。

「これは単純なことだ……。あなたはそれを見ることができる。父が死ぬ瞬間、すべての責任は長男に来ることを。彼は家族の頭になる。そして確かに、次に従うのは彼だ。彼の頭を剃るというこの策略を考案した者は誰でも、今この者はどんな瞬間にも不意に死のうとしている、ということを町全体に知らせるための重大な仕事をしていたのだ。この者にとっても、彼が準備を始めるべきであることは明らかになった。それはただ時間の問題にすぎない。彼は列内の一番目の場所に来たのだ」

キリスト教の死は、私にとって非常に意味深い。

カトリック教徒の数は七億五千万人だ。人類の半数がキリスト教徒だ。それは途方もない自由になる。

ローマ法王は、挑戦を受け入れるために彼の信奉者を求めているが、彼は自身が挑戦を受け入れられないほどの臆病者だ。

どんな挑戦でも受け入れられるキリスト教の司教や枢機卿には、これまで一人も出会わなかった。彼らの基本的な哲学は、信仰や同意、信じることに基づいている、という単純な理由からだ。そして挑戦している人は、信仰としてそれを受け入れるつもりはない。証拠を与えなければならない。証明を与えなければならない。神を立証する見解を提供しなければならない。

彼らには議論さえない。キリスト教徒が与えてきた議論はみな子供っぽく、知恵遅れだ。誰でも、大した努力もなしにそれらを破壊できる。

しかし七十二カ国の権威者たちが、洗脳を解くことは止めるべきだと話しているのには、途方もない意味がある。それは今まで常に成功してきた方法では、もはや人を強制できないという意味だ。時代は変わり、人間は一定の成熟に至った。今、彼は自分の生き方を選択する自由を望んでいる。彼はそれを決めるための、他のどんな人も望んではいない。彼はそれを自分で決めたい。なぜならそれが、自分の個人性を宣言する最初の段階だからだ。

もしローマ法王が、それは挑戦であることを本当に意味したら、彼はイタリアへの入国許可を私に与えるイタリア政府を邪魔すべきではない。イタリアの六十五人の著名人や、別の次元で貢献してきた国際的に知られている人々は抗議してきた。「なぜ彼は入国を許可されていないのだ?」と。政府はノーとは言わなかった。そして私が入国ビザ――ただそこで観光するためだけの――を申請してから、今、ほとんど六ヶ月経った。

私にはイタリアに私の人々がいる。彼らはそこで私たちのサニヤシンたちに言い続けている。「そう、私たちはそれを与えるつもりだ。それは実現する」

六ヶ月間毎日、彼らは「それは明日だ」と言う。

しかし、ローマ法王は政府に厳しい。

もし彼が本当に挑戦と本気で考えているなら、バチカン自身からそれを私たちに始めさせることだ。

私は挑戦を受け入れる。そして私は、公の議論のための準備ができている――開かれた議論のため、あらゆるキリスト教の教義上の議論のため、それは絶対に無意味で、ナンセンスで不条理なことを証明するための――。


愛するOSHO、私は最近、アトランティス人からラムサと呼ばれた三万五千年も古い存在に憑り付かれている、と主張するアメリカ人女性についての記事を読みました。

その女性は衛星テレビ、コンサートホール、そして何千ものオーディオテープを経由して、ラムサからの神秘的なメッセージを分け与えます。人々は三万五千年も古い時代から溢れ出るものを聞くための席に、ちょうど偶然にも、現代的自己救済療法の正当な総額に基づいているように見える四百ドル全額を支払います。

私は、存在を信頼すべきだと言うあなたを知っています。でも私は、懐疑的にならずにはいられません。私を助けていただけますか？


アナンドが私に、この女性についてのニュースを持ってきた。アメリカでは、どんな馬鹿げたことも魅力がある。そしてあなたがそれに支払えば支払うほど、それは魅力を持つ。

他の国では、物事がより貴重であれば、より多くを支払う。アメリカでは、それはまさに逆だ。もしより多く支払わなければならないのなら、物事はより以上に貴重になる。

その女性は――私はその時までそれを聞いたことがない――自分がレムリアとアトランティスの失われた大陸からの、三万五千年も古い、古代の存在であると言うだけでなく、彼女はまた自分がヒンドゥー教の神ラーマの生まれ変わりであるとも言う。実際彼女は、ラーマからラムサという名前をでっち上げた。そして彼女が言うことは何であれ、新しいものは何もない。

アナンドが私に持ってきた記事では、彼女は私も批判している。彼女は、彼女の本が出版された瞬間、ＯＳＨＯの本はただ単に市場から消える、誰もそれらを読まないだろう、と言っている。

一つの事が確かだ。それは、彼女はそれらを読んでいるということだ！　そして、おそらく彼女から溢れ出るもののほとんどは、これらの本からのものだ。そうでなければ、数多くの本からなぜ彼女は私の名前を選んだのだろう？　それは単なる偶然ではあり得ない。彼女はそれらの本を読んでいるに違いない。彼女はそれらの本から題材を用いているに違いない。そして今、彼女はそれらの本は正しくないことを証明しなければならない。自分がそれらから盗んだことへの心の中の恐れから――。

私の本から言葉や文章、文節、すべての考えを盗んでいる多くの作家が、世界中にいることは非常に重要だ。私の名前に言及していないのは、そうすれば人々は原書を見ないだろうからだ。しかし、これらは私の本からのものであることを誰かが見つけるかもしれないと恐れているので、彼らはもうひとつのことをしなければならない。彼らはバランスをとるために、何らかの方法で私を非難しなければならない。「この男がＯＳＨＯから盗むわけがない。彼は反対しているのだ」

だから彼らは両方をしている。彼らは非難し、批判し、そして盗む。

私はこの女性を知らないが、一つの事は確かだ。彼女は私の本を読んでいる。彼女はそれらの本から盗んでいる。彼女はそれらの本を恐れている。彼女はそれらの本が、市場から消えてほしいと思っている。そうでなければ、なぜそれに言及するのだろう。私は取るに足らない者だ。なぜ、私を気にするのだろう？

そしてアメリカでは、それは現在、長い間伝統になっている。そこには、アトランティス、レムリア、チベットから来た人々が常にいる。彼らは、普通の文献に書かれてある事を話している。ちょっと図書館に行って見るべきだ。するとあなたは、彼らの語るあらゆる文章が、そこから盗用されているのを見つけるだろう。それはレムリアからのものではない。それは町の公共図書館からのものだ。

しかし人々は読まない。彼らはこのゴミをすべて聞いて、それに支払う。そこには心理的なものがある。もしあなたが、観客席にただ坐るための四百五十ドルを支払うなら、彼女がトランス状態になって話し始める時は……。するとそれだけではない。もしあなたが自宅のテレビで彼女の声に耳を傾け、彼女を見るなら、あなたは二百ドルを支払うに違いない……。

人々が多くのお金を支払う時、彼ら自身が困難に陥っている。もし彼らが、それはすべてナンセンスであると言うなら、支払った彼らは馬鹿だということになる。彼らは家に帰って言わなければならない。「それは全く常識を超えたものだ。四百五十ドルなど何でもない。どんなお金の額も意味をなさない。彼女が言うことは非常に貴重だ」

これがエストでの事情だった。ワーナー・エアハードは人々に二百五十ドルを課していた。そして彼らを侮辱し、トイレに行くことを彼らに許さない。セッションが続けられた一日中、彼らは食べることを許されなかった。そして彼らは、あらゆる方法で屈辱を受けていた。彼らはそれのために二百ドルを支払っていた。彼らは二百ドルを支払っていたので、セッションの途中で離れることができなかった。彼らは全体を見たかった——おそらく最後に何かが見えてくるだろうと——。そして何かが見えてきた。人々の多くは、ホールの中のそこに坐って小便をする！　もしあなたが一日中膀胱を抑制し続けて、もうそれが保てなくなるなら、どうしようもなくそれは出始める。それは人が手放し《レット・ゴー》の味を味わうほどの、大変な慰安だ！　人々がそれを愛したのは、それがある種の体験だったからだ。それはある種の体験だった！

彼らは自分の友人に言う。

「これは奇跡的だ。私はとても安心し、すべての緊張がなくなったのを感じた。私の存在のあらゆる性質がくつろいだのだ」

そして、ただ口コミだけだ。ワーナー・エアハードは全く宣伝していなかった。ただ口コミだけだ。彼はただ単に人々に言う。

「あなたのこの素晴らしい体験を、あなたの友人と分かち合いなさい」

そして誰も外に出て、それはただ単に愚かであり、我々は馬鹿にされ、騙されてきたのだ、とは言いたくなかった。

しかし、そのトリックは意義深いものだった。なぜなら誰も以前に、それをしてこなかったからだ。あなたは一人でそれをできる。たとえそれが難しかろうと。しかしそこには三百人もの人がいて、トイレには鍵が掛けられており、一人の人物が誰にも許可しないために、そこに立っている。去ることはできるが、トイレに行くことはできない。

そこですべての策略は、あなたのマインド、あなたの思考がすべて止まることだ。あなたのすべての重大事は、自分の膀胱の抑制を維持する方法だった。あなたのすべての人生は膀胱にあった。そして当然、それは大変な集中だった。

しかし限界がある。一定の限界の後は、それをどうすることもできない。そしてある人がリラックスした時、初め彼は少し恥ずかしかったが、そのくつろぎは、人々が立ち上がって、「私はそれを、その体験を得た!」と言い始めるほど大きかった。そして他の人たちが続いた。彼らは、他の人たちがそのホールのここでそれをしていて、その体験を得ているのを見た。自分たちは馬鹿のように、それを抑制している……そこで群衆のほとんどがそれを得た! そして彼らは、自分の友人たちにメッセージを広めた。「君は行くべきだ。君は見逃すべきではない」

確かにそれは、そのような緊張した日の後のくつろぎだった。一方では屈辱がある――叫びがあり、あなたを愚かに、知恵遅れに見えるようにさせる。あなたは愚かであることを、知恵遅れであることを、あなたに告白させる。「あなたは感じるが、決して言わないことを正確に言いなさい! 正直でありなさい! 誠実でありなさい!」

そしてすべての時間、あなたは自分の膀胱を抑制している。エストのすべてのトリックは、膀胱に含まれていた。

さて、多くの人が小便をして、その体験を得た。そしてすべての運動はなくなった!

今や誰も二百ドルで小便したいとは思わない!

愛するOSHO、あなたの本の中で、私がこれまで読んだ中で最初の本「カム・フォロー・ミー」を読んで、壁を見つめていたボーディダルマの話に来た時、私はほとんど一時間も、大変な笑いに崩れてしまいました。それに続く夜に、私は言葉の夢という驚くべき夢を見ました。それは私が以前には見たことがないものでした。それは四秒間の夢でした。

老人は若者に「在るか？」と尋ねました。

若者は「はい」と答えました。

老人は「何が？」と尋ねました。

若者は「無です」と答えました。

どうかコメントしてください。


その夢は、本当にあなたが読んだ本の、すべてのメッセージだった。それらの少ない言葉は――それの画像を作るためのどんな方法もないので、それは言葉でやって来た。あなたはどうやって「在る」の画像を、または「無」の画像を作るつもりだろう？　そして「はい」の画像を……？　だからあなたは言葉の夢を人生で初めて見たのだ。あなたが読んでいた本は、これらの言葉に関わっていたからだ。それは「在ること」に関わっていた。

老人は「在るか？」と言った。おそらく彼はマスターだ……。

そして若者は――おそらく弟子だろう――「はい」と言った。

だが老人は「何が？」と尋ねた。彼は若者が「在るか？」を理解したのか、それともただ理論的に「はい」と言ったのかどうかを、確かめたかった。もしその「はい」が、ただの理論的な答えにすぎなかったなら、物事は違っていただろう。だから彼は「何が？」と尋ねている。

そして若者は「無です」と言った。なぜなら、在ることは同時に無であることだからだ。これは両方一緒だ。実際、それは一つのものだ。一つのものの二つの名前にすぎない。

あなたは本当に貴重な夢を見ていた。それは、あなたは在ることを無であることとして感じるようになるべきだ、という私のすべてのメッセージを要約したものだ。そこにはそれ以外に何もない。実現すること、あるいは知ることより以上のものは何もない。あなたはすべてを知った。それは本当に、確かに非常に洞察に満ちた夢だった。現実にあまり近すぎるので、それを夢と呼ぶことはできない。

あなたはその本によって、それがあなたのまさにハートに直接触れたほど、感銘を受けてきたに違いない。

しかしこれは、あなたの全人生にならなければならない。この夢があなたの現実にならねばならない。

愛するＯＳＨＯ、いわゆるクリシュナ意識、ハレ・クリシュナの国際社会の、スピリチュアルなマスターであるシュリヴァッサ・ゴスワミは、最近あなたのことを「非常に低いクラスで、宗教としてものの数に入らない、あからさまな悪党である」と述べました。

あなたはこの聖人に対して、どんな言い分を持っていますか？

私はシュリヴァッサ・ゴスワミを知らない。悪党は聖人について何も知らないのに、聖人が悪党を知っているのは非常に奇妙だ。彼は自分が私を批判していると思っている。彼は間違っている。

私は自分が他人よりも神聖であるとか、他人よりも高次であるとは決して言ったことがない。私は本当に最下位だ。

もしイエスが、ただ彼の声明をほんの少し変えたなら、私は彼に合意できた。彼は、「祝福は最下位の者たちにある。彼らは神の王国を受け継ぐだろうからだ」と言う。

私はそれを批判してきた。もし彼が「祝福が最下位の者たちにあるのは、彼らが神の王国にいるからだ」と言っていたなら、それを批判しなかっただろう。私の批判は、彼が神の王国を未来に置いていて、ここで不幸になっている人々を慰めていることだ。彼の声明は真実よりも慰めだ。

「祝福が最下位の者たちにあるのは、彼らがこのまさに瞬間に、神の王国にいるからだ」

私は誠心誠意、これに同意していただろう。

シュリヴァッサ・ゴスワミは、私が低い部類であると言った。私は自分が低いものの最下位だということを彼に言いたい。

彼は、私は考慮するに価しないと言う。それならなぜ、彼は私を考慮しているのだ？　私は単純に驚いている。これらの人々は、何らかの形で私につきまとっている。私はその時まで、彼の名前を決して聞いたことはなかった。

私は彼のマスター、スワミ・プラブパーダをよく知っている。彼はハレ・クリシュナの運動を作った人だ。彼は最も偉大な馬鹿たちの一人で、馬鹿たちを引き寄せるための、偉大な才能を持っていた。もしあなたが馬鹿たちの集まりを見つけたいなら、ハレ・クリシュナ運動に見つけることができる。

この男は――もし彼が後継者になったなら――彼が他の馬鹿の中で最も偉大な馬鹿である、とマスターに証明されるに違いない。

そして私が彼に言いたいあることとは、馬鹿であることよりも、悪党の方が良いということだ。悪党であるには何かの知性が必要だ。

そして私が、これらの人々は馬鹿の集まりであると言う時、私は理由もなく言うのではない。

彼の名前は、ゴヴァッ・ゴスワミだ。「ゴヴァッ」は牛の息子を意味し、「ゴスワミ」は牛の夫を意味する。今や馬鹿だけがこのような名前を与えることができ、馬鹿だけがその名前を身に付けることができる。そしてこれらの人々は、毎日飲んでいる……彼らは絶対的な狂信者だからだ。ちょうどキリスト教のカルトに原理主義のキリスト教徒や、エホバの証人がいるように、ハレ・クリシュナは同じ部類に属する。

インドのクリシュナの帰依者たちは、天国を他のどれかと同じ名前では呼ばない。ブッダはそれをニルヴァーナ（涅槃）と呼ぶ、ヒンドゥー教徒はそれをモクシャ（解脱）と呼ぶ、ジャイナ教徒はそれをカイヴァリヤと呼ぶ。美しい名前だ。カイヴァリヤは絶対的な独りあることを意味し、モクシャは自由を、ニルヴァーナは無を意味する。しかしクリシュナの信奉者たちは、彼らの天国をゴロク、牛の国と呼ぶ。クリシュナは最も古いカウボーイのようだ。そして彼らは毎日、彼らはパンチャムリット、五つの精髄と呼ぶ特定のものを飲んでいる。それは牛から抽出される五つのもの――牛の尿、牛糞、牛乳、凝乳、バター――で作られている。彼らは毎日、その五つをすべて混ぜて、それを飲む。そしてこれは五つの精髄だ。これら五つの精髄を飲む人は、ゴロクに到達すると確信している。私は、いったいなぜ人がゴロクに行きたいのかわからない。そこで何をするつもりなのだろう？

だから私が、これらの人々は馬鹿であると言う時、私にはそう言う理由があるのだ。ただ馬鹿だけが牛の糞と尿はスピリチュアルな何かであり、それらはあなたの意識を変容するだろうと考えることができる。それらは牛を変容させてこなかった。どうすればそれらは、人間の意識を変容することになるのだろう？　そして要点は何だ？　たとえあなたの意識が変容されてゴロクに到達するとしても、ここの方がましだった。少なくとも、あなたは人間だったのだ。

そして彼が私を悪党と呼ぶ時、私はそれを批判とは思わない。私はその通りだ。それは賞賛だ。

すべての宗教にとって私が悪党に見えるのは、私が容赦なくそれらを破壊しているからだ。誰もそんなに厳しくしなかった。それらは他の宗教と同じ弱点を持っていることを知っても、誰もが他の宗教の弱点については黙っていた。私にはどんな宗教もないので、何の恐怖もない。私はあらゆる人を暴露することができる。彼らは私を批判するための何も持っていない。彼らは私の悪口を言えるだけだ。

別の記事を、アナンドは私に見せた。彼は私をペテン師と呼んできた。この記事では、彼は私を悪党と呼ぶ。しかし一つの事は確かだ。それは彼が、ハレ・クリシュナ運動を作った彼自身の偉大な馬鹿、プラブパーダよりも私に関心があることだ。彼は私についてではなく、プラブパーダについて話すべきだ。

彼らは私について話し、そして私は考慮するに価しないと言う。そして彼らはその矛盾を見ることができない。彼らがどこにいようと、私は彼らにつきまとっていて、彼らの睡眠を妨げていて、彼らの根を断ち切っていること、そして彼らには守るべきものが何もないことを、その同じ声明の中で、そんなに明白には見ることができない。

私はクリシュナを批判してきた。だから彼らは怒っている。プラブパーダは非常に怒っていた。なぜなら私が、彼を愚か者《ドードー》と呼んできたからだ。しかし彼はドードーだった。

彼は必然的にこれらの人々に、性的倒錯をもたらした禁欲主義を教えていた。彼はこれらの人々に物乞いを教えていた。彼はこれらの人々に「ハレ・クリシュナ、ハレ・ラーマ」と、途切れなく繰り返す以外は、何もする必要がないと教えていた。

これは、どんな人の知性をも破壊する確実な方法だ。これらは洗脳の技法だ。

今もし誰かが、これは意識を変容するのに充分だと考えるなら、何をしていようとも、その人は内側で、大声であるいは静かに、「ハレ・クリシュナ、ハレ・ラーマ」と唱え続けたり、「ハレ・クリシュナ、ハレ・ラーマ」と町で踊り続ける。ただこれらの二つの単語だけが、絶え間なく叩き込まれるからだ。すべての微妙な細胞や、マインドのすべてのシステムは台無しになる。それはたった二つの言葉のために作られたのではない。それは使われないだろう。すると使われないそれらの繊細な細胞は死に始める。

そこで、まず馬鹿が引き寄せられる。そしてもし偶然にも、誰かがいくらか少し知性を持っているなら、これらの技法はそれを破壊するだろう。

これらの人々は絶え間なく唱えている。たった一つの言葉、またはたった一つのマントラの繰り返しが、知性を殺すことを知らずに――。

知性は新しい分野で、新しい次元で鋭くする必要がある。それは未知なるものへ移動しなければならない。「ハレ・クリシュナ、ハレ・ラーマ」だと、それはそこで動かなくなる。

プラブパーダが怒ったのは、彼が私のクリシュナへの批判に答えられなかったからだ。もし彼が正直だったなら、これらの人々が正直なら、彼らはシュリ・クリシュナを、これまでで最大の悪党と呼ぶだろう――これこそ牛の夫《ゴスワミ》だ――。彼は一万六千人の女性を、彼の妻として強制的に集めた。彼女たちと結婚せずにだ。彼女たちはみんな結婚していて、子供がいた。彼女たちには夫がいた……しかし彼は、権力的で独裁的だった。彼が好んだ女性は誰でも、すぐに彼の宮殿に連れて来られた。子供たちに何が起こるかなど何も考慮することなく――。一万六千人の女性だ！　他のどんな男も、歴史全体でそれほど醜くはなかった。

そして彼はインドで最大の戦争、偉大なインド人の戦争マハーバーラタの原因だった。彼は、彼の友人であり弟子であるアルジュナに、戦争で戦うことを強制した。それは、私たちが今日に生きているのとほとんど似たような時代、同じ危機的な瞬間だった。戦争が非常に危うくなっていたのは、全世界が二つに分かれていて、その両方の部分が互いに戦い、破壊する準備ができていたからだった。勝者は誰であれ、王国の周辺に、ただ死体に次ぐ死体ばかりを見つけるだろう。アルジュナにはそれがわかっていた。誰でもそれを見ることができた。これは非常に愚かな類の事であることを——なぜなら彼らには、大変な規模で人々を破壊するための、あらゆる科学的な手段があったからだ。

おそらく彼らは、原子力エネルギーを知っていただろう、という疑いが学者の思考《マインド》の中にある。彼らのいくつかの武器は、まるで核兵器のように見える。

そしてアルジュナは言っていた。

「私はヒマラヤに行くべきで、それについてすべて忘れるほうが良い。私の他の兄弟に支配させよう」——それは従兄弟、兄弟間の戦いだった——「私にはその要点が見えないからだ。もしみんなが死ぬなら、黄金の玉座に坐ることさえ恥ずかしい。私は自分が自殺するかもしれないほど、罪悪感を感じる」

だがクリシュナは彼を強制して主張し、合理化して説明し、そして最終的に——宗教が使う最も醜い論法で——彼にこう言った。

「それは神の意志である。もしそれに反するなら、あなたは神に反している。神をもて遊んではいけない。神が戦争を望んでいるのなら、それを起こさせなさい！」

神を論法に持ち込むことは常に狡猾だ。それは他の人に、どんなチャンスも許さないことを意味する。彼は「私はあなたの神を信じない」と言わなければならない……しかし彼もまたあなたのように、神に条件付けされている。もしそれが神の意志であるなら、アルジュナは不本意に戦争を戦ったのだ。そして彼が想像していたことが起こった。何百万人もの人々が死に、それから数年間、病気が全国に広がり、それは土地のまさに脊柱を破壊した。インドは二度と同じ喜びを持ち、見者たちのいる同じ山林大学を持ち、身体やマインドと魂、物質と精神の同じ統合的なビジョンを持つ同じ美しい国になれなかった。再びそれらの美しい日々には、決して戻れなかった。それは貧困に、抑圧に、ありとあらゆる醜いものに堕落し続けていった。それは堕落し続けている。それは今や五千年になる。それはまだ、この男クリシュナに苦しめられている。

そして彼の名を唱えると、ゴロクに到達する？

これらが、ローマ法王が挑戦だと考えているカルトだ。

私は唯一の挑戦者だ。これらのカルトは挑戦ではない。これらのカルトは、どんな挑戦をするつもりだろうか？　彼らはローマ法王のキリスト教と同じくらい、馬鹿だからだ。

どんな新しい運動があるのだろう？　彼らはみんな狂信的で、愚かだ。誰でも彼らの愚かさがわかる。彼らは挑戦者ではない。

しかしローマ法王は、直接私の名前を言及さえできないような臆病者だ。私は唯一の挑戦者だ。なぜなら私は、彼らが同じ種類の信仰をもって同じ船に乗っているので、すべてのこれらの運動には、挑戦するための何もないことがわかるからだ。それは、もしそれがキリストでなければクリシュナ、クリシュナでなければラーマというものだが、その基本は腐っている。その哲学はただのゴミだ。

第46章

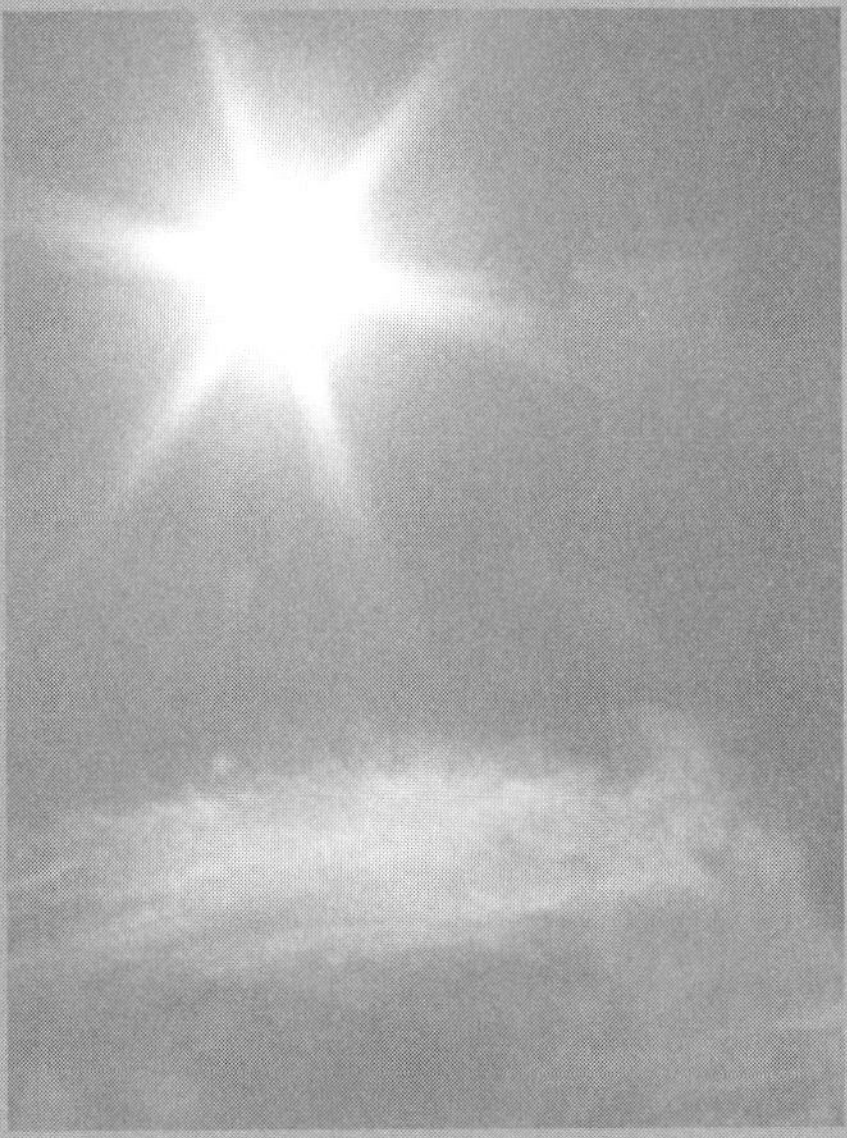

エネルギーは、より
暖かい時に良く動く

Energy Moves Better when it is Warmer

愛するOSHO、あなたはかつて私たちがサニヤスを取る時、それは早すぎるか、それとも遅すぎるかのどちらかだ、というようなことを話しました。

私はあなたがこのことで何を意味しているのか、しばしば不思議に思っていました。

どうかコメントをいただけますか?


人間はとても無意識なので、自分が何をしているのか、何のためにそれをしているのか、それをするのに正しい時はいつなのかを知らない。だからおそらく、ある人は早すぎてサニヤスを取る。それは全く偶発的だ。彼は、サニヤシンのグループの影響を受けたり、ある本を読んだり、または私の世界について聞いたりして、自分に準備ができていると感じる。

少数の人々は、遅すぎてサニヤスを取る。それも偶発的だ。彼らがサニヤシンや私のメッセージにもっと早く出会わなかったことは、全くの偶然だ。

人は意識していないという単純な理由から、彼の人生で正しい瞬間に正確にサニヤスを取ることは非常に稀で、それは偶然の一致だ。

正しい瞬間は、やって来ては過ぎ去る。そして彼は自分の夢、野心、欲望に夢中になる。

しかし私の言うことは、単なる事実の説明に過ぎない。

あなたに関する限り、それは問題ない。

あなたがサニヤスを取る時はいつでも、それが正しい瞬間だ、と私はあなたに言いたい。あなたの無意識に関する限り、あなたはどうすることもできない。あなたはそれについて何もできないのだから、早まることや遅れることへの責任を負わなくてもいい。そして正しい瞬間にそれを取る人たちでさえ、それもまた偶然の一致だ。

そう、その三パターンの人たちは、みんな偶発的にサニヤスを取っている。だから基本的にそこには何の違いもない。

そして真実は、正しい瞬間、ではない。真実は、あなたの正しい決意、あなたの正しい決定性、あなたの正しい実行だ。

私の語る事は、矛盾しているように見えるかもしれない。そうではない。その状況が異なっているに過ぎない。

インドに偉大な――並外れて、独特な賢人エクナスがいた。彼はシヴァのために造られた寺院でよく眠った。王は彼を訪れに行った。王は彼自身のマスターによって彼の所に行かされた。なぜなら彼はあまりにも議論好きで、あまりにも合理的で、あまりにもマインドの中にいて、マスターはうんざりしていたからだ。そこでついに彼は言った。

「もし何かがこの人生であなたに起こるのであれば、それはただ、エクナスを通してのみ起こり得る。エクナスの所に行くがいい」

王は好奇心から同意したが、疑念が湧いた。

「私自身のマスターが、私を信念のある真理の探求者にさせられないのなら、この男エクナスは何者なのだ？　私は彼について聞いたことがない。彼は私に何をするつもりなのだろう？」

しかし、そうする価値はあった。彼は早朝に行った。それは九時だったに違いない。ヒンドゥー教のバラモンは午前五時か、またはそれより早い時間に目を覚ますが、それよりも遅くなることはない。そして聖人や神聖な者は、午前三時頃に起きる。

エクナスは九時でもぐっすりと眠っていた。王はショックを受けた。彼はどんな種類の聖人なのだ？そしてこれがすべてではなかった。彼は近づいた時に言った。

「何てことだ、これは聖人か？　それとも悪魔なのか？」

なぜなら彼はシヴァの像をただの足置きとして、自分の足を置いていたからだ。彼は言った。

「こんな男のところに私を遣した私のマスターは、狂っていたに違いない。たとえ私が神の存在を確信していなくても、私は自分の足で、神の像に触れることさえできない。私は恐ろしい……誰にわかるだろう？　結局のところ、神は存在するかもしれない。なぜいらぬ面倒事を自分に起こさねばならない？だがこの男は無視できない！」

そしてエクナスが目を覚した時、王は言った。「私は私のマスターに遣された者だ」

エクナスは笑い、そして言った。

「私が生きている間は、マスターである者は他に誰もいない」。これは王にとって非常に侮辱的だった。彼は言った。「あなたは正気でない人のようだ。そもそもあなたは九時まで眠っている、寺院で、シヴァの像に足を休ませて。そして今あなたは、あなたが生きている間は、他の誰もマスターではあり得ないと言う……」

彼は言った。

「そうだ。それをあなたのマスターに言ってくれ。でなければ、なぜ彼は私のところにあなたを遣したのだ？　彼らは全くマスターのふりをしている無能な教師だ。そして私の眠りが九時までであることと、シヴァの像の上に置いている私の足に関する限り、一つのことを覚えていなさい。私が自分の足を置く所はどこでも、そこには神がいる。では、それの何が問題なのだ？　神はどこにでもいる。ではなぜ安楽な場所を見つけないのだ？　そして私が九時で目を覚ますのは……覚えておきなさい。聖者は日の出前に目を覚ますと言う人々は誰でも、全く平凡なマインドを持っている。私はあなたに、聖者が起きる時はいつでも、それが日の出だと言おう」

奇妙な声明だが、非常に真実だ。深い真実で、強烈な真実だ。聖者が起きる時はいつでも、それが日の出だ。彼の目覚めは、いわゆる毎日普通の太陽が昇ること――機械的な現象よりも、はるかに重要だ。私の目覚めは機械的な現象ではない。そして私は自由な人間だ。私は自分がそうしたい時に目を覚ます。私は自分がそうしたい時に眠りにつく。私は自分の意識に、自分の気づきに応じて行動する。私はどんな規律にも従わない。自分の人生に、どんな規則もない。私の人生が私の唯一の規律だ。だから私は、あなたがサニヤシンになる時はいつでも、それは正しい瞬間だとあなたに言うのだ。

だから、少数の人々はより早くサニヤスを取りに来る、少数の人々はより遅く来る、非常に少数の人々は正しい時に来る、と述べることを気にすることはない。

覚えておきなさい、あなたがサニヤシンになる時はいつでも、あなたがその時を正しい時間にするのだ。だからあなたは、何かを取り逃したと感じることはない。

サニヤシンは、人生で決して何も取り逃がすことはない。ひとたびサニヤシンであるなら、彼は取り逃がすことを忘れる。彼はただ単にそれ以上の次元を、より多くの豊かさを獲得し続ける――あらゆる類の豊かさ、より多くの気づき、より多くの愛、より多くの慈悲、より多くの美しさ、多くの優雅さを――。時間軸など、誰が気にかけるだろうか？　カレンダーを見てそれからサニヤスを取ることを、誰が心配するだろうか？

それはそもそも不可能だ。だから繰り返させてほしい。あなたがサニヤスを取る時はいつでも、それが日の出だ。

インドにはこんな諺がある。自分の家への道を失った人、道に迷った人が、たとえ夕方までに帰って来なくても、彼は道を失ったと呼ばれるべきではない、というものだ。その諺を作り出した人は誰であれ、偉大な知恵のある人だったに違いない。本当の要点は、彼が道に迷ったことではない。本当の要点は、彼が帰って来たということにある。道に迷うことは普通であり、ある意味で、帰って来るために必要不可欠なものだ。帰り道を忘れることは､家を見つけるために絶対に必要だ。だからたとえあなたが、人生の夕方にサニヤスを取りに来ても、何も取り逃していない。あなたは家に帰って来た。

愛するOSHO、私たちが過去の講話で、自分の席で歌ったり踊ったりしてきてから、私はとてもより簡単に、より深く観照しているのがわかってきました。観照しないことがほとんど困難なのは、あらゆるものがとても明るくて、はっきりしているからです。ヴィパッサナをする僧たちが、一緒に踊るマスターを持たずに、どうやってそれを維持していられるのかが、私には不思議です。どうかコメントをいただけますか?

ヴィパッサナの伝統的な技法は非常に冷たく、鈍くて死んだ方法だ。それは冷たいので、目覚めるためにはより長い時間が、おそらく数回の生がかかる。

しかし、世界のすべての宗教が彼らの聖者、彼らの探求者、探究者の冷たさを賞賛してきたため、彼らは進歩をすべて遅らせ、意識の進化を遅らせてきた。

エネルギーは、より暖かい時に良く動く。

これが私の寄与の一つで、それはすべての宗教――冷たい宗教から非難されるだろう。私はあなたに暖かく、愛し、歌い、踊る、音楽の宗教を教える。これらはすべてあなたを油断なく、充分目覚めさせるのに途方もなく役立つ。

洞窟に――独りで山の中の暗い洞窟に坐っている人々は、ヴィパッサナの名の下に居眠りしてきた。彼らは居眠りできる。それは彼らの人生だ。私はいずれにせよ、干渉するつもりはない。彼らはそれを選択してきた。彼らは光明に向けて、彼らのやり方で居眠りをする。どれほど長くかかっても――。

しかし、そこに音楽があって、あなたの身体全体が震えている時、そこに歌がある時、たとえあなたが坐っていても、微妙な感覚であなたの中にダンスがある。あなたは無意識のままではいられない。より注意深くならなければならない。

私はヴィパッサナが、より暖かい道であってほしい。その時、それは非常に近道になる。私はあなた方に歌い、踊り、そして楽器で演奏してもらいたい。それは日常的な世界から、日々の世界からあなた方を連れ去るだろう。私はあなた方に愛してほしい。あなた方に笑ってほしい。

社会はあらゆるものを抑圧してきた。あなたが笑う時でも、それが本気でないのは、それは紳士的ではないと考えられるからだ。心の底から笑うことは、少し無作法に見える。だが、もしあなたが全面的に笑うなら、笑いはあなたの腹から、ちょうど臍の下の、臍下二インチのところからやって来る。それがあなたの生の源泉であり、あなたの生のセンターがあるところだ。

あなたはギータを通して笑いを学ぶべきだ。彼女は日本人で、腹から笑う方法を知っている。その時、それは寺院で鳴る鐘のようなものだ。私を笑わせるのはただギータだけだ。そうでなければ、私はどういうわけか深刻になってしまう。

あなたがどんなものにもトータルである時はいつでも、より多くの注意深さ、より多くの油断のなさを感じ、より以上の目覚め、より多くの新鮮さを感じ、より以上に生きていると感じるだろう。

私は生にすべて賛成だ。いわゆる宗教はすべて生に反対している。それらは生に反している。当然それらは、死体と同じくらい冷たくなるに違いない。

私は私のサニヤシンに、小さなことでも、彼らの全存在をそれに焦点を合わせて、全面的で多次元的に生きてほしい。そしてあなたが様々な方法で——だが常にトータルに——瞬間から瞬間へと生き始められるなら、ヴィパッサナは、あなたの想像よりもっと簡単に起こるだろう。あなたは努力もなしに、ひとりでに、とても簡単に起こるものを見たことがないからだ。あなたは静かに坐って目覚めたままでいるように、自分自身に強いることはできる。私はその類のヴィパッサナは教えていない。私はあなたがトータルに生きる副産物として、影のようにあなたに従うヴィパッサナを教える。

愛するＯＳＨＯ、イエス・キリストが荒野で過ごした四十日と四十夜に、彼は瞑想したのですか？彼が瞑想を知っていたとしても、彼は決してそれに言及しません。全く彼は、そこから何に至ったのでしょうか？

彼は瞑想しなかった。もし彼が瞑想をしてこれたら、世界の物事の形は変わっていたかもしれない。彼がその四十日と四十夜でしたことは祈りだった。彼が知っている神への祈りだ。神が存在しているかどうかは誰も知らない。

何百万人もの人々が祈ってきたが、空は全く無関心なままだ。何の返事もない、何の応答もない。イエスとキリスト教のすべてのイデオロギーは、虚構に基づいている。それは宗教的な虚構だ。同じことが、祈りの宗教であるすべての宗教についても真実だ。

世界には二種類の宗教がある。祈りの宗教と瞑想の宗教だ。

祈りの宗教が虚構であるのは、彼らが最初から神への信仰で始めるからだ。

信じることは知ることではない。そして信じることで、あなたの疑いを壊すことはできない。せいぜい抑圧することはでき、あなたの疑いを覆い隠すことはできるが、信じることの下で、あなたは常に自分の信じることが真実であるかどうかを疑っている。あなたが何かを知る時、疑いは自動的に死ぬ。その時そこには、どんな疑いの問題もない。

信じることは、それと共に疑いを運ぶ。

そして信仰の体系を強くするためには、祈りがその技法になる。まず神は偽だ。あなたは自分の恐怖から神を作る。それはある種の恐怖症であり、あなた独自の創造物であるその神に祈り始める。

聖書では、神は彼自身の想像で人間を創造したと言う。ちょっとこの声明を見てごらん。それの全くの愚かさを見るのに、知性はそれほど必要ではない。あなたが知っている人間、この人間が神の想像なのか？　もしこれが神の想像なら、あなたは神からもっと良いものなど何も期待できない。違う、声明は正しくない。それはいずれにせよ、神に敬意を表していない。それは無礼であり、非難めいている。

まるで、誰かがこう言うようなものだ。「人間は自分の想像で水牛を創造した」神は自分の想像で、人間を創造したと？　これが彼の反映なのだろうか？——これらすべての嫉妬、すべての不幸、すべての絶望、苦悩、不安、戦争、殺人、レイプが？　項目は無限にある。これが神の想像なのか？　これが彼の鏡の反映なのか？

だからまず、この声明は非常に無礼で非宗教的だ。

第二に、それは真実ではない。真実は、人間が自分の想像で神を創造した、ということだ。神が人間を創造したのではない。神を創造したのは人間だ。だから世界には何百もの神々があるのだ。それは異なる人々が、彼ら自身の考えに従って、異なる種類の神を創造したからだ。中国人の神は他の誰にもアピールしないだろうし、他の誰の神の考え方も、中国人にはアピールしないだろう。彼らは、非常に明確な違いを持つ異なる種族の人間だからだ。彼らは濃い髭や口髭が成長しない。その髭は、多分一ダースは数えられるほどで、せいぜい全くの無精髭程度だ。彼らは彼ら自身によれば、世界の文化的な人々だ。彼らの神にもまた、その髭には一ダースの毛がある。ヒンドゥー教の神々には、どんな髭も、どんな口髭もない。インドで生まれたどの宗教——ヒンドゥー教、ジャイナ教、仏教にもない……。ヒンドゥー教の神々は、当初から髭を剃り始めていたようだ。彼らがカミソリを作った最初の者たちのようだ。初めに言葉ありき、神は言葉と共にあった、神は言葉であった、というのはすべてはナンセンスだ！　初めにカミソリがあった！　そして神はカミソリと共にあった、神は自分自身で剃り、剃ってくれる誰かを他に見つけられなかった。

私はヒンドゥー教の学者に尋ねた。

「なぜあなた方の神々には、髭や口髭がないのですか？」

それは一人の神ではなく、すべての神だ――そしてインドには最大数の神々がいる。三千三百万だ。それはこれらの神々が現われつつあった時の、まさにインドの人口だった。なぜ惨めなのに、独占的な神を作るのだ？　なぜアドルフ・ヒトラーのような神を作るのだ？　彼らは非常に民主的な状況を作った。誰もが自分の神を持つことができる。

彼らは、ある日インドには九億人の人がいるだろう、ということに気づかなかった。彼らは、この三千三百万は多すぎる、私たちは限界に達してしまった、と考えていた。それでも九億は限界ではない。今世紀末までに、インドは全世界で最大の人口になるだろう。中国ははるか後に取り残されるだろう。

中国人の世紀末の推定数は十二億人だ。

インド人の推定数は十八億人だ。

しかし一つのことにおいて、これらの神々はみんな似ている。彼らは髭なしで、口髭なしだ。何が問題なのだろう？　彼らに何らかのホルモンが不足していれば、これは起こり得る。どんな髭もなく、どんな口髭もない、そしてたまに、髭が成長せず、カミソリの使用は彼にとって必要ない、という人を見つけることが起こる。彼には、髭と口髭の成長に必要な特定のホルモンが不足している。

誰も私の質問に答えてこなかった。なぜこれらの人々は、みんな剃っているのか？　しかしその理由は、自分で感じたことだが、インドはその神々が年老いることを望んでいない、ということだ。彼らは、髭と口髭さえまだ成長し始めていないほど、若いままでいなければならない。そして彼らはそこで動かないままでいる。それがヒンドゥー教の考えだ。

彼らの天国には、アプサラスと呼ばれる天女がいる。彼らは自分たちの天女に、天国で十六歳を超えて成長することを許さない。何百万年も過ぎ去ったが、彼女たちはいまだに十六歳だ。

当然彼らの神々は、多くても十八歳以上ではない。それはそうでなければならない。でなければ非常に醜く見えるだろう。彼らはみんな汚い老人になるだろう。では若い女の子は……彼らは何百万年も古い。そのギャップは、世代間のギャップは本当にとても大きく、想像を絶するだろう。

しかし、キリスト教の神やユダヤ教の神は老人で、若い男ではない。髭があって古老だ。なぜなら古い《オールド》ものは黄金《ゴールド》だからだ。人は年老いていればいるほど、より賢明だ。誰も神よりも年老いることはできない。思い出してごらん。だから彼は、アダムとイヴが二つの木、知識の木と永遠の生命の木から食べることを妨げているのだ。なぜ彼らを防げるのだろう？　もし彼らが永遠の生命の木の果実を食べたら、神自身よりも年老いるようになるかもしれないからだ。彼は頂点にいたいので、誰も彼より年老いることを望んでいない。

これらは異なる人々の異なる概念であり、彼ら自身の想像で、自分たちの神を創造してきた。そしてその愚かさは、彼らが鏡の前に坐って、合掌して彼ら自身の顔の投影に祈り、自分たちは宗教的な何かを、スピリチュアルな何かをしている、と期待することだ。

彼らは心理的に治療されるべきだ。祈りは架空の神へ届けられている。そのため現実においては何の価値もない。

瞑想は全く違うものだ。

イエスは、瞑想については何も知らなかった。

西洋は残念ながら、瞑想の次元を取り逃してきた。それを取り逃がしたのはユダヤ教、キリスト教、イスラム教が原因だ。それらは西洋人の領域を支配し、人々に祈ることを強制した。

実際、西洋では瞑想への非難があった――特に西洋の宗教的な人々によって。彼らにとって瞑想が利己的に見えるのは、瞑想は神を必要としないからだ。瞑想はどんな祈りも必要としない。瞑想は、あなたが自分のまさにセンターに沈めるように、深い沈黙の中でただ単に坐ることだ。それはあなた自身の内側に沈むことだ。それは他の誰とも何の関係もない。

だから理解していない人たちは、それを利己的と呼ぶことができる。

しかし瞑想はあなたを、あなた自身の真実に導く。

祈りは、ただあなた自身の投影に導くだけだ。それは無益なもので、あなた自身の投影と話すことに過ぎない。いずれにせよ、あなたの役に立つことはない。それはあなたに良いエゴを与えるかもしれない。「神は本当に私のように見える。彼は彼自身の想像で人間を創造したのに違いない」

だから祈りの人々はエゴイストに、傲慢に、いかにも聖人ぶったようにならざるを得ない。それは絶えず彼らの態度に現れる。

瞑想者は謙虚になる。彼は聖人ぶった感じがしない。彼は自分のセンターに達するにつれて、より平和に、より幸せに、存在とより調和するようになる。彼はあらゆる問題、あらゆる質問を失う。彼は知る。今やそこにはどんな疑いの質問もない。

祈りの宗教は信じることで始まる。

瞑想の宗教は信じることで始まらず、絶対に確かな知ることで終わる。しかし、知ることは知識と区別されなければならない。彼らは物知りにはならない。彼らはただ単に、すべての存在が神であることを知る。彼らの知ることは無垢であり、物知りではない。彼らの知ることは彼らを謙虚にさせる――彼らは、誰もが同じ中心を持つのを見ることができるからだ。私たちはただ外面においては異なるが、中心では私たちは一つだ。

あなたは多くの要点を見ることができる。

祈りの宗教は、宗教の名の下に戦い、殺し、生きている人々を焼いてきた。自分たちの宗教に改宗させるために、銃や剣を突き付けて人々を強制してきた。

瞑想の宗教は、そのようなことは何もしなかった。そこには重大なバランスがある。

祈りの宗教は宗教戦争、十字軍、ジハードを引き起こしてきた。彼らの全歴史は血に満ちている。彼らは人間を良くさせてこなかった。彼らは人間をより悪くさせた。

瞑想の宗教には、たった一つの戦争もなかった。それは何の意味もないという単純な理由から、彼らは誰をも改宗しようとさえしてこなかった。他の人はそのままで神なのだ。彼はただ眠っているだけで、彼が望む限り長く眠ることは彼の権利であり、目を覚ましたい時に彼は目を覚ます。

自分自身で目を覚ますと、彼らは至福の、エクスタシーの途方もない宝を見つける。彼らはそれを分かち合いたいと思う。そこで彼らはそれを分かち合い続けるが、改宗という問題はない。

ジャイナ教、仏教、タオイズム――これらの三つの宗教は瞑想の宗教だ。彼らの歴史は全くきれいで、どんな流血もない。

ユダヤ教、キリスト教、イスラム教は祈りの宗教だ。彼らの全歴史は血に満ちていて、それを宗教的と呼ぶのはとても醜く、これらの人々を宗教的と呼ぶのは冷笑に近い。

ただ一つの宗教、ヒンドゥー教が残っている。ヒンドゥー教は全く奇妙な現象で、私が説明してきた両方の宗教とは異なる。ヒンドゥー教は多くの宗教が一緒になったものであり、それは一つの宗教ではない。だから特定の性格を持つ他の宗教との関連では、ヒンドゥー教を特徴付けられない。ヒンドゥー教は混沌だ。そこにはヒンドゥー教の傘の下に、互いに異なる何百もの宗教がある。「ヒンドゥー教」という言葉でさえ、ヒンドゥー教徒自身によって与えられたのではなかった。

インドにはどんな名前もなかった。人々は、彼らが従いたいものは何でも自由に従っていた。だから何百もの小さな道が、彼ら自身の独自性から開発された。その複雑な全体のための、どんな単一の名前もなかった。それは群衆だった。しかしインドが侵略された時、侵略者がそれに名前を付けた。そして偶然にも、インドに入国する時、あなたはインドで最大の河の一つ、シンドゥ(*Sindhu*)河を渡らなければならない。そして最初の侵略者の言語には「*s*」に対する文字がなく、最も近い文字が「*h*」だった。だから「シンドゥ(*Sindhu*)」は「ヒンドゥー(*Hindu*)」になり、ヒンドゥー河の向こう側に生きていた人々を「ヒンドゥー人」と呼んだ。彼らはその人々――ヒンドゥー河の向こう側に生きているこれらの人々を何かで呼ばなければならなかった。

そしてあなたは、「ヒンドゥー人」からその言葉が他の部族に伝わり、「インドゥ」になり、「インド」になったことに驚くだろう。しかしこれらすべての名前――ヒンドゥ、インドゥ、インドを作ったのは同じシンドゥ河だ。

でなければ、インドは完全に自由な国だった。誰もが受け入れられた。彼がしていたことは何でも、やりたかったことは何でも――。それは彼の権利だった。

しかし今だんだんと、これらの二千年間で、ヒンドゥー教徒でさえ自分自身を、一つの信仰を共有する集団として考え始めてきた。だが彼らが絶えず困難の中にあるのは、自分自身の中に矛盾した宗教を持っているからだ。だから誰も、ヒンドゥー教とは何かを言うことができない。一つの宗派は一つのやり方で、もう一つの宗派はもう一つのやり方で、三番目の宗派は三番目のやり方でそれを定義する。そこには非常に多くの宗派があり、そのすべてに同じ価値がある。だからヒンドゥー教には、どんな定義もない。神を恐れぬ人々から神を信じる人々まで、みんながその信仰を共有する集団の中に——同じ傘の下にいる。

しかし全体として見ると、多くの内的矛盾を考えないことで、ヒンドゥー教もまた祈りの宗教の一つになる。瞑想の宗教の一つではあり得ない。

ヒンドゥー教の中には、瞑想してきたいくつかの宗派があるが少数派だ。

例えばヨーガがある。ヨーガの創始者パタンジャリは、実に大胆な男だった。五千年前、彼のヨーガの経典では、現代人にさえ言えるガッツがないようなことを語っている。彼は「神は仮説である」と言う。「それは現実ではない。もし祈りを楽しむなら、神の仮説が必要だ。でなければ、誰に対してあなたは祈っているのか？」

パタンジャリのような人々も、同じ傘の下にいる。彼らは連れ出されるべきだ。彼らは本当に、タオイズム、ジャイナ教、仏教——瞑想の宗教に属する。

タオイズム、仏教、ジャイナ教——彼らはどんな神も信じていない。彼らは何も信じていない。彼らは一つのことだけを信じている——それもまた仮説だ。あなたは自分がいるのを知っている。あなたは自分がいるのを感じている。あなたがそれを否定できないのは、あなたの否定でさえ、あなたがいることを証明するからだ。もしあなたが「私はいない」と言うなら、それは単純にあなたがいることを証明している。なぜなら誰が否定しているのだ？

それはちょうど、まるであなたが自分の家にいて、誰かが扉をノックし、あなたが「私は家にはいない。私は市場に出て行った。いつか別の時に来てくれ」と言うようなものだ。あなたはその男が、あなたを信じると思うだろうか？

彼は単純に言うだろう。「これは面白い。あなたは家の中にいて、そしてこう言っているのか。『私は市場に出て行った』と。扉を開けろ」

あなたはあなた自身を否定できない。否定できないものが、存在で唯一の事実だ。他のあらゆるものは否定できる。あなたはすべて、ただの夢かもしれないという可能性はある。私はあなたにとって、ただの夢かもしれないという可能性はある。

それは確かではない。しかし一つのことは否定できない。あなたは夢を否定できるが、夢見る人を否定することはできない。それは夢だったとは言えるが、あなたは「私はいなかった」と言うことはできない。たとえ夢の中でも、あなたの存在は絶対に必要だ。でなければ、どうやって夢は起こる？

だから、瞑想の宗教における唯一のものは「私は在る」だ。そして今や問題は、「私は誰か」を発見することだ。

瞑想は、「私は誰か」を発見するための唯一の方法論だ。それは純粋に科学的だ。

イエスは瞑想をしていなかった。彼は祈っていた。ユダヤ教の神に祈っていた――その神は非常に善くもなく、また優しくもない。世界のすべての神々の中で、彼は最悪だ。それは私が言うのではなく、彼自身がそれを言っている。タルムードで彼はそれを言っている。

「私は優しい神ではないことを覚えておきなさい。私は厳しい。私は非常に嫉妬深い。私は執念深い。もし私に反対するなら、あなたは地獄に投げ込まれるだろう。私はあなたの叔父ではない！」

なぜなら、叔父は父親よりも優しい人々だからだ。彼はそれをはっきりせている。

「あなたは私を恐れるべきだ」。そしてあなたを宗教的にさせるものは恐れだ。

インドで、マハトマ・ガンジーは毎晩、毎朝祈ったものだった。そして祈りの後、彼は短い話をする。彼の息子の一人は私の友人だった。ガンジーは死んだ。ガンジーがよく住んでいたアシュラムの世話をしていたラムダスは、私に興味を持つようになった。彼は本当に、非常に鋭い知性の男だった。彼が私に興味を持つようになったのは、私がガンジーを批判し始めたからだ。すべてのガンジー信奉者たちが私の敵になり、ガンジー自身の息子が私の友人になったのは、非常に奇妙なことだった。

彼は自分と一緒にいるように私を誘った。彼は私にあることを言った。

「新聞であなたの声明を聞いた時、私はそれを読みました。それは、ガンジーが彼のすべての祈りの後に、会合でよく話していたことです。『私は神以外の誰も恐れていない』と。私たちは、まさに子供の頃からこれを聞いてきました」

ラムダスは私に言った。「しかし私たちは、それについて考えたことがありませんでした。そしてあなたがそれを批判した時、私たちは、神を恐れることは、ただ単にその宗教性は恐怖からきていること、それは愛からではないことを意味しているのに気づきました」

もし私がマハトマ・ガンジーの代わりにいたなら、私はこう言ったかもしれない。

「私はあらゆる人たちを恐れることはできるが、神を恐れることはできない」

なぜなら神を恐れることは、宗教的であることのすべての基礎を破壊するからだ。

しかし、恐怖は祈りのすべての宗教の基盤となっている。

「私は厳しい」というタルムードの神の宣言は、あなたが祈るようにただ助けるためのもので、道に迷うためのものではなく、服従するためのもので、反逆者であるためのものではない。

そしてイエスは、多くの人々が彼はそうであると理解しているような反逆者ではなかった。彼はユダヤ人に生まれた。彼はユダヤ人として生きた。彼はユダヤ人として死んだ。実際、彼は「キリスト教」という言葉を聞いたことがなかった。彼は自分がイエス・キリストとして世界に知られるだろうとは、決して知らなかった。

「キリスト」はギリシャ語からの言葉で、彼はヘブライ語さえ知らなかった。彼は彼自身の地元の言語、アラム語を使った。彼は無学だった。ヘブライ語は教育を受けた人々、学問のある人々——ラビのものだった。彼は地元の村人の言葉、アラム語だけを使った。

それらの四十日間に、彼は祈っていた。あなたは何のために祈れるだろう？　祈る時はいつでも、あなたは常に物乞いだ。祈りは、本心では物乞いだ。一方ではそれは何かを乞うている。他方ではあなたが優れていることを、優れているものの中で、あなたが最も優れていることを神に印象付けている。

十字架上でイエスは、ちょうど他の誰もが待っていたように待っていた。ある奇跡が起こることを期待していた。何も起こらなかった。そして数時間後、何も起こらなかった時、彼は空を何度も見上げて、白い雲の上で天使たちがハープを奏でて訪れることを期待していた。だが白い雲さえ現れなかった。結局、彼は衰弱してしまい、神に叫んだ。「あなたは私を見捨てたのですか？」

当然、信仰をもって狂信的にその全人生を生きてきた男が、その命を危険にさらして十字架に——そして神は全くの不在で——磔にされていた男が、その彼が「あなたは私を見捨てたのですか？」と尋ねなければならないのは当然だ。疑いが彼のマインドに入ってきた。疑いはいつもそこにあった。それは信仰体系の背後に隠れていた。

もし彼が瞑想していたなら、事態は全く違っていただろう。彼は自分が神の唯一の息子であるとは、宣言しなかっただろう。自分が、ユダヤ人が何世紀にも渡って待ち望んだ救世主であるとは、宣言しなかっただろう。自分は人類を救うために来た、自分は救済者であるとは宣言しなかっただろう。これらは、瞑想の人からは不可能な声明だ。

瞑想の人は、どんな神もいないことを知っている。彼は、神聖さや特質はあるが、人はいないことを知っている。花のようではなく、香りのようなものであることをだ。神聖さはいたるところにあり、あなたはただ注意深くあって、自分の実存のセンターに目覚めなければならない。

そこには「唯一の生まれた息子」という問題はなく、瞑想者が、誰も自分以外に自分を救える者はいないことを知っているのは、誰もあなたのセンターには入れないからだ。それはあなたの特権と、あなたのプライバシーだ。あなたを殺すことはできる。しかし良かろうと悪かろうと、誰もあなたの最も内側の実存に触れることはできない。

瞑想者は「私は、あなたを救うことができる」とか、「私は全人類を救うことができる」とか、「私は救世主だ」とは言えない。

瞑想者は「私は救世主であり、使者だ」とは言えない。なぜなら救世主や使者を使わしている神が、存在しないからだ。

瞑想者は、ただ一つのことができる。彼は自分自身に、彼のすべての美しさ、彼のすべてのダンス、彼のすべての恵み、彼のすべての喜びを、あなたが利用できるようにさせることができる。彼は、同じ現実があなたの中に眠っていることを、特定の方法であなたに思い出させることができる。彼はただ、指す人になれるだけだ。彼は月を指す指を見せることはできるが、あなたを月に連れて行くことはできない。

もしイエスが瞑想していたなら、磔はなかっただろう。そして磔がなければ、世界はキリスト教から救われただろう。

だから私は、彼は瞑想しなかったと言うのだ。彼は世界を、すべての人類に対してあらゆる罪を犯してきて、そして今でも依然として罪を犯しているキリスト教徒の手に残してきた。

瞑想は暴力的ではあり得ない。あなたを説得することさえ、瞑想者にとっては不可能だ。彼はただ伝達できるだけだ。彼はただ深い友情と愛の中で、あなたと交わることができるだけだ。

「私は何かを見つけた。おそらくあなたもそれを見つけられる。ただ内側を見なさい」

彼はあなたに、どうやって彼自身の内側を見てきたか、そしてどうやって生のまさに源泉を見つけたかを話すことができる。

しかし彼は預言者ではない。彼はどんな特別性も主張しない。彼は自分が、あなたよりも高いことを主張しない。彼は自分が、あなたと同じくらい普通であると言う。ほんの少しの違いがある――それは、彼は自分の目を開いていて、あなたはまだいびきをかいているということだ。

愛するOSHO、父、息子、聖霊の三位一体と、身体、マインド、観照――これらの二つの間の関連性は何でしょうか? それともその聖霊は、単なる古い別の幽霊なのでしょうか?

キリスト教徒が想い描くような三位一体はない。父、息子、聖霊は――実際、そのすべての考えは反女性的だ。それは女性に反対している。

神性な三位一体では、どんな女性のための場所もない。そこには幽霊のための場所はある。そして私が彼は神聖だと思わないのは、これがかわいそうなマリアを妊娠させた男だからだ。もし彼が神聖なら、すべての強姦は神聖だ。最も神聖でないのは幽霊だが、そこには彼のための場所がある。

そして父、息子と聖霊——何という類の家族だろう？　母親はどこにいる？

いや、女性は神の一部として受け入れられないのだ。

これは陰謀だ。

そうでなければ、それははるかにましだっただろう。父なる神、母なる神、神の息子。それはより現代的に、美しい家族に、産児制限を行なっているように見えただろう。なぜなら何世紀も過ぎて、たった一人の息子だけだからだ。

ローマ法王とマザー・テレサとこれらの人々はみな、世界中で産児制限に反対することを人々に教え続けている。彼らの神は何百万年もの間、それを実行してきた。彼らは、単純な事実を見ることができない。しかし、それがただ単に醜いのは、そこに女性のためのどんな場所もないからだ。そのすべての考えは作り話だが、作り話においてさえ女性は男性と同等の権利を持っているのに、彼女は拒否されてきた。

イエスでさえ、自分の母親に非常に無礼に振る舞った。ある時、彼が群衆の中で話していると、誰かが外から叫んだ。

「イエス、あなたのお母さんがあなたに会いに来ていて、彼女はここにいるんだ。終ったら、群衆のところからこちらに来てくれ」

するとイエスは言った。群衆の前でだ。「あの女に言ってくれ」——彼は自分の母親を、彼女とさえ呼べなかった——「あの女に言ってくれ、私にはただ、天国にいる私の父だけがいる、と。私はこの地上でどんな男とも、またはどんな女とも何の関係もない」——全く醜い。

しかし、ほとんどすべての宗教が、地球の女性にこのようなことをしてきた。他の三位一体、瞑想の三位一体……身体、マインド、観照は、疑いなく真実だ。

身体は自然だ。身体は大地の一部だ。

マインドは社会の、全人類の遺産の一部だ。

そして見守る者は、あなた自身の個性だ。

これが本当の三位一体だ。そこには男や女という問題は何もない。観照者は男でも女でもないからだ。身体はあなたが目覚めるにつれて、自然な状態に戻る。マインドはあなたが目覚めるにつれて、社会に戻って消散する。そして観照者は、私が存在全体を囲む神々しさと呼ぶものに戻る。

しかし、キリスト教の三位一体は醜い。あなたは、はるかに真実で、はるかに役に立つ、瞑想のための三位一体を作ることができる。

身体は世話をしなければならない、尊重されなければならない、愛されなければならない。それはあなたの家だ。

マインドは、何百万年もの旅の間に収集した可能性のあるどんな塵からも、どんなゴミからも、きれいにならなければならない。そしてマインドをきれいにした瞬間、あなたは私たちの存在の隠された現実を、観照者を見つけるだろう。

それを見つけることは、宇宙全体を征服することだ。それを見つけることはすべてを見つけることだ。

炎の伝承 II

二〇十五年三月二十六日　初版第一刷発行

講　話■ＯＳＨＯ
翻　訳■スワミ・ボーディ・デヴァヤナ（宮川義弘）
照　校■マ・アナンド・ムグダ
　　　　マ・ギャン・シディカ
装　幀■スワミ・アドヴァイト・タブダール
　　　■マ・シャンタム・アティルパ
発行者■マ・ギャン・パトラ
発行所■市民出版社

〒一六八―〇〇七一
東京都杉並区高井戸西二―十二―二〇
電　話〇三―三三三三―九三八四
ＦＡＸ〇三―三三三四―七二八九
郵便振替口座：〇〇一七〇―四―七六三一〇五
e-mail：info@shimin.com
http://www.shimin.com

印刷所■シナノ印刷株式会社
Printed in Japan
ISBN978-4-88178-199-9 C0010 ¥2450E

●著者（OSHO）について

OSHOの説くことは、個人レベルの探求から、今日の社会が直面している社会的あるいは政治的な最も緊急な問題の全般に及び、分類の域を越えています。彼の本は著述されたものではなく、さまざまな国から訪れた聴き手に向けて、即興でなされた講話のオーディオやビデオの記録から書き起こされたものです。

OSHOは、「私はあなたがただけに向けて話しているのではない、将来の世代に向けても話しているのだ」と語ります。OSHOはロンドンの「サンデー・タイムス」によって『二十世紀をつくった千人』の一人として、また米国の作家トム・ロビンスによって『イエス・キリスト以来、最も危険な人物』として評されています。

また、インドのサンデーミッドデイ誌はガンジー、ネルー、ブッダと共に、インドの運命を変えた十人の人物に選んでいます。

OSHOは自らのワークについて、自分の役割は新しい人類が誕生するための状況をつくることだと語っています。彼はしばしば、この新しい人類を「ゾルバ・ザ・ブッダ」――ギリシャ人ゾルバの世俗的な享楽と、ゴータマ・ブッダの沈黙の静穏さの両方を享受できる存在として描き出します。

OSHOのワークのあらゆる側面を糸のように貫いて流れるものは、東洋の時を越えた英知と、西洋の科学技術の最高の可能性を包含する展望です。

OSHOはまた、内なる変容の科学への革命的な寄与――加速する現代生活を踏まえた瞑想へのアプローチによっても知られています。その独特な「活動的瞑想法《アクティブメディテーション》」は、まず心身に溜まった緊張を解放することによって、思考から自由でリラックスした瞑想の境地を、より容易に体験できるよう構成されています。

●より詳しい情報については　http:// **www.osho.com**　をご覧下さい。

多国語による総合的なウェブ・サイトで、ＯＳＨＯの書籍、雑誌、オーディオやビデオによるＯＳＨＯの講話、英語とヒンディー語のＯＳＨＯライブラリーのテキストアーカイブやＯＳＨＯ瞑想の広範囲な情報を含んでいます。

ＯＳＨＯマルチバーシティのプログラムスケジュールと、ＯＳＨＯインターナショナル・メディテーションリゾートについての情報が見つかります。

●ウェブサイト

http://.osho.com/resort

http://.osho.com/AllAboutOSHO

http://.osho.com/shop

http://www.youtube.com/OSHO

http://www.oshobytes.blogspot.com

http://www.Twitter.com/OSHOtimes

http://www.facebook.com/pages/OSHO.International

http://www.flickr.com/photos/oshointernational

◆問い合わせ　Osho International Foundation ; www.osho.com/oshointernational,
oshointernational@oshointernational.com

●OSHOインターナショナル・メディテーション・リゾート

場所：インドのムンバイから百マイル（約百六十キロ）東南に位置する、発展する近代都市プネーにあるOSHOインターナショナル・メディテーション・リゾートは、通常とはちょっと異なる保養地です。すばらしい並木のある住宅区域の中にあり、四十エーカーを超える壮大な庭園が広がっています。

特徴：メディテーション・リゾートは、毎年百を超える国々からの数千人もの人々を迎え入れています。特徴ある敷地内では、新しい生き方（より気づきを、くつろぎを、お祝いを、創造性をもたらすこと）を直接、個人的に体験するための機会を提供しています。一日中、そして年間を通じて多種多様なプログラムが利用できます。何もせず、ただくつろいでいることもその選択肢の一つです！

すべてのプログラムは、OSHOのヴィジョン「ゾルバ・ザ・ブッダ」――日々の生活に創造的に参加することと、沈黙と瞑想にくつろいでいられる両方の質を持った新しい種類の人間――に基づいています。

瞑想：あらゆるタイプの人々を対象としたスケジュールが一日中組まれています。それには、活動的であったり、そうでなかったり、伝統的であったり、画期的であったりする技法、そして特にOSHOの活動的《アクティブ》な瞑想が含まれています。瞑想は、世界最大の瞑想ホールにちがいない、OSHOオーディトリアムで行なわれます。

マルチバーシティー：個人セッション、各種のコース、ワークショップがあり、それらは創造的芸術からホリスティック健康管理、個人的な変容、人間関係や人生の移り変わり、瞑想としての仕事、秘教的科学、そしてスポーツやレクリエーションに対する禅的アプローチなど、あらゆるものが網羅されています。マルチバーシティーの成功の秘密は、すべてのプログラムが瞑想と結びついているという事実にあります。そして、人間として私達が、部分部分の総和よりもはるかに大きな存在であるということの理解を促します。

バショウ（芭蕉）・スパ：快適なバショウ・スパは、木々と熱帯植物に囲まれた、ゆったりできる屋外水泳プールを提供しています。独特のスタイルを持った、ゆったりしたジャグジー、サウナ、ジム、テニスコート……そのとても魅力的で美しい環境が、すべてをより快適なものにしています。

料理：多様で異なった食事の場所では、おいしい西洋やアジアの、そしてインドの菜食料理を提供しています。それらのほとんどは、特別に瞑想リゾートのために有機栽培されたものです。パンとケーキは、リゾート内のベーカリーで焼かれています。

ナイトライフ：夜のイベントはたくさんあり、その一番人気はダンスです。その他には、夜の星々の下での満月の日の瞑想、バラエティーショー、音楽演奏、そして毎日の瞑想が含まれています。

あるいは、プラザ・カフェでただ人々と会って楽しむこともできるし、このおとぎ話のような環境にある庭園の、夜の静けさの中で散歩もできます。

設備：基本的な必需品のすべてと洗面用具類は、「ガレリア」で買うことができます。「マルチメディア・ギャラリー」では、OSHOのあらゆるメディア関係の品物が売られています。また銀行、旅行代理店、そしてインターネットカフェもあります。ショッピング好きな方には、プネーはあらゆる選択肢を与えてくれます。伝統的で民族的なインド製品から、すべての世界的ブランドのお店まであります。

宿泊：OSHOゲストハウスの上品な部屋に宿泊する選択もできますし、より長期の滞在には、住み込みで働くプログラム・パッケージの一つを選べます。さらに、多種多様な近隣のホテルや便利なアパートもあります。

www.osho.com/meditationresort

日本各地の主なOSHO瞑想センター

OSHOに関する情報をさらに知りたい方、実際に瞑想を体験してみたい方は、お近くのOSHO瞑想センターにお問い合わせ下さい。

参考までに、各地の主なOSHO瞑想センターを記載しました。尚、活動内容は各センターによって異なりますので、詳しいことは直接お確かめ下さい。

◆東京◆

・**OSHOサクシン瞑想センター**　Tel & Fax 03-5382-4734
マ・ギャン・パトラ　〒167-0042　東京都杉並区西荻北1-7-19
e-mail osho@sakshin.com　http://www.sakshin.com

・**OSHOジャパン瞑想センター**
マ・デヴァ・アヌパ　Tel 03-3703-6693
〒158-0081　東京都世田谷区深沢5-15-17

◆大阪、兵庫◆

・**OSHOナンディゴーシャインフォメーションセンター**
スワミ・アナンド・ビルー　Tel & Fax 0669-74-6663
〒537-0013　大阪府大阪市東成区大今里南1-2-15 J&Kマンション302

・**OSHOインスティテュート・フォー・トランスフォーメーション**
マ・ジーヴァン・シャンティ、スワミ・サティヤム・アートマラーマ
〒655-0014　兵庫県神戸市垂水区大町2-6-B-143
e-mail j-shanti@titan.ocn.ne.jp　Tel & Fax 078-705-2807

・**OSHOマイトリー瞑想センター**　Tel & Fax 078-412-4883
スワミ・デヴァ・ヴィジェイ
〒658-0000　兵庫県神戸市東灘区北町4-4-12 A-17
e-mail mysticunion@mbn.nifty.com　http://mystic.main.jp

・**OSHOターラ瞑想センター**　Tel 090-1226-2461
マ・アトモ・アティモダ
〒662-0018　兵庫県西宮市甲陽園山王町2-46　パインウッド

・**OSHOインスティテュート・フォー・セイクリッド・ムーヴメンツ・ジャパン**
スワミ・アナンド・プラヴァン
〒662-0018　兵庫県西宮市甲陽園山王町2-46　パインウッド
Tel & Fax 0798-73-1143　http://homepage3.nifty.com/MRG/

・**OSHOオーシャニック・インスティテュート** Tel 0797-71-7630
スワミ・アナンド・ラーマ　〒665-0051　兵庫県宝塚市高司1-8-37-301
e-mail oceanic@pop01.odn.ne.jp

◆愛知◆

・**OSHO 庵瞑想センター** Tel & Fax 0565-63-2758
スワミ・サット・プレム 〒 444-2326 愛知県豊田市国谷町柳ヶ入２番
e-mail satprem@docomo.ne.jp

・**OSHO EVENTS センター** Tel & Fax 052-702-4128
マ・サンボーディ・ハリマ
〒 465-0058 愛知県名古屋市名東区貴船 2-501 メルローズ 1 号館 301
e-mail: dancingbuddha@magic.odn.ne.jp

◆その他◆

・**OSHO チャンパインフォメーションセンター** Tel & Fax 011-614-7398
マ・プレム・ウシャ 〒 064-0951 北海道札幌市中央区宮の森一条 7-1-10-703
e-mail ushausha@lapis.plala.or.jp
http:www11.plala.or.jp/premusha/champa/index.html

・**OSHO インフォメーションセンター** Tel & Fax 0263-46-1403
マ・プレム・ソナ 〒 390-0317 長野県松本市洞 665-1
e-mail sona@mub.biglobe.ne.jp

・**OSHO インフォメーションセンター** Tel & Fax 0761-43-1523
スワミ・デヴァ・スッコ 〒 923-0000 石川県小松市佐美町申 227

・**OSHO インフォメーションセンター広島** Tel 082-842-5829
スワミ・ナロパ、マ・ブーティ 〒 739-1733 広島県広島市安佐北区口田南 9-7-31
e-mail prembhuti@blue.ocn.ne.jp http://now.ohah.net/goldenflower

・**OSHO フレグランス瞑想センター** Tel & Fax 0846-22-3522
スワミ・ディークシャント、マ・デヴァ・ヨーコ
〒 725-0023 広島県竹原市田ノ浦 3 丁目 5-6
e-mail: info@osho-fragrance.com http://www.osho-fragrance.com

・**OSHO ウツサヴァ・インフォメーションセンター** Tel 0974-62-3814
マ・ニルグーノ 〒 878-0005 大分県竹田市大字挟田 2025
e-mail: light@jp.bigplanet.com http://homepage1.nifty.com/UTSAVA

・**OSHO インフォメーションセンター沖縄** Tel & Fax 098-862-9878
マ・アトモ・ビブーティ、スワミ・アナンド・バグワット
〒 900-0013 沖縄県那覇市牧志 1-3-34 シティパル K302
e-mail: vibhuti1210@gmail.com http://www.osho- okinawa.jimdo.com

◆インド・プネー◆

OSHO インターナショナル・メディテーション・リゾート

Osho International Meditation Resort
17 Koregaon Park Pune 411001 (MS) INDIA
Tel 91-20-4019999 Fax 91-20-4019990

http://www.osho.com
e-mail : oshointernational@oshointernational.com

＜OSHO 講話 DVD 日本語字幕スーパー付＞

■価格は全て税別です。※送料／DVD 1本¥260　2～3本¥320　4～5本¥360　6～10本¥460

■道元 5 —水に月のやどるがごとし—

日本の禅に多大な影響を与えた禅僧・道元の『正法眼蔵』を、現代人に向けて生き生きと解き明かす。道元曰く「人が悟りを得るのは、ちょうど水に月が反射するようなものである……」それほどに「悟り」が自然なものならば、なぜあなたは悟っていないのか？　鋭く力強いOSHOの説法は、ブッダの境地へと誘う瞑想で締めくくられる。好評・道元シリーズ第5弾！

●本編 98分●￥3,800（税別）●1988年プネーでの講話（瞑想リード付）

■道元 4 —導師との出会い・覚醒の炎—

道元の「正法眼蔵」をベースに語られる、導師と弟子との真実の出会い。「師こそが＜道＞だ……すぐれた師に出会うことは最も難しい。ひとたび悟りを得た人を見たら、あなたの内側に途方もない炎が突如として花開き始める」
ゆったりと力強いOSHOの説法は、ブッダの境地へと誘う瞑想リードで締めくくられる。

●本編 2枚組 139分　●￥4,380（税別）●1988年プネーでの講話

■禅宣言 3 —待つ、何もなくただ待つ—

禅を全く新しい視点で捉えたOSHO最後の講話シリーズ。「それこそが禅の真髄だ—待つ、何もなくただ待つ。禅が唯一知っていることは、一切の矛盾を深い調和のうちに包含する広大な生だけだ。夜は昼と、生は死と、大地は空と、存在は不在と調和する。この途方もない調和、この和合こそが禅宣言の本質だ（本編より）」（瞑想リード付）

●本編 2枚組 133分●￥4,380（税別）●1989年プネーでの講話（瞑想リード付）

■禅宣言 2 —沈みゆく幻想の船—

深い知性と大いなる成熟へ向けての禅の真髄を語る、OSHO最後の講話シリーズ。あらゆる宗教の見せかけの豊かさと虚構をあばき、全ての隷属を捨て去った真の自立を説く。「禅がふさわしいのは成熟して大人になった人々だ。大胆であること、隷属を捨てることだ——OSHO」

●本編 2枚組 194分●￥4,380（税別）●1989年プネーでの講話

■過去生とマインド— 意識と無心、光明—

過去生からの条件付けによるマインドの実体とは何か。どうしたらそれに気づけるのか、そして意識と無心、光明を得ることの真実を、インドの覚者OSHOが深く掘り下げていく。ワールドツアー中の緊迫した状況で語られた、内容の濃さでも定評のあるウルグアイでの講話。「マインドの終わりが光明だ。マインドの層を完全に意識して通り抜けた時、初めて自分の意識の中心に行き着く」

●本編 85分　●￥3,800（税別）●1986年ウルグアイでの講話

＜OSHO 既刊書籍＞ ■価格は全て税別です。

探求

死ぬこと 生きること—死の怖れを超える真実

OSHO 自身の幽体離脱の体験や、過去生への理解と対応、死におけるエネルギーの実際の変化など、「死」の実体に具体的にせまり、死と生の神秘を濃密に次々と解き明かしていく。 若き OSHO の 力強さ溢れる初期講話録。「私たちは生の方向に探求したことがない。それに向けて一歩を踏み出すことさえない。私たちが生をよく知らないままでいるので、死を怖がっているのが現状だ。

＜内容＞● 生を知らずは死なり　● 秘教の科学　● 真如の修行　●究極の自由　他

■四六判並製　448 頁　¥2,350（税別）送料 ¥390

探求の詩 (うた) —インドの四大マスターの一人、ゴラクの瞑想の礎

神秘家詩人ゴラクの探求の道。忘れられたダイヤの原石が、OSHO によって蘇り、ゆっくりと、途方もない美と多彩な輝きを放ち始める——。小さく窮屈な生が壊れ、あなたは初めて大海と出会う。ゴラクの語ったすべてが、ゆっくりゆっくりと、途方もない美と多彩な輝きを帯びていく。

＜内容＞●自然に生きなさい　●欲望を理解しなさい　●愛—炎の試練
●内なる革命　●孤独の放浪者　他

■四六判並製　608 頁　¥2,500（税別）送料 ¥390

インナージャーニー —内なる旅・自己探求のガイド

マインド（思考）、ハート、そして生エネルギーの中枢である臍という身体の三つのセンターへの働きかけを、心理・肉体の両面から説き明かしていく自己探求のガイド。頭だけで生きて根なし草になってしまった現代人に誘う、根源への気づきと愛の開花への旅。

＜内容＞● 身体——最初のステップ ● 臍——意志の在り処　● マインドを知る
● 信も不信もなく　●ハートを調える　● 真の知識　他

■四六判並製　304 頁　¥2,200（税別）送料 ¥390

究極の錬金術 Ⅰ , Ⅱ— 自己礼拝 ウパニシャッドを語る

苦悩し続ける人間存在の核に迫り、意識の覚醒を常に促し導く炎のような若き OSHO。探求者との質疑応答の中でも、単なる解説ではない時を超えた真実の深みと秘儀が、まさに現前に立ち顕われる壮大な講話録。「自分というものを知らないかぎり、あなたは何のために存在し生きているのかを知ることはできないし、自分の天命が何かを感じることはできない。——OSHO」

第Ⅰ巻■四六判並製　592 頁　¥2,880（税別）送料 ¥390

第Ⅱ巻■四六判並製　544 頁　¥2,800（税別）送料 ¥390

瞑想

新瞑想法入門 —OSHO の瞑想法集大成

禅、密教、ヨーガ、タントラ、スーフィなどの古来の瞑想法から、現代人のために編み出された OSHO 独自の方法まで、わかりやすく解説。技法の説明の他にも、瞑想の本質や原理が語られ、探求者からの質問にも的確な道を指し示す。真理を求める人々必携の書。

＜内容＞●瞑想とは何か　●初心者への提案　●自由へのガイドライン
●覚醒のための強烈な技法　●師への質問　●覚醒のための強烈な技法　他

■Ａ５判並製　520 頁　¥3,280（税別）送料 ¥390

＜OSHO 既刊書籍＞ ■価格は全て税別です。

質疑応答

炎の伝承 I — ウルグアイでの珠玉の質疑応答録

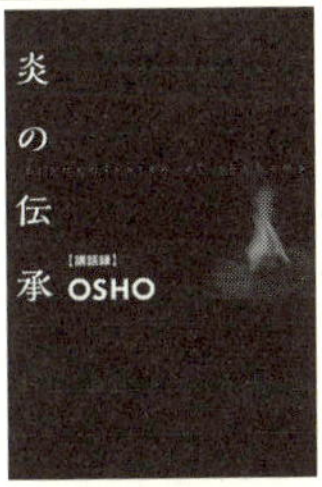

内容の濃さで定評のあるウルグアイでの講話。ひとりの目覚めた人は、全世界を目覚めさせることができる。あたかも炎の灯された１本のロウソクが、その光を失うことなく数多くのロウソクに火を灯せるように……。緊迫した状況での質問に答え、秘教的真理などの広大で多岐に渡る内容を、縦横無尽に語り尽くす。

＜内容＞●純粋な意識は決して狂わない ●それが熟した時ハートは開く ●仏陀の鍋の中のスパイス ●変化は生の法則だ 他

■四六判並製 496 頁 ¥2,450（税別） 送料 ¥390

神秘家の道 — 覚者が明かす秘教的真理

少人数の探求者のもとで親密に語られた、珠玉の質疑応答録。次々に明かされる秘教的真理、光明と、その前後の自らの具体的な体験、催眠の意義と過去生についての洞察、また、常に真実を追求していた子供時代のエピソードなども合わせ、広大で多岐に渡る内容を、縦横無尽に語り尽くす。

＜内容＞●ハートから旅を始めなさい ●妥協した瞬間、真理は死ぬ ●私はあなたのハートを変容するために話している 他

■四六判並製 896 頁 ¥3,580（税別） 送料 ¥390

神秘家

愛の道 — 神秘家カビールを語る

儀式や偶像に捉われず、ハートで生きた神秘家詩人カビールが、現代の覚者・OSHO と溶け合い、響き合う。機織りの仕事を生涯愛し、存在への深い感謝と明け渡しから自然な生を謳ったカビールの講話、初邦訳。

「愛が秘密の鍵だ。愛は神の扉を開ける。笑い、愛し、生き生きとしていなさい。踊り、歌いなさい。中空の竹となって、神の歌を流れさせなさい——OSHO」

＜内容＞●愛と放棄のハーモニー ●静寂の調べ ●愛はマスター・キー 他

■ A5 判並製 360 頁 ¥2,380（税別） 送料 ¥390

アティーシャの知恵の書（上）（下） — あふれる愛と慈悲・みじめさから至福へ

チベット仏教の中興の祖アティーシャは、受容性と慈悲の錬金術とも言うべき技法を後世にもたらした。「これは慈悲の技法だ。あなたの苦しみを吸収し、あなたの祝福を注ぎなさい。 いったんあなたがそれを知るなら、人生には後悔がない。人生は天の恵み、祝福だ」——（本文より）

上巻 ■ 四六判並製 608 頁 ¥2,480（税別） 送料 ¥390

下巻 ■ 四六判並製 450 頁 ¥2,380（税別） 送料 ¥390

ヨーガ

魂のヨーガ — パタンジャリのヨーガスートラ

「ヨーガとは、内側へ転じることだ。それは百八十度の方向転換だ。未来へも向かわず、過去へも向かわないとき、あなたは自分自身の内側へ向かう。パタンジャリはまるで科学者のように人間の絶対的な心の法則、真実を明らかにする方法論を、段階的に導き出した——OSHO」

＜内容＞●ヨーガの純粋性 ●苦悩の原因 ●ヨーガの道とは ●正しい認識 ●内側にいしずえを定める ●実践と離欲 他

■四六判並製 408 頁 ¥2,300（税別） 送料 ¥390

< OSHO 瞑想 CD >

ダイナミック瞑想

全 5 ステージ
60 分

◆デューター

¥2,913（税別）

生命エネルギーの浄化をもたらす OSHO の瞑想法の中で最も代表的な技法。混沌とした呼吸とカタルシス、フウッ！という スーフィーの真言《マントラ》を、自分の中にとどこおっているエネルギーが全く残ることのないところまで、行なう。

クンダリーニ瞑想

全 4 ステージ
60 分

◆デューター

¥2,913（税別）

未知なるエネルギーの上昇と内なる静寂、目醒めのメソッド。OSHO によって考案された瞑想の中でも、ダイナミックと並んで多くの人が取り組んでいる活動的瞑想法。通常は夕方、日没時に行なわれる。

ナタラジ瞑想

全 3 ステージ
65 分

◆デューター

¥2,913（税別）

自我としての「あなた」が踊りのなかに溶け去るトータルなダンスの瞑想。第 1 ステージは目を閉じ、40 分間とりつかれたように踊る。第 2 ステージは目を閉じたまま横たわり動かずにいる。最後の 5 分間、踊り楽しむ。

ナーダブラーマ瞑想

全 3 ステージ
60 分

◆デューター

¥2,913（税別）

宇宙と調和して脈打つ、ヒーリング効果の高いハミングメディテーション。脳を活性化し、あらゆる神経繊維をきれいにし、癒しの効果をもたらすチベットの古い瞑想法の一つ。

チャクラ サウンド瞑想

全 2 ステージ
60 分

◆カルネッシュ

¥2,913（税別）

7 つのチャクラに目覚め、内なる静寂をもたらすサウンドのメソッド。各々のチャクラで音を感じ、チャクラのまさに中心でその音が振動するように声を出すことにより、チャクラにより敏感になっていく。

チャクラ ブリージング瞑想

全 2 ステージ
60 分

◆カマール

¥2,913（税別）

7 つのチャクラを活性化させる強力なブリージングメソッド。7 つのチャクラに意識的になるためのテクニック。身体全体を使い、1 つ 1 つのチャクラに深く速い呼吸をしていく。

ノーディメンション瞑想

全 3 ステージ
60 分

◆シルス&シャストロ

¥2,913（税別）

グルジェフとスーフィのムーヴメントを発展させたセンタリングのメソッド。この瞑想は旋回《ワーリング》瞑想の準備となるだけでなく、センタリング《中心を定める》のための踊りでもある。3 つのステージからなり、一連の動作と旋回、沈黙へと続く。

グリシャンカール瞑想

全 4 ステージ
60 分

◆デューター

¥2,913（税別）

呼吸を使って第三の目に働きかける、各 15 分 4 ステージの瞑想法。第一ステージで正しい呼吸が行われることで、血液の中に増加形成される二酸化炭素がまるでエベレスト山の山頂にいるかのごとく感じられる。

ワーリング瞑想

全 2 ステージ
60 分

◆デューター

¥2,913（税別）

内なる存在が中心で全身が動く車輪になったかのように旋回し、徐々に速度を上げていく。体が自ずと倒れたらうつ伏せになり、大地に溶け込むのを感じる。旋回を通して内なる中心を見出し変容をもたらす瞑想法。

ナーダ　ヒマラヤ

全 3 曲
50 分 28 秒

◆デューター

¥2,622（税別）

ヒマラヤに流れる白い雲のように優しく深い響きが聴く人を内側からヒーリングする。チベッタンベル、ボウル、チャイム、山の小川の自然音。音が自分の中に響くのを感じながら、音と一緒にソフトにハミングする瞑想。

＜ヒーリング，リラクゼーション音楽CD＞

■価格は全て¥2,622（税別）です。

ドリーム・タイム
全6曲
53分

◆デューター

時間の世界から永遠への扉を開けるヒーリング音楽の巨匠・デューターが、夢とうつつの境界を溶かす一枚の妙薬を生み出した。有名な荘子の「夢の中の蝶が私か、夢見ている者が私か」という不思議な感覚が音として再現されたような世界。

クリスタル・チャクラ・ヒーリング
全6曲
61分03秒

◆ワドゥダ／プラサナ＆ザ・ミステリー

虹色に鳴り渡るクリスタルボウル独特の穏やかな響きが、七つのチャクラの目覚めと活性化を促す、ヒーリングパワー・サウンド。まさにいま目の前で鳴っているようなライブ感が印象的。クリスタル・ボウルは、欧米では医療にも使われています。

ジプシー・ハート
全9曲
60分06秒

◆アシーク

ロシアのヴァイオリン奏者・アシークの、美しく風に舞うようなリズミカルな世界。ジプシーとは自由の代名詞。かつての名曲の数々が、より熟成した表情をもって、さわやかにハートの中心部へと送り込まれる。

マッサージのための音楽
全6曲
69分

◆デューター・カマール・パリジャット・チンマヤ

マッサージはもちろん、レイキや各種ボディワーク、ヒーリングなど、どのワークにも使える、くつろぎのための音楽。ヒーリング音楽で活躍するアーティストたちの名曲が奏でる究極のリラックスサウンドが、深い癒しをお届けします。

無上の愛
全9曲
69分49秒

◆カビ

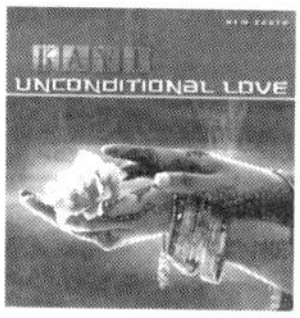

深い神秘へのあこがれ、遠い記憶をなぞるように、不思議な旋律が次から次へと紡ぎ出される。語りかけるような官能的なヴォーカル、スピリチュアリティとイリュージョンが混じり合ったアンビエントな洗練された世界。

覚醒《めざめ》のひかり
全8曲
55分47秒

◆ランガ

繊細で小気味よいタブラのリズムの上で、ランガが奏でるピアノとヴァイオリンが軽やかに舞う。アジアの味わい豊かに、美しいメロディラインが次々と展開する秀曲ぞろいの逸品。

チベット遥かなり
全6曲
55分51秒

◆ギュートー僧院の詠唱（チャント）

パワフルでスピリチュアルな、チベット僧たちによるチャンティング。真言の持つエネルギーと、僧たちの厳粛で深みのある音声は、音の領域を超えて、魂の奥深くを揺さぶる。チベット密教の迫力と真髄を感じさせる貴重な1枚。

オファリング 音楽の捧げもの
全9曲
61分16秒

◆パリジャット

くつろぎのプールに向かってゆっくりと降りてゆく音のら旋階段。ハートフルで豊かな音色は回転木馬のように夢見るように奏でられる。ハートからハートへソフトな日差しのような優しさで贈る究極の癒し。

※ＣＤ等購入ご希望の方は市民出版社 www.shimin.com までお申し込み下さい。
※郵便振替口座：市民出版社　00170-4-763105
※送料／ CD1枚¥260・2枚¥320・3枚以上無料（価格は全て税込です）
※音楽ＣＤカタログ（無料）ご希望の方には送付致しますので御連絡下さい。

<ヒーリング，リラクゼーション音楽CD>

■価格は全て¥2,622（税別）です。

アトモスフィア

全10曲
64分38秒

◆デューター

鳥のさえずりや波などのやさしい自然音との対話の中から生まれたメロディを、多彩な楽器で表現した、ささやくようなデューターワールド。オルゴールのようなピアノの調べ、童心にたち返るような懐かしい響き――。

ガイアズ・ガーデン

全10曲
59分33秒

◆チンマヤ

ギリシア神話の大地母神・ガイアにインスパイヤーされて生まれた、惑星・地球への愛の物語。熱帯、大洋、雨風、サバンナ、緑の森、太陽の恵み……豊かなガイアのイメージが、きらめくような音となって流れてゆく、立体的な音のマンダラ――。

ケルトの薔薇

全12曲
69分17秒

◆リサ・レイニー & タルトレッリ

ケルトハープの名手・リサ・レイニーが、竹笛のタルトレッリを迎えて描き出す癒しのフレグランス。すべてがまだ初々しい光に包まれた朝や夜の静寂のひとときにふさわしい調べ。おだやかさが手にとるように感じられる音楽。

ホエール・メディテーション

全7曲
58分07秒

◆カマール他

ホエールソング3部作の最終章。大海原を漂うような境界のないシーサウンドワールド。波間にきらめく光の粒子のように、クジラの声、シタール、ヴァイオリン、バンスリーなどが現れては消えていき、ただ海の静けさへ。

マントラ

全7曲
61分02秒

◆ナマステ

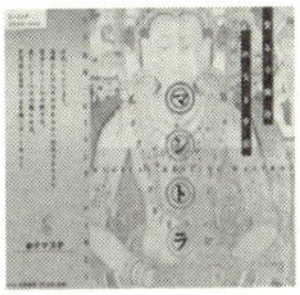

その音で不思議な力を発揮する古代インドよりの聖音マントラの数々を、美しいコーラスで蘇らせる癒しのハーモニー。何千年もの間、自然現象を変容させると伝わるマントラを、聴く音楽として再生したミスティックなアルバム。

ブッダ・ムーン

全4曲
58分50秒

◆チンマヤ

東西の音楽を、瞑想的な高みで融合する音楽家チンマヤが、古典的色彩で描く、ラーガの酔宴。人の世の、はかなき生の有り様を、ただ静けさの内に見守るブッダの視座と同じく、ただ淡々と、エキゾチズムたっぷりに奏でます。

神秘の光

全12曲
62分21秒

◆デューター

ルネッサンス時代のクラシック音楽の香り漂う霊妙な美の世界。リコーダー、チェロ、琴、尺八、シタール、サントゥールなどの東西の楽器を鮮やかに駆使した多次元的な静寂のタペストリー。細やかで変化に富み、豊かで深い味わいの心象風景を表現。

チベットの華

全7曲
78分35秒

◆デューター

水や虫の声などの自然音とシンギングボウルやベルが織り成す調和と平和の倍音ヴァイブレーション。チベッタン・ヒーリング・サウンドの決定盤。メロディーやストーリーのない音は、時間の感覚を失うスペースを作り出す。

※送料／CD1枚¥260・2枚¥320・3枚以上無料

発売／㈱市民出版社　www.shimin.com
TEL. 03-3333-9384　FAX. 03-3334-7289

<レイキ音楽CD 他>

■価格は全て¥2,622（税別）です。

レイキ ヒーリング ハンド
全5曲 50分07秒

◆アヌヴィダ&ニック・ティンダル

心に浸みわたるやわらかいキボエハープの響きと波の音、チベッタンベルが織りなすやすらぎの世界。ハートチャクラの活性化をもたらすヒーリングサウンドの超人気盤。音のゆりかごに揺られ、無垢なる魂へと帰る。

レイキ・ヒーリング・サイレンス
全8曲 63分52秒

◆デューター

微細なスペースに分け入る音の微粒子――ピアノ、シンセサイザーに、琴や尺八といった和楽器も取り入れて、デューターの静謐なる癒しの世界は、より深みを加えて登場。透きとおった、えも言われぬ沈黙の世界を築きあげる。

レイキ ウェルネス
全7曲 68分33秒

◆デューター◆アヌガマ◆カマール

限りないやさしさの海に身をしずめ、宇宙エネルギーの波にゆらぎながら、旅立つ新たなる誕生への航海。肉体・心・魂の緊張を溶かし、細胞のひとつひとつをゆっくりと癒していくレイキコレクション・ベストアルバム。

レイキ ヒーリング ウェイブ
全10曲 64分38秒

◆パリジャット

聖らかで宝石のような音の数々、ピアノ、ギター、キーボードなどが実に自然に調和。繊細な意識レベルまで癒され、レイキワークはもちろん、ヒーリングサウンドとしても最良質なアルバム。

レイキ ハンズ オブ ライト
全6曲 61分20秒

◆デューター

肉体、マインド、魂の自己浄化を促し、直観や自分自身のハイアーセルフに働きかけ、深い内面の世界に導く浮遊感覚サウンド。宇宙エネルギーに満ちた音の波にゆらぎながら、生まれたままの「自然」にゆっくりと還る。

高 野 山
全8曲 63分08秒

◆デューター

琴と尺八、ピアノとシンセサイザーなど、東西の楽器が織りなす静寂のタペストリー。内なる山中に深く分け入り、その奥の院へと歩みは進み、やがて決して名付けられることのない空なる領域へと至る、レイキサウンドの高峰。

ブッダ・ガーデン
全10曲 64分12秒

◆パリジャット

パリジャットの意味は<夜香るジャスミンの花>――彼の生み出す音楽は、優しく香り、リスナーを春のような暖かさで包み込みます。秀曲ぞろいのこのアルバムの、高まるメロディーとくつろぎの谷間が、比類なき安らぎのスペースへ導きます。

エンプティ・スカイ
全8曲 58分49秒

◆デューター

静かなるこの音楽を聴いていると、心の中にゆっくりと、名付けようのないスペースが広がっていきます。
いにしえより、虚空と呼ばれたり、無と言われたりするスペース――理由なき幸福はここから生まれます。

※ＣＤ等購入ご希望の方は市民出版社 TEL**03-3333-9384** までお申し込み下さい。
※郵便振替口座：市民出版社　00170-4-763105
※送料／ CD1枚¥260・2枚¥320・3枚以上無料（価格は全て税込です）
※音楽ＣＤカタログ（無料）ご希望の方には送付致しますので御連絡下さい。